www.ingramcontent.com/pod-product-compliance
Lightning Source LLC
Chambersburg PA
CBHW051710020426
42333CB00014B/927
* 9 7 8 1 5 9 5 8 4 8 0 1 7 *

رضا شاه

فرزند ایران

دکتر هوشنگ نهاوندی

Ketab.com

Reza Shah, The Son of Iran 1878/1944

Contemporary History of iran

By: Houchang Nahavandi PhD

Copyright© 2023 By Ketab Corporation

All right reserved.

2nd Edition: 2023

3rd Edition: 2023

4th Edition: 2024

رضاشاه، فرزند ایران (۱۲۵۷-۱۳۲۳)

تاریخ معاصر ایران

دکتر هوشنگ نهاوندی

No part of this book may be reproduced in any manner without the express written consent of the publisher, except in the case of brief excerpts in critical reviews or articles. For information about permission to reproduce selections from this book, write to Permissions, 12701 Van Nuys Blvd., Suite H, Pacoima, CA, 91331, USA or E-Mail: ketab1@ketab.com

Ketab Publishing is a registered trademark of KETAB Corporation., Los Angeles, CA

Manufacturing by KETAB / USA

Book cover Design by Rasa Bagher

Content of the Book, Design by Daryoush Yazdani

Edited by: Bijan Khalili

The Library of Congress Cataloging-in-publishing Data is available upon request.

ketab.com

ISBN: 978-1-59584-801-7

Ketab Corporation: 12701 Van Nuys Blvd., Suite H,

Pacoima, CA, 91331, USA

Visit our website at www.ketab.com

Printed in the United States of America

4 5 6 7 8 9 24

فهرست

مقدمه

کتابی که در دست دارید زندگی‌نامه سیاسی مردی است که از میان مردم برخاست و هنگامی که ایران ما در حال فروپاشی و پریشانی بود آن‌را نجات داد و به راه ترقی و سربلندی برد. هشت دهه پس از خاتمه پادشاهی او می‌بینیم که تقریباً هر چه در ایران هست در زمان سلطنت وی و بدون کوچکترین کمک خارجی بنیان نهاده شده.

سردارسپه فرزند ایران بود چون یعقوب لیث و نادرشاه افشار. در زندگی سیاسی و رفتارش دچار اشتباهاتی شد که پنهان نباید کرد و پنهان نکرده‌ایم. اما کدام رهبر و سیاستمدار بزرگ است که در طول حیات و فعالیتش هیچ اشتباهی مرتکب نشده باشد؟ کسانی که امروزه در خیابان‌های تهران و شهرهای دیگر ایران در تظاهرات خود از او یاد می‌کنند، هرگز او را ندیده‌اند و زمان سلطنتش را درک نکرده‌اند. اما حماسه او یک حماسه ایرانی در خاطره‌ها به جا مانده بود و زنده شده و مظهر و مبیّن تمنیات و خواسته‌های یک ملت ستمدیده اما امیدوار به آینده گردیده.

در طول سال‌های اخیر و برای تدوین کتاب‌های مختلفی به زبان فارسی یا فرانسه، یادداشت‌ها و مدارکی را فراهم کردم که به تشویق و گاهی یاری دوستان دور و نزدیک مرا به نوشتن این کتاب واداشت. نخست باید از سه دوستی که سالها است از این جهان رخت بربسته‌اند و دیگر خطری متوجه خود و خانواده‌شان نیست یاد کنم. همکار دانشگاهی عزیزم استاد ایرج افشار و شادروان مهدی آستانه‌ای که با دشواری‌های بسیار، قسمتی از اسناد و مدارک و کتاب‌هایی را که به کار تدوین این صفحات آمده به دستم رساندند. و نیز خانم دکتر فروزنده برلیان (جهانشاهی) استاد دانشگاه تهران. از راهنمایی‌ها و اظهار نظرهای فاضلانه استاد محترم دکتر حسن خوب‌نظر و اطلاعات گران‌بهای دکتر هادی هدایتی استاد

دانشگاه تهران و وزیر پیشین آموزش و پرورش بهره‌مند شدم و از آنان سپاسگزارم.

روایت‌ها و خاطرات شادروان شاهزاده عبدالعزیز فرمانفرمائیان و سپهبد فقید سیاوش بهزادی و نیز مرحوم دکتر علی امینی نخست‌وزیر سابق و شادروان دکتر جواد صدر و شاپور بهرامی و بانوان زری صفویان و توران وکیلی و اظهار نظرهای مهندس فریدون یزدان‌پناه، ایرج مبشر و دکتر فریدون وهمن در چندین مورد برای تدوین این کتاب بسیار سودمند بودند. از ایشان صمیمانه متشکرم.

شنیدن خاطرات اردشیر زاهدی از نقل قول‌های پدربزرگش مؤتمن‌الملک پیرنیا و پدرش سپهبد فضل‌الله زاهدی و یادمانده‌های خودش و هم‌چنین دسترسی من به مرکز اسنادش که اکنون به دانشگاه استانفورد در ایالات متحده آمریکا منتقل شده بسیار ارزنده بود که فراموش نمی‌کنم.

در نخستین ماه‌های بعد از انقلاب که توانستم از ایران خارج شوم سعادت دیدار زنده‌یاد مهرداد پهلبد، دوبار در مکزیک و یک بار در پاریس دست داد. از آن پس مرتباً هر دو هفته یک‌بار با یکدیگر تلفنی گفتگو داشتیم و از همان تماس‌های اول مرا به تدوین زندگی‌نامه رضاشاه تشویق کرد و هر بار می‌پرسید این کار در چه مرحله‌ای است. مهرداد پهلبد دیگر در میان ما نیست. اما او را فراموش نمی‌کنم.

سرانجام باید از دوستی یاد کنم که هر هفته مرا در پیشبرد این کتاب تشویق می‌کند و از آن جویا می‌شود. به سبب حفظ امنیت بعضی از افراد خانواده‌اش که در ایران زندگی می‌کنند مجاز به بردن نام ایشان نیستم. اما با مطالعه این صفحات خود را خواهد شناخت. از ایشان صمیمانه متشکرم.

و البته از بیژن خلیلی مدیر عامل شرکت کتاب که با دلسوزی چاپ و انتشار این نوشته را به انجام رساند کمال امتنان را دارم.

امیدوارم کوشش‌های من برای بازشناسی تاریخ معاصر ایران مخصوصاً برای جوانان هم‌میهن سودمند باشد.

بروکسل، بیستم اکتبر ۲۰۲۱

فصل اول

نوش‌آفرین و فرزندش

آلاشت روستایی بزرگ بود، در منطقه سوادکوه مازندران. در بلندی‌های البرز ـ ۱۸۰۰ متر از سطح دریا ـ در دل جنگل‌هایی انبوه، در هفتاد کیلومتری جنوب دریای خزر.

در طی اعصار و قرون، منطقه‌های جنوبی دریای خزر، در پناه موانع طبیعی که همواره از لشکرکشی‌های بیگانگان که ایران زمین را دستخوش ویرانی و نابسامانی می‌کردند، تقریباً در امان بود. تاخت و تاز اسکندر، حمله اعراب، ایلغار مغول و خونریزی‌های تیمور لنگ. در قرن هجدهم نیروهای امپراطوری نوپای روسیه از راه دریا به این منطقه تاختند. اما به قدرت و همت نادرشاه افشار و آقامحمد قاجار از آنجا رانده شدند.

مازندران پناهگاه امن کسانی بود که از دست‌اندازی‌های بیگانگان و ستم فرمانروایان خودکامه می‌گریختند و در پناه جنگل‌های تاریک و کوه‌های بلند و غیرقابل عبور آن به آزادی و آسودگی می‌رسیدند.

منطقه سوادکوه و روستای آلاشت را بسیاری از مفسران به آشیانه عقاب تعبیر کرده و شاید حق داشتند.

طایفه پهلوان در این روستا وضع و احترامی برتر از دیگران داشت. وابستگان دور و نزدیک آن را تا سیصد تن برآورد کرده‌اند. تنی چند از آن‌ها به خدمت ارتش ایران درآمدند. از آن جمله مرادعلی خان پدر بزرگ رضا و فرمانده فوج سوادکوه که در سال ۱۸۵٦ به هنگام فتح هرات به شهادت رسید و پسرش عباس علی‌خان معروف به داداش بیگ که او نیز به درجه صاحب منصبی نائل شد.

سال تولد او را حدود ۱۸۱۵ نوشته‌اند.

عباس علی‌خان، چند بار ازدواج کرد. گویا شصت ساله بود که دختر جوان و زیبایی به نام نوش‌آفرین را به همسری اختیار کرد که می‌توانست فرزند و حتی نوه‌اش باشد. در آن روزگار این اختلاف سن‌ها در ازدواج چندان غیرعادی نبود. نوش‌آفرین به خانواده‌ای از اهل گرجستان تعلق داشت، گرجی بود. از آن ایرانیانی که پس از قراردادهای گلستان (۱۸۱۳) و ترکمنچای (۱۸۲۸) و شکست ایران در مقابل روسیه تزاری به داخل کشور مهاجرت کردند که از استیلای اشغالگران بیگانه در امان باشند و تعداد آنان در سرتاسر کشور، به ویژه مناطق شمالی و مرکزی بسیار بود.[1]

زندگی در آن زمان و در آن مکان، آسان نبود و دشواری‌های بسیار در بر داشت. البته عباس علی‌خان و خانواده‌اش، به مناسبت تعلق به طایفه پهلوان از رعایت و احترام در روستای آلاشت بی‌بهره نبودند. ولی هنگامی که در ۲۶ نوامبر ۱۸۷۱ عباس علی‌خان که در آن زمان مردی سالخورده محسوب می‌شد، درگذشت و نوش‌آفرین تنها و بی‌پناه ماند، گذران او و فرزندش دشوار و دشوارتر شد. افراد طایفه پهلوان او را بیگانه می‌دانستند. نه به خودش اعتنایی داشتند و نه در اندیشه نگاهداری از نوزادش بودند. مادر و فرزندی تنها و بی‌پناه و بی‌کس.

نوش‌آفرین تصمیم گرفت فرزندش را بردارد و به برادران خود که در تهران بودند پناه ببرد. تنها هدفش نجات رضا و زنده ماندن او بود.

افسانه سرگذشت و زندگی رضا در این مقطع از زمان آغاز می‌شود. تحقیق درباره جزئیات آن غیرممکن است و شاید فاقد اهمیت باشد. در تاریخ ایران و در افسانه‌های ملل غرب، روایت‌های مشابه کم و بیش درستی در مورد تولد شخصیت‌های استثنایی وجود دارد، از جمله درباره موسی پیامبر و کوروش بزرگ. متاسفانه اعضای خانواده پهلوی و اطرافیان رضاشاه، شاید به خاطر آنکه تصور

۱- در مورد جنگ‌های ایران و روسیه بسیار نوشته شده از جمله نگاه کنید به: علی‌اصغر شمیم، ایران در دوره سلطنت قاجار، چاپ دوم، تهران علمی، دکتر مهدی هروی قاجاریه، ibex، ۲۰۱٤.

و نیز سلطان علی قاجار:

Les Rois Oulilie's, l'épopé la dynastie kadjar, Paris

می‌کردند اشاره به این گذشته‌ها خوشایند پهلوی اول و پهلوی دوم نباشد، یا به سبب نوعی عقده حقارت، از این ماجراها گفتگویی نکرده‌اند، که البته در این مورد باید شاهپور غلامرضا را استثنا کرد.

خاطرات او یکی از منابع جالب در مورد خانواده پهلوی و پدرش رضاشاه به شمار می‌رود.[1] ولی انصاف این است که بگوییم خود رضا در این مورد پرده‌پوشی نداشت و چون نادر بر جنبه خودساخته گذشته‌اش می‌بالید، چنانکه خواهیم دید:

نوش‌آفرین فرزندش را در قنداقی گرم و یکی دو لحاف پیچید و با اندکی باروبنه راهی تهران شد. می‌بایست پیاده یک صد کیلومتر در کوره‌راه‌های جنگلی و کوهستانی بگذرد تا به جاده اصلی برسد که عبور از آن اندکی آسان‌تر بود. به دنبال کاروانی به راه افتاد. از گردنه‌ها و معابر دشوار گذشت. شیرزنی بود.

ظاهراً نزدیک بود در این فاصله رضای نوزاد از فرط سرما بمیرد. نوش‌آفرین به امامزاده هاشم، ساختمان کوچکی در ارتفاع سه هزارمتری از سطح دریا پناه برد، بنای کوچکی نه چندان دور از آبعلی که هنوز هم موجود است و گروهی به زیارت آن می‌روند. در آنجا به مراقبت از نوزاد خود پرداخت و وی اندک‌اندک حیاتی دوباره یافت. بعضی از زندگی‌نویسان رضاشاه از «معجزه» و «فرزند معجزه» سخن گفته‌اند. قدر مسلم این است که پس از این همه دشواری‌ها نوش‌آفرین و رضا به تهران رسیدند.

نوش‌آفرین جز گویش محلی مازندرانی ـ آن هم به شیوه و لهجه ساکنان سوادکوه به زبان دیگری آشنا نبود ـ به عبارت دیگر فارسی نمی‌دانست. اما کوشش و اصرارش به ثمر رسید و توانست محل اقامت برادران خود را پیدا کند. هر دو در خدمت کامران میرزا حاکم تهران معروف به نایب‌السلطنه بودند. چراکه در مسافرتهای پدرش ناصرالدین شاه نیابت سلطنت به او تفویض می‌شد. به اقامتگاه او رسید و در آنجا اقامت گزید. زندگی مادر و فرزند در نهایت سادگی و فقیرانه بود. در حقیقت فقط جایی برای اقامت داشتند و سرپناهی که خود را در زیر آن از برف و باران در امان نگاه دارند. نوش‌آفرین درآمدی نداشت و به

1- GHOLAM-REZA PAHLAVI, Mon Pere, Mon Frere Les Shahs d' Iran Paris, Normant, 2004.

صورت خدمتکار خانه برادر خود درآمد. رضا همواره در کنار مادرش بود. حتی امکان آن که او را به مکتب‌خانه محلی بفرستد نداشت.

اندکی بعد مادرش درگذشت (۱۸۸٦).

برادر دیگرش ابوالقاسم‌خان که او نیز صاحب منصب در ارتش قاجار بود پذیرفت که رضا به خانه وی بیاید و در آنجا اقامت گزیند. می‌توان پنداشت که زندگی رضای خردسال و یتیم آسان نبود. کودکی رها شده به حال خود، بی‌سرپرست و ولگرد و سرانجام خشن. در کوچه بزرگ شد و جز قانون خشونت کوچه و بازار تابع هیچ نظم و قراری نبود. چند سال به این منوال گذشت. سرانجام ولگردی و سرگردانی او باعث نگرانی ابوالقاسم‌خان شد. احوال رضا در این سالها زندگی قهرمانان بعضی از داستان‌های ویکتور هوگو[1]، چارلز دیکنز[2]، و ماکسیم گورکی[3] را به یاد می‌آورد.

رضا در چهارده سالگی نوجوانی مغرور، بی‌باک، بسیار حساس و زودرنج بلند بالا و قوی هیکل و اهل زد و خورد در کوچه و خیابان بود.

ابوالقاسم خان برای اینکه زندگی او را به نظم درآورد و شاید به خاطر رهایی از مسئولیت وی، از روابط خود استفاده کرد و رضا را به سوی خدمت در ارتش سوق داد.

در سال ۱۹۳٦، طی یکی از مسافرت‌هایش به مازندران که معمولا هر سال دوبار به آنجا می‌رفت ولی هرگز به آلاشت زادگاه خود نرفت، رضاشاه که دیگر شاهنشاه توانای ایران بود به این دوران اشاره کرد:

«در آن موقع سربازی تقریبا لخت بودم. هیچ چیز نداشتم. حتی غذا نداشتم. گرسنه بودم. هرگز محبت و عاطفه پدر و مادر را ندیده بودم. گرسنه بودم. دیناری در جیب نداشتم. هیچ کس به من کوچکترین اعتنایی نمی‌کرد. مشکلات زندگی قانون زندگی را به من آموختند. تصمیم گرفتم از هیچ چیز و هیچ کس نترسم. هر مانعی را از پیش پا بردارم و پیشرفت کنم.»[4]

1- Victor Hugo
2- Charles Dikeans
3- Maxime Gorki

٤- بسیاری از نقل قول‌های فصول اول این کتاب در خاطرات سلیمان بهبودی که از

در صداقت و صمیمت این گفته‌ها تردید نمی‌توان داشت.

در مسافرتهای متعددش به این سو و آن سوی ایران که از محاسن و نکات مثبت دوران سلطنت او بود، همواره‌گروهی از برجستگان و اهل فضل و ادب همراه رضاشاه بودند و وی عادت به درد دل داشت و از کودکی خود و رنج‌های دوران جوانی سخن می‌گفت. البته قصدش آن بود که این گفته‌ها یادداشت شود و حماسه زندگی او را بسازد. او فردی خودساخته[1] بود و می‌خواست که به این صورت معرفی شود.

ارتش آن روز ایران مرکب بود از چند واحد بی‌نظم و ترتیب و انضباط، فاقد تجهیزات لازم، با فرماندههانی غالباً فاسد و بی‌اطلاع. به سربازان این ارتش بعد از یک دوران کوتاه آموزش یک تفنگ و گاهی یک اسب داده می‌شد و می‌گفتند هر طور میسر است معاش خود را تامین کنند. این سربازان گاهی در بعضی از تشریفات رسمی حاضر می‌شدند و نمایشی می‌دادند. روایات موجود نشان می‌دهد که چندان نظم و ترتیبی هم نداشتند. امیرکبیر کوشید که ارتش منظمی به وجود آورد. شاید همین کار یکی از دلایلی بود که قدرت‌های استعماری آن وقت در تدارک موجبات قتل او دست‌اندرکار شدند.

حقیقت آن است که ایران آن روز ارتشی شایسته این نام نداشت. وسیله‌ای که چنین نیرویی داشته باشد نداشت و اراده ایجاد آن در راس هرم قدرت موجود نبود.

چنین ارتشی و چنین ترتیباتی با روحیات رضا تطبیق نمی‌کرد. با پشتیبانی دایی خود توانست وارد لشکر قزاق بشود. این واحد تشکیلات و روش‌های خاص خود را داشت و از جمله وظایف آن حفاظت دربار و شخص شاه بود.

لشکر قزاق در سال ۱۸۷۹ پس از سفر ناصرالدین شاه قاجار به اروپا ایجاد شد. در سال قبل، پادشاه قاجار از مانورهای نظامی که به فرمان الکساندر دوم تزار

چند روز بعد از کودتا تا پایان سلطنت او و مرد مورد اعتماد رضا شاه بود برگرفته شده. خاطرات، طرح نو، تهران. ویراستار: غلامحسین میرزا صالح) ۱۹۹۱. این کتاب بسیار جالب به دلیل بعضی مطالب از این قبیل، در دوران سلطنت اجازه طبع و نشر نیافت. آن که در دست داریم مربوط به بعد از انقلاب اسلامی است.

۱- این اصطلاح را محمدرضا شاه در باره پدرش به کار برده.

وقت روسیه[1] به افتخارش ترتیب داده شد. سخت به تعجب و تحیر افتاد و از او خواست که افسرانی در اختیارش قرار دهد تا بتواند لشکری با همان نظم و ترتیب برای ایران به وجود آورد. این تقاضا فوراً با حسن استقبال الکساندر روبرو شد، چرا که می‌توانست عامل مهمی در تحکیم نفوذ امپراتوری روسیه در ایران باشد. چنین هم شد. به این ترتیب «تیپ قزاق ایران» ایجاد شد که بعداً لشکر قزاق نام گرفت. فرماندهان آن همه روس بودند. فرمانها همه به زبان روسی بود. دوره‌های آموزشی درجه‌داران و افسران به همین زبان روسی بود. انضباط خشنی که در آن هنگام مرسوم قوای مسلح روسیه بود بر این لشکر نیز حکومت می‌کرد. کوچکترین نافرمانی و خطا با شدیدترین تنبیهات بدنی کیفر داده می‌شد. قبول این انضباط و این ترتیبات بهای گرانی بود که می‌بایست رضا برای خدمت در یک ارتش واقعی و منظم بپردازد. ارتش که به ظاهر ایرانی و در خدمت شاه بود.

اما رضا خیلی زود دریافت که برای اطاعت کردن و سرباز صفر یا به اصطلاح قزاق بودن آفریده نشده. پس به سوادآموزی پرداخت ولی در سطح نازلی. دست‌نویس‌هایی که از او به جا مانده به خطی ساده و تقریبا کودکانه و پر از غلط‌های املایی است.

رضا هرگز مرد بافرهنگی نشد. ولی می‌خواست بیاموزد. کنجکاوی وی فراوان بود و حافظه‌ای استثنایی داشت.[2]

حکایت کرده‌اند که در یکی از مسافرت‌های متعددش به مازندران به هنگام توقف و صرف ناهار در فیروز کوه از شاعر بزرگ آن دوران حسین سمیعی (ادیب‌السلطنه) که مقامی بلند در دربار نیز داشت، خواست که جریان حمله اسکندر مقدونی را به ایران حکایت کند. رضاشاه با دقت به سخنان ادیب‌السلطنه که قطعاً با بلاغت و فصاحت ایراد می‌شد گوش می‌داد. چون ماجرا به قتل داریوش سوم

۱ – الکساندر دوم، امپراتور روسیه از ۱۸۵۵ تا ۱۸۸۱ که اصلاحات سیاسی و اجتماعی مهمی در آن کشور ایجاد کرد. برای اطلاع بیشتر به طرز عمل و اداره لشکر قزاق نگاه کنید به: خاطرات ممتحن الدوله، به قلم حسینقلی خانشقاقی، تهران، امیرکبیر، ۱۳۶۲، صفحات ۳۳۳ تا ۳۴۰.

۲– نمونه‌هایی از آن در دانشگاه تهران وجود داشت که نویسنده این کتاب به چشم خود دیده. رضاشاه به هنگام بازدیدها و تشریفات مختلف اوراق افتخاری مختلفی را توشیح می‌کرد و کلماتی بر آنها می‌افزود.

و ازدواج اجباری دخترش با اسکندر و سرانجام آتش‌سوزی تخت جمشید رسید. ناگهان رضاشاه بلند قامت و بی‌رحم زار زار گریست. بر بدبختی‌های گذشته ایران می گریست.[۱]

سرهنگ غلامحسین مقتدر سرلشکر بعدی که سالها معاون وزارت جنگ بود و متخصص تاریخ نظامی ایران و صاحب تالیفات متعدد در این زمینه، به دوستش سپهبد فضل‌الله زاهدی حکایت کرده بود[۲] که شبی در دفتر کوچک خود در زیرزمین وزارت جنگ آن موقع و با چراغ رومیزی کم‌نوری مشغول کار بود. تابستان بود و هوا بسیار گرم. سرهنگ در اتاقش را باز گذاشته بود که هوا جریان داشته باشد. سر در اوراق خود داشت که ناگهان احساس کرد کسی در برابر او ایستاده و نگاهش می‌کند. سر برداشت و متوجه شد که رضاشاه است که عادت داشت بدون خبر قبلی و گاه و بیگاه به سازمان‌های ارتشی برود. برخاست و حیرت‌زده ادای احترام کرد. رضاشاه از او پرسید: «چه می‌نویسی» مقتدر عرض کرد مشغول تدوین تاریخ جنگ‌های هفتصدساله ایران و روم هستم. شاه گفت بسیار خوب است باید تاریخ نظامی ایران نوشته و تدوین شود، هرچه را می‌نویسی هر روز برایم بفرست که بخوانم و برایت پس می‌فرستم.[۳] سرهنگ مقتدر اطاعت کرد و در موقع دریافت اوراق ارسالی متوجه شد که در بعضی حواشی شاه علامت‌هایی گذاشته. شاید برای آنکه دوباره بخواند. بعداً شنید که در مورد این جنگ‌ها اطلاعات یا محفوظات خود را در محافل و مجالس مختلف بازگو می‌کرد که اسباب تعجب اطرافیان می‌شد.

غرض، یادآوری حس کنجکاوی حیرت‌انگیز رضاشاه است. از همان ایام جوانی که مثال‌های دیگر هم فراوان است. هم بسیار کنجکاو بود و هم حافظه‌ای قوی داشت.

در لشکر قزاق رضا اندک‌اندک مورد توجه قرار گرفت. هم به خاطر آنکه

۱- خاطرات سلیمان بهبودی.

۲- اردشیر زاهدی، خاطرات، جلد سوم.

۳- این کتاب بعداً انتشار یافت. جنگ‌های هفتصدساله ایران و روم. ناشر: شجاعی گلستانه، تهران ۱۹۳۶. سال ۲۰۰۰، توسط علی اصغر عبدالهی ویراستاری شده، انتشارات دنیای کتاب.

خواندن و نوشتن آموخته و باسواد شده بود، هم به خاطر توجه خاصی که به ظاهر و لباس خود می‌کرد. برای آن زمان یک نظامی پاکیزه و خوش‌پوش بود. در بیست و یک سالگی به درجه «نایب» ارتقا یافت. دیگر افسر شده بود. در طی این مدت اقلاً سه بار در راس گروه‌های قزاق مامور حافظت سفارتخانه‌های خارجی شد. سفارت هلند، سفارت آلمان و سفارت بریتانیا. از این ماموریت و رفتار خارجیان با ایرانیان که آنان را چون نوکران خود می‌دانستند خاطره بسیار بدی داشت. بعضی از منتقدان وی ماموریت‌هایش را برای حافظت سفارت‌خانه‌های خارجی مخصوصاً بریتانیا، از نقاط ضعف زندگی وی دانسته‌اند. حتی دلیل بر اینکه «نوکر انگلیس‌ها» بوده است، تصور کرده‌اند. قضاوتی دور از انصاف و شاید مغرضانه. یک افسر وظیفه‌ای جز اطاعت از اوامر مافوق خود ندارد. مامور بود و معذور.[1]

پس از کودتای سوم اسفند، یکی از نخستین تصمیمات سردارسپه آن بود که افراد ارتش، دیگر از حفاظت نمایندگی‌های خارجی منع شوند و پلیس، آن هم به طور عادی و زیر نظر افسران خود، مباشر و مامور این کار باشد.

در همین اوان بود که مامور شد با گروهی از لشکر قزاق، شاهزاده عبدالحسین میرزا فرمانفرما را که به سمت والی منطقه کرمانشاه منصوب شده بود به آن دیار (در مجاورت عراق کنونی) همراهی کند. شاهزاده پرنفوذ و قدرتمند قاجار مردی باهوش و آدم‌شناس بود. صاحب منصب جوان و پرشور قزاق را خیلی زود شناخت و با او روابط دوستانه و نزدیک برقرار کرد که تا پایان عمرش ادامه یافت.[2]

در این سالها وی را معمولا رضاخان سوادکوهی می‌نامیدند. اشاره به محل ولادتش و سکونت خانواده و خویشاوندانش. هنگامی که به فرماندهی یک واحد مسلسل سنگین از مارک ماکسیم گماره شد او را رضا ماکسیم خواندند. ترقی وی در لشکر قزاق و سلسله مراتب آن در مجموع عادی و رضایت‌بخش بود. به ویژه در میان همقطاران و همکاران ایرانی خود از رعایت و احترام خاصی برخوردار بود. منش رهبری ـ فرماندهی و فزون‌طلبی او این احترام و ستایش را باعث می‌شد. همه او را برتر می‌دانستند و سالها بعد همین رعایت و احترام دیگران

۱ـ امامقلی مجد.

۲- روایت شاهزاده عبدالعزیز فرمانفرمائیان به نویسنده کتاب.

نسبت به او و قدرتی که در رفتار و وجودش احساس می‌کردند سبب یک جهش اساسی در زندگی حرفه‌ای و اجتماعی او شد. چنانکه خواهیم دید.

در نخستین سالهای خدمتش در لشکر قزاق او، که دیگر به رضاخان معروف شده، بیشتر در ماموریت‌های خارج از تهران بود. سر و سامان درستی نداشت و نمی‌توانست داشته باشد. زندگی خانوادگی وی نظم و ترتیبی نداشت. اطرافیانش هم از او می‌ترسیدند و هم به او احترام و اعتماد داشتند.

در عنفوان جوانی با دختری به نام مریم ازدوج کرد که از وضع خانوادگی وی اطلاع درستی در دست نیست. می‌دانیم که در بعضی از سفرها وی را به همراه می‌برد.[1] در طی یکی از این ماموریت‌ها وی را به همسر یکی از مالکان بزرگ همدان سپرد و به راه ادامه داد. همین واقعه‌ی آشنایی وی را با جوانی که بعداً به فضل‌الله خان فرزند بصیر دیوان معروف شد و در تاریخ هم نام و نشانی یافت باعث گردید.

باز می دانیم که در ۲۲ فوریه ۱۹۰۳ از این همسرش دارای دختری شد که وی را فاطمه نامیدند و پس از آنکه به تخت سلطنت رسید همدم‌السلطنه خواندند که تا پایان عمر در ایران می‌زیست و در سال ۱۹۹۲ در تهران درگذشت. همدم‌السلطنه با یک پزشک ارتش که از خانواده محترمی از ایلات ترکمن بود (سرلشکر دکتر آتابای که سالها رئیس بهداری ارتش بود) ازدواج کرد. گرچه خواهر ناتنی محمدرضا شاه بود، در مراسم و تشریفات درباری کمتر حضور داشت یا اصلاً حضور نداشت و شاید در طلب آن هم نبود. گهگاه او را «والاحضرت همدم» می‌خواندند. ولی نه هرگز شاهدخت مانند دختران دیگر رضاشاه یا محمدرضاشاه. فرزند پسر لشکر دکتر آتابای و «والاحضرت همدم» در سالهای قبل و بعد از انقلاب اسلامی در آلمان می‌زیست و گویا در فعالیت‌های هنری نام و نشانی یافت. از این دو دختری نیز به نام سیمین به جا ماند که با یک امریکایی که معلم گلف بود ازدواج کرد و در لس‌آنجلس می‌زیست و در سالهای بعد از سقوط سلطنت پهلوی با خاله ناتنی‌اش شاهدخت شمس نزدیک بود. او نیز فوت کرد. «والاحضرت همدم» برای آخرین

۱- از جمله در ماموریتش به همدان و غرب ایران که همراه شاهزاده عبدالحسین میرزا فرمانفرما بود. خاطرات اردشیر زاهدی، جلد اول، ایبکس.

بار در مراسم یکصدمین سال تولد پدرش در آرامگاه وی در شهر ری جلب نظر کرد. پالتویی از پوست پلنگ به تن داشت که چندان متناسب با آن تشریفات نبود. رژیم کنونی ایران مزاحمت زیادی برایش فراهم نکرد و سر و صدایی به هنگام درگذشتش به راه نیفتاد. نه در داخل ایران و نه در خارج. افراد خانواده‌اش اعتنای زیادی به او نداشتند.

به هر تقدیر می‌دانیم که این نخستین همسر رضاخان چند ماه پس از تولد دخترشان درگذشت و پدرش که دائماً در سفر بود. با یاری «نه‌نه» یا دایه‌ای تربیت یا لااقل نگاهداری او را به عهده گرفت.

در سال ۱۹۱۵ رضاخان که سی و هفت سال داشته به درجه سرهنگی در لشکر قزاق ارتقاء یافت. آغاز زندگی سیاسی و بلندپروازیهایش بود.

فصل دوم

درآرزوی ایرانی دیگر که اختیار آن با ایرانیان باشد

رضا برای آنکه قزاقی ساده یا صاحب منصبی فرمانبردار در لشکری باشد که فرمانده آن و افسران مافوقش خارجی باشند، آفریده نشده بود. نمی‌توانست بپذیرد که اوامر و نواهی که ناچار به اطاعت از آنها بود به زبان روسی باشد نه به فارسی. اصولاً فرمانبری از خارجیان را برنمی‌تافت. ایرانی دیگر با نظم و ترتیب و حکومتی دیگر، با هدف‌های دیگر می‌خواست که اختیار امور آن با ایرانیان باشد. همه روایت‌های موجود حاکی است که با توجه به شرایط خانوادگی‌اش در وضع بدی نبود، اما رنج می‌برد. به ویژه از ناتوانی و درماندگی رهبران کشورش که بسیاری از آنان مردانی به خودی خود شایسته بودند، رنج می‌برد. و نیز از این که کشورش دیگر مقام و مرتبه‌ای در منطقه نداشت و به حساب نمی‌آمد.

وضع ایران در این سال ۱۹۱۵ که رضاخان سوادکوهی یا رضا ماکسیم به درجه سرهنگی رسید، به معنای واقعی دلخراش بود و کشور در آستانه فروپاشی قرار داشت.

برای تحلیل این وضع باید به عقب برگشت، احتمالاً به آغاز سلطنت فتحعلی شاه قاجار.

آقامحمدخان قاجار «خواجه تاجدار»[۱] (۱۷۴۲-۱۷۹۷)، مردی به غایت متعصب در فرائض مذهبی، خسیس به حد بیماری که در تمام مدت عمرش از رنج‌های بی‌شماری که در دوران کودکی و جوانی تحمل کرده بود، به ویژه مقطوع‌النسل شدنش[۲] به شدت رنج می‌برد. اما این مرد سنگدل به ضرب شمشیر و با خونریزی‌های بسیار که از وی خاطره‌ای بسیار بد به جای گذاشته، ایران را

---

۱ - اصطلاحی که خانم امینه پاکروان در زندگی‌نامه او به کار برد. هم چنین نگاه کنید به علی‌اصغر شمیم، سلطان علی قاجار، دکتر مهدی هروی، (منابع ذکر شده) و ...

۲ - به دستور عادل شاه افشار در مشهد.

دیگر بار به سرحدات پایان سلطنت نادرشاه بازگرداند و چون وارثی نداشت، برادرزاده‌اش خان‌بابا را که به حکومت فارس گمارده بود به عنوان ولیعهد به جانشینی خود برگزید.

خان‌بابا در ۱۷ ژوئن ۱۷۹۷ در بیست و پنج سالگی تاج‌گذاری کرد. در دوران سلطنت سی و هفت ساله‌اش دنیا در حال تحول و پیشرفت بود و انحطاط تاریخی ایران آغاز شد.

حکومت خان‌بابا خان در شیراز، پایتخت زیبا و پررونق کریم خان زند، پیش درآمد خوبی برای سلطنت او نبود[۱]. برای "شیراز بی‌مثال" هیچ‌کار نکرد و کج‌روی‌ها و ندانم کاری‌هایش برای ایران جز زیان‌های عمده در بر نداشت. دکتر مهدی هروی آخرین مورخ موّجه این دوران وی را «خوش قریحه، زن‌باره و بی‌خبر از جزر و مد زمانه» معرفی می‌کند[۲] ای کاش که فقط چنین بود.

فتحعلی شاه نه از تجددطلبی بوئی برده بود و نه وسعت نظر سیاسی و نظامی داشت و نه از انقلاب صنعتی که دنیای غرب را دچار تحول می‌ساخت آگاه بود. اما امپراطوری ایران سرزمینی بود پهناور و هنوز در صحنه جهان قدرتی محسوب می‌شد و سیاست‌های استعماری و توسعه طلب به آن چشم طلب داشتند. لندن می‌خواست با ایران همان کند که با امپراطوری‌های عثمانی و هند آغاز کرده بود. روس‌ها به تحریک در مناطق شمالی قفقازیه و گرجستان می‌پرداختند و فرمان‌روایان محلی را که خراج‌گذار تهران بودند و در مقابل می‌بایست از حمایت ایران برخوردار می‌شدند به نافرمانی تشویق می‌کردند. فتحعلی سعی کرد به ناپلئون اول امپراطور توانای فرانسه که در آن هنگام در اوج قدرت خود بود نزدیک شود. ناپلئون در این اتحاد وسیله‌ای برای راه‌یابی به هندوستان که عملاً تحت تسلط لندن درآمده بود، می‌دید[۳] این کوشش‌ها به نتیجه‌ای نرسید. ملاقات ناپلئون و

---

۱ - نگاه کنید به دکتر حسن خوب نظر، تاریخ شیراز، انتشارات سخن — تهران ، ۱۳۸۰، ۱۰۶۲ صفحه کتاب پر ارزش استاد حسن خوب نظر تا سلطنت کریم خان زند به پایان می‌رسد. اما نشان دهنده تحول وضع شیراز از آغاز تاریخ تا قرن هجدهم میلادی است و اثری که تا به حال جایگزین و نظیر ندارد.

۲ - هروی/ ۴۱

۳ - نگاه کنید به:
IRADJ AMINI <u>NAPOIEON ET LA PERSE</u> PARIS, Le FELIN, 2013

آلکساندر اول در تیلسیت و تفاهم موقت میان آنان امیدهای فتحعلی‌شاه را نقش بر آب کرد. اما وی در اراده خود پابرجا ماند و به سال ۱۸۰٤ به روسیه اعلان جنگ داد، یک نیروی شصت‌هزار نفری فراهم کرد و فرماندهی آن را به فرزند و ولیعهدش عباس‌میرزا سپرد که به رغم نبوغ و ذکاوت نظامی عباس میرزا و شجاعت و تهّور ایرانیان، کشور در جنگ ده‌ساله خود با روسیه شکست خورد و بر اساس قرارداد گلستان (۲٤ اکتبر ۱۸۱۳) تسلط بر قسمت اعظم گرجستان و بخش مهمی از بلاد قفقاز را از دست داد.

عباس‌میرزا که با حفظ مقام ولایت‌عهد به حکومت آذربایجان برگزیده شده بود در طی این جنگ توانست به علل اصلی و بنیانی شکست ایران و ناتوانایی کشورش پی‌ببرد. او برخلاف بیشتر شاهزادگان قاجار و رهبران آن روز ایران به فکر عیش و نوش و مال‌اندوزی نبود، به بزرگی و آینده ایران می‌اندیشید. ساختار حکومت ایران خان‌خانی بود. ارتش ایلیاتی و توپخانه آن ضعیف و کهنه. پایه همه چیز نوسازی و دگرگونی کشور بود. برای تحقق این هدف عباس‌میرزا جوانان بسیاری را به اتریش و روسیه و انگلستان فرستاد که در این کشورها به علوم جدید، فنون نظامی و نیز قلعه‌سازی آشنا شوند. این اقدام نتیجه غیرمستقیمی هم داشت که البته خودش تصور آن را نمی‌کرد. بعضی از این جوانان به طریقت فراماسونری گرویدند و به این ترتیب نخستین هسته این مسلک در ایران به وجود آمد که در دهه‌های بعد، به ویژه در اواخر قرن نوزدهم، تاثیر بسیاری در تحول سیاسی ایران داشت. شاهزاده نوآور و روشن‌بین به این کار اکتفا نکرد. افسران اتریشی بسیاری را برای آموزش ارتش جدیدی که آرزوی ایجادش را داشت استخدام کرد. وی به اصلاح دستگاه قضائی پرداخت. امر به ترجمه کتاب‌های علمی و فنی به زبان فارسی داد. چاپخانه جدیدی بنیاد نهاد[1]. همه این اصلاحات را تقریباً یک قرن بعد سردار سپه از سر گرفت. سردار ستایش خود را از این شاهزاده میهن‌پرور و نوآور پنهان نمی‌کرد[2] ولو آنکه عباس‌میرزا متعلق به سلسله‌ای بود که وی سبب انقراض

---

۱ – نخستین چاپخانه ایران در زمان شاه عباس کبیر ایجاد شده بود که پس از مرگ وی تعطیل شد و به عثمانی انتقال یافت.

۲ – نگاه کنید به:
HOUCHANG NAHAVANDI The clash of Ambitions, Aquilion, London 2006

آن شده بود. روس‌ها خیلی زود از اصلاحات و تغییراتی که عباس‌میرزا در مقام اجرای آنها بود نگران شدند. آنان ایران را ناتوان و زبون و درمانده می‌خواستند، نه توانا. در این گیرودار بود که آخوند به ظاهر متعصبی به نام سید محمد مجتهد هیاهویی به پا کرد و با اعلام جهاد شاه را به بازپس گرفتن شهرها و سرزمین‌های از دست رفته دعوت کرد. معممین دیگری از او پیروی کردند. عباس‌میرزا به خطری که کشورش را تهدید می‌کرد متوجه بود. به التماس فراوان از شاه خواست که تسلیم عوام‌بازی آخوندها نشود. او ضعف ارتش ایران را به پدرش یادآور شد. اما فتحعلی ناتوان تاب ایستادگی در برابر این هیاهو را نداشت و بار دیگر به امپراطوری روسیه اعلان جنگ داد و عباس‌میرزا را که بیمار و دچار سل استخوانی بود به فرماندهی سپاهیان ایران برگزید. پسر به فرمان پدر تاجدارش گردن نهاد. این بار جنگ ایران و روس دوسال بیشتر به طول نکشید (از سال ۱۸۲٦ تا ۱۸۲۸) ایرانیان به سختی شکست خوردند که از آغاز آشکار بود. با آنکه این جا و آن‌جا با شجاعت خود کامیابی‌هایی نیز به دست آوردند.

عباس‌میرزا نیاز به پول و قوای کمکی داشت. خساست بیش از حد پدرش و دشمنی غالب شاهزادگان قاجار با او، وی را در موضعی دشوار قرار داد.

فتحعلی بزرگترین خطای دوران سلطنت خویش را مرتکب شد[۱]. شکست ایرانیان دیگر محتوم بود. روس‌ها از رودخانه ارس گذشتند. تبریز را به تصرف خود درآوردند و قصد تصرف پایتخت را داشتند. فتحعلی ظاهراً به خود آمد و در رأس نیروهایی عزم جبهه جنگ کرد. اما خیلی زود متوجه شد که دیگر همه چیز دیر شده. قرارداد ترکمان‌چای که ایرانیان به حق آن‌را نمودار ناتوانی و بدبختی کشورمان می‌دانند، منعقد شد. به این ترتیب ایران قسمت‌های باقیمانده ارمنستان و گرجستان و تمام شمال آذربایجان را از دست داد و رودخانه ارس به عنوان مرز دو کشور تعیین شد. سیل فراریان و مهاجرین به داخل کشور سرازیر شد و دشواری‌های فراوان پدید آورد. مادر رضاخان و خانواده همسر دومش ملکه تاج‌الملوک از فرزندان و نوادگان همین مهاجرین بودند.

پس از انعقاد قرارداد ترکمان‌چای، سید محمد مجتهد که به خود عنوان مجاهد

---

۱ – هروی / ۵۹

داده بود، ناپدید شد. هیاهویی که به پا کرده بود ناشی از توطئه و اغوای عوامل امپراطوری تزار بود. او مزدوری بیش نبود که کشورش را وادار به آغاز جنگی کند که شکست در آن قطعی بود. اندکی بعد سید محمد در مسکو ظاهر شد. روس‌ها وی را در اقامتگاهی مجلل مستقر کردند و برای قدردانی از «خدمتش» مقرری مناسبی برای او و اعقابش برقرار شد که پرداخت آن تا انقلاب اکتبر ادامه داشت.[۱]

سید محمد در تاریخ ایران نخستین آخوندی است که خود را به بیگانه فروخت. اما متاسفانه آخرین آنها نبود.

خاطره قرارداد ترکمانچای و غم شهرهای از دست رفته را ایرانیان هرگز فراموش نکردند. از همان زمان بود که بیم و بدبینی نسبت به سیاست روسیه در ایران آغاز شد که تا پایان جنگ دوم جهانی و به ویژه بعد از آن ادامه یافت. از آن پس احتیاط در برابر دو همسایه جنوبی (امپراطوری بریتانیا) و شمالی (روسیه، اتحاد جماهیر شوروی) به صورت یکی از مبانی سیاست خارجی و دفاعی ایران درآمد که رضاشاه همواره با آن درگیر بود.

پنج سال بعد از این ماجرا، عباس‌میرزا درگذشت. در این فاصله به پیروزی‌های بزرگی در غرب و شرق ایران دست یافته و از فروپاشی وحدت کشورش جلوگیری کرده بود، که باعث حسادت بیشتر بسیاری از خانواده قاجار نسبت به او شد.

ناگفته نماند که در پی قرارداد ترکمانچای، ایران نه تنها قسمت‌های بزرگی از سرزمین خود را از دست داد، بلکه ملزم به پرداخت غرامات سنگینی شد و تعهد کرد که اگر در پرداخت آنها تاخیر می‌کرد، روس‌ها مجاز بودند که چند شهر جنوب رودخانه ارس را همچنان در اشغال خود نگاه دارند و به سایر نقاط کشور نیز لشکرکشی کنند. فتحعلی از ترس هجوم قوای روسی به تهران به همه

---

۱ - مرحوم عبدالحسین مفتاح که چهل و یک سال در خدمت وزارت امور خارجه ایران بود، بارها به سفارت رسید و در زمان حکومت دکتر مصدق و سپهبد فضل‌الله زاهدی کفالت آن وزارتخانه را نیز به عهده داشت. به نگارنده این سطور گفت که پس از پیروزی بلشویک‌ها بازماندگان سید محمد از راه گرجستان به ایران بازگشتند. البته دیگر کسی در آن دوران هرج و مرج مزاحم آنان نشد. به گفته مرحوم مفتاح آثاری از این بازگشت در بایگانی وزارت امور خارجه موجود است. وی به من اظهار داشت که این ماجرا را در نوشته‌های خود حکایت کرده. متاسفانه آنها را نداشتم ولی در درستی و راستی گفته‌های آن بزرگوار تردیدی ندارم.

این شرایط گردن نهاد. اما از پرداخت غرامات جنگی امتناع کرد و مقرر داشت که پسرش یعنی عباس میرزا که حکومت آذربایجان و نیابت سلطنت را حفظ کرده بود این مبالغ را از محل «عواید» آن خطّه و یا از درآمد و ثروت شخصی خود بپردازد! عباس میرزا در حالی که مشغول اجرای اوامر پدرش برای بازگرداندن آرامش به غرب و شرق ایران بود ناچار شد حتی قسمتی از اموال و اثاثه خود را بفروشد تا این وجوه را فراهم آورد. بسیاری از اطرافیانش از او پیروی کردند.

با این حال روس‌ها به غارت اقامتگاه‌های شاهزادگان و بزرگان منطقه پرداختند و مجموعه بی‌نظیر اشیاء گرانبهای شیخ صفی‌الدین اردبیلی نیای سلسله صفوی (متوفی به سال ۱۳۳٤ میلادی) را ربودند و بردند که بسیاری از آنها هم‌اکنون در موزه آرمیتاژ سن‌پطرسبورگ موجود است.

با مرگ عباس‌میرزا ایران یکی از فرزندان شایسته خود را از دست داد. اما اندیشه اصلاحات و تغییراتی که آغاز کرده بود همچنان پابرجا ماند. قائم‌مقام فراهانی صدراعظم شاه بعدی – امیرکبیر، میرزا حسین‌خان سپهسالار، مشروطه‌خواهان همه در مقام تحقّق آنها برآمدند و کامیاب نشدند تا نوبت به رضاخان فرزندی برخاسته از سوادکوه و روستای آلاشت رسید که افسانه سردار سپه را او آفرید.

از فتحعلی شاه در تاریخ ایران خاطره خوبی به جای نمانده. تصویر سی و هفت سال سلطنت او منفی است. شیفته خود بود. خرافاتی بود و پول‌های زیادی برای تعبیر خواب‌هایش صرف می‌کرد. به غایت خسیس و پول‌دوست بود. برای دفاع از ایران در برابر روس‌ها پولی نفرستاد. دارائی او را پس از مرگش به سی‌میلیون لیره انگلیسی در آن زمان برآورد کرده‌اند که رقمی هنگفت بود[۱]. ولی برای حرمسرای خود و ساختمان‌های تجملی و تفریحی که آغاز کرده بود بی‌دریغ خرج می‌کرد. زن‌بارگی او را همه مورخان و نیز راویان خارجی به تفصیل ذکر کرده‌اند. وی در طول مدت حیات خود بیش از هزاران زن عقدی و صیغه داشت[۲]. که اسامی بسیاری از آنان در کتب تاریخی یاد شده. تعداد فرزندان و فرزندزادگان او را تا موقعی که حیات داشت نزدیک به دوهزار تن نوشته‌اند. اما از تشویق

---

۱ – هروی/٦٧.
۲ – هروی/٦٨.

شاعران زمان خود دریغ نداشت. «دربار باشکوهی در تهران تشکیل داد و برآن شد که زندگانی درباری و عظمت روزگاران باستان را تجدید کند، و دربار خود را نظیر دربار سلطان محمود غزنوی و سلطان سنجر سلجوقی سازد. او مردی بود ایلاتی و از دنیا بی‌خبر. فوق‌العاده عیاش و خوشگذران و شیفته زنان و طالب تکثیر اولاد و با این همه با استعداد و دست‌کم باسواد، مردی که از تاریخ خبر داشت و شاهنامه می‌خواند و خود از شاعری بی‌بهره نبود و غزلیات بسیاری از او به تخلص «خاقان» باقی مانده است»[۱]

از جمله شاعران اطراف او باید از فتحعلی‌خان کاشانی (صبا) نام برد که «شاهنشاه نامه»ای در مدح فتحعلی سرود و در ازای آن چهل هزار مثقال طلا انعام گرفت. و نیز باید از نشاط اصفهانی، مجمر، وصال شیرازی و سحاب یاد کرد که همه در رستاخیز شعر فارسی سهمی مهم دارند.

ولیعهد و نایب‌السلطنه فتحعلی شاهزاده عباس‌میرزا بود که اگر به جای پدر می‌نشست احتمالاً تاریخ ایران مسیر دیگری می‌یافت به سال ۱۸۳۳ بر اثر ابتلا به سل استخوانی درگذشت. او در آن هنگام ٤٤ سال بیشتر نداشت. شاه فرزند ارشد او محمد میرزا را به ولایتعهدی برگزید که از ۱۸۳٤ تا ۱۸٤۸ سلطنت کرد.

محمد میرزا در ماه‌های اول سلطنت با «قیام شاهزادگان»[۲] روبرو شد. حتی یکی از آنان، علیشاه ملقب به ظل‌السلطان[۳] در تهران مدعی تاج و تخت شد و نود روز سلطنت کرد. اما ولیعهد رسمی ایران به تدبیر پیشکارش میرزا ابوالقاسم قائم‌مقام که به فرمان عباس‌میرزا این سمت را داشت بر همه شورش‌ها فائق آمد و بر تخت سلطنت جلوس کرد.

میرزا ابوالقاسم قائم‌مقام فراهانی از اطرافیان عباس میرزا بود. مردی ادیب و دانشمند، مدیر و مدبّر و باهوش و آگاه از اوضاع جهان. در تحکیم اساس سلطنت محمدشاه صادقانه کوشید و در حقیقت او را به پادشاهی رساند. شاه جدید نیز او را به صدارت عظمی برگزید. قائم مقام به لاابالیگری و سستی اراده محمدشاه آگاه

۱ - یحیی آرین‌پور از صبا تا نیما، تاریخ ۱۵۰ سال ادب فارسی جلد اول، تهران – شرکت سهامی کتاب‌های جیبی، چاپ پنجم، ۱۳۵۷، ص ۱۵.
۲ - شمیم/۱۲٤.
۳ - پسر دهم فتحعلی شاه.

بود و با اندیشه‌های دور و درازی که برای ایران در سر داشت به شیوه عباس‌میرزا رفت و زمام امور لشکری و کشوری را با قدرت کامل و اعتماد به نفس به دست گرفت. جوانانی را برای تحصیل و کسب دانش به اروپا فرستاد. به نوسازی ساختمان اداری کشور پرداخت. مقرری شاهزادگان و درباریان و معماران با نفوذ را کاهش داد یا قطع کرد تا در خرج و دخل خزانه تعادلی برقرار کند.

در مدتی کمتر از یک سال نظم و ترتیبی در امور مملکتی پدید آمد. نتیجه آن شد که درباریان و آخوندها علیه او و سیاستش متحد شدند. انگلیس‌ها نیز که در تمام دوران قرن نوزدهم از تجدید قدرت ایران بیم داشتند و آن‌را مانعی در راه سیاست خود می‌دیدند به این جریان دامن زدند. وجوه قابل ملاحظه‌ای میان توطئه کنندگان و مخالفان صدر اعظم به خصوص آخوندها، پخش شد. پس از ماجرای سید محمد مجاهد دیگر این نقطه ضعف نظام اجتماعی و سیاسی ایران آن روز بر سیاست‌های استعماری پوشیده نبود.[۱]

نتیجه آنکه شاه قاجار تصمیم به قتل قائم‌مقام گرفت گرچه سلطنت خود را مدیون او بود. در روز ۲۶ ژوئن ۱۸۳۵ وی را در یکی از اطاق‌های باغ نگارستان خفه کردند. در روز قتل او گروهی از فرزندان، بستگان و هوادارانش را نیز دستگیر کردند یا به قتل رساندند.

۲۶ ژوئن ۱۸۳۵، روزی شوم در تاریخ ایران

از یازده ماه صدارت قائم مقام سه ماه اول به برقراری نظم اختصاص داشت و همه اصلاحات او طی هشت‌ماه به انجام رسید. کوتاهی این دوران بار دیگر ثابت کرد که در صورت وجود رهبری صحیح و مصمم با چه سرعتی می‌شد ایران را به راه دیگر، راه بزرگی دیرین، برد. هم‌چنین به خوبی آشکار شد که سیاست‌های استعماری تاب وجود یک ایران نیرومند را ندارند و از رودرروئی با این سیاست‌ها راه گریزی نخواهد بود. سالها و دهه‌های آینده این نکته را بر همه روشن و آشکار ساخت و مردان بزرگ بسیار قربانی آن شدند.

۱- نگاه کنید به بررسی حسن برمک، در ایران حلقه مفقوده، چاپ اول نیویورک ۱۹۸۹ صفحات ۲۱۸ تا ۲۲۶. نویسنده به مدارک غیرقابل تردید انگلیسی و گزارش‌های فرستادگان لندن استناد کرده. هم‌چنین نگاه کنید به هروی ۷۶.

پس از قتل قائم‌مقام، محمد شاه مربی خود ملاعباس ایروانی معروف به حاج میرزاآقاسی را به صدرات عظمی برگزید و دوران قدرت مطلق او که تا مرگ مریدش، یعنی شاه به طول انجامید سیزده سال بود.

حاج میرزاآقاسی متظاهر به تصوف بود ولی در این دوران ثروتی فراوان به دست آورد که چون وارثی نداشت همه را به شاه پیشکش کرد.

درباره «کرامات» و دلقک بازی‌های این صدراعظم به ظاهر درویش بسیار نوشته‌اند. محمدشاه وی را مستجاب‌الدعوه می‌دانست. در زمان ازدواج پسرش ناصرالدین که هوا بسیار گرم بود از وی خواست که برای خنک شدن هوا دعا کند. حاجی چنین کرد گویا یک شب و یک روز هوای پایتخت کشور چنان خنک شد که مردم در قلب تابستان به آتش نیاز پیدا کردند[۱].

حاجی غالباً برای اطرافیانش تشریح می‌کرد که می‌خواهد با کشتی‌هایی که در دست ساخت دارد به تجارت دریائی بپردازد و با این اقدام بحریه انگلستان و قدرت جهانی آن کشور را نابود کند.

روزی به وزیر مختار فرانسه گفت که از تقاضاهای بی‌جای انگلیس جگر(ش) خون است، چیزی نمانده که سپاهی به کلکته بفرستد و ملکه (ویکتوریا) را دستگیر کند و در ملاء عام او را به دست سپاهیان بسپارد تا هر معامله‌ای که می‌خواهند بر او روا دارند[۲].

با همه این احوال، حاجی از افکار صحیح و سالم بری نبود. بدبختی ایران را در ضعف کشاورزی می‌دانست و حفر قنوات را تشویق می‌کرد. می‌گفت که می‌خواهد ایران ارتشی نیرومند داشته باشد، پس کارگاه‌های توپ‌ریزی تاسیس کرد. اما کسی ترتیب درست این‌کار را نمی‌دانست و نتیجه‌ای حاصل نشد. تصمیم گرفت مدرسه‌ای برای تربیت صاحب‌منصبان نظامی تاسیس کند. اما این مدرسه تاسیس نشد.

---

۱ - در این زمینه از جمله نگاه کنید به: نورمحمد عسگری. هزارسال فراز و فرود، لس‌آنجلس، شرکت کتاب ۲۰۱۴، صفحات ۳۲٤ به بعد.

۲ - ملکه ویکتوریا در سال ۱۸۳۷ هنوز رسماً امپراطور نبود ولی در آن زمان انگلیسی‌ها عملاً بر هندوستان تسلط یافته بودند. حاجی که می‌دانست کلکته بزرگترین شهر قلمرو آنان و مرکز حکومت است تصور می‌کرد که ملکه باید در آنجا باشد.

لشکرکشی ایرانیان به هرات برای فرو نشاندن شورش حکمران آن منطقه سبب شد که شاه را محمدشاه غازی بخوانند. اما سرانجام بر اثر مداخله و فشار انگلیسی‌ها این لشکرکشی به جائی نرسید.

سیزده سال صدارت حاجی، ایران را ناتوان‌تر و پریشان‌تر کرد. که اگر قائم‌مقام به اصلاحات خود ادامه داده بود کشور به سامانی می‌رسید. اما نه شاه و درباریانش می‌خواستند نه سیاست‌های استعماری می‌گذاشتند و نه ایران توان مقابله با آنان را داشت.

در سال‌های آخر پادشاهی‌اش، محمدشاه با دشواری‌های دیگری هم روبرو شد یکی طغیان آقاخان حاکم کرمان و داماد شاه (همسر دخترش به نام سروجهان) بود. آقاخان فرزند شاه خلیل‌الله پیشوای فرقه اسمیعیله بود. نوشته شده که این طغیان به هنگام نبرد هرات و به تحریک انگلیسها صورت گرفت[1]. از تهران سپاهی برای سرکوب وی اعزام شد. آقاخان شکست خورد به قلعه بم پناه برد و سرانجام تسلیم دولت مرکزی گردید. به شفاعت حاجی میرزاآقاسی مورد عفو قرار گرفت و به محلات که شهر اجدادش بود اعزام گردید. اما چندی بعد بار دیگر سر به شورش برداشت و عزم فتح کرمان را کرد. اما بار دیگر شکست خورد و با اطرافیان و خانواده‌اش به هندوستان گریخت و در آنجا مستقر شد[2].

ماجرای دیگر و به مراتب مهم‌تر ظهور باب و نهضت موسوم به «بابیه» است که منشاء دیانت بهائی محسوب می‌شود. بانی این حرکت سید علی‌محمد باب بود که پس از درک محضر سید کاظم رشتی، جانشین سید احمد احسائی موسس فرقه شیخیه در نجف و کربلا و زیارت کعبه، و نشیب و فرازهای مختلف، خود را باب‌الله خواند و به سرعت در مناطق مختلف بسیاری از مردم از طبقات گوناگون در شمار پیروان او درآمدند. چه بسا که حتی یک سطر از نوشته‌های او را نخوانده بودند و گرایش آنان به ادعای مهدویت یا حتی پیامبری‌اش به نوعی محتوای اجتماعی داشت و عکس‌العملی در برابر محیط اختناق فکری و مذهبی

۱ - هروی- ۹۲-۹۳.

۲ -بنابراین باید توجه داشت که روسای اسمعیلیه ایرانی‌الاصل (و غالباً دارای گذرنامه ایرانی) هستند و از اعضاء خاندان سلطنتی ماقبل آخر ایران نیز به شمار می‌آیند. خانواده آقاخان غالباً به گسترش تمدن و فرهنگ ایرانی توجه خاص مبذول داشته‌اند.

بود که آخوندها در کشور برقرار کرده بودند و غالباً با برخورد از حمایت و کمک سیاست‌های استعماری به ویژه انگلیس‌ها، هرچه می‌خواستند می‌کردند و حتی شاهان ضعیف قاجار از نفوذ و قدرت آنان بیم داشتند. با وجود سختگیری‌های زیادی که نسبت به سید علی‌محمد باب و پیروانش شد، حرکت آنان در اوایل سلطنت ناصرالدین شاه به نوعی شورش و برخوردهای مسلحانه با قوای دولتی انجامید و حکم بر اعدام وی داده شد که بعداً به آن خواهیم پرداخت[1].

محمدشاه در سپتامبر ۱۸٤۸ درگذشت. ولیعهدش ناصرالدین میرزا هنوز بیست‌ساله نبود و رسماً عنوان حکومت آذربایجان را داشت. ولی خزانه کشور تهی بود و در آن اوضاع آشفته صرافان و ثروتمندان تبریز حتی از وام دادن به او که بتواند راهی پایتخت شود امتناع کردند. کسی برایش اعتبار قائل نبود.

خوشبختانه مرد باقدرت و روشن‌بینی در کنار ناصرالدین میرزا بود. میرزا تقی‌خان فراهانی همکار نزدیک قائم‌مقام . او نیز همانند عباس‌میرزا و قائم‌مقام به نوسازی ایران معتقد بود. میرزا تقی‌خان آشپززاده‌ای بیش نبود. قائم‌مقام اول (میرزا عیسی‌خان پدر صدراعظم شهید) متوجه هوش و ذکاوت ذاتی او شد و وی را با فرزند خود به تحصیل گماشت. میرزا تقی‌خان هرگز در ادب و نویسندگی و فرهنگ‌پروری به پای هم‌درس خود نرسید. اما در تدبیر امور مملکتی و تسلط بر مسائل سیاسی از او هم فراتر رفت. در کنار قائم‌مقام به خدمت عباس‌میرزا درآمد و در رتق و فتق امور آذربایجان شریک و سهیم شد. پس از قتل قائم‌مقام که ناصرالدین میرزا، ولیعهد و خردسال بود در حقیقت پیشکار او شد و عملاً اداره امور آن منطقه را به دست گرفت. دوبار به ماموریت خارج از کشور رفت. بار اول به روسیه در میان اعضای هیأتی که به ریاست صوری یکی از شاهزادگان قاجار برای عذرخواهی رسمی از قتل سفیر روسیه در تهران گریبایدوف[2] به روسیه رفت.

---

۱ - گذشته از همه کتابها و مقالات در این مورد، نگاه کنید به پروفسور فریدون وهمن صد و شصت سال مبارزه با آئین بهائی-گوشه‌ای از تاریخ اجتماعی-دینی ایران در دوران معاصر- نشر باران، چاپ سوم، سوئد ۲۰۱۰ و نیز
I.E. Esslemont, Baha'U'LLAH et L'ere Nouvelle, Bruxelles

۲ -Gribeidov که شاعری معروف نیز بود پس از این ماجرا تزارگروهی را مأمور تهران کرد که در این باره تحقیق کنند. آنها گزارش دادند که شاعر پرمدعا خود مسئول تحریک مردم بوده است.

سفری طولانی که در طی آن زبان روسی را نیز فرا گرفت. بار دیگر به عثمانی برای مذاکره و عقد قرارداد سرحدات دو امپراطوری. فرستادگان لندن و سن‌پطرزبورگ و پاریس نیز به عنوان «ناظر» در این مذاکرات طولانی شرکت داشتند. میرزاتقی خان نه تنها با وجود تحریکاتی که شد از عهده این مهم برآمد بلکه با اصلاحات وسیعی که در عثمانی تحت عنوان «تنظیمات» شروع شده بود آشنا شد و با مأمورین کشورهای اروپائی در مورد نحوه اداره امور آن ممالک به بحث و گفتگو و کسب اطلاع نشست و بیش از پیش به ضرورت اصلاحات عمیق برای بازسازی ایران پی برد[۱].

پس از مرگ محمدشاه میرزاتقی‌خان به اعتبار امضای شخصی خود امکانات مالی حرکت ناصرالدین میرزا را به پایتخت فراهم کرد. از وزیران مختار روس و انگلیس خواست که به بهانه تبریک به شاه جدید به تبریز بیایند. آنان نیز به «موکب همایونی» که راهی تهران شد پیوستند که ضمانتی برای امنیت شاه بود.

بعد از مرگ شاه تا هنگام ورود ناصرالدین و میرزاتقی‌خان و همراهان آنان به تهران، طی چهل و چهار روز، مادر شاه جدید، مهد علیا، زمام امور را در تهران به دست گرفت. شورش‌هائی را که در چند شهر روی داده بود به کمک میرزاآقاخان نوری وزیر لشکر حاج میرزاآقاسی را مهار کرد و پسرش توانست بدون تشریفات زیاد ولی در آرامش تاج سلطنت بر سر نهد. ناصرالدین در راه تبریز به تهران میرزاتقی‌خان را به سمت «امیر نظام» یعنی فرماندهی کل قوا منصوب کرد و چون به پایتخت رسید به وی لقب امیر کبیر داد و او را به «صدارت اعظم» برگزید:

> «امیر نظام
>
> ما تمام امور ایران را به دست شما سپردیم و شما را مسئول هر خوب و بدی که اتفاق می‌افتد می‌دانیم. همین امروز شما را شخص اول ایران

---

۱ - حاج میرزاآقاسی که در عین مسخرگی و درویش بازی بی‌هوش نبود، نامه تشویق‌آمیزی به میرزاتقی‌خان نوشت و درایت و حسن تدبیر او را در مذاکرات ارزنته‌الروم و حل مسائل سرحدی ستود: «... آفرین خدای بر پدری که تو پرورد و مادری که تو زاد... مرحبا، صدهزار آفرین. روی آن فرزند سفید. نمک شاهنشاه دین پناه روح‌العالمین فدا، بر آن فرزند حلال باشد.»

کردیم. به عدالت و حسن رفتار شما با مردم کمال اعتماد و وثوق داریم و به جز شما به هیچ شخص دیگری چنین اعتمادی نداریم و به همین جهت این دستخط را نوشتیم.»

ناصرالدین از تمایل انگلیسی‌ها به صدارت میرزاآقاخان نوری که مورد توجه مهد علیا نیز بود- اطلاع داشت و می‌دانست که روس‌ها با این انتصاب مخالفند. با صدور فرمان گزینش میرزاتقی‌خان از خود حسن ابتکار نشان داد و آنها را در مقابل عمل انجام شده گذاشت[۱]. این تصمیم به ابتکار شخص او بود یا به توصیه هرکس نشان از حسن تشخیص داشت.

دوران صدارت امیر، بی‌چون و چرا، یکی از تجربه‌های بزرگ تاریخ قرن‌های اخیر ایران، یک افسانه و یک حماسه است. مردی که از میان توده‌های مردم برخاسته و علناً مورد تحقیر اشراف و شاهزادگان بود، با تکیه به حمایت شاه جوان که سلطنت خود را عملاً مدیون او می‌دانست که حق داشت بداند، به معنای واقعی کلمه ایران را تکان داد و به راهی برد که اگر ادامه می‌یافت اکنون کشور دیگری، یک قدرت بزرگ سیاسی و اقتصادی جهان می‌بود. دریغ.

در نخستین ماه‌های سلطنت ناصرالدین شاه، امیر با ارتش کوچک و بی‌نظم و ترتیب کافی نافرمانی‌های داخلی و شورش‌های متعارف شاهزادگان و مدعیان را فرو نشاند. ناصرالدین برای ابراز اعتماد و مرحمت به او خواهر تنی خود شاهزاده خانم عزت‌الدوله را به همسری او برگزید. عجب آن‌که با وجود اختلاف سنی و ازدواجی که در آغاز اجباری بود، میان امیر و همسرش عشق و الفتی استوار پدیدار شد و خواهر شاه در دفاع از او شخصیت و دلیری بسیار نشان داد.

به این ترتیب اندکی پس از استقرار در تهران و تحکیم مبانی سلطنت و

---

۱ - در نخستین روزهای پس از مرگ محمدشاه، حاج میرزاآقاسی که هنوز خود را صدراعظم می‌دانست که قانوناً بود، دستوراتی به وزیران و مسئولان امور صادر می‌کرد. اما زود دریافت که دیگر کسی اعتنایی به او ندارد. به سفارت‌خانه‌های روس و انگلیس متوسل شد و درخواست یاری برای خروج از ایران کرد. وزیرمختار روسیه و کاردار انگلستان نامه‌هایی به مهد علیا نوشتند و یادآور شدند که نباید آسیبی به حاجی وارد آید و او تا ورود شاه به تهران تحت حمایت دولت‌های روس و انگلیس است. حاجی به شهر ری رفت و در آرامگاه «حضرت عبدالعظیم» متّحصن شد. پس از استقرار شاه در پایتخت، امیرکبیر او را با آبرو به عتبات فرستاد و حاجی در همان‌جا درگذشت و مدفون شد.

حکومت، امیر توانست اصلاحات و تغییرات اساسی را که مورد نظرش بود و ایران را به حق نیازمند به آنها می‌دانست، آغاز کند[۱]. حتی شمارش این تدابیر آسان نیست تا چه رسد به تشریح آنها. اما از جهت این کتاب ضروری است چراکه چند دهه بعد سردار سپه که سپس رضا شاه شد، در حقیقت دنبال آنها را گرفت و از سوی دیگر شکست امیرکبیر و نابودی‌اش سرآغاز فاجعه بزرگ انحطاط ایران در قرن نوزدهم بود و سبب درد و رنج همه ایرانیانی شد که نمی‌توانستند وضع دلخراش میهن خود را بپذیرند.

پس از برقراری آرامش، نخستین اقدام امیر کوشش برای ایجاد یک ارتش واقعی بود. از اتریش مربیانی برای تربیت صاحب منصبان جدید ایرانی استخدام کرد. کاری که هم به انگلیس‌ها گران آمد و هم به روس‌ها که با وجود رقابت‌هایی که داشتند ایران را سرزمینی تحت نفوذ خود می‌دانستند و با حضور ابرقدرتی دیگر در صحنه امور آن مخالف بودند. در همین زمینه کارگاه‌های اسلحه‌سازی و مخصوصاً توپ‌ریزی ایجاد شد. بنابریک گزارش رسمی انگلیس‌ها یک سال پس از صدارت امیر ارتشی که تحت فرمان او بود، بر بیش از ۱۳۲۰۰۰ افسر و سرباز و مستخدم غیرنظامی و سلسله مراتبی منظم شامل می‌شد. افسران و درجه‌داران و سربازان مرتباً مقرری خود را دریافت می‌داشتند که این خود انقلابی در رویه‌های متداول آن دوران، و به عبارتی دیگر یک «معجزه» بود. هم‌چنین واحد مستقل خاصی برای حفاظت شاه و ابنیه سلطنتی تشکیل شد که در حقیقت همان گارد جاویدان زمان هخامنشیان بود.

لندن از تجدید قدرت نظامی ایران سخت بیمناک شد. فرستادهٔ بریتانیا در

---

۱ – درباره امیرکبیر و زندگی و خدمات و پایان دلخراش زندگی‌اش بسیار گفته و نوشته شده از جمله نگاه کنید به:

– عباس اقبال آشتیانی، میرزاتقی‌خان امیرکبیر، نشر توس، تهران ۱۳۶۳

دکتر فریدون آدمیت، امیرکبیر و ایران، چاپ سوم، خوارزمی تهران ۱۳۴۸. تا امروز جامع‌ترین و مستندترین تحقیق درباره امیر است. گرچه این‌جا و آن‌جا از جانبداری‌های فردی و غیرعلمی به دور نیست:

– علی‌اصغر شمیم و سلطان علی قاجار (دو اثر یاد شده که دومی به فرانسه است)، دکتر مهدی هروی قاجاریه، همچنین

H. Nahaueudi, IRAN, Lechoc des ambitions, Aquilion, London, 2006

صفحات ۲۲ تا ۳۳ این کتاب به انگلیسی نیز ترجمه شده و انتشار یافته است.

تهران در گزارشی به پالمرستون[1] که در رأس دیپلماسی آن کشور بود اعتلای قدرت نظامی ایران را یادآورد شد و افزود که این امر ممکن است بار دیگر بلندپروازی‌های دیرین ایرانیان را زنده کند و خطری برای منافع بریتانیا در منطقه به وجود آورد. احساس این خطر هنگامی که امیر تصمیم به ایجاد یک نیروی دریائی برای ایران گرفت افزایش یافت. پالمرستون به تهران یادآور شد که «لندن نمی‌تواند چنین رویه‌ای را تحمل کند». امیر با فرانسه و سپس با ایالات متحده آمریکا وارد مذاکره شد که ناوهای جنگی مورد نیاز ایران را از این دو کشور خریداری کند. اما دوران قدرت و حیاتش امکان تحقق این آرزو را نداد.

به موازات این اقدام و در آستانه حکومتش، امیر به تنظیم امور مالی و تعادل دخل و خرج دولت پرداخت که در سال دوم صدارتش تحقق یافت. مانند قائم مقام از هزینه‌های دربار و مقرری اطرافیان شاه و شاهزادگان و مفت‌خورانی که از خان نعمت خزانه برخوردار می‌شدند کاست و یا آنها را به کلی حذف کرد. یکی از قربانیان این کار مهد علیا مادر شاه بود که امیر «هرزگی‌های» او را برنمی‌تافت و مکرراً از شاه می‌خواست که به آن‌ها خاتمه دهد.

با وجود مخالفت شدید بعضی از «روحانیون» که این امر را خلاف شرع می‌دانستند تلقیح اجباری بر ضد آبله برقرار شد، نخستین بیمارستان دولتی ایران در تهران بنیان گرفت و موسسه نامه‌رسانی بین تهران و شهرهای مهم کشور ایجاد شد که همان «پست‌خانه مبارکه دولت علیه» باشد.

امیر بنیان‌گذار نخستین روزنامه ایران- جریده «وقایع اتفاقیه» است که در زمان او منظماً و سپس تا انقلاب مشروطیت کم و بیش طبع و نشر می‌شد. در فرمان ناصرالدین شاه در مورد تأسیس این نشریه بر ضرورت اطلاع همگان «از آنچه در ایران و جهان می‌گذرد» تاکید شده. امیر می‌خواست راه را بر آگاهی مردم از آنچه در ایران و جهان می‌گذرد باز کند. دستور به ترجمه کتاب‌های بنیادی و مهم از زبان‌های خارجی، به ویژه فرانسه داد که این سرآغاز یک نهضت بزرگ فرهنگی در دهه‌های بعد شد. اما از همه این‌ها مهم‌تر و ماندگارتر تصمیم او به تأسیس

۱ - Lord Palmerston — هم اوست که گفت: «بریتانیای کبیر دوست یا دشمن ندارد. فقط منافع ثابتی دارد که باید در حفظ آنها بکوشد.»

دارالفنون بود، یعنی نخستین مرکز آموزش عالی به سبک جدید در ایران.

به این منظور هیأتی را برای انتخاب و استخدام استادان مورد نیاز مأمور اتریش کرد فرانسوا ژزف[۱] امپراطور اتریش آنان‌را با کمال محبت شخصاً به حضور پذیرفت و در حسن انجام وظیفه‌ای که داشتند مراقبت کرد. چندین استاد اتریشی، دو ایتالیایی، یک فرانسوی و یک هلندی استخدام شدند و به ایران آمدند. در این میان ساختمان دارالفنون به دست ایرانیان طراحی شد و به انجام رسید. دارالفنون در حقیقت دانشگاهی بود که در آن هفت رشته تدریس می‌شد از جمله علوم پزشکی، فنون نظامی و هنر قلعه‌سازی و استحکامات. امیر مقرر داشت که همه دروس به زبان فرانسه تدریس شود و بر هر استاد مترجمی گمارد. اما دانشجویان ایرانی خیلی زود فرانسه را فراگرفتند و نیاز به مترجم اندک اندک از میان رفت. پس از آغاز کار دارالفنون، تعداد دانشجویان به پانصد تن رسید که همه آنان مقرری دریافت می‌داشتند. در دهم دسامبر ۱۸۵۱، ناصرالدین شاه شخصاً دارالفنون را گشود. اما امیر دیگر در آنجا نبود و نامی از او برده نشد. و این بنیاد نیز در سال‌های بعد رو به انحطاط و زوال رفت که جلوه جامعه و حکومت آن روز ایران بود تا آنکه دانشگاه تهران به تصمیم رضاشاه جانشین آن شد.

تحریکات سفارت‌خانه‌های خارجی و ارتباط‌هایی که با بعضی از ایرانیان برقرار می‌کردند سبب شد که امیر شبکه مخصوص برای مراقبت آنها به وجود آورد که به «خفیه نویسان» معروف شدند و آن را می‌توان نخستین دستگاه اطلاعاتی ایران دانست.

در سیاست خارجی برای جبران نفوذ روس و انگلیس در ایران، امیر با اتریش، فرانسه و پروس نزدیک شد. همچنین یک معاهده دوستی و همکاری با ایالات متحده و ژاپن منعقد کرد. این سیاست را همه دولت‌های ایران بعد از مشروطیت به کار بستند. مخصوصاً رضاشاه و نیز طی چند سالی محمدرضاشاه پهلوی به آن

---

۱ - Francois Joseph امپراطور اتریش و سپس اتریش هنگری، کشوری که در آن زمان یکی از ابرقدرت‌های اروپا و شاید جهان به حساب می‌آمد و قسمت مهمی از اروپای مرکزی شرقی و ایتالیا شامل می‌شد، اما در ایران هیچ نظر استعماری نداشت و نمی‌توانست داشته باشد. فرانسوا ژزف به سال ۱۸۳۰ متولد شد در ۱۸۴۸ بر تخت سلطنت نشست و تا پایان عمر در ۱۹۱۶ فرمانروای کشور خود بود .

توجه خاص مبذول داشتند که بهای گران آن را نیز پرداختند. کوشش دیگر امیر آن بود که به بدرفتاری‌هایی که با ایرانیان متدین به ادیان دیگر می‌شد پایان دهد. جزیه را لغو کرد. مجازات ترک اسلام و گرویدن به ادیان دیگر را از بین برد. به ایجاد محاکم غیرشرعی کوشید تا برابری همه ایرانیان را در برابر دستگاه عدالت جامه عمل بپوشاند. مانند زمان شاه عباس کبیر به آنان اجازه تاسیس مدارس اختصاصی داده شد که از حمایت دولت برخوردار بودند. حتی برآن شد که فوجی برای آنان ترتیب دهد تا بتوانند با رعایت شئون و آداب زندگی خود در ارتش ایران سهمی داشته باشند. امیر آنان را ایرانیانی مانند ایرانیان مسلمان و برابر با آنان می‌دانست، با همان حقوق و با همان وظائف نه بیشتر نه کمتر.

تشویق از بنیان‌گذاری و توسعه صنایع و حمایت از مصنوعات داخلی در برابر واردات، جلوه دیگری از سیاست امیرکبیر بود. کارگاه‌های ریسمان ریسی، بلورسازی، چلواربافی، حریربافی، ماهوت‌بافی و تولید قند و شکر بنیان گرفت و عوارضی بر واردات بعضی از کالاها وضع شد که مخصوصاً روس‌ها و انگلیس‌ها را سخت ناراضی کرد.

در دوران کوتاه صدارت امیر گسترش دیانت بابی در ایران همچنان ادامه یافت. بعضی از صاحبان قدرت و نفوذ برای تعدیل مداخلات ناروای مراجع مذهبی در امور کشور و جوّ اختناق و فسادی که به وجود آورده بودند تا حدی به این حرکت روی خوش نشان می‌دادند. شاهزاده معتمدالدوله حاکم اصفهان مدتی به سیدعلی محمد باب پناه داد. حاجی میرزا آقاسی، حکم اعدام وی را که ملاها طالب آن بودند به تبعید به ماکو تبدیل کرد. اما بابیان این‌جا و آن‌جا بی‌نظمی‌هایی به وجود آوردند که برای امیر قابل تحمل نبود چاره کار را اعدام باب دانست و آن را به شاه گوشزد کرد. به شاه نوشت که مادامی که او زنده است حرکت پیروانش پایان نخواهد یافت و ممکن است ماجرای نامطلوب بزرگی به وجود آورد[1]. بالاخره فرمان قتل وی صادر شد. اما حرکت بابیان پایان نیافت. فجایع زیادی از دو طرف انجام گرفت مخصوصاً پس از اعدام باب در پی سوء قصدی که در تهران به جان شاه شده بود، خشونت‌های زننده و نازیبایی نسبت به پیروان

۱ - هروی ١١٤ تا ١١٧ مخصوصاً ١١٦

او در تهران و شهرهای دیگر انجام شد که به هیچ‌وجه شایسته نبود. باب «بشارت ظهور» پیامبر دیگری را داده بود. سرانجام دیانت بابی، با بعضی اختلافات داخلی، به بهائیت منتهی شد. ولی دیگر نه امیر به دلیل سوء قصد زنده بود و طبیعتاً نه در زمان گسترش دیانت بهائی در ایران و جاهای دیگر. اما ایرانیان بهائی همواره به این جنبه از سیاست امیر با نظر انتقاد نگریسته‌اند، گرچه منکر مذاکرات اصلاحات و اقدامات او نیستند[۱].

اصلاحات امیر، مخالفان بسیار داشت. مادر شاه، درباریان فاسدی که صدراعظم مانع حرکات آنان بود به کسانی که سودای قدرت در سر داشتند به ویژه سیاست‌های استعماری که اعتلای حیرت‌انگیز ایران را بر نمی‌تافتند.

دشمنان امیر در خفا به دور مهدعلیا و یکی از رجال دربار به نام میرزا آقاخان نوری که سودای جانشینی امیر را در سر داشت گردآمدند.

تأملی در رویه و احوال میرزاآقاخان ضروری است چراکه «اگر بخواهیم از افراد بدشهرت و خیانت‌پیشه تاریخ ایران نامی ببریم، میرزا آقاخان نوری یا همان اعتمادالدوله در صدر نامها قرار می‌گیرد[۲]، عاملی «پست وخیانت‌پیشه»[۳] که «تابعیت دولت انگلیس را نیز پذیرفته بود»[۴] و علناً برای سفارت آن کشور جاسوسی می‌کرد[۵]. سید محمد «مجاهد» نخستین روحانی سرشناس بود که خود را به روس‌ها فروخت و میرزا آقاخان نوری نخستین سیاست‌مداری که آشکار به مزدوری انگلیس‌ها درآمد. هر دوی آنها راه‌گشای بسیاری دیگر بودند. در همه کشورها و در همه ادوار، سیاست‌های خارجی به دست مزدوران داخلی مقاصد خود را در ممالک دیگر به انجام رسانده و می‌رسانند که متاسفانه در تاریخ دو

---

۱ – ماهنامه پیام بهائی در شماره ٤٤٦ (سال سی و نهم) سه مقاله دقیق یکی به عصر فتحعلی شاه و دومی به «عباس میرزا ستاره‌ای که زود خاموش شد و سومی به قائم مقام اختصاص داده از دو نفر اخیر به عنوان پیشگامان تجدد در ایران یاد شده ولی از امیر اصولاً گفتگویی در میان نیست.

۲ – هروی/۱۲۸.

۳ – شمیم، ۱۷۱. این مورخ سرشناس و موَجه معمولاً در داوری‌هایش بسیار محتاط و محافظه‌کار است.

٤ – برمک، ١٦٥ که مدارک مختلف در این‌باره ارائه داده است. هروی/١٢٦

٥ – آدمیت ١٩٥–٩٦ . به استناد مدارک و اسناد رسمی انگلیسی

قرن اخیر ایران مثال‌های زیادی در این مورد وجود دارد. رودررویی یا مقایسه میرزاآقاخان با امیر شاید آغازی در این زمینه باشد.

عباس میرزا، قائم مقام و امیرکبیر از یک سو، سید محمد «مجاهد» و میرزا آقاخان از سوی دیگر، مظاهر و نمونه‌هایی در جریان‌های بعدی تاریخ ایران تا عهد سردار سپه و رضاشاه بعدی به شمار می‌آیند.

سرانجام تحریکات مهدعلیا و گروهی از معممین که وجوه مهمی از ناحیه سفارت انگلیس میان آنان تقسیم می‌شد و توطئه میرزاآقاخان نوری و جمعی از درباریان، ناصرالدین شاه جوان و بی‌تجربه را علیه امیر که همه‌چیز را مدیون او بود برانگیخت. تکبّر امیر، اعتماد به نفسی که داشت و رویه انعطاف‌ناپذیرش در اداره امور، به این توطئه کمک کرد. شاه ابتدا او را از صدارت عظمی برکنار کرد و سپس از امارت نظام سرانجام به کاشان تبعید شد و در باغ فین و کلاه فرنگی مجلل آن که قصر فین نامیده می‌شد، در حبس خانگی قرار گرفت. همسرش عزّت‌الدوله یعنی خواهر تنی ناصرالدین دو فرزندشان و مادر میرزا تقی‌خان نیز همراه بودند. صد سرباز مسلح به حفاظت آنان گمارده شدند. طی دو ماهی که این حبس خانگی به طول انجامید، عزّت‌الدوله آنی از همسرش جدا نمی‌شد. حتی در گردش‌های او در باغ فین در کنار او بود. چون می‌دانست که با حضور او کسی پروای سوء قصد به جان همسرش نخواهد داشت.

دوری امیر از پایتخت دشمنانش را آرام نکرد. گروهی به دور مهد علیا و میرزاآقاخان در پی اخذ فرمان قتل وی از ناصرالدین شاه بودند. چراکه می‌پنداشتند ممکن است از تبعید صدراعظم توانای خود پشیمان شود و او را دوباره به کار بگمارد و می‌دانستند که در این صورت انتقامی سخت در انتظار آنها خواهد بود.

سرانجام شاه ضعیف‌النفس به انتصاب میرزاآقاخان به صدارت تن در داد. اما او به دو شرط راضی به قبول این سمت شد. یکی قتل امیر و دیگری تأمین جانی که به تابعیت انگلستان درآید. «وزیر مختار انگلستان به او گفت که تابعیت انگلستان افتخار بیشتری از تاج کیانی دارد[1]». میرزا آقاخان صدراعظم شد اما هیچ مدرکی در دست نیست که انگلیس‌ها که از عوامل اصلی انتصاب او بودند در مرگ

۱ - هروی/۱۲۹.

امیر دخالتی داشته‌اند.

فرمان قتل امیر را از شاه گرفتند. گویا در حال مستی بود. مهدعلیا و صدراعظم جدید بی‌درنگ کسانی را برای انجام این کار به کاشان فرستادند که مبادا شاه به خود آید و پشیمان شود. این واقعه در روز دهم ژانویه ۱۸۵۲ میلادی اتفاق افتاد. روزی شوم در تاریخ ایران.

قتل امیر سبب توقف همه اصلاحاتی شد که او آغاز کرده بود. اصلاحاتی که پس از انقلاب مشروطیت و بعد از روی کار آمدن سردار سپه دوباره از سرگرفته شد. اصلاحات امیر پیش از دوران می جی[۱] در ژاپن آغاز شد که اگر ادامه یافته بود به همان نتایجی می‌رسید که کشور آفتاب تابان به آنها نائل شد. البته با توجه به اوضاع و احوال و تاریخ و ویژگی‌های ایران و ایرانیان. به این ترتیب ایران از همان قرن نوزدهم در شمار کشورهای نیرومند درمی‌آمد و به راهی دیگر می‌رفت. اما اصلاحات امیر عوامل مقتدر و پرنفوذ بسیاری را ناراحت می‌کرد و به منافع و توقعات آنان لطمه می‌زد. او را از میان برداشتند و سال‌های سیاه پریشانی کار ایرانیان آغاز شد یا درست‌تر بگوییم از سر گرفته شد.

سرپرسی سایکس[۲] سال‌ها بعد یعنی به سال ۱۹۱۵ در تاریخ ایران خود نوشت:

«می‌گویند هر ملت شایسته حکومتی است که دارد»[۳]

اگر این بیان درست باشد باید بر حال ایران و ایرانیان گریست. ایران حکومتی قرون وسطائی دارد که رهبران آن اندیشه‌ای جز کسب مال و پر کردن جیب‌های خود ندارند[٤]. با این حال، تاثر و تاسفی که به هر بازدید کننده کاخ فین و باغ‌های وسیع اطراف آن دست می‌دهد نشانه آن است که اگر امیرکبیر بیست‌سال بر ایران

۱ - Meiji نامی که به صد و بیست و سومین امپراطور ژاپن داده شد. او از ۱۸٦۷ تا ۱۹۱۲ بر آن کشور سلطنت کرد و با اصلاحات خود ژاپن را به قدرتی بزرگ تبدیل نمود. می‌جی تقریباً به همان اصلاحاتی دست زد که امیر آغاز کرده بود. اما دلیلی نداریم که از او الهام گرفته باشد. تشخیص ضرورت زمانه بود.

۲ - Sir Percy Sykes دیپلمات و مورخ انگلیسی که ایران را خوب می‌شناخت. تاریخ ایران History of Persia وی هنوز هم مورد رجوع محققان است.

۳ - جمله‌ای است از Disraeli سیاستمدار مشهور بریتانیایی که در زمان سلطنت ملکه ویکتوریا نقش مهمی در سیاست آن کشور و در صحنه بین‌المللی ایفا کرد.

٤ - قضاوتی است دور از انصاف در میان رهبران ایران افراد شایسته و میهن‌پرستی نیز وجود داشتند که مورد توجه سیاست استعماری بریتانیا نبودند و نمی‌توانستند باشند.

حکومت کرده بود و مردانی پاکدامن و با کفایت چون خودش پرورش می‌داد ایران امروز حال و روزی دیگر داشت. قتل امیرکبیر یک فاجعه واقعی برای ایران بود و راه ترقی را بر این کشور بست.» تجزیه و تحلیلی درست آن هم از جانب یک محقق و صاحب نظر بریتانیایی.

میرزا آقاخان نزدیک به هفت سال صدارت کرد. سرانجام ناصرالدین شاه، که از افزایش نفوذ انگلیس‌ها بر ایران نگران شده بود، وی را کنار گذاشت.

اما حمایت مهدعلیا و تابعیت بریتانیا نجاتش داد. به اراک و یزد و اصفهان تبعیدش کردند. ناصرالدین شاه دستور داد به حساب‌های دولتی و ریخت‌و پاش‌های او رسیدگی کنند. معلوم شد که خود و پسرش سالانه ۲۰۰ هزارتومان به عنوان «هدایا، تعارفات و مزایا» برداشت می‌کردند، حال آن که هزینه دربار و خاندان سلطنتی از ۳۰۰ هزار تومان تجاوز نمی‌کرد. خسارت یک سال را از میرزا آقاخان گرفتند و مقداری از املاک وی را مصادره کردند[1]. میرزاآقاخان شش سال بعد از عزل از صدارت در قم بدرود حیات گفت.

در سال‌های پس از قتل امیر، ایران بار دیگر با مساله هرات روبرو شد که هنوز رسماً جزئی از این کشور بود. به ابتکار میرزا آقاخان در قراردادی میان تهران و لندن منعقد شد که در آن ایران از هر نوع ادعایی در هرات و سودای نوعی حاکمیت و نظارت بر سرتاسر افغانستان کنونی چشم‌پوشی کرد. اما بی‌نظمی‌ها و شورش‌هایی در افغانستان روی می‌داد و حکام محلی به شاه ایران متوسل می‌شدند. ناصرالدین شاه تصمیم به لشکرکشی به هرات گرفت. روس‌ها که در جنگ کریمه درگیر بودند او را به این اقدام تشویق کردند که مزاحمتی برای بریتانیای کبیر فراهم آورند. شاهزاده مرادمیرزا حسام‌السلطنه، پسر عباس‌میرزا، به فرماندهی نیروهای اعزامی ایران برگزیده شد. افرادش هرات را به محاصره درآوردند که سرانجام این شهر در ۲۵ اکتبر ۱۸۵٦ تسلیم شد و مجدداً به تصّرف ایرانیان درآمد. شجاعت و تدبیر نظامی حسام‌السلطنه آخرین جلوه درخشان سلطنت قاجاریه بود. در تاریخ از این فرزند عباس‌میرزا به عنوان «فاتح هرات» نام برده می‌شود. اما عکس‌العمل لندن فوری بود. تصمیم گرفته شد که از «بیداری» مجدّد ایران جلوگیری شود. در

۱ - هروی/۱۳۹.

اول نوامبر فرماندار کل هندوستان که مقیم کلکته بود رسماً به ایران اعلان جنگ داد. در روز چهارم دسامبر بحریه انگلیس ابتدا جزیره خارک و سپس بندر بوشهر را گلوله باران کرد و سپس به تصرف افراد خود درآورد. ناوگان بریتانیا به سوی شهرهای ساحلی دیگر خلیج فارس پیش رفتند و حتی کشتی‌هایی وارد شط کارون شدند. ایران وسیله‌ای برای دفاع از بنادر و سواحل خود نداشت. پالمرستون حق داشت که مانع ایجاد نیروی دریایی ایرانی در خلیج‌فارس شود. دیگر امیرکبیر هم نبود که از کشور خود دفاع کند. ناصرالدین شاه ناچار به تسلیم شد و فرمان به تخلیه هرات داد.

در چهارم مارس ۱۸۵۷ به وساطت ناپلئون سوم[1] امپراطور فرانسه قرار داد پاریس بین دو دولت ایران و بریتانیا به امضا رسید که طی آن کشور ما برای همیشه از تمام دعاوی و حقوق خود بر سرزمین افغانستان چشم پوشید. و این آغاز عقب‌نشینی‌ها و چشم‌پوشی‌های دیگر بود. در سال ۱۸۸۱، همه مناطق تحت نفوذ یا استیلای ایران در آسیای مرکزی به همان علل و دلایل، یعنی فقدان نیروی نظامی و قدرت سیاسی از دست رفت. در این میان لندن تسلط خود را بر قسمتی از بلوچستان و مجمع الجزایر بحرین و چند جزیره دیگر در خلیج‌فارس تسجیل کرد و ایران به سرحدات کنونی خود تنزل یافت. از قدرت و نفوذ دوران صفوی، به ویژه شاه عباس اول از بلند پروازی‌های نادر و فتوحاتش، از آقامحمدخان قاجار و یا از سوداهای اصلاحات عباس‌میرزا و قائم مقام و امیرکبیر دیگر اثری باقی نماند. ایران بهای گران قتل امیر را می‌پرداخت. دوران چهل و هشت‌سال سلطنت ناصرالدین شاه سال‌های سیاه و نکبت باری برای ایران و ایرانیان بود. شاه چندبار کوشید که تغییرات و اصلاحاتی انجام دهد. از جمله به هنگام صدارت میرزا حسین‌خان مشیرالدوله قزوینی که بعداً به سپهسالار اعظم ملقب شد و ترتیباتی در تمشیت امور دولتی و محدود ساختن مداخلات روحانیون در امور قضائی و جلوگیری از اصراف و ولخرجی‌های دربار و درباریان به مرحله اجرا درآورد. اما در حقیقت شاه فقط به شکار و زن علاقه داشت و هر چه بیشتر می‌کوشید که درهای ایران را به هر اندیشه و طرح نوینی ببندد و ایرانیان را در تاریکی و نادانی

1 - Napoleon III

نگاه دارد تا بتوان بی‌هیچ دشواری بر آنان حکومت کرد. او نخستین پادشاه ایران بود که به باختر زمین سفر کرد. بهانه‌ی رسمی سه سفرش (۱۸۷۳ —۱۸۷۸، ۱۸۸۹) «بررسی» برای یافتن اندیشه‌های نوینی در زمینه پیشرفت ایران بود. اما فکری به سرش نیامد.

میرزا حسین‌خان سپهسالار با وجود احتیاطتش در اصلاحاتی که مورد نظر بود، پس از نشیب و فرازهایی از کار برکنار و به قزوین تبعید شد و اندکی بعد در همان شهر درگذشت. می‌گویند که درگذشتش طبیعی نبود. اما دلیل قاطعی هم در این زمینه در دست نیست. از او مسجد عالی سپهسالار و کاخ بهارستان که تا انقلاب اسلامی محل مجلس شورای ملّی بود به یاد مانده است که آن را معمولاً «خانه ملت» می‌خواندند.

با تمام این احوال در همین سال‌ها بیداری ایرانیان آغاز شد. مسافرت و اقامت طولانی سید جمال‌الدین اسدآبادی معروف به افغانی در ایران و انتشار اندیشه‌هایش در کشور یکی از عوامل این بیداری بود. جراید فارسی زبان لندن (قانون) و کلکته (حبل‌المتین) یا اسلامبول (اختر) در خفا به ایران می‌رسیدند و دست به دست می‌گشتند. گروه کوچکی از برجستگان جامعه به انجمن‌های فراماسونی گرویده بودند و با اندیشه‌های آزادیخواهانه انس و الفت یافتند.

ایرانیان دیگر چشم به راه مردی سرنوشت‌ساز نبودند، از شاه انتظاری نداشتند و در جستجوی راه نجات دیگری برآمدند. دموکراسی غربی. در آخرین سال‌های سلطنت ناصری جامعه ایران به ظاهر امن و آرام اما نارضائی‌های بسیار در آن در حال پیدایش بود.

در ماه مه ۱۸۹۶، در حالی که دربار با تحمل هزینه‌های بسیار سرگرم به برپائی مراسمی برای پنجاهمین سال سلطنت ناصرالدین، پادشاه ذوالقرنین بود. وی در صحن حضرت عبدالعظیم، امامزاده‌ای در نزدیکی تهران، به دست یکی از پیروان سید جمال‌الدین، میرزا رضا کرمانی، و به احتمال قوی به اشاره یا تشویق او به قتل رسید. خود سید جمال را نیز در استانبول به فرمان سلطان عبدالحمید زهر دادند و کشتند. چرا که اندیشه‌هایش مقبول دربار عثمانی و مخصوصاً این سلطان که به استبداد و خونخواری شهرت داشت نبود.

مظفرالدین میرزا ولیعهد که سالخورده و بیمار بود به جای پدر بر تخت سلطنت نشست. او مردی ساده و سلیم‌النفس و در طول مدت انتظار برای رسیدن به سلطنت دلگیر و تا حدی نومید بود. با این وجود با استقراض از خارج و گرو گذاشتن دارائی‌های مملکت، یعنی استقلال اقتصادی و سیاسی آن، سه بار به اروپا سفر کرد. اما سفرهای او و همراهان متعددش در گشایش افق فکری جامعه بی‌اثر نبود. مظفرالدین برخلاف پدرش مردی متمایل به سازش و دور از خشونت بود. در اطرافش تنی چند از روشنفکران و آشنایان به مسائل دنیای متحول آن روز دیده می‌شدند. دهه سلطنت او سرآغاز دگرگونی اوضاع ایران شد. در تهران و چند شهر دیگر موج نارضائی از گرانی نرخ ارزاق و زورگوئی حکام و ارباب قدرت و مداخلات سیاست‌های خارجی در امور کشور اندک اندک بالا گرفت و به تظاهراتی وسیع مبدل شد. جناحی از روحانیون و انجمن‌های فراماسونی که دیگر عملاً علنی شده بودند این تظاهرات را دامن می‌زدند و عمدتاً رهبری می‌کردند.

همه خواستار پایان زورگوئی و خودکامگی، ترقی اقتصادی، ایجاد سازمان‌های نوین اداری و آموزشی و تحدید اختیارات دربار یعنی شخص شاه بودند. در میان جامعه روشنفکران ساختمان راه آهن، ایجاد صنایع سنگین، بنیان‌گذاری عدلیه نوین، قطع مداخلات خارجیان در امور کشور و .... هدف‌های اصلی تحول جامعه تلقی می‌شد.

ایرانیان از عقب‌ماندگی کشور خود و حقارت آن در جامعه بین‌الملل رنج می‌بردند چراکه چشم و گوش‌ها باز شده بود.

ایران نیاز به یک تحول بنیادی و همه‌جانبه داشت.

انقلاب مشروطیت، حرکتی که اصیل و ایرانی بود، برآیند این گردش ملی به شمار می‌آید. به این ترتیب در روز ۱۵ اوت ۱۹۰۶ (۱٤ مرداد) مظفرالدین شاه فرمان مشروطیت را توشیح کرد. سپس قانون اساسی ایران که ملهم از قانون اساسی بلژیک بود، تهیه و تصویب و اعلام شد.

فرمان مشروطیت به خط و انشاء یکی از درباریان روشنفکر آن زمان قوام‌السلطنه است و قانون اساسی را برادران پیرنیا (حسن - مشیرالدوله و حسین - مؤتمن‌الملک) و محمدعلی فروغی (ذکاءالملک) تدوین کردند.

فرمان مشروطیت و قانون اساسی ۱۹۰٦ به سلطنت مطلقه در ایران پایان داد و قوای مملکت را ناشی از ملت دانست. حق حاکمیت ملی متعلق به همه ایرانیان اعلام شد که حقوق خود را از طریق نمایندگان منتخب خویش اعمال می‌کردند. سلطنت ودیعه‌ای اعلام شد که به خواست خداوند (موهبت الهی) از جانب ملت به شاه تفویض می‌شد. نتیجه آنکه مانند هر ودیعه دیگری قابل استرداد می‌بود.

کاتب فرمان مشروطیت قوام‌السلطنه، و نیز مشیرالدوله مؤتمن‌الملک، ذکاءالملک و تنی چند از روشنفکران و مصلحین آن زمان فراماسون بودند. همچنین دو تن از روحانیون بلندپایه‌ای که حرکت مشروطه را رهبری کردند یکی سید عبدالله بهبهانی قطعاً و دیگری سید محمد طباطبائی به احتمال قریب به یقین به این طریقت تعلق داشتند.

پنج روز پس از اجرای فرمان مشروطیت و افتتاح مجلس مظفرالدین شاه که از خود نام نیکی در تاریخ به جای گذاشته درگذشت.

محمدعلی میرزا، ولیعهد وی، بر تخت سلطنت نشست. او مردی بود خشن و مستبدالرأی رعایت قانون اساسی و احترام به اصل حاکمیت ملی را برنمی‌تافت[۱]. چهار بار به بهانه‌های مختلف و برای فریب مردم به صیانت قانون اساسی و احترام به مجلس منتخب مردم سوگند یاد کرد. اما از همان روزهای نخست سلطنتش برآن شد که با پشتیبانی روس‌ها بساط مجلس و مشروطیت را برچیند، آزادی‌خواهان را قلع و قمع کند و حکومت مطلقه را ولو با ظاهری دیگر مجدداً برقرار سازد. به فرمان او لشکر قزاق به فرماندهی یک افسر روسی مجلس را در ژوئن ۱۹۰۸ به توپ بست. بسیاری از سران انقلاب به قتل رسیدند و یا زندانی و تبعید شدند. حکومت خشن و استبدادی محمدعلی یک سال بیشتر به طول نیانجامید. آذربایجان هرگز تسلیم نشد. گیلان به پا خاست سپس بختیاری‌ها هم به آنان پیوستند. سرانجام تهران در ژوئیه ۱۹۰۹ فتح شد. محمدعلی شاه معزول و تحت حمایت روس و انگلیس روانه تبعید شد. مشروطیت دوباره برقرار شد.

---

۱ - ماهنامه آزادی، در شماره ششم (شماره پیاپی ۹۰) سال هشتم مرداد ماه ۱۳۹٦ (ژوئیه، اوت ۲۰۱۷) طی مقاله‌ای تحت عنوان توطئه محمدعلی شاه علیه نهضت مشروطیت، مدارک جالب جدیدی از منابع روسی در این مورد انتشار داده است.

سلطان احمدمیرزا ولیعهد شاه مخلوع به سلطنت رسید. اما چون یازده ساله بود دو نایب‌السلطنه پیاپی - عضدالملک رئیس ایل قاجار و ناصرالملک همدانی قره‌گزلو - به انجام وظایف وی منصوب و مأمور شدند تا به سن قانونی سلطنت (۲۰ سالگی) برسد.

این تغییر و تحول هیچ مشکلی را از میان برنداشت. هرج و مرج سیاسی و ناامنی در سرتاسر کشور و حتی در تهران حکم‌فرما بود. دولت‌های زودگذر، - غالباً با همان رؤسا و همان وزیران بی‌قدرت و اختیار - می‌آمدند و می‌رفتند. خزانه تهی و حکومت حتی در پایتخت ناتوان و عاجز بود. حکومت مرکزی و وحدت ملی توهمی بیش نبود. ایران در حال فروپاشی بود و مردم ناامید و دلسرد و چشم به راه بودند.

در این میان مصیبت دیگری بر ایران و ایرانیان رسیده بود. بحران سیاسی بین‌المللی، فزون‌طلبی روزافزون امپراطوری آلمان و ویلهلم دوم و رقابت میان ابرقدرت‌های اروپایی باعث شد که با پادرمیانی فرانسه که هم خود را هرچه بیشتر در خطر می‌دید و هم در سودای بازپس گرفتن مناطقی بود که در جنگ ۱۸۷۰ با آلمان به این کشور ضمیمه شده بود. بریتانیای کبیر و روسیه اختلافات خود را در آسیای مرکزی کنار بگذارند. در این چهارچوب بر اساس قرارداد ۳۱ اوت ۱۹۰۷ ایران به دو منطقه نفوذ این دو امپراطوری تقسیم شد. تهران و منطقه مرکزی از این تقسیم برکنار ماندند که برخوردی میان آنان پدیدار نشود. ارتش روسیه وارد شمال ایران شد و در گیلان و آذربایجان و جاهای دیگر به کشتار میهن‌پرستان پرداخت. انگلیس‌ها اندکی ملایم‌تر بودند اما دست‌کمی نداشتند. هیچ‌یک از این «ممالک راقیه» حتی به خود زحمت آن‌را نداده بود که تقسیم ایران را به دو منطقه نفوذ به مقامات ایرانی اطلاع دهد. می‌گفتند که به استقلال و تمامیت ایران لطمه‌ای وارد نشده است.

با این حال تهران به این تقسیم و پی‌آمدهای آن شدیداً اعتراض کرد. اما کسی به این اعتراض توجه و اعتنایی نکرد. محمدعلی شاه چنانکه دیدیم سر و سودای دیگری داشت. ایران ناتوان و درمانده بود و محلی از اعراب نداشت.

رودرروئی میان دو جبهه بزرگ در دنیا، روسیه و بریتانیا و فرانسه از یک

طرف و امپراطوریهای آلمان و اتریش و عثمانی از طرف دیگر به جنگ اول جهانی منتهی شد. ایران اعلام بی‌طرفی کرد. اما قدرت و وسیله تضمین آن را نداشت. قوای روس و انگلیس و عثمانی قسمت‌های مهمی از خاک کشور ما را اشغال کردند.

انقلاب ۱۹۱۷ در روسیه و سقوط تزارها امیدهای زودگذری به وجود آورد. پس از انعقاد قرارداد برست لیتوسک[۱] بین رژیم ناشی از انقلاب و امپراطوری آلمان، مسکو امتیازاتی را که بعد از ۱۸۱۳ تزارها در ایران به دست آورده بودند ملغی اعلام داشت. این تصمیم جنبه‌ای از سیاست بین‌المللی ضد استعماری بلشویک‌ها بود که مردم ممالک مستعمره و یا تحت نفوذ انگلستان و فرانسه را علیه این دو کشور بشوراند و نوعی انقلاب جهانی علیه آنان به وجود آورد. با این حال بلشویک‌ها سرزمین‌های اشغالی را برای خود نگاه داشتند ولی دولت ایران حکومت جدید را به رسمیت شناخت.

فروپاشی موقت امپراطوری روسیه و پیروزی متفقین بر اتحاد مثلث سه امپراطوری آلمان- اتریش و عثمانی[۲]، عملاً بریتانیای کبیر را به صورت تنها ابرقدرت حاضر و نافذ در خاورمیانه درآورد. به ویژه که در زمان جنگ اول دریاداری انگلیس قسمت اعظم سهام شرکت نفت ایران و انگلیس[۳] را خریداری کرده و دیگر هرج و مرج و ناامنی را در این کشور برنمی‌تافت.

بیم تسلط بلشویک‌ها بر ایران یا قسمتی از ایران، لندن را واداشت که ارتشی به فرماندهی ژنرال آیرونساید[۴] برای حمایت از نیروهای روس سفید که با آنان در جنگ بودند به قفقازیه اعزام دارد. شکست نیروهای روس سفید موقعیت سوق‌الجیشی ایران را بیشتر کرد و کشور ما را در خط اول جبهه مقاومت در برابر انقلابیون سرخ و خطر پیشرفت آنان به سوی جنوب قرار داد.

سقوط ایران، هندوستان را مستقیماً به خطر می‌انداخت. حفظ تمامیت ایران، به شرطی که تحت نفوذ آنان باشد به صورت اولویت اصلی سیاست لندن در

---

۱ - BREST-LITOVSK – ۳۱ مارس ۱۹۱۸.
2 - Triplice
3 - Anglo-Persian Oil Company
4 - IRONSIDE

منطقه درآمد. پس انگلیس‌ها بر آن شدند نوعی شبه تحت‌الحمایگی بر ایران تحمیل کنند و «منطقه مقاومتی» در برابر «رفتار غیرقابل نظارت» بلشویک‌ها به وجود آورند. لاجرم قرارداد ۱۹۱۹ با دولت وقت ایران امضا شد.

چند سیاست‌مدار ایرانی وثوق‌الدوله، نصرت‌الدوله فیروز، اکبر میرزا صارم‌الدوله با دریافت رشوه‌های کلان به امضای این قرارداد گردن نهادند که سال‌ها بعد دولت ایران مجبور شد وجوه دریافتی را از محل عواید خزانه به لندن مسترد نماید! شاید هم‌چنانکه وثوق‌الدوله بعداً در دفاع از خود گفت، اینها راه چاره دیگری برای حفظ استقلال ایران نمی‌دیدند! طبق این قرارداد که در ظاهر به استقلال و موجودیت ایران احترام می‌گذاشت، نظارت و اداره قوای مسلح، سازمان مالی و اداری و دستگاه‌های عمده دولتی ایران به انگلیس‌ها تفویض می‌شد. مشابه این ترتیبات با مصر و عراق (بعد از آن که این کشور مصنوعی به نوعی استقلال رسید) منعقد شد. اما ایران نه مصر بود و نه عراق.

انتشار متن قرارداد ۱۹۱۹ اعتراض و قیام یک پارچه مردم ایران را برانگیخت. مشیرالدوله که در رأس دولت جانشین وثوق‌الدوله شده بود آن را رسماً بی‌اعتبار دانست. حتی احمدشاه ضعیف‌النفس و محتاط یکی دوبار تظاهر به مخالفت با آن کرد. گرچه به دریافت مقرری محرمانه خود از خزانه‌داری اعلیحضرت پادشاه بریتانیای کبیر و امپراطور هندوستان ادامه داد.

بی‌تکلیفی و هرج و مرج و آشوب ادامه یافت. در ۱۸ مه ۱۹۲۰ نیروهای سرخ در تعقیب فراریان روس سفید در بندرانزلی (بعداً پهلوی) پیاده شدند. هر دو گروه به غارت اموال مردم و تجاوز به آنان پرداختند و بسیاری را پیاده عازم فرار به سوی پایتخت و مناطق به ظاهر امن واداشتند. رشت، مرکز گیلان نیز به تصرف قوای بلشویک درآمد. اصولاً کسی برای دفاع از آن نبود. در آنجا بود که حزب کمونیست ایران به حمایت آنان شکل گرفت و رسماً اعلان وجود کرد.[1]

در گوشه و کنار ایران، آشوب و طغیان گسترش می‌یافت. مورخ و محقق

۱ – نگاه کنید به:
Houshang Nahavandi, Le choc des ambitious, 2006 P 125& 153

موجهی[1] صورت دقیق آنها را برشمرده که حتی پس از گذشت یک قرن لرزه بر اندام هر ایرانی می‌اندازد.

ورود قوای ارتش سرخ به ایران خطر را به امپراطوری بریتانیا و هندوستان و وصول روس‌ها را به «آب‌های گرم» که از زمان پطرکبیر یکی از هدف‌های اصلی سیاست خارجی و توسعه‌طلبی آنان بود نزدیک‌تر کرد. لندن سخت نگران بود. با شکست قرارداد ۱۹۱۹، طرح ایجاد یک حکومت مقتدر در ایران به وجود آمد که قادر به ایستادگی در مقابل بلشویک‌ها باشد تا در نهایت امر آیرونساید بتواند قوای خود را از منطقه خارج کند و روس و انگلیس با یکدیگر هم سرحد نباشند.

طرح کودتا

سه تن برای رهبری این کودتا پیش‌بینی شده بودند. یک روحانی عوام‌باز و جاه طلب سید حسن مدرس، یک شاهزاده قاجار، فیروز میرزا نصرت‌الدوله که به تهران فراخوانده شد، اما در گردنه اسدآباد گیر کرد و نتوانست خود را به پایتخت برساند. به علاوه نقطه ضعف دیگری هم داشت. مردی بود تحصیل کرده - آشنا به چند زبان خارجی - آگاه به اوضاع جهان اما مشهور به نزدیکی با انگلیس‌ها و یکی از بانیان قرارداد ۱۹۱۹ که حضورش در راس کودتا مهر انگلیسی به آن می‌زد. نفر سوم روزنامه‌نویس پرشور جاه‌طلب و جوانی بود که چهره یک «مرد نوین» را داشت: سیدضیاءالدین (طباطبائی). او بدون تردید قبول کرد. معمّم بود اما عمامه از سر برداشت و به جای آن کلاه پوستی بر سر نهاد و «اورکت سیاه و چکمه پوشید»[2]

شکل دادن به کودتا نیاز به یک نیروی نظامی داشت. در آن موقع فقط لشکر قزاق قادر به این کار بود. همان لشکری که در زمان ناصرالدین شاه با کمک روسیه

---

۱ - نورمحمد عسگری، در هزارسال فراز و فرود، انتشارات شرکت کتاب، لس آنجلس. صفحات ۳۵۸ تا ۳٦۰

۲ - گفته سیدضیاءالدین طباطبائی به صدرالدین الهی در «سیدضیاء مرد اول یا مرد دوم کودتا». انتشارات شرکت کتاب، لس آنجلس. قسمت عمده این کتاب مشتمل است بر خاطرات سیدضیاء و بعضی دیگر از دست‌اندرکاران ماجرای سوم اسفند ۱۲۹۹. بر روی هم سندی است مهم برای تحلیل این واقعه.

تزاری ایجاد شده، پس از انقلاب اکتبر فرمانده و افسران روس آن یا به قوای سفید گرویده و یا پراکنده شده بودند و دیگر فرمانده ایرانی داشت، به نحوی که خواهیم گفت: میرپنج (معادل سرتیپ) رضاخان. طبیعتاً انگلیس‌ها با او تماس گرفتند.

فصل سوم

من «حکم می‌کنم...»

انگلیس‌ها رهبر صوری کودتا را یافته بودند. چهره تازه‌ای که می‌توانست برای بسیاری از ایرانیان جالب و جذاب باشد. مردی بیست و نه ساله که حتی در آن دوران برای احراز مسئولیت امور کشور جوان به نظر می‌رسید. به عبارت دیگر مرد اول کودتا. اما ترتیب استفاده از لشکر قزاق چندان آسان نبود.

از آغاز پراکندگی فرمانده و صاحب منصبان روس لشکر قزاق، سفارت انگلیس در تدارک آن بود که اداره امور لشکر را به دست بگیرد. لندن همیشه در سیاست دوربین بود و می‌دانست که نظارت بر این واحد عاملی مهم در اداره امور ایران خواهد بود. مرد محترم، خوشنام، اما به کلی عاری از مسائل نظامی، سردار همایون، را برای تصدی فرماندهی لشکر قزاق به احمدشاه توصیه کردند و او هم رضایت داد. او با خانواده سلطنتی نسبتی داشت و قبلاً به عنوان دیپلمات در اروپا خدمت می‌کرد. به قول آیرونساید[۱] مردی بود خوش لباس «بسیار پای‌بند نزاکت». قرار بر آن شد که یک سرهنگ انگلیسی، اسمایت[۲] عملاً فرماندهی این لشکر را به عهده بگیرد و به یاری افسران و درجه‌داران انگلیسی که جانشین روس‌ها می‌شدند به امور نظم و ترتیبی بدهد و هزینه‌های آن را نیز لندن تأمین کند که در آغاز کار چنین هم شد.

سردار همایون از ژنرال آیرونساید خواست که وی را به صاحب منصبان و افراد لشکر قزاق معرفی کند. در گفتگو با او اقرار کرد که در واقع یک سرباز نیست و تنها مزیتش وفاداری به شاه است[۳]. به اتفاق به اردوگاه لشکر قزاق رفتند «سردار همایون از شدت یاس خود را باخته بود. با هیچ یک از افسران ایرانی دست نداد

---

۱ - خاطرات و سفرنامه ژنرال آیرونساید به ضمیمه اسناد و مکاتبات سیاسی وزارت امور خارجه انگلستان، ترجمه بهروز قزوینی، نشر آینه، تهران ۱۳٦۱

2- Colonel Smythe

۳ - آیرونساید صفحات ٤٧ تا ٦٩

و کلمه‌ای هم خطاب به آنها بر زبان نیاورد. آنها همه از روی احترام به او تعظیم کردند. اما او حرفی نداشت که به آنها بزند. او تمایلی به زندگی در اردوگاه یا نزدیکی با آنها ندارد.»

گزینش سردار همایون به فرماندهی لشکر قزاق خوش‌آیند صاحب منصبان ایرانی آن نبود، بیست تن از سرداران آن دور هم گرد آمدند و رضاخان میرپنج را برای تصدی این مقام پیشنهاد کردند. میرپنج احمد آقاخان (سپهبد امیر احمدی بعدی) از آقا بابا (دهی بین قزوین و کرج) که قزاق‌ها در آن اردو زده بودند عازم تهران شد. با چند تن از رجال «وجیه‌المله» از قبیل مستوفی‌الممالک، صمصام‌السلطنه، مؤتمن‌الملک، مشیرالدوله، ملاقات کرد. همه آنها متقاعد شدند و سرانجام احمدشاه میرپنج رضاخان، صاحب‌منصب مورد اعتماد همکارانش را به این سمت برگزید[۱]. راه سرنوشت به روی او گشوده شد. بی‌گمان می‌توان نقطه آغاز صعود و اعتلای رضاخان را در همین انتصاب دانست. برخلاف آنچه این‌جا و آن‌جا گفته یا نوشته شده، انگلیسی‌ها دخالتی در این گزینش نداشتند و شاید به درستی رضاخان میرپنج را نمی‌شناختند که نه از خانواده‌ای متشخص و مهم بود و نه صاحب مقامی که شایسته توجه آنها باشد. اما انتصاب او به فرماندهی لشکر قزاق این بینش را تغییر داد که عامل اصلی آن ژنرال آیرونساید بود.

نخستین دیدار رضاخان و آیرونساید در همان مراسم معارفه سردار همایون با افسران لشکر قزاق صورت گرفت که پیشتر به آن اشاره کردیم[۲]:

۱ –تفصیل این جریان و اسناد مربوط به آن در کتب مختلف مندرج است. از جمله نگاه کنید به: نادر پیمایی، رضاشاه پهلوی از آلاشت تا ژوهانسبورگ، چاپ اول، واشنگتن، ۲۰۰۲. صفحات ۳٤ به بعد. این کتاب زندگی‌نامه‌ای است روشن و بی‌طرفانه درباره رضاشاه پهلوی.

۲ – درباره همه این جریان‌ها نگاه کنید به:
سیاوش بشیری، سایه‌ای از سردار، زندگی‌نامه سیاسی اعلیحضرت رضاشاه کبیر، بنیاد پژوهش‌های فرهنگ سیاسی ایران، انتشارات پرنگ، ایالات متحده آمریکا ۹۱، کتابی شامل بر اسناد و مدارک جالب و بعضاً ناشناخته. نویسنده ستایش خود را از رضاشاه پنهان نمی‌کند. همچنین
Cyrus Ghani, Iran and the rise of Reza Shah from Qadjar Collaps to Pahlavi power IB Tauris, London 1998 کتابی بسیار دقیق و مستند
همچنین ک. هومان، رضاشاه در آینه اسناد، Pars Media Inc, Westwood,M (ایالات متحده، ۲۰۱٦). کوشش نویسنده بر آن است که سوءنیت‌ها یا اشتباهاتی را که درباره

«او مردی بود با قامتی بلند، بیش از شش پا، با شانه‌های فراخ و چهره‌ای بسیار متشخص و متمایز، بینی عقابی و چشمان درخشانش به او سیمای زنده می‌بخشید که در آن مکان دور از انتظار بود.... نام او رضاخان بود...»[۱]

آیرونساید در جای دیگر نوشته:

«... او بسیار رک و راست با من حرف زد و گفت از سیاستمدارانی که به نفع شخص خود کنترل مجلس را به دست گرفته‌اند بیزار است... از این رو از سخنان بی‌پایان و بی‌نتیجه‌ی سیاست‌مداران تنفر داشت. از نظر من او مردی قوی بود که سر نترسی داشت و قلباً خیرخواه کشور خود بود. ایران برای روزگار سختی که پیش رو داشت، به یک رهبر نیازمند بود و او بی‌تردید مردی بود که فوق‌العاده با ارزش به شمار می‌آمد»[۲]

در این ماهها اوضاع ایران پریشان، مردم دچار قحطی و بیماری‌های همه‌گیر بودند. دولت مرکزی قدرتی نداشت، نخست‌وزیران می‌آمدند و می‌رفتند و خزانه حتی قدرت پرداخت حقوق کارمندان را دارا نبود و گه‌گاه از روی اجبار با «حواله» آجر یا کالای دیگر سعی می‌کرد آنها را آرام نگاه دارد که اگر هم آرام نبودند کاری از پیش نمی‌بردند و از پیش نمی‌رفت و خطر حمله بلشویک‌ها و یارانشان پایتخت را تهدید می‌کرد[۳].

دیپلماسی بریتانیا هم‌چنان در جستجوی راه حلی بود که قرارداد ۱۹۱۹ تنفیذ شود و کارشناسان انگلیسی سررشته امور کشور را به دست بگیرند.

قضاوت احتشام‌السلطنه، از رجال سرشناس عهد قاجار در این مورد روشن است. «چاره نیست جز دیدن و حسرت خوردن. تنها یک راه وجود دارد. آن هم کوبیدن و سرنگون کردن این نظام پوسیده و رهایی از دست این دلقک (شاه

رضاشاه ابراز شده به مدد اسناد موثق تصحیح یا جبران کند.

۱ - آیرونساید/٤٨.

۲ - آیرونساید/٦١.

۳ - خاطرات احتشام‌السلطنه به کوشش سید محمد مهدی موسوی، ص ٤٨٨، چاپ دوم، ۱۳٦٧، تهران، انتشارات زوّار. این کتاب که چندین دهه پس از مرگ مولف انتشار یافته سندی کم‌نظیر در شناسایی اوضاع پریشان ایران و ایرانیان در دوران قاجار است و فساد و تباهی و نومیدی که همه‌جا حکم‌فرما بود.

قاجار) و اعقاب و اجزاء اوست. وصول به این راه حل هم هزار وسیله و اسباب می‌خواهد که در درجه اول لطف و عنایت خداوند متعال است.»

قضاوت و برداشت ژنرال آیرونساید با بینش سفارت یکی نبود. احتشام‌السلطنه در پایان خاطرات خود نوشته بود:

«اگر سکان کشتی شکسته ایران به دست ناخدایی نظیر کمال پاشا (آتاتورک) نیفتد، بزودی باید شاهد محو استقلال و موجودیت کشورمان باشیم.[۱]»

و آیرونساید نیز چنین می‌اندیشید:

«آنچه ایران به آن احتیاج داشت یک رهبر بود. شاه جوان تنبل و بزدل بود و همیشه ترس جان خود را داشت. برخورد کوتاه من با او مرا واداشت که فکر کنم او همیشه در آستانه اتخاذ این تصمیم است که به اروپا بگریزد و ملتش را به حال خود رها کند. در آن سرزمین من تنها یک مرد را دیدم که توانایی رهبری آن ملت را داشت. او رضاخان بود. مردی که عنان اختیار تنها نیروی مؤثر نظامی کشور را در دست داشت.»[۲]

برآیند همه تحقیقات[۳] و بررسی کلیه اسناد موجود نشان می‌دهد که تا آخرین ساعات سیاست رسمی دولت بریتانیا روی کار آوردن دولتی بود که قرارداد ۱۹۱۹ را به مرحله اجرا درآورد. سیدضیاء را برای تحقق این هدف مناسب‌تر دانسته بودند. او هم طرفدار قرارداد بود هم سرسپرده سفارت آن کشور، هم چهره‌ای جوان و جاه‌طلب که مدعی اصلاحات و تغییرات در کشورش بود و شاید هم چنین نظری داشت. اما آیرونساید واقع بین بود. می‌دانست که «تلاش چندساله ما (انگلیس‌ها) برای حفظ نفوذمان در ایران به پایان رسیده است»[٤] و برای جلوگیری از تسلط بلشویک‌ها، حکومتی نیرومند و ملی را بر نظامی پوشالی که از پشتیبانی مردم برخوردار نباشد و اطاعت از سفارت «دولت فخیمه» را تنها پشت و پناه خود بداند، ترجیح می‌داد چراکه می‌دانست چنین راه حلی ناپایدار خواهد بود.

۱ - احتشام‌السلطنه، ۷۲۵-۷۲٤.
۲ - آیرونساید، ۷۹.
۳ - از جمله سیروس غنی و ک هومان.
٤ -آیرونساید، ۷۹ .

گفتگوهای او با رضاخان وی را در این باور استوارتر کرد.

لشکر قزاق[1] به سوی تهران سوق داده شد. در دهکده مهرآباد سیدضیاء به استقبال آنان آمد. رسماً این نخستین ملاقات «مرد اول و مرد دوم کودتا» بود. اما سید می‌گوید که مدتها قبل به واسطه ماژور مسعودخان (کیهان) با وی ملاقاتی داشته و او را «مردی جذاب، خوش ظاهر، با یک رگ لوطی‌گری[2]» یافته است و دو روز قبل از این ماجرا نیز در کاروانسرا سنگی به دیدار وی رفته.

در شب دوم به سوم اسفند، چند تن از پایتخت به دیدار لشکر و فرماندهانش آمدند. معین‌الملک منشی مخصوص احمدشاه، ادیب‌السلطنه (سمیعی) از جانب رئیس الوزرا سپهدار اعظم فتح‌الله خان اکبر، کلنل هیگ و ژنرال دیکسون از طرف سفارت انگلیس[3].

معین‌الملک گفت «فرمان شاه و دولت است که قوا نباید به طرف تهران حرکت کند» ژنرال دیکسون آنها را «از تخطی نظامی می‌ترساند و به خلع درجه تهدید کرد». ادیب‌السلطنه با «زبان شیرین و چرب و نرمش» نصیحت کرد و وعده‌ها داد.

از این تفصیل سیدضیاء پیداست که هنوز سفارت انگلیس، یعنی نمایندگان رسمی لندن با نحوه عملی که آیرونساید مشوق اصلی آن بود موافقت نداشت. اما دیگر کار از کار گذشته و لحظه سرنوشت فرارسیده بود. فرمان حرکت به سوی تهران داده شد.

رضاخان در نخستین ملاقاتش با سیدضیاء فهمیده بود که این روزنامه‌نویس پرشور و ناطق زبردست در برابر قدرت اراده و بلند پروازی او وزنه‌ای به شمار نمی‌آید. می‌دانست انگلیس‌ها به او نیاز دارند و کس دیگری نیست که در آن روزها بتواند جانشین وی شود. بازی غریبی بود. هر یک می‌خواست دیگری را وسیله قرار دهد. سفارت انگلیس راه حل دیگری را ترجیح می‌داد. ولی در آن

---

۱ - سه هزار سرباز، ۸ توپ صحرائی و ۱۸ مسلسل. در فاصله نخستین دیدار ژنرال آیرونساید با رضاخان و آغاز حرکت لشکر قزاق به تهران به سربازان آن لباس‌های مناسب و کفش توزیع شده بود (منبع تلگرام مورخ ۲۲ فوریه ۱۹۲۱ سفارت انگلیس به لندن).

۲ - الهی - سیدضیاء، ۵۶.

۳ - همان منبع ۸۲، ۸۳.

لحظه انگلیس‌ها و سیدضیاء با رضاخان یک هدف داشتند. زمان اختلاف نظر هنوز فرا نرسیده بود.

در مهرآباد، به هنگام صدور فرمان حرکت به سوی تهران میر پنج رضاخان، فرمانده لشکر قزاق، نگاه نافذش را به افراد که در برابرش بی‌حرکت ایستاده بودند دوخت و آن‌گاه با صدای رسا و شمرده‌ای چنین گفت[۱]:

> «برادران من، سربازان من! ما یکی دو ساعت دیگر عازم تهران خواهیم شد. بر من الهام شده است یک نیروی غریبی به من مژده داده است که ما پیروز می‌شویم و وطن را نجات خواهیم داد... این هدفی که ما را به این راه کشانیده است هدف مقدسی است. ما برای نجات مادر وطن دست به کار خطیری می‌زنیم. اگر در این راه کشته شویم جزو شهدا حساب خواهیم شد و اگر موفق شویم به یاری خداوند قادر متعال و ارواح ائمه اطهار آب و خاک وطن‌مان را از ذلت و پستی نجات خواهیم داد. در راه رسیدن به این مقصود، باید ذره‌ای در انجام وظیفه‌ای که بر عهده شما است تعلل نکنید. انشاءالله بعد از رسیدن به تهران وضع معاش همه روبراه خواهد شد و از خجالت شما درخواهیم آمد»[۲].

در روز ۲۳ فوریه، رضاخان و لشکر قزاق به آسانی بر پایتخت ایران که ویرانه‌ای سرد و خاموش بیش نبود، مسلط شدند. در یک یا دو کلانتری مختصر مقاومتی صورت گرفت و تنی چند زخمی شدند. اما تقریباً کودتا بدون خون‌ریزی و آرام بود.

نمایندگان اعلیحضرت پادشاه بریتانیا، بقیه کار را انجام دادند. احمدشاه را به عزل رئیس‌الوزرای وقت وا داشتند و فرمان انتصاب سیدضیاء را که اصولاً نمی‌شناخت از او گرفتند. در ملاقاتش با شاه سید از او خواست که با فرمان دیگری او را به سمت «دیکتاتور» کشور منصوب کند[۳]. اما او زیربار نرفت. ظاهراً

۱ – همان منبع، ۳۶۲.

۲ – همان منبع، همان صفحه، به نقل از خاطرات کلنل کاظم خان سیاح که در کنار رضاخان یکی از رهبران این حرکت بود. به نظر می‌رسد که با حفظ مضمون، کلنل کاظم‌خان در عبارات اصلاحاتی کرده باشد.

۳ – همان منبع.

رضاخان طالب وزارت جنگ بود. ولی رئیس‌الوزرای جدید که از همان آغاز کار از او بیمناک بود نپذیرفت. مبارزه میان این دو نفر اول کودتا از همان روز آغاز شد.

بامداد روز ۲۳ فوریه ۱۹۲۱، احمدشاه هنوز پادشاه ایران بود. از همان نخستین ساعات روز این اعلامیه که مصوّر به علامت ملی شیر و خورشید بود در همه جای پایتخت ایران به دیوارها، به درهای ورودی مساجد و عمارات دولتی، در چهار راه‌های مهم و در بازار الصاق شده و به چشم می‌خورد[۱].

«من حکم می‌کنم :

ماده اول- تمام اهالی شهر تهران باید ساکت و مطیع احکام نظامی باشند

ماده دوم- حکومت نظامی در شهر برقرار و از ساعت هشت بعدازظهر، غیر از افراد نظامی و پلیس مأمور انتظامات شهر کسی نباید در معابر عبور نماید.

ماده سوم - کسانی که از طرف قوای نظامی و پلیس، مظنون به مخل آسایش و انتظامات واقع شوند فوراً جلب و مجازات خواهند شد.

ماده چهارم - تمام روزنامه‌جات و اوراق مطبوعه تا موقع تشکیل دولت بکلی موقوف و برحسب حکم و اجازه که بعداً داده خواهد شد، باید منتشر شوند.

---

۱ - اعلامیه به امضای رضا است. اما درباره نویسنده واقعی آن بحث فراوان شده و می‌شود. سیدضیاء مدعی است: «اعلامیه را شب سوم حوت (اسفند) من سردست نوشتم» (الهی – سیدضیاء ۹۱) و در جای دیگر: «فوراً بنده یک نفری که آنجا بود دیکته کردم او نوشت» (همان منبع ۲۱۸). بعضی ماژور مسعودخان (کیهان) را نویسنده آن می‌دانند. سیدضیاء با بی‌انصافی کامل می‌نویسد «مسعود خان کیهان سواد فارسی‌اش آن قدر نبود که اعلامیه بنویسد» (ص ۹۱). مسعود کیهان مرد تحصیل کرده و دانشمندی بود که به استادی و معاونت دانشگاه تهران نیز رسید و در کابینه علی منصور (از فروردین تا تیرماه ۱۳۲۹) وزیر فرهنگ بود. دیگران از فرج‌الله بهرامی (دبیر اعظم) نام برده‌اند. دبیر اعظم هنوز از اطرافیان سردار سپه نبود. مدتی بعد در این جرگه درآمد. سال‌ها از محارم رضاشاه و نویسنده دو کتاب خاطرات سفر خوزستان و سفر مازندران اوست. اما میان آنان برودتی حاصل شد (گویا بر اثر بدگوئی‌های تیمورتاش) از سیاست دوری گرفت و به امور شخصی خود پرداخت. بعد از جنگ جهانی در کابینه علی سهیلی (اسفند ۱۳۲۰ تا مرداد ۱۳۲۱) وزیر پست و تلگراف و تلفن و در کابینه احمد قوام (مرداد تا بهمن ۱۳۲۱) مدت کوتاهی وزیر کشور بود. به طور قطع این اعلامیه به قلم او نیست و از انشای دبیرانه او عاری است. نویسنده که بوده، نمی‌دانیم. شاید فاقد اهمیت باشد. تاریخ آن را به رضاخان میرپنج نسبت می‌دهد و چنین نیز هست.

ماده پنجم - اجتماعات در منازل و نقاط مختلفه بکلی موقوف. در معابر هم اگر بیش از سه نفر گرد هم باشند با قوه قهریه متفرق خواهند شد.

ماده ششم - درب تمام مغازه‌های شراب فروشی و عرق فروشی، تاتر و سینما و کلوب‌های قمار باید بسته شود و هر مست که دیده شود به محکمه نظامی جلب خواهد شد.

ماده هفتم - تا پایان تشکیل دولت، ادارت و دوایر دولتی، غیر از اداره ارزاق تعطیل خواهد بود. پستخانه و تلگراف‌خانه هم مطیع این حکم خواهند بود.

ماده هشتم - کسانی که در اطاعت از مواد فوق خودداری نمایند به محکمه نظامی جلب و به سخت‌ترین مجازات‌ها خواهند رسید.

ماده نهم - کاظم‌خان (کلنل کاظم‌خان سیاح) به سمت کماندانی شهر انتخاب و معین می‌شود و مأمور اجرای مواد فوق خواهد بود.

۱٤ جمادی‌الثانی ۱۳۲۹

رئیس دیویزیون قزاق اعلیحضرت شهریاری و فرمانده کل قوا

رضا[1]

رضاخان رئیس دیویزیون قزاق بود، اما فرمانده کل قوا نبود و چنین منصبی اصولاً وجود خارجی نداشت. کسی از وجود محاکم نظامی نیز خبر نداشت. این اعلامیه در درجه اول مبیّن قدرت رضاخان است و آغاز حماسه او. تنی چند از لحن آن ناراحت شدند. اکثریت مردم دانستند که سرانجام کسی سر رشته امور پریشان کشور را به دست گرفته که مرد سرنوشت پدیدار شده.

سه روز بعد از کودتا حاج مخبرالسلطنه هدایت در خاطرات خود نوشت: «آنچه پیداست هیجانی در کارها پدید آمده و انضباطی دیده می‌شود.[2]»

موقع و موضع رضاخان اندک اندک پرسش‌هایی را این و آن‌جا مطرح می‌کرد. به ویژه که رئیس‌الوزرا که احمدشاه وی را در فرمان انتصابش میرزا سیدضیاءالدین

---

۱ - متن این اعلامیه «همه کتاب‌ها و تواریخ مربوط به کودتای سوم اسفند مندرج است. از جمله نگاه کنید به سیاوش بشیری ۲۰۳-۲۰٤.

۲ - حاج مخبرالسلطنه هدایت، خاطرات و خطرات، توشه‌ای از تاریخ شش پادشاه و گوشه‌ای از دوره زندگی من، زوّار، تهران، چاپ سوم ۱۳۶۱، ۳۲۸.

نامیده بود چندان علاقه‌ای به تسجیل نقش و سهم وی در کودتا نداشت. ناچار فرمانده لشکر قزاق در تاریخ ۸ اسفند اعلامیه دیگری صادر کرد:

«این جانب از طرف قرین الشرف اعلیحضرت همایون شاهنشاهی به منصب سرداری و لقب سردار سپه مفتخر و سرافراز گردیده، تشکرات غلامانه خود را با خاک‌پای مهر اعتلای ملوکانه تقدیم و از درگاه حضرت احدیت، توفیق و استمداد می‌جویم که با تمام قوا از عهدهٔ هرگونه خدمتگزاری و جانفشانی برآمده پاس حق‌شناسی آورم. رضا»

این اعلامیه و گفته‌ها و نوشته‌ها و رفتار سردار سپه در ماه‌های آینده حاکی از این است که واقعاً در آن آغاز کار قصد خلع سلطان احمدشاه و جایگزینی او را نداشته. شاید بیشتر به خاطر آن بود که در مقابل رئیس‌الوزرا نقطه اتکا و پشتیبانی داشته باشد.

از این پس موضع او در ذهن عامه مردم و رجال سیاسی که بسیاری از آنان به دستور سیدضیاء بازداشت و زندانی شده بودند، آشکار و محکم شد. دیگر او را همه «سردار» می‌خواندند. سردار به صحنه تاریخ وارد شده بود و اختلافاتش با مرد اول کودتا اندک اندک علنی شد.

رضاخان طالب وزارت جنگ بود. سیدضیاء قبول نکرد. رضاخان مجبور شد سرفرود آورد. انتصابش به سمت سردار سپه عملاً به معنای آن بود که فرماندهی و لااقل اداره ارتش به او سپرده شده. گویا شاه از رئیس دولت کسب نظر نکرده بود. می‌خواست از او وزنه‌ای بسازد و سردار برآن بود که از شاه در مقابل سیدضیاء استفاده کند. به همین سبب هرچه بیشتر نسبت به سلطان قاجار اظهار وفاداری و اطاعت و کوچکی می‌کرد.

شاید سیدضیاء در ابتدای کار متوجه این بازی محرکانه و ماهرانه نشد. به ذکاوت و اراده سیاسی خود و به حمایت دولت بریتانیا که در منطقه قادر مطلق بود اعتماد داشت. غافل از آنکه حمایت یک سیاست خارجی تا هنگامی ادامه خواهد داشت که او قابل استفاده باشد که لندن در پی تحقق هدف‌های کلی خود در منطقه است و رئیس‌الوزرای کودتا عامل و در حقیقت مزدوری بیش نیست.

رئیس‌الوزرا حکام چند ایالت را که مخالف خود می‌پنداشت عزل کرد.

مصدق‌السلطنه والی فارس از آن جمله بود که به ایل بختیاری پناه برد. اما ژاندارمری تحت فرمان کلنل محمد تقی خان (پسیان) قوام‌السلطنه والی خراسان را با اهانت‌های بسیار جلب و راهی تهران کردند. سید در اعلامیه دیگری بانوان ایرانی را از خدمت در سفارت‌های خارجی و یا در منازل خارجیان منع کرد. دستوری که ضمانت اجرایی نداشت و موجب استهزای مردم شد.

جلب و بازداشت یک صد تن از شاهزادگان قاجار و رجال سیاسی، در ابتدا بسیاری از مردم را که از آنان نفرت داشتند خوشنود کرد. گویا سید به قوای انتظامی دستور داد که همه یا دست‌کم تنی چند از آنان را در ملاء عام به دار بیاویزند. سردارسپه جواب داد که چنین اقدامی مجوز قانونی و قضائی می‌خواهد و میسر نیست. به هر تقدیر زندانی کردن این شخصیت‌ها می‌توانست مردم را راضی کند و نه منع خدمت زنان ایرانی در منازل خارجیان! اقداماتی تبلیغاتی و ناچار زودگذر بود.

***

در این گیرودار بود که وزیر مختار بریتانیا نزد رئیس‌الوزرا رفت و خواستار آزادی فیروز میرزا نصرت‌الدوله شد، همان شاهزاده و وزیر اسبقی که برای انجام کودتا در نظر گرفته شد و بر اثر برف و راه‌بندان در گردنه اسدآباد گیر کرده بود تاکنون در زندان به سر می‌برد. سیدضیاء یادداشتی در این زمینه خطاب به سردارسپه نوشت و فرستاده انگلیس‌ها را نزد او هدایت کرد. چراکه زندانیان در تحویل قوای انتظامی بودند.

سردارسپه فرستاده سفارت را که حامل دستور رئیس‌الوزرا بود ایستاده پذیرفت و از او سبب دیدارش را پرسید. دیپلمات انگلیسی جواب داد که برای آزادسازی شاهزاده نصرت‌الدوله آمده است. رضاخان علت را پرسید. دیپلمات پاسخ داد شاهزاده به دریافت نشان از اعلیحضرت پادشاه بریتانیا مفتخر شده و به همین سبب تحت حمایت ما است، شما نمی‌توانید او را در زندان نگاه دارید. پاسخ رضاخان قاطع و کوتاه بود: «نشانش را پس بگیرید» و به گفتگو خاتمه داد.

شاید این جریان نقطه آغاز تضادها میان لندن و سردار باشد. حادثه دیگری این برودت را شدید کرد و تقریباً به یک برخورد سیاسی تبدیل شد. اقامتگاه تابستانی فرستادگان انگلیس در قلهک (واقع در شمال تهران آن روز) بود. برای

تأمین آسایش آن‌ها و جلوگیری از استقرار افراد «نامناسب» در محل قنسول انگلیس اعلامیه‌ای در آنجا منتشر کرده و به دیوارها نصب کرده بود که نقل و انتقالات ساکنان قلهک باید با اطلاع قبلی و اجازه قنسولگری باشد. این اعلامیه که حداکثر تحقیر نسبت به ایران و ایرانیان بود سخت به سردارسپه گران آمد. ارتباط مستقیمی با او و حیطه مسئولیتش نداشت. اما دستور داد که اعلان‌ها را از دیوارهای محل بکنند و به قنسول ابلاغ کرد که دیگر از این قبیل مداخلات در امور کشور ایران اجتناب کند.

رودررویی میان انگلیس‌ها و رضاخان آغاز شده بود

رضاخان سردار سپه مرد میدان و کارساز بود. اما نه آن‌چنان که انگلیس‌ها می‌پنداشتند و می‌خواستند.

در همین روزها بود که سردار سپه دستور داد حفاظت محل سفارت‌خانه‌ها و نمایندگی‌های رسمی خارجیان در تهران به نظمیه تفویض شود. خاطره رفتار خارجیان را با نظامیان (و خودش) فراموش نکرده بود.

***

تهران آن روز هیچ نداشت. نومیدی و تنگدستی بعضی از ساکنان شهر به آن‌جا رسیده بود که برخلاف سنت‌ها و قواعد ملی و مذهبی اجساد مردگان را در کنار کوچه‌ها رها می‌کردند و یا در خندق‌های اطراف شهر می‌انداختند، باشد که «بلدیه» سازمانی بی‌نظم و ترتیب، آن‌ها را جمع‌آوری و کفن و دفن کند، نظمیه پایتخت که چند افسر سوئدی در رأس آن بودند ضعیف و درمانده بود. چاقوکشان حرفه‌ای بر بسیاری از محلات تهران حکومت می‌کردند. «عرق‌خورها و جاهل‌ها شب عرق می‌خوردند و شوشکه می‌کشیدند، قداره توی زمین فرو می‌کردند و مزاحم عرض و ناموس مردم می‌شدند[۱]». هیچ کس از دست این باج‌گیران در امان نبود. به محض غروب آفتاب کوچه و بازار از رفت و آمد مردم تهی می‌شد. تنی چند از ارباب ثروت و صاحبان قدرت با مشعل‌داران یا فانوس به دستان و همراهی محافظان مسلح به چماغ یا حتی اسلحه گرم از منازل خود خارج شده به این سو و

۱ - الهی، سیدضیاء، ۱۰۲

آن سو می‌رفتند. قحطی بر شهر حکومت می‌کرد و شاهزادگان و قدرتمندان، حتی خود سلطان احمدشاه، به احتکار گندم و تشدید این وضع متهم بودند. کوچه‌ها و راسته بازارها خاکی و فاقد نظافت بود. در پایتخت ممالک محروسه ایران، فقط یک خیابان کوتاه سنگ فرش (خیابان باب همایون) با چند چراغ روشن می‌شد، آن‌هم به خاطر نزدیکی به کاخ گلستان.

طبیعتاً در شهرهای دیگر وضع از این هم بدتر بود.

ظاهراً رضاخان از مدت‌ها پیش به اولویت استقرار نظم و امنیت در «دارالخلافه» اندیشیده بود. نخستین گام وی آن بود که نظمیه را تحت فرمان خود بگیرد و به آن نظمی بدهد و این‌کار را کرد. سپس ژاندارمری را در نیروهای مسلح تحت فرمان خود بگیرد و به آن نظمی بدهد و این کار را کرد. سپس ژاندارمری را در نیروهای مسلح تحت فرمان خود ادغام کرد. نه رئیس دولت چنین دستوری داده بود نه سلطان احمدشاه. رضاخان راساً عمل می‌کرد. در این گیرودار تنی چند از درجه‌داران لشکر قزاق ناپدید شدند، از میان آن «قدیمی‌ها» به قول خودش که به آنان اعتماد کامل داشت. چند روزی در سربازخانه‌ها خبری از آنان نبود. سه یا چهار روز پس از بازگشت آنان به محل خدمت خود در این سو و آن سوی تهران و در خندق‌های پایتخت اجساد سردستگان اشرار و باج‌گیران محلات یافته شد. هیچ‌کس ارتباط رسمی میان دو اتفاق نیافت یا جرئت بیان آن را نداشت. تقارن یا اتفاقی بیش نبود. اما آسودگی خاطر به ساکنان تهران بازگشت و «قاطعان طریق» ناپدید شدند. «به نظر نمی‌رسید که حتی یک نفر از این که تبعه امپراطوری ایران است راضی یا مغرور باشد[1]». امنیت در تهران برقرار شد که تا شهریور ۲۰ ادامه یافت و رضایت و غرور نیز به تدریج به دل و روح مردم بازگشت. سرانجام ناخدائی برای کشتی وطن پیدا شده بود.

اعلامیه‌های رئیس دولت را کسی نمی‌خواند، یا دیگر نمی‌خواند. امنیت باز یافته شهر را همه احساس می‌کردند.

در این میان دولت الغای قرارداد ۱۹۱۹ را رسماً اعلام کرد. در کابینه مشیرالدوله که جانشین وثوق‌الدوله عاقد این قرارداد شده بود، دولت به رعایت افکار عمومی

---

۱ - آیرونساید، ۵۸

و قانون اساسی آن را معلق و بلااثر کرده بود. سیدضیاء انگلیسها را متقاعد کرد که اصرار بر اجرای آن و تهدید به قطع کمک‌های مالی (از جمله مقرری که به احمدشاه پرداخت می‌شد) جز تشدید مشکلات نتیجه‌ای نخواهد داشت. او خود را ضامن بقای نفوذ لندن در ایران و برقراری نظم و ثبات در کشور می‌دانست و قلمداد می‌کرد. شخصاً ضامن بقای نفوذ انگلیس‌ها در ایران بود، اما نه بیشتر. او دولت جدید روسیه، یعنی حکومت بلشویکی را هم به رسمیت شناخت که کار نادرستی نبود.

اما روابط سلطان احمدشاه و رئیس دولتش روز به روز تیره و تیره‌تر می‌شد. آخرین پادشاه قاجار رفتار بی‌بندوبار سیدضیاء و عدم توجه او را به آداب و رسوم و تشریفات دربار تحمل نمی‌کرد. سید در برابرش می‌نشست بدون آنکه شاه او را دعوت به نشستن کرده باشد. دائماً سیگار می‌کشید که دور از نزاکت درباری بود. او را «شما» خطاب می‌کرد و سوم شخص جمع را به کار نمی‌برد. بدتر از همه آنکه بسیاری از شاهزادگان و اطرافیان شاه را توقیف کرده بود و سلطان قاجار تحت فشار نزدیکان خود و اقوام آنان قرار داشت.

شاه خیلی زود به اختلاف سید با سردار پی برد. رئیس دولت برای آنکه سردار را تحت نظر و قدرت خود بگیرد، پیشنهاد کرد که او را به وزارت جنگ منصوب نماید ولی مسئولیت فرماندهی کل قوا را به «رعایت اصول» از او سلب کند. شاه پذیرفت. رضاخان وزیر جنگ و جانشین ماژور مسعودخان شد. اما شاه او را از لیست و عنوان سردارسپه برکنار نکرد. ترفند و پیشنهاد رئیس دولت در نهایت امر به ضرر او تمام شد. از آن پس دیگر رضاخان مرکز قدرت شد. برای بیست سال.

تصمیم احمدشاه برای برکناری رئیس دولت قطعی شده بود. سید جز سفارت انگلستان جای دیگری نداشت و پایگاه زودگذر خود را در میان اهالی تهران از دست داده بود. شاه از وزیر جنگ (یعنی سردار سپه) که آنی از ابراز کوچکی و فرمانبری نسبت به او خودداری نمی‌کرد مدد خواست. سیدضیاء به کاخ فرح‌آباد احضار شد. صحنه‌ای که در این روز ۲۵ ماه مه روی داد می‌تواند لبخندی در پی داشته باشد. احمدشاه برکناری سیدضیاء را به او ابلاغ کرد. وی در غیاب یا به

هنگام تعطیل قوه مقننه، طبق نص قانون اساسی و سنت‌هایی که برقرار شده بود، حق عزل و نصب وزیران و در نتیجه نخستین آنان را داشت. سید برآشفت و تندی کرد. سردارسپه و چند صاحب منصب لشکر قزاق در اطاق مجاور در انتظار بودند. به اشاره سلطان احمد، رضاخان وارد شد و به افسران همراهش گفت: «آقا را به خانقین ببرید»

دوران صد روزه حکومت سید به پایان رسیده بود[1].

رئیس‌الوزاری معزول سیگار به لب بدون خداحافظی شاه را ترک کرد. چند ساعتی به وی فرصت داده شد که لباس‌ها و اشیاء مورد نیاز خود را جمع کند و راهی خانقین شد. از سرحد عراق که آن موقع در تصرف قوای بریتانیایی بود به بغداد و سپس به اروپا رفت. مدتی در مونترو[2] در سوئیس زندگی می‌کرد. از آنجا به فلسطین رفت که آن هم سرزمین تحت حکومت انگلیس‌ها بود و به قول خودش به «فلاحت» مشغول شد و در ۱۹۴۲ به ایران بازگشت.

شاه قانوناً می‌توانست سردار سپه را به ریاست دولت برگزیند. چه بسا سردار چشم به راه این تصمیم بود. افکار عمومی در انتظار انتصاب یکی از شخصیت‌های «وجیه‌الملّه»، مشیرالدوله یا مستوفی‌الممالک بودند. شاه مردی قدرتمند را که می‌دانست قادر به رودررویی با وزیر جنگ است و یا لااقل می‌تواند مراقب جاه‌طلبی‌های احتمالی او باشد، انتخاب کرد: احمد قوام‌السلطنه

قوام‌السلطنه به سال ۱۸۷۳ (یا به قولی ۱۸۷۷) متولد شده بود. پس از تحصیلات سنتی متعارف و آموختن مبانی ادب فارسی و تاریخ و زبان فرانسه، به خدمت دربار قاجار درآمد. در سال ۱۹۰٦ و به هنگام صدور فرمان مشروطیت او

---

۱ - روایت سرتیپ محمدعلی صفاری به نویسنده کتاب. او از جمله افسران جوان چشم‌به راه دستور سردارسپه بود و سیدضیاء را تا سرحد خانقین همراهی کرد. سرتیپ صفاری پس از استعفای رضاشاه سال‌ها رئیس شهربانی کل کشور، استاندار خوزستان و آذربایجان و سناتور انتخابی گیلان بود. بعد از مراجعت سیدضیاء به ایران (۱۹۴۲) روابط حسنه خود را با او حفظ کرد. پس از انقلاب اسلامی مدتی طولانی زندانی شد و سختی‌ها کشید و اندکی بعد از رهایی از بند درگذشت. نویسندهٔ کتاب او را بی‌طرف و موثق می‌داند. خود سیدضیاء در خاطراتش مدعی است که شخصاً استعفا داده و چند روز بعد محترمانه از ایران خارج شده. روایتی که مورد تأیید هیچ یک از محققان و مورخان قرار نگرفته.

2 - Montreux

با عنوان وزیر «دبیر حضور» بود. کاتب فرمان مشروطیت اوست. هم در مفاد آن که اصل حاکمیت ملی و ایجاد مجلس و پایان سلطنت مطلقه را دربرداشت و هم در تحریرش، چراکه مردی بود بسیار خوش خط. پس از آن مدتی وزیرجنگ بود و سپس در سال ۱۹۱۸ به سمت والی یا حاکم خراسان و سیستان، بزرگترین ایالت آن روز ایران برگزیده شد و مأموریت یافت که در مقابل تجاوزات بلشویک‌ها و مداخلات انگلیس از طریق افغانستان و بلوچستان مقاومت و تمامیت ارضی ایران را حفظ کند. او در مشهد، مرکز ایالت خراسان عملاً چون نایب‌السلطنه رفتار می‌کرد. پس از کودتا زیربار سیدضیاء نرفت و حتی به دستورات و ابلاغات وی اعتنا نکرد و پاسخی نداد. رئیس‌الوزرای کودتا دستور به توقیفش داد. ژاندارم‌ها او را بازداشت کردند و تحت‌الحفظ با درشکه به تهران انتقال دادند و در باغ‌شاه زندانی شد.

قوام‌السلطنه مردی بود بسیار ثروتمند، خوش‌پوش، باسواد، به غایت مبادی آداب، از خود راضی و مشهور به جاه‌طلبی. مردی که می‌خواست و می‌توانست «نفر اول» باشد. تضاد میان او و سردارسپه غیرقابل اجتناب بود و انتصابش به همین دلیل انجام گرفت. تنها شخصیتی بود که سردار (و رضا شاه بعدی) از قدرت و نفوذش بیم داشت. او سردارسپه را مردی تازه به دوران رسیده، ناآشنا به آداب و تشریفات و ظرائف می‌دانست که خود نمونه و مظهر تمام عیار آنها بود[1].

برای تسجیل برکناری رئیس‌الوزرای کودتا، احمدشاه فرمانی هم صادر کرد و طی آن «میرزا سیدضیاءالدین» را معزول نمود[2].

قبل از اعلام عزل سید، شاه رئیس کل دربار شاهزاده شهاب‌الدوله را با اتومبیل رلزرویس شخصی خود به سراغ قوام‌السلطنه در زندان باغشاه فرستاد. عنایت و ابراز احترامی استثنائی. به این ترتیب یک زندانی با لباس مندرس به فرح‌آباد محل

---

۱ - درباره زندگی قوام‌السلطنه نگاه کنید به حمید شوکت، در تیررس حادثه، زندگی سیاسی قوام‌السلطنه، ۴۰۸ صفحه، تهران، نشر اختران، ۱۳۸۵ و نیز دکتر هوشنگ نهاوندی، سه رویداد و سه دولت‌مرد، نگاهی نو به یک دهه از تاریخ معاصر ایران، لس‌آنجلس، شرکت کتاب- ۲۰۰۹، بخش اول صفحات ۷ تا ۲۳۹.

۲ - «نظر به مصالح مملکتی، میرزا سیدضیاءالدین را از ریاست وزرا منفصل فرمودیم و مشغول تشکیل هیأت وزرای جدید هستیم.»

اقامت شاه آمد و به ریاست دولت برگزیده شد. حال آنکه سلف معزولش در راه تبعید بود.

همسر قوام‌السلطنه (خانم اشرف‌الملوک دولو) در مشهد مانده بود. داستان حرکتش به تهران قابل توجه است. به دستور رئیس‌الوزراء او را نیز محرمانه توقیف کردند. جواهرات و اموال شخصی‌اش مصادره شد. با وجود سرمای سخت زمستان و بیماری‌اش، او را در یک گاری انداختند و راهی تهران کردند. در شاهرود به او خبر داده شد که اقامتگاهش در تهران مهر و موم شده. اجازه یافت که تلگرافی به رئیس دولت بفرستد. در این پیام به رفتار ناشایستی که با وی می‌شد، به توقیف بدون مجوز و مصادره اموالش در تهران اعتراض کرد. روز بعد پاسخ پیام تلگرافی خود را دریافت داشت. در این پاسخ رئیس‌الوزراء اعلام داشته بود که شخصاً از او در اقامتگاهش استقبال خواهد کرد. تلگراف با عرض دست‌بوسی ختم می‌شد و به امضای رئیس‌الوزرا قوام‌السلطنه بود.

بازی غریب سرنوشت.

روز ۲۵ مارس ۱۹۲۱ (٤ فروردین ماه ۱۳۰۰) قوام‌السلطنه اعضای دولت خود را به احمدشاه معرفی کرد.

رضاخان سردارسپه وزیر جنگ بود و از آن پس یکی از قطب‌های اصلی اداره امور کشور شد. تا این که به سلطنت رسید. چند ماه بعد (۲۲ ژوئن) شاه، پس از سال‌ها آشوب و نابسامانی، مجلس را افتتاح کرد. مؤتمن‌الملک (حسین پیرنیا) به ریاست آن انتخاب شد و سلطان احمد که در این کار شتاب بسیار داشت، عازم اروپا گردید.

فصل دیگری در تاریخ ایران گشوده شد.

فصل چهارم

«می‌روم که یا آخرین نغمه‌های ملوک‌الطوایفی را از میان بردارم یا در زیر خرابه‌های شوش مدفون شوم.»

«میرزا سیدضیاءالدین» برکنار و از ایران رانده شد. با وجود آنکه تنی چند از روشنفکران به سختگیری‌هایش با گروهی از اعیان و اشراف که غالباً بدنام و منفور بودند، به دیده تحسین نگاه می‌کردند[۱]، در مجموع افکار عمومی نسبت به عزل و تبعید وی بی‌تفاوت بودند. وابستگی علنی وی به سفارت انگلیس و تظاهرش به این ارتباط (شاید چون پشتیبان دیگری نداشت) کافی بود که وی را از دیدگاه مردم محکوم کند.

قوام‌السلطنه دولت جدید را تشکیل داد. سردار سپه وزیر جنگ و دیگر میدان‌دار عرصه سیاست و مرکز قدرت بود.

یک ماه پس از برکناری سیدضیاء و روی کار آمدن قوام‌السلطنه احمدشاه در نخستین روز تیرماه ۱۳۰۰ (۲۲ ژوئن ۱۹۲۱) چهارمین دوره تقینیه را افتتاح کرد. پس از سال‌ها بی‌نظمی و آشوب سرانجام دوران فترت پایان یافت، کارهای کشور به چهارچوب قانونی بازگشت و احمدشاه عازم اروپا شد. از زمان برکناری و تبعید سیدضیاء و تشکیل کابینه قوام‌السلطنه[۲] و به ویژه پس از گشایش مجلس، نوعی تقسیم کار «در اداره امور ایران برقرار شد. ارتش به فرمان سردار سپه برقراری نظم و سرکوب یاغیان و سرکشان مناطق مختلف پرداخت و دولت به اداره امور مملکتی. تنها در یک مورد رئیس‌الوزراء و سردار سپه با هماهنگی و هم‌دلی کامل

---

۱ - ای دست حق پشت و پناهت بازآ / قربان کابینه سیاهت بازآ
ضیاء دیده روشندلان توئی و حسود / چو موش‌کور زخود کی توان عنان گیرد
ابیاتی از عارف قزوینی

۲ - نخستین ملاقات احمدشاه با رئیس‌الوزرای جدیدش که مستقیماً در زندان باغشاه عازم فرح‌آباد شده بود سه ساعت و نیم به طول انجامید. شاه در فرمان انتصابش قوام‌السلطنه را به لقب جناب اشرف ملقب داشت. این آغاز ماجرای دیگری در زندگی قوام بود که توضیح آن از حوصله و چهارچوب این زندگی‌نامه بیرون است.

عمل کردند و آن مقابله با قیام کلنل محمد تقی‌خان (پسیان) بود.

پس از بازداشت قوام‌السلطنه که ژاندارم‌های تحت فرمان کلنل با وی بدرفتاری کرده، معزولش ساخته و دندان‌هایش را نیر شکسته بودند و اعزام خود او و همسرش به تهران، محمدتقی خان با اختیارات تامی که سیدضیاء به وی داده بود با کمال قدرت بر منطقه حکومت می‌کرد. او طبیعتاً از عزل رئیس‌الوزاری کودتا و مخصوصاً انتصاب قوام‌السلطنه به جای وی هم غافلگیر شد و هم نگران. قوام مطلقاً مایل نبود که رفتارش با کلنل جنبه کینه‌توزی داشته باشد. نجدالسلطنه را به کفالت ایالت خراسان برگزید و در تلگرافی با لحن عادی و اداری از او خواست که امور ایالتی را به وی واگذارد و خود «مشغول کارهای ژاندارمری باشد.» در دستورالعمل دیگری مقرر داشت که کلیه زندانیان سیاسی آزاد و اموالشان به آنها مسترد و حکومت نظامی در سرتاسر قلمرو خراسان و سیستان لغو شود. این مراتب «حسب‌الامر اعلیحضرت شاهنشاهی ارواحنافدا» ابلاغ شده بود. رئیس دولت بر این گمان بود که جای بهانه‌ای برای نافرمانی باقی نگذاشته. اما کلنل از اجرای دستور رئیس دولت سرباز زد. تعدادی از متنفذان محلی را که مخالف خود می‌پنداشت و اکثراً وجهه‌ای در میان مردم نداشتند توقیف و بازداشت کرد که نجدالسلطنه از آن جمله بود. او هم‌چنین ارتباط تلگرافی با پایتخت را قطع کرد و در پیامی به شاه (ونه به رئیس‌الوزرا) چند تقاضای جدید مطرح کرد و در مجلسی که با حضور گروهی از محترمین محلی تشکیل داده بود عزل خود را ناشی از انتقام‌جوئی قوام‌السلطنه و غیرقانونی دانست و افزود که توقیف او (یعنی رئیس‌الوزرای جدید) را به دستور دولت وقت انجام داده (که درست بود) و این وظیفه را با رعایت احترام ایفا نموده است (که نادرست بود) و خواست خدا آن بود که اسیر من امیر من شد»[۱]. قوام السلطنه اهل تدبیر و مماشات بود، در تلگراف دیگری به مسالمت روی آورد و نوشت که «در محبت سابقه به هیچ‌وجه تغییری حاصل نشده» و او را به «مراحم ملوکانه» امیدوار کرد.

رئیس دولت می‌دانست که محمد تقی‌خان در خراسان از محبوبیت خاص برخوردار است. در ضمن آگاه بود که او نیروی قابل ملاحظه‌ای در اختیار دارد.

۱ – شوکت، ۹۵.

رفتار دولت ناشی از احتیاط هم بود و نمی‌توانست اردوی جدیدی به سوی خراسان روانه کند. مقابله با نیروی منظم ژاندارمری خالی از خطر نبود و بیم شکست می‌رفت که نه قوام‌السلطنه آن را برمی‌تافت و نه سردار سپه.

نجدالسلطنه که کفیل ایالت خراسان و در بازداشت بود، استعفا داد و دیگربار همه امور منطقه در اختیار مطلق کلنل درآمد که در همه جا حکومت نظامی برقرار کرد و دستور داد که از «عواید» خراسان و سیستان هیچ‌چیز به خزانه دولت مرکزی انتقال نیابد.

برای خروج از این بن‌بست رئیس دولت به تدبیر دیگری متوسل شد. نجف قلی‌خان صمصام‌السلطنه بختیاری را به ولایت خراسان و سیستان برگزید و به او دستور داد که بی‌درنگ عازم مشهد شود. صمصام‌السلطنه شهرت به تدبیر و سیاست نداشت. اما در میان مردم و آزادیخواهان به سبب نقش و سهمی که در فتح تهران و اعاده مشروطیت داشت، از خوشنامی و اعتبار برخوردار بود. همچنین گروهی از سواران بختیاری را به همراه خود به مشهد می‌برد. صمصام‌السلطنه با موافقت رئیس‌الوزراء و سردار سپه در تلگرافی به کلنل اعلام داشت که عازم مشهد است و از او خواست که تا ورودش به آنجا کفالت امور استان را عهده‌دار باشد. محمدتقی خان با نزاکت بسیار از او خواست که «تا موجباب کار فراهم نشده» راهی مشهد نشود. رودررویی میان کلنل و دولت مرکزی غیرقابل اجتناب شد. بار دیگر دولت روش مسالمت و مماشات را اختیار و به محمدتقی خان پیشنهاد کرد که برای تکمیل تحصیلات نظامی به اتفاق چند تن از یاران نزدیکش ایران را ترک کند و مقرری دو سال آنان پیشاپیش پرداخت شود که باز هم او نپذیرفت.

اخباری که در تهران به رئیس دولت و سردار سپه می‌رسید نگران کننده بود. در عراق سیدضیاءالدین و شیخ خزعل با حمایت محمدحسن میرزا ولیعهد به توطئه علیه حکومت مرکزی مشغول بودند. لنین رهبر «روسیه شوروی» به کارگزاران خود در مرزهای شمال ایران دستور داده بود که از قیام کلنل و تشکیل یک «جمهوری شوروی» در خراسان حمایت کنند.

ماجرا داشت جنبه بین‌المللی پیدا می‌کرد و خطر تجزیه ایران از دو سو، یعنی شمال و جنوب، پدیدار شده بود. قوام‌السلطنه برای آخرین‌بار، امیر شوکت‌الملک

(علم) را که از دوستانش بود و بر قائنات حکومت داشت به میانجی‌گری فرستاد و باز کلنل سرباز زد و یک «کمیته ملی» تشکیل داد و عملاً پرچم شورش و تجزیه خراسان را برافراشت. رئیس دولت و سردار سپه تأمل را جائز ندیدند. اردوئی نه چندان توانا که گویا تعداد افراد آن از هزار تن کمتر بود عازم مشهد شد. اما قوام‌السلطنه نمی‌خواست که قوای رسمی دولت مرکزی با ژاندارم‌ها مواجه شوند. سردار سپه نیز بیم شکست داشت که به همه بلندپروازی‌هایش پایان می‌داد. رئیس دولت شبکه‌ی ارتباطات خود را به کار انداخت. ایلات منطقه قوچان علیه کلنل قیام کردند و او ناچار شد در رأس نیروی ژاندارمری به آن منطقه برود و در مصاف با آنها کشته شد.

او مردی میهن‌خواه و خوش‌طینت، بلند پرواز و شاید ساده بود. اما ایران آن روز جائی برای دو یا سه رهبر نداشت و سرانجام کلنل فدا شد. بسیاری بر مرگ او گریستند[۱]. ولی حقیقت آن است که هم قوام‌السلطنه می‌خواست از این جریان اجتناب کند و هم سردار سپه.

جنازه کلنل در جوار مقبره نادر به خاک سپرده شد.

در نخستین ماه‌های حکومت قوام‌السلطنه، میان او و سردار تفاهم کامل برقرار بود. هر دو میهن‌خواه بودند و در برابر مخاطرات عمده اختلاف نظر را جائز نمی‌دیدند. قوای ضعیف دولتی که به فرماندهی رضاخان نظم و ترتیبی یافته بودند، در نقاط مختلف به استقرار آرامش و حکومت قانون مشغول بودند. در مازندران بر شورش امیر موید سوادکوهی و پسرانش که از حمایت تنی چند از خوانین و بزرگ مالکان منطقه برخوردار بودند، ضربات سنگینی وارد شد. در تنکابن احسان‌الله‌خان با حمایت شوروی‌ها و همدستی ساعدالدوله غائله‌ای برپا کردند که به گیلان سرایت کرد. پیوستن آنها به میرزا کوچک‌خان جنگلی خطرناک بود.

---

۱ - زنده به خون خواهیت هزار سیاوش / گردد از آن خون که از تو زند جوش
عشق به ایران به خون کشیدت و این خون / کی کند ایرانی، اگر کس است، فراموش
(عارف قزوینی)
دلم به حال توای دوستدار ایران سوخت / که چون تو شیر نری را در این کنام کنند
تمام خلق خراسان به حیرتند اندر / که این مقابله با تو را چه نام کنند
(ایرج میرزا جلال‌الممالک)

در مصاف با قوای دولتی که فرماندهی آنها با سرهنگ فضل‌الله خان زاهدی بود. این گروه نیز شکست خوردند و عقب نشستند. در اوائل تابستان، امیر موید در مازندران سر به طغیان برداشت. این‌بار سردار سپه میرپنج احمد آقاخان (سپهبد امیر احمدی بعدی) را مأمور سرکوب آنان کرد. سرانجام پس از زد و خوردهای بسیار امیر موید به طور قطعی شکست خورد و از دولت تقاضای عفو نمود و امان خواست که به او داده شد و غائله مازندران که حتی آلاشت موطن رضاخان را در برگرفته بود پایان یافت. در لرستان و کردستان نیز قوای دولتی به توفیقات چشم‌گیر نائل آمدند. به ناآرامی‌های فارس پایان داده شد. سرانجام ورق به نفع دولت مرکزی برگشته بود. تدبیر سیاسی قوام و قدرت سردارسپه کارساز می‌شد.

در مقابله با میرزا کوچک‌خان، مساله همان بود که دولت با کلنل محمدتقی خان داشت. میرزاکوچک با وجود ساده لوحی و نزدیکی که با کمونیست‌ها پیدا کرد، مردی وطن‌پرست و عمیقاً مومن بود. دولت نمی‌خواست که با وی چون امیر موید و احسان‌الله‌خان رفتار کند، از محبوبیتی که در میان بسیاری از مردم گیلان داشت بی‌خبر نبود. به او امان دادند و پیشنهاد شد که به تهران بیاید که از او با احترام پذیرایی خواهد شد. نپذیرفت گویا بعضی از اطرافیانش نگذاشتند بپذیرد. در نهایت امر، پس از جنگ و گریزهایی قوای دولتی بر افراد میرزا کوچک فائق شدند. خود او به اتفاق یک آلمانی به کوه‌های تالش گریخت و ظاهراً قصد داشت از آنجا به ایلات مستقر در اطراف اردبیل پناه ببرد. در کوهستان هر دو در سرما درگذشتند. کسانی که بدن‌های بی‌جان هر دو را یافته بودند سر میرزا را بریده به تهران فرستادند و بدنش را در قبرستان سلیمان داراب رشت به خاک سپردند. سر میرزا در گورستانی که بعداً مرکز سازمان آتش‌نشانی تهران شد (در نزدیکی چهار راه و میدان معروف به حسن‌آباد) دفن گردید. در زمان سلطنت رضاشاه پهلوی به همت چند تن از سرشناسان گیلان و ابتکار شیخ احمد سیگاری (نیک‌نژاد) که از بازرگانان با نفوذ تهران و با مقامات دولتی مربوط بود، سر میرزا به رشت منتقل و در کنار جنازه‌اش به خاک سپرده شد. سردارسپه که برای سرپرستی قوای اعزامی به گیلان رفته بود به تهران بازگشت. فضل‌الله خان زاهدی به فرماندهی قوای نظامی مستقر در گیلان برگزیده شد که با اختیارات تام امور آنجا را به عهده بگیرد.

او با تدبیر و مردم‌داری عمل کرد. برخلاف چند منطقه دیگر که نیروهای اعزامی با خشونت رفتار کرده بودند برای هیچ‌کس مزاحمتی در گیلان فراهم نشد. مردم آسوده شدند و حتی یک رشته اقدامات و اصلاحات فرهنگی، اجتماعی و شهری به مرحله‌ی انجام رسید.

به دستور دولت برای مدت هفت سال قسمت اعظم مالیات و عوارض دریافتی از اهالی منطقه بخشیده شد که سربلند کنند. کلیه «یاغیان و متمردان» مشمول عفو عمومی قرار گرفتند. به مالکان منطقه ابلاغ شد که اجازه‌ی مطالبه حقوق مالکانه هفت سال دوران انقلاب و آشوب را از رعایای خود نخواهند داشت. از اهالی گیلان تقاضا شد که با ماموران دولت و قوای انتظامی در برقراری آرامش و بازگشت به وضع عادی همکاری نمایند و چنین هم شد. زندگی عادی در این خطّه از سرگرفته شد. قطره خونی بر زمین نریخت و حتی رفتار اطرافیان میرزاکوچک با احترام و محبت بود. این حسن ختام ناشی از فرماندهی و حضور مستقیم سردارسپه بود که حد اعتدال را رعایت می‌کرد و به انتقام از هم‌میهنان خود معتقد نبود و هم از حسن تدبیر فضل‌الله خان زاهدی که به قول حاج مخبرالسلطنه می‌دانست که باید در تمشیت امور «قهر و لطف» را به هم بیامیزد[١].

***

«تقسیم کار» میان سردار سپه و ارتش از سوئی و «دولت» از سوی دیگر در اداره امور مملکت حسن اثر داشت. سردار و نظامی‌ها گاهی از قدرت خود استفاده یا سوء استفاده می‌کردند. از جمله برای دریافت اعتبارات خود از وزارت مالیه که رؤسای دولت آنها را به رعایت اصول وا می‌داشتند. ولی در مجموع بازگشت تدریجی ولی سریع امنیت و رفع مخاطرات ناشی از حرکات یاغیان و سرکشان محلی به دولت‌ها اجازه داد که سرانجام به شروع اصلاحات بپردازند. طرفداران سردار این اقدامات را ناشی از الهام و قدرت او قلمداد می‌کردند که تا حدی درست بود چون بدون نظم و آرامش که سرانجام به کشور بازگشته بود هیچ اصلاحی میسر نبود و نمی‌شد و تا حدی نادرست، چون ابتکار این اقدامات با سردارسپه نبود، اما از آنها پشتیبانی می‌کرد.

قوام‌السلطنه از ٢٥ مه ١٩٢١ تا ٨ اکتبر همان سال بر سرکار بود.

---

١ – حاج مخبرالسلطنه، ٤٥٤

پس از افتتاح مجلس چهارم، رای تمایل گرفت و مجدداً به ریاست دولت منصوب شد. یک بار هم کابینه خود را ترمیم کرد. قدرت‌طلبی ذاتی او و برنامه‌هایی که برای توسعه و ترقی ایران در سر داشت با سوداهای سیاسی و افکار سردارسپه موافق نبود و ناچار میان این دو مرد قوی و انعطاف‌ناپذیر برخوردهایی پدید می‌آمد. احمدشاه دوبار آنها را به اتفاق احضار کرد. به میانجی‌گری پرداخت و دستور به سازش داد. هر دو وطن‌پرست بودند و در مقابله با مخاطرات تضادی از آنان دیده نشد. در نتیجه قوام‌السلطنه توانست نخستین اقدامات اصلاحی بعد از مشروطیت را به مرحله عمل درآورد که سردارسپه با آنها مخالفتی نداشت، سهل است همراه و همدل بود.

در این ماه‌ها بود که مدرسه عالی فلاحت (دانشکده کشاورزی بعدی) ایجاد شد و چند تن از استادانش از فرانسه استخدام شدند. قانون خاصی برای حمایت از محصولات و مصنوعات داخلی به تصویب رسید که سازمان‌های دولتی را مکلف به مصرف آنها می‌کرد. مقررات ثبت اسناد و معاملات اموال غیرمنقول وضع و اجرای آن آغاز شد. تصمیمی که برای روحانیون ناخوشایند بود و یکی از امتیازات مهم و منابع درآمد آنان را سلب می‌کرد.

و باز در همین ماه‌ها بود که کلمه قزاق ملغی شد و مقرر گردید که قوای قزاق و ژاندارم مشترکاً به نام واحد قشون شناخته شدند. هم‌چنین اسامی خارجی از تشکیلات نظامی حذف و لغات فارسی جایگزین آنها گردید و به تصمیم سردارسپه کشور به پنج منطقه نظامی تقسیم و هر یک از آنها به عنوان مرکز یک لشکر منظور شد. این‌ها قدم‌های اول در راه بنیان‌گذاری تشکیلات جدید ارتش ایران بود. یک هفته پس از اعلام این تصمیم دولت (یعنی در این مورد به خصوص و مشخص سردارسپه) نخستین واحد آموزشی نظامی را در عمارت مسعودیه (اقامتگاه پیشین ظل‌السلطان پسر ناصرالدین شاه قاجار) ایجاد کرد و سپس برای هماهنگی امور نیروهای مسلح «هیأت شورای قشونی» تشکیل شد و سرتیپ امان‌الله میرزا (جهانبانی) به ریاست آن تعیین گردید. این واحد اندکی بعد به ارکان حرب کل قشون تبدیل گردید که ریاست آن با همان امان‌الله میرزا جهانبانی، شاهزاده قاجار و فارغ‌التحصیل بهترین مدرسه نظامی روسیه تزاری بود.

قوام‌السلطنه پس از تشکیل دو کابینه و ترمیم دومین استعفا داد و مجلس به مشیرالدوله (حسن پیرنیا) شخصیت وجیه‌المله و خوشنام که دشمنی نداشت، ابراز تمایل کرد و او به ریاست دولت منصوب شد.

اقدامات اصلاحی هم‌چنان ادامه یافت.

ادامه تجدید سازمان نیروهای مسلح در رأس همه آنها قرار داشت. سردار سپه «امنیه مملکتی» ژاندارمری سابق، را تأسیس کرد و آن را تحت نظر وزارت جنگ قرار داد. در همه مناطقی که بی‌نظمی و سرکشی وجود داشت ارتش ایران به برکت قدرت فرماندهی سردارسپه بر یاغیان پیروز می‌شد و اندک اندک نظم و آرامش که شرط اول توسعه اقتصادی و آسایش مردم بود در سرتاسر مملکت مستقر گردید. کلنل محمدتقی خان و میرزا کوچک‌خان وطن‌پرست بودند و احتمالاً در اشتباه. در لرستان و کردستان و بلوچستان از میهن‌خواهی یاغیان خبری نبود. غرض آنان قتل و غارت و تجاوز به مال و جان و ناموس اهالی بود. ارتش همه را به جای خود نشاند. این جا و آن جا زیاده‌روی‌هایی شد که دولت و سردارسپه تا می‌توانستند از آنها جلوگیری می‌کردند. ولی شاید چاره‌ای نبود. همه فرماندهان نظامی در حد بینش سیاسی امان‌الله میرزا جهانبانی و فضل‌الله خان زاهدی نبودند و گاهی قهر و خشونت را بر لطف و عنایت ترجیح می‌دادند. سرانجام یک منطقه با مسائلش باقی مانده بود. خوزستان که هنوز بعضی آن را عربستان می‌خواندند و شیخ خرعل بر آن وحشیانه حکومت می‌کرد. نوبت حل مسأله بغرنج خوزستان هنوز فرا نرسیده بود.

در کابینه مشیرالدوله که سرانجام از مقابله با یاغیان و قاطعان طریق فارغ شده بود دو اقدام بنیادی صورت گرفت. یکی تأسیس شیر و خورشید سرخ ایران و آن‌دگر بنیان‌گذاری انستیتو پاستور که یک فرانسوی برای مدیریت آن برگزیده و استخدام شد.

در ژوئن ۱۹۲۲ مشیرالدوله که از اختلافات مجلسیان به تنگ آمده بود از کار کناره گرفت و وکلا به قوام‌السلطنه ابراز تمایل کردند و احمدشاه او را به ریاست دولت منصوب کرد. طبیعتاً سردارسپه هم‌چنان وزیر جنگ بود. ولی خود قوام‌السلطنه وزارت امور خارجه را به عهده گرفت.

در این گیرودار جریان جالبی روی داد. قوام‌السلطنه که با دید سیاسی خاص خود در جستجوی جلب منافع قدرت بزرگ دیگری، جز روس و انگلیس، به صحنه سیاست ایران بود قراردادی برای واگذاری امتیاز بهره‌برداری از قسمت مهمی از منابع نفت ایران (آذربایجان، استرآباد، مازندران، گیلان، خراسان) با شرکت استاندارد اویل[1] منعقد کرد. در دولت برای واگذاری این امتیاز اتفاق نظر کامل وجود داشت. مخصوصاً سردار سپه با آن موافق بود. قوام‌السلطنه قبلاً نظر مؤتمن‌الملک رئیس مجلس شورای ملی را جلب کرده بود. با چند تن از سران مجلس تمام حاصل شده آنها نیز به ضرورت این تصمیم که منابع مالی جدیدی برای کشور ایجاد می‌کرد و توازنی در سیاست خارجی پدیدار می‌ساخت، پی‌برده بودند. مؤتمن‌الملک که همیشه عادت به بی‌طرفی و اجتناب از اظهار نظر داشت، در جلسه سری نظر موافق نمایندگان را جلب کرد. قوام‌السلطنه و وزیرانش به نمایندگان توضیح دادند که سرعت عمل در تصویب این قانون و سری ماندن مذاکرات برای اجتناب از تحریکات سیاست‌های خارجی است.

پس از ختم جلسه سری، رئیس مجلس بلافاصله جلسه علنی را تشکیل داد. رئیس دولت در نطق بلیغی از طرح خود دفاع کرد. بر اساس تفاهم قبلی میان دولت و رئیس مجلس و با توجه به فوریت امر، مؤتمن‌الملک یک ساعت تنفس داد که کمیسیون‌های امور خارجه و فوائد عامه موافقت‌نامه را بررسی کنند که این کار سریعاً انجام شد و طرح به تأیید آنان رسید. موافقت‌نامه به مجلس عودت داده شد و پس از مذاکرات طولانی تقریباً به اتفاق آراء به تصویب رسید.

دولت، مجلس و مردم ایران حق داشتند. ولی تحریکات سیاست‌های استعماری، یعنی روس و انگلیس سرانجام مانع تحقق این طرح شد. سفارتین شوروی و بریتانیا طی یادداشت‌های شدیدالحنی که به اتمام حجت شبیه بود، به تصویب این موافقت‌نامه اعتراض کردند. وجوهی بین بعضی از جراید تقسیم شد که به تصمیم دولت و تصویب مجلس بتازند[2].

---

1 - Standard oil Co.

۲ – حسین مکی، تاریخ بیست ساله ایران، جلد اول ، چاپ سوم، تهران، امیرکبیر– ۱۳۵۷، صفحه ۵٤۹.

اندکی بعد، ماجرای «سقاخانه» پیش آمد. شیرآبی از وجوه موقوفه در خیابان شیخ هادی ساخته شده بود. این جا و آن‌جا گفته می‌شد که معجزه می‌کند. ناگهان این مطلب واهی شهره شهر شد. مردم گروه گروه به دیدن آن می‌رفتند و بعضی سعی می‌کردند از آن آب معجزه‌ساز بنوشند. در تهران معرکه‌ای برپا شده بود. دو آمریکائی که یکی از آنها کارمند سفارت بود، به اتفاق شخص دیگری که مستخدم شرکت نفت، یعنی مزدور انگلیس‌ها بود برای عکس‌برداری از این محشر به آنجا رفتند. از آن ساده‌لوحی‌هایی که آمریکاییان به آن عادت دارند. اراذل و اوباش آماده بودند و به عنوان اینکه به شریعت مقدس اهانت شده و این اشخاص بابی یا بهائی هستند به آنها حمله بردند. آمریکائی عضو سفارت زخمی شد. او را به بیمارستان انتقال دادند. گروه دیگری در آنجا بودند که به دنبالش رفتند و به دست آنها به قتل رسید. ولی مستخدم انگلیس‌ها به طور معجزه‌آسا نجات یافت: «در محله شیخ هادی بغتتاً سقاخانه‌ای از زمین روئید و به زودی محل توجه عامه شد و مایه تأمل منتظرین حوادث جدید که زیر این کاسه چه نیم‌کاسه‌ای خواهد بود. مصادفه این واقعه با صحبت نفت شمال ارتباط داشته یا نداشته، رشته احتمالاتی به دست داد و المعنی فی بطن شاعر»[۱]، «آخرین پرده نفت شمال....»[۲]

واقعه سقاخانه و پی‌آمدهای آن، طرح واگذاری نفت شمال را به آمریکائی‌ها متوقف کرد که بساط خود را برچیدند و از ایران رفتند و باز ایران در مقابل انگلیس و روس تنها ماند.

ذکاءالملک فروغی وزیر مالیه از جانب دولت به سفارت آمریکا رفت و ضمن اظهار تاسف، اطلاع داد که دولت مبلغ شصت هزار دلار به عنوان خون بها به بازماندگان مقتول خواهد پرداخت و هزینه حمل جنازه او را به وسیله یک ناو جنگی آمریکایی به عهده خواهد گرفت.

قوام‌السلطنه دیگر بر سرکار نبود. دولت برای استقرار نظم و کاهش تب اغتشاش در تهران حکومت نظامی برقرار کرد. سردار سپه شخصاً مراقبت کرد که

---

۱ – حاج مخبرالسلطنه، ۳۶۳.

۲ – عبدالله مستوفی، شرح زندگانی من یا تاریخ اجتماعی و اداری دوره قاجار، جلد سوم– چاپ دوم، زوار، تهران – ۱۳۴۳، صفحه ۶۲۳.

این ماجرا بدون تحقیق دقیق نماند و پرونده آن بسته نشود. عاملین قتل یافته و بازداشت و تحویل مراجع قضائی شدند. سه تن که عامل آن بودند به اعدام محکوم شدند. سه تن از صاحب منصبان و دو تن از درجه‌داران نظمیه به مناسبت قصور در انجام وظیفه به مجازات‌های قانونی محکوم گردیدند. طبیعتاً محرکان اصلی را همه می‌شناختند اما قابل دسترسی نبودند. سردار سپه می‌دانست که دیر یا زود به زورآزمایی با آنان ناچار خواهد شد.

بازگشت آرامش نسبی به کشور، دست دولت‌ها را در اجرای اصلاحات باز کرده بود. ایران دوباره در عرصه بین‌المللی عرض اندام کرد. دو سال پیش در کنفرانس صلح ورسای[1] حتی از قبول نمایندگان یا در حقیقت فرستادگان ایران خودداری شده بود. تغییر وضع کشور کفایت کرد که ایران به عضویت جامعه ملل[2] درآید که نوعی تضمین برای استقلال و تمامیت آن بود. با چند کشور قراردادهای دوستی و مودت امضاء و مبادله شد. اندک اندک موجودیت ایران در میان دولت‌های جهان پذیرفته می‌شد. دوران انحطاط به پایان می‌رسید و افکار عمومی می‌دانست که بدون اعاده آرامش و پایان سرکشی‌ها هرگز دولت‌ها موفق به تحقق این هدف‌های ملی نمی‌شدند.

به هر تقدیر، مشیرالدوله رفت و مستوفی‌الممالک جای او را گرفت که دولت او هم دیری نپایید. مجلس باز به قوام‌السلطنه ابراز تمایل کرد که او نیز با تمام قدرت و تدبیرش بر اثر تحریکات سیاست‌های خارجی که دوستش نمی‌داشتند و بازی‌های داخلی مجلس ناچار به کناره‌گیری شد. «سردار سپه رونقی در نظام داده بود، نفوذ دولت در اطراف کشور افزوده، مردم از کابینه‌های متزلزل و افکار آشفته و فقدان نقشه به تنگ آمده، آرزوها در دل انباشته، سردار را مرد کار می‌بینند و به او امید دارند[3]. احمدشاه نیز تنها به فکر مسافرت به فرنگستان بود. لاجرم فرمان به ریاست وزرای سردارسپه داد که خود نیز در انتظارش بود و عازم فرنگ شد[4].

1 - Versailles
2 - Societe des Nations

٣ - حاج مخبرالسلطنه، ٣٥٩.
٤ - چون مجلس در حال فترت بود، طبق سنن فرمان شاه برای تعیین رئیس دولت کفایت می‌کرد. اما سردار پس از افتتاح مجلس جدید کابینه خود را معرفی کرد و رای اعتماد گرفت.

۲۸ اکتبر ۱۹۲۳ میلادی، ٦ آبان‌ماه ۱۳۰۲ نقطه عطفی است در زندگی سیاسی رضاخان سردارسپه و در حقیقت آغاز حکومت واقعی وی بر ایران.

صورت مسأله ساده شده بود. بودن یا نبودن سلطنت، ادامه سلطنت قاجاریه، جای مرد توانای کشور یعنی سردارسپه در صحنه سیاست ایران .

در نخستین کابینه سردارسپه، ذکاءالملک فروغی وزیر امور خارجه بود، مدیرالملک جم وزیر مالیه، معاضدالسلطنه پیرنیا وزیر عدلیه، شاهزاده سلیمان میرزا اسکندری وزیر معارف و اوقاف، امیر لشکر خدایارخان وزیر پست و تلگراف و تلفن، حاج عزالممالک اردلان وزیر فوائد عامه و تجارت و میرزا قاسم خان صوراسرافیل کفیل وزارت داخله که سرپرستی آن را خود سردار به عهده گرفت. طبیعتاً وزارت جنگ با خود او بود. در نخستین ماه‌های حکومت سردار سپه که با استقبال گرم اهالی تهران و شهرهای دیگر کشور مواجه شده بود، قوای نظامی در ایمن‌سازی منطقه بلوچستان که بهرام خان بلوچ و پسرش دوست محمدخان طی یک ربع قرن در آنجا عملاً حکومت داشتند و حتی به نام خود ضرب سکه کرده بودند، به موفقیت‌های شایان تأمل آمدند. هم‌چنین در فرونشاندن سرکشی‌های منطقه غرب دریاچه ارومیه کامیابی به دست آمد و کاظم خان قونچی سرکرده یاغیان به قتل رسید.

کار آرام‌سازی مناطق مختلف ایران تقریباً به انجام می‌رسید. در یازدهم فوریه ۱۹۲٤، ولیعهد محمد حسن میرزا که در غیاب برادرش نیابت سلطنت را داشت، پنجمین دوره مجلس شورای ملی را افتتاح کرد. بازگشت آرامش به کشور انتظار تحقق اصلاحات اساسی را بیشتر کرد. افکار عمومی تشنه تغییرات عمده بود. در بسیاری از محافل زمزمه تغییر رژیم و استقرار جمهوری گسترش می‌یافت. همه به سوی ترکیه نگاه می‌کردند و گام‌های بزرگی که پس از برقراری جمهوری در آن‌جا برداشته می‌شد. برای بسیاری از ایرانیان رضاخان سردار سپه و رئیس‌الوزراء، مصطفی کمال دیگری بود و مرد نوسازی و رستاخیر ایران.

نغمه جمهوری بالا گرفت. اما دشواری‌های دیگری در انتظار دولت بود. مسأله خوزستان و اعمال شیخ خزعل پیش از آنکه سردار سپه به ریاست دولت

منصوب شود، سرپرسی لُرِن[1] در ۲۱ مه ۱۹۲۳ به لندن گزارش داده بود که با پایان لشکرکشی‌ها و سرکوبی یاغیان در شرق و غرب کشور، انتظار می‌رود که او در اجرای سیاست تمرکز قدرت در تهران به خوزستان نیز لشکرکشی کند و شیخ خزعل و منافع نفتی انگلستان را به خطر اندازد. وزیر مختار انگلیس هشدار داده بود که تا دیر نشده دولت متبوع وی هرگونه اقدامی که در این مورد لازم است به عمل آورد.

هنگامی که سردار سپه با مسأله خوزستان و شیخ خزعل مواجه شد، او تقریباً پنجاه ساله بود و از ربع قرن پیش عملاً بر قسمت اعظم مناطق جنوبی خوزستان حکومت داشت. پدرش شیخ جابر از ناصرالدین شاه لقب نصرت‌الملک گرفته بود و چون درگذشت، پسر ارشدش شیخ مزعل جانشین او شد و قدرت و نفوذ پدر را با استفاده از ضعف و بی‌اعتنائی دربار قاجاریه و برخورداری از حمایت کامل دولت بریتانیا، توسعه داد. مزعل از ناصرالدین شاه عنوان «خان» و لقب معزالسلطنه گرفت. وصول مالیات خوزستان به چهل هزار تومان در سال به صورت مقاطعه به وی تفویض شد که گاه می‌پرداخت و غالباً نمی‌پرداخت. اما با ارسال هدایای گران قیمت و قبول بعضی «حواله‌جات» دربار حسن رابطه خود را با ناصرالدین شاه حفظ کرد و مورد عنایت او بود.

مقر قدرت و حکومت شیخ جابر و شیخ مزعل در محمّره (خرمشهر) بود. آنان در کاخی مجلل موسوم به «قصر فیلیه» می‌زیستند. قدرت مزعل به جائی رسید که کنسول انگلیس در محمّره با موافقت قبلی وی (و نه دولت مرکزی) برگزیده می‌شد. کشتی‌های هندی یا انگلیسی وقتی در برابر اقامتگاهش می‌رسیدند، به احترام وی چند تیر توپ شلیک می‌کردند و توپخانه کنار دروازه قصرش به آنان پاسخ می‌داد.

حکمرانان خوزستان مقیم شوشتر بودند. آنان در برابر نفوذ شیخ جابر و شیخ مزعل و حسن رابطه‌ای که با دربار ناتوان و فاسد قاجار داشتند، اصولاً به حساب

---

1 -Sir Percy Lorain

در مورد ماجرای شیخ خزعل از جمله نگاه کنید به ابراهیم صفائی، زندگی‌نامه سپهبد زاهدی، انتشارات علمی، تهران، ۱۳۷۳.

نمی‌آمدند و حتی ناصری(اهواز بعدی) تحت تسلط جابر و مزعل و پس از آن دو خزعل بود.

در خرداد ۱۲۷٦، مزعل هنگامی که قصد داشت بر یکی از کشتی‌هایش سوار و عازم گردش شود، به تحریک برادر کوچکترش شیخ خزعل به قتل رسید. خزعل سپس به کشتار اقوام دیگر خود پرداخت. چهارده نفر از آنان را شخصاً به قتل رساند. دو برادرزاده خردسالش را با فروبردن آهن گداخته در چشمان کور کرد که سال‌ها با وضعی فجیع می‌زیستند. به دستور او تنی چند از نزدیکان برادرش نیز مسموم شدند خزعل همسر برادرش را به زور به حرم خود برد و تمام ثروت برادرش را نیز تصاحب کرد و در ۲٤ سالگی جانشین او شد. دیگر کسی را یارای مخالفت با او نبود. مظفرالدین شاه این «تحول و تحویل» را به رسمیت شناخت و شیخ خزعل را به لقب سردار قدس ملقب کرد. حتی خزعل یکی از دختران حسینقلی خان نظام‌السلطنه را که بتول نام داشت به همسری اختیار کرد و به زنان متعدد حرمسرایش افزود.

با آغاز بهره‌برداری از نفت جنوب حمایت سیاست استعماری بریتانیا از خزعل افزایش یافت. اراضی پالایشگاه آبادان و مناطق نفتی از او خریداری شد که امنیت منطقه را به وی سپردند و حتی مقرر داشتند که معاملات عمده‌ی اراضی در تمام منطقه و شهر ناصری می‌بایست با اجازه قبلی او صورت گیرد که هم وسیله‌ای بود برای نظارت بر فعل و انفعالات در آنجا و هم منبع درآمدی سرشار برای شیخ.

چنین بود اوضاع احوال منطقه‌ای که ایالتی از ایالات ایران محسوب می‌شد! «خزعل در ضعیف کردن سیاست دولت مرکزی در خوزستان وجودش مدخلیت بزرگ داشته است. اکنون که دولت نظامی به وجود سردارسپه قوت گرفته است و ملوک‌الطوایف‌ها یکی بعد از دیگری خاتمه داده شده و می‌شود و سردارسپه می‌خواهد خوزستان را هم تحت نفوذ نظامی خود درآورده همرنگ دیگر ایالت‌های ایران بسازد. بدیهی است که این مخالف میل و قدرت و عادت خزعل می‌باشد و می‌کوشد از اقتدار او کاسته نشود و به هر وسیله متوسل می‌گردد تا

زیربار حکومت سردارسپه نرفته باشد.[۱]»

با اعتلای قدرت سردار، لندن دریافت که ممکن است سر نخ سیاست ایران را که بیش از یک قرن در اختیارش بود از دست بدهد. خزعل نیز متوجه شد که دیگر در تهران با قدرت ملی روبرو است. نامه‌ای به تاریخ اول مرداد ۱۳۰۱ به کنسول انگلیس «جناب جلالت مآب اجل دولت محترم کپیتان والیس قنسول فخیمه انگلیس دام اقباله» نوشت و نگرانی خود را بیان داشت[۲] که در پاسخ انگلیس‌ها به او قول مساعدت و اطمینان خاطر دادند. با این حال شیخ کوشید که سردار را «رام کند» و دو زره‌پوش انگلیسی را که به تازگی به قیمت ده هزار پوند خریده بود به ارتش نوبنیاد ایران تقدیم کرد.

اما او سوداها و خیالات دیگری در سر داشت. او با خوش خدمتی کامل حافظ منافع انگلیس در حوزه «حکم‌رانی» خود بود و به همین سبب به دریافت دو نشان مهم سنت میشل و سنت جرج در دربار بریتانیا نائل آمد و به لقب «سِر» ملقب شد.

لندن قبلاً در قراردادی او را رسماً تحت‌الحمایه خود اعلام کرده بود[۳].

پس از پایان جنگ جهانی اول و تجزیه امپراطوری عثمانی، هنگامی که با حمایت و تمهیدات لندن ملک فیصل فرزند شریف حسین امیر حجاز به سلطنت عراق رسید و برادرش ملک عبدالله به امارت کشور ماوراء اردن (هاشمی اردن امروز). شیخ خزعل که خود را کمتر از آنان نمی‌دانست و ثروت و درآمد و نیروی نظامی کافی در اختیار داشت، به فکر استقلال کامل خوزستان (یا به قول خودش عربستان) افتاد. لندن که از خطر تسلط بلشویک‌ها بر ایران نگران بود، این «راه حل» را که حافظ منافع نفتی امپراطوری بریتانیا در جنوب ایران به نظر می‌رسید، مورد توجه، اگرنه تایید کامل، قرار داد و حمایت «دولت فخیمه» از شیخ علنی‌تر شد.

در این شرایط رودررویی سردار با شیخ هر روز محتمل‌تر می‌شد و غیر قابل

۱ - حاج میرزا یحیی دولت‌آبادی، حیات یحیی، جلد چهارم، چاپ سوم، انتشارات عطار، تهران - ۱۳۶۱، صفحه ۳۲۷.

۲ - تصویر و متن نامه در ابراهیم صفائی، زندگی‌نامه، صفحات ۳۵ تا ۳۷.

۳ - قرارداد ۱۵ اکتبر ۱۹۱۰، میان دولت بریتانیای کبیر و شیخ خزعل.

اجتناب گردید.

بروز اختلافات سیاسی در تهران و تحریکات دربار علیه سردارسپه که شاید احمدشاه در آن دخالت مستقیم نداشت اما جلوگیری هم نمی‌کرد و سرانجام حرکت او برای سفر سوم به اروپا شیخ را بر آن داشت که پرچم استقلال خوزستان را برافرازد.

سلطان احمدشاه در راه سفر سوم به فرنگ چند روزی میهمان شیخ بود که از او پذیرایی شایان و بسیار مجللی به عمل آورد. شاه مخالفت و دشمنی شیخ را با سردارسپه شنید. اما نه مخالفتی کرد و نه تشویقی. شیخ این سکوت را علامت رضا دانست. خاصه آن که در تهران محمدحسن میرزا ولیعهد و نایب‌السلطنه در رأس مخالفان سردار قرار داشت و مشوق همه تحریکات علیه او بود و کسانی چون سیدحسن مدرس که در میان بعضی از گروه‌های مردم نفوذی داشت و او نیز از «عنایات» سفارت «دولت فخیمه» برخوردار بود، با وی همکاری داشتند. برای شیخ خزعل همه این‌ها نشان از مساعدت اوضاع با دعوی او به سرکشی و استقلال داشت. در خوزستان کمیته «قیام سعادت» و اتحادیه عشایر جنوب اعلام وجود کرد. شیخ در رأس کمیته بود. گروه بزرگی از ایلات و عشایر بختیاری به سرکردگی یوسف خان امیر مجاهد نیز در کنارش بودند. رودررویی بزرگ سردارسپه با انگلیس‌ها و زورآزمائی با دست نشانده آنان شیخ خزعل آغاز شد.

لندن به این حرکت با نظر مساعدت و موافقت می‌نگریست و آن را وسیله‌ای برای تضعیف سردارسپه می‌دانست که سیاستی به کلی سوای سیاست بریتانیا داشت. محاسبه انگلیس‌ها روشن بود. یا خزعل توفیق کامل می‌یافت و در آن صورت اگرنه استقلال لااقل خودمختاری خوزستان مسجّل و سردار در تهران از قدرت ساقط می‌شد که این «راه حل» ضامن تأمین حداکثر منافع آنان بود. یا میان شیخ و سردار نوعی مصالحه به عمل می‌آمد و این ضربه‌ای به قدرت فزاینده رضاخان و در نتیجه بازگشت احمدشاه و اطرافیانش به صحنه‌ی سیاست ایران بود که آن هم به زیان لندن نبود. در هر حال لندن خود را بازنده نمی‌دید و «شیخ محمره» را تشویق کرد.

«کمیته قیام سعادت» تشکیل شد. گروه کثیری از روسای عشایر جنوب، بختیاری‌ها، بویراحمدی‌ها، ممسنی‌ها به آن پیوستند. حتی زمزمه الحاق قشقایی‌ها

برخاست اما آنان هرگز عامل چشم بسته لندن نبودند. سرهنگ رضاقلی‌خان ارغنون که از سوی سردار از یک سال پیش در ناصری (اهواز) مأمور تشکیل واحدی از ارتش نوین ایران شده بود، نیز به کمیته پیوست و با دریافت وجوه و پاداش کافی مأمور نظم دادن به سپاهیان انبوه شیخ شد. میان کمیته قیام سعادت و به ویژه شخص خزعل ارتباط و هماهنگی با محمدحسن میرزا ولیعهد و نایب‌السلطنه، سید حسن مدرس و چند تن دیگر از دشمنان و مخالفان سردارسپه، دائمی بود. شیخ نماینده‌ای به فرانسه نزد سلطان احمدشاه فرستاد و از او خواست که به خوزستان بیاید و اطمینان داد که با نیروئی که فراهم شده راه بازگشت مظفرانه‌اش به پایتخت و پایان دادن به قدرت سردارسپه برایش باز خواهد بود. حساب خزعل روشن بود. یا با کمک احمدشاه موفق می‌شد و پاداش خود را که خودمختاری خوزستان و تجدید قدرتش بود، می‌گرفت. یا بدون کمک شاه توفیق می‌یافت و خود امیر یا سلطان عربستان (خوزستان) مستقلی تحت حمایت امپراطوری بریتانیا می‌گردید. عجب آنکه، چنان به قدرتش مغرور بود که هرگز حساب شکست را نکرد. همین غرور و کم انگاشتن اراده سردارسپه، پایان کار و فروپاشی قدرتش را محتوم ساخت.

سلطان احمدشاه پاسخی به شیخ نداد، چراکه اتخاذ تصمیم قاطع در خلقیاتش نبود و چشم به راه حوادث ماند. موافقانش چون حسین مکی این رویه را نشانی از وطن‌دوستی او دانستند و مخالفانش آنرا تعبیر به همدستی باطنی با خزعل و حمایت از محمد حسن میرزا و مدرس کردند. سردار سپه از این جمله بود که آن را در سفرنامه‌ی خوزستان پنهان نمی‌کند. سردار سپه می‌دانست که سرنوشت سیاسی‌اش در گرو سرانجام این ماجرا است. شیخ خزعل کلنل محمدتقی خان یا میرزا کوچک‌خان خوشنام و وطن‌پرست نبود که بخواهد در صورت امکان از مواجهه با او بپرهیزد. مردی سنگدل و بدنام و عامل رسمی و تحت‌الحمایه سیاست بریتانیا بود که قصد تجزیه ایران را داشت تصمیم به مقابله با او را گرفت. جوانترین امیر ارتش نوین ایران سرتیپ فضل‌الله خان زاهدی را به «حکومت کل» خوزستان و فرماندهی قوای نظامی مستقر و مقیم در منطقه برگزید. در انتظار برخوردی سنگین و طولانی بود. با تمام این احوال تلگرام محبت‌آمیزی برای شیخ

فرستاده شد که از در مسالمت درآید. پاسخ خزعل در حقیقت اعلان جنگ وی به حکومت مرکزی ایران بود، در تلگرامی از طریق سفارت ترکیه نوشت:

«من اصلاً شما را به ریاست دولت نمی‌شناسم. شما مردی غاصب هستید. شاه قانونی و مشروطه‌ی مملکت را بی‌گناه بیرون کرده و پایتخت را اشغال نموده‌اید و غاصبانه بر قوای دولت دست انداخته اید.»

متعاقب این پیام سردار سپه در بخشنامه‌های سری به کلیه واحدهای ارتش ابلاغ کرد:

«هر قدر خواستم با نصیحت خزعل را متنبه نمایم غافل ماند. لذا به کلیه قشون امر می‌دهیم که تمام قوای مادی و معنوی خود را برای معدوم ساختن آخرین سدی که در مقابل نمو و ترقی قشون و با نتیجه تعالی و عظمت مملکت عرض اندام نموده است، را خود مهیا سازند.»

به موازات این پیام‌ها، به تلقین شیخ و به «کمک» وجوهی که علناً از طرف مقامات انگلیسی میان روسای عشایر عرب و سرکردگان ایلات بختیاری و بعضی از افراد بانفوذ منطقه تقسیم می‌شد، سرکردگان این گروه‌ها پیامی به زبان عربی به مجلس شورای ملی مخابره کردند:

«ما روسای طوایف عربستان قرن‌ها است پدر در پدر در این سرزمین سکونت داریم. از روزی که این بیابان بی‌آب و علف بوده تا امروز که معمور شده ما همگی اتباع رئیس معظم خود شیخ خزعل و همه رعیت دولت ایرانیم. از حسن نیت حکومت نسبت به خودمان مشکوک شده و همگی در اطراف رئیس محبوبمان شیخ خزعل جمع شده، با کمال صراحت منظور بزرگ و غائی خود را از مجلس می‌طلبیم. یعنی مصراً تقاضا داریم شاهنشاه معظم مشروطه ایران احمدشاه به مملکت خود برگردد و به وسیله جنابعالی از مجلس ملی جواب می‌خواهیم. اگر خدای نخواسته مفسدین نگذاشتند مجلس به عرض ما توجه کند و اگر حاجت مشروع ما برآورده نشود، ما اهالی عربستان با اتکاء به حول و قوه خداوند و با کمک ایلات هم قسم خود تصمیم قطعی داریم که به وسیله شمشیر، مقصود مقدس خود را به چنگ آوریم. بذل جان و شرف و مال برای ما در این راه برای ما آسان است.»

مؤتمن‌الملک رئیس مجلس که دولتمردی به حد افراط مقید به رعایت اصول و بی طرفی بود پیام‌ها را قاب کرده به انضمام ترجمه فارسی در سرسرای مجلس آویخت که به اطلاع نمایندگان برسد[1] و در پاسخ آنان پیامی مفصل فرستاد:

«... شرط اعظم وطن‌خواهی حفظ حقوق حکومت مرکزی و اطاعت از دولتی است که طرف اعتماد مجلس شورای ملی است.... اما در موضوع مسافرت و معاودت اعلیضرت اقدس همایونی خلدالله ملکه و سلطانه باید این قضیه را خاطرنشان نمایم که اعلیحضرت همایونی به میل خود برای معالجه به اروپا تشریف برده‌اند و هر زمانی که اراده فرمایند به مقر سلطنت خود مراجعت می‌فرمایند.»

ظاهر لحن نسبتاً نرم پاسخ رئیس مجلس موجب گله سردارسپه شد که آن‌را در سفرنامه خوزستان بیان داشته. نتیجه آنکه مؤتمن‌الملک در پیامی دیگر قاطعیت بیشتری نشان داد:

«... با منش تحریک‌آمیزی که از خود بروز داده، اختلال امور خوزستان را فراهم نموده‌اید، چون تظاهر به این اعمال از شرط ملت‌خواهی دور است... تذکر می‌دهیم که از رفتار فعلی صرفنظر و نگذارید دامنه اختلال توسعه پیدا نماید.»

در روز ۷ اکتبر ۱۹۲٤ (۱۵ مهر ۱۳۰۳) سردارسپه به حاکم کل خوزستان و فرمانده قوای منطقه دستور شروع عملیات را داد. نخستین برخورد میان دو طرف در نزدیکی بهبهان روی داد که نیروی دولت از ششصد نفر بیشتر نبود، با برخورداری از حمایت دو هواپیمای نیروی نوبنیاد هوایی ایران، موفق شد شورشیان را وادار به عقب‌نشینی کند. برخورد دیگر در زیدون روی داد و دیگر بار پیروزی نصیب سرتیپ زاهدی شد. با این احوال شیخ اردوئی معادل شصت هزار نفر که قسمت اعظم آن از عشایر خوزستان و افراد ایل بختیاری به سرکردگی امیر مجاهد بودند، در اطراف ناصری گرد آورده بود که در بادی امر نیروئی شکست‌ناپذیر به نظر می‌رسید. از تهران محمد حسن میرزا و مدرس و مخالفان سردار سپه آنان را تشویق می‌کردند و کنسول انگلیس در منطقه به پخش وجوهی میان آنان ادامه می‌داد.

---

۱ - حسین مکی، ۱٦٦ - ۱٦۷

سردارسپه در دوراهی سرنوشت بود. می‌دانست که اگر پیروز شود دیگر همه چیز برایش میسر خواهد شد و اگر شکست بخورد نقطه پایان بلندپروازی‌هایش و آرزوهای دور و درازش برای ایران خواهد بود. پس برای یکسره کردن کار راهی اصفهان و جنوب ایران شد:

«می‌روم که یا آخرین نغمه‌های ملوک‌الطوایفی را از میان بردارم یا در زیر خرابه‌هایش شوش مدفون شوم.»

بودن یا نبودن

اندکی بعد (۲۲ آبان ماه) وزیر مختار انگلیس یادداشت اعتراض‌آمیز شدیداللحنی که به اتمام حجت بیشتر شبیه بود به وزارت امور خارجه تسلیم نمود:

«حمله قشون ایران به قوای شیخ خزعل مغایر منافع انگلستان است. با توجه به این که دولت اعلیحضرت پادشاه تعهد کرده است که از جان و مال شیخ خزعل و اتباع او حمایت کند، از این رو در صورت ادامه عملیات نظامی، دولت بریتانیا ناگزیر خواهد بود که برای دفاع از جان و مال شیخ و اتباع او هر اقدامی که لازم است به عمل آورد.[۱]»

ذکاءالملک فروغی وزیر مالیه که در غیاب سردار کفالت امور دولت را به عهده داشت، مفاد یادداشت سفیر انگلیس را به وی مخابره کرد. رئیس دولت مقرر داشت که یادداشت عیناً به فرستاده لندن پس داده شود چراکه موضوع مربوط به امور داخلی کشور است و یک دولت خارجی حق مداخله در آن را ندارد. مشارالملک وزیر امور خارجه نیز به دستور کفیل دولت به همین نحو عمل کرد. انگلیسی‌ها هنوز متوجه دگرگونی رهبری ایران نشده بودند، شاید می‌خواستند قدرت خود را در مقابل سردار آزمایش کنند. راهی که رئیس دولت در پیش گرفته بود بازگشت نداشت.

سه روز پس از عزیمتش از تهران، سردار سپه در اصفهان بود. کنسول انگلیس به دیدارش آمد و نگرانی دولت متبوعش را از بروز برخوردی در مناطق نفت‌خیز تکرار کرد.

در روز بیستم آبان سردار راهی شیراز شد. در آن جا هم سرکنسول بریتانیا با

۱ – متن کامل این یادداشت در اسناد دیپلماتیک هر دو کشور موجود است و انتشار یافته.

وی ملاقات کرد و از او خواست که از ادامه مسافرتش خودداری کند.

رئیس دولت چنانکه خود در سفرنامه خوزستان نوشته به وی گفت:

«بدون آنکه جنگی دربگیرد خزعل را روانه تهران خواهد کرد و اگر خزعل به شیراز بیاید و از رفتارش عذرخواهی کند ممکن است از سفر به خوزستان صرف‌نظر نماید.»

این پیشنهاد به وسیله‌ی کنسول انگلیس در محمره به اطلاع خزعل رسید. اما غرور بی‌اندازه شیخ و اتکای او به قوایی که در اطراف ناصری گردآورده بود و امکانات مالی که داشت و حمایت‌هایی که از تهران به وی می‌رسید به حدی بود که آن را نپذیرفت. هم‌چنین او خود را برای حفظ منافع انگلستان آن‌قدر ضروری می‌دانست که حتی تصور نمی‌کرد که از لندن دست از حمایت او بردارد یا نتواند کاری برایش انجام دهد. همان‌قدر به امکانات خود متکی بود که به قدرت امپراطوری بریتانیا.

در روز بیست و ششم آبان سردار وارد بوشهر شد که از آنجا با کشتی عازم خوزستان شود. باز سرکنسول انگلیس در این شهر به دیدارش آمد و همان درخواست‌ها را تکرار کرد و همان پاسخ‌ها را شنید و چون ناامید شد متن تلگرافی از سرپرسی لرن وزیرمختار انگلیس را که یقیناً برای نزدیکی به صحنه به بغداد آمده بود تا بتواند مراقب اوضاع و احوال باشد به وی ارائه داد. فرستاده لندن از سردار تقاضای ملاقات می‌کرد. رئیس دولت به وی جواب داد «در ناصری یا در محمره». رضاخان سردارسپه دیگر قصد داشت که کار را یکسره کند. زمان مماشات گذشته بود. پیشروی قوای تحت فرماندهی سرتیپ زاهدی به سوی ناصری (اهواز) همچنان ادامه یافت. هواداران انبوه خزعل تا آن روز جنگ واقعی ندیده بودند. تیراندازی و بمباران سه هواپیمای نیروی هوایی ایران آنها را مرعوب کرد. دسته دسته به سپاهیان دولتی تسلیم می‌شدند یا راه فرار در پیش گرفتند. انگلیس‌ها از بروز ناامنی در مناطق نفتی سخت نگران شده بودند. حساب آنان هم درباره قدرت شیخ نادرست بود و هم درباره‌ی اراده سردار سپه.

سرپرسی لرن خود را به محمره رساند و به دیدار شیخ رفت. او را نگران و وحشت‌زده و سخت بیمناک از دیدار سردارسپه دید. شیخ تقاضا کرد در ملاقات با سردارسپه او (یعنی وزیر مختار انگلیس) نیز حضور داشته باشد. تقاضایی که

برای رئیس دولت ایران قابل قبول نبود. سرانجام گویا به توصیه فرستاده‌ی لندن خزعل پیامی دوستانه برای سردارسپه فرستاد. پاسخ رئیس دولت ایران روشن بود و فوراً به دستش رسید:

«آقای سردار اقدس، تلگراف شما را دریافت کردم. معذرت و ندامت و اظهار تاسف شما را می‌پذیرم. البته در صورت تسلیم قطعی. فرمانده کل قوا و رئیس‌الوزرا»

شیخ پسر ارشدش سردار اجل را به دیدار سردار فرستاد. اما برای رضاخان این عمل کافی نبود. با وجود آن که بسیاری از تفنگچیان شیخ و افراد مسلح امیر مجاهد بختیاری در ناصری حضور داشتند، او با عده کمی از قوای نظامی در روز سیزدهم آذرماه ۱۳۰۳ وارد آن شهر شد و یک سر به قصر مجلل خزعل رفت و در آن جا رحل اقامت افکند. به این ترتیب مرکز حکومت شیخ که تا چند روز پیش کوس استقلال «عربستان» را می‌زد تحت تصرف و تسلط فرمانده کل قوا و رئیس‌الوزرای دولت ایران، دولت مرکزی ایران، درآمد.

شیخ خزعل ناچار شد به خانه محقری در آن شهر فرود آید و در انتظار «رخصت شرفیابی» باشد. در روز چهاردهم این اجازه به او داده شد. با خضوع و خشوع بسیار آمد و در حضور جمع خود را به پای مرد توانای ایران انداخت و استدعای عفو کرد. سردار به او اجازه داد که به اتفاق مرتضی‌قلی خان بختیار به کشتی شخصی‌اش برود و آنجا را محل اقامت خود قرار دهد.

سرکشی شیخ خزغل و دعوی استقلال «عربستان» و ماجرای «کمیته قیام سعادت» رسماً به پایان رسید. شکستی بزرگ برای سیاست بریتانیا در ایران و برای گروه مخالفان سردار که محمد حسن میرزا و مدرس در رأس آن قرار داشتند.

شیخ پر نخوت که می‌خواست با حمایت لندن سلطان قسمتی از خاک ایران شود، سرشکسته و منفعل به کشتی خود رفت. اما به تحریکات خود ادامه داد و همدستانش در تهران نیز به حمایت از او ادامه دادند «سردار سپه نوشته‌جاتی به دست آورده است از مدرس و دیگران که به خزعل نوشته او را قوت قلب داده‌اند که در مخالفت خود باقی بماند و هم شهرت دارد که خزعل پول‌هایی هم به تهران برای اشخاص فرستاده است.[۱]»

۱ - حیات یحیی، ۳۲۸.

پایان فتنه خزعل[۱] نقطه عطفی در تاریخ معاصر ایران و سرنوشت رضاخان سردار سپه است.

---

۱ - با تأیید دولت، سرتیپ زاهدی حاکم کل خوزستان، دستور داد که نام شهرهای منطقه که از یک قرن پیش به تدریج عربی شده بود به فارسی برگردد. ناصری اهواز شد، محمره خرمشهر و ... تدریس زبان فارسی در مدارس اجباری گردید و جوان‌ها تشویق شدند که لباس‌های عربی را ترک کنند و جملگی چنین کردند. سرتیپ زاهدی همان روش راهبری امور را که در گیلان به‌کار گرفته بود در پیش گرفت. خشونتی نسبت به اهالی به عمل نمی‌آمد. ارتش با کلیه معتمدین و محترمین محل و عموم اهالی با احترام و نزاکت رفتار کرد. به مال و امنیت کسی تجاوز نشد. زاهدی حتی با خزعل با رعایت ادب و احترام رفتار کرد. شیخ نیز که در صدد «خریداری» او بود به وی تظاهر به دوستی و اخلاص می‌کرد.
برای پایان دادن به تحریکات شیخ(که در نهایت امر بر هیچ‌کس پوشیده نمی‌ماند) سردارسپه با پیام سری به زاهدی دستور داد که او را بازداشت و به تهران اعزام دارد. حاکم کل خوزستان در انتظار فرصت مناسب بود. در شب سی‌ام فروردین ۱۳۰٤ شیخ سرتیپ زاهدی و چندین تن از نزدیکانش را برای ضیافت شام و شب‌نشینی در کشتی شخصی دعوت کرد. به آنان گفته شده بود که چند نوازنده لبنانی و چند رقاصه که همه راویان آنها را زیبا توصیف کرده‌اند در این بزم حضور خواهند داشت. زاهدی فرصت را برای اجرای دستور فرمانده کل قوا مناسب دید. سرهنگ شوکت، همکار وفادار و مورد اعتمادش را با بیست نفر درجه‌دار و سرباز کارکشته، در یک عملیات «کوماندویی» شبانگاه به کشتی شیخ فرستاد. آنها در تاریکی وارد کشتی شدند. خدمه مشغول پذیرایی و نگهبانان که احساس خطر نمی‌کردند سرگرم تماشای رقاصه‌های نیمه عریان بودند. شیخ و پسرش سردار اجل هر دو مست و بدون اسلحه بودند و سرتیپ زاهدی هوشیار و مسلح. خزعل و پسرش دستگیر شدند. زاهدی که در کمین بود به آنان ابلاغ کرد که طبق دستور فرمانده کل قوا بازداشت شده‌اند و باید فوراً به تهران اعزام شوند. آنان را به ناوچه جنگی که در انتظار بود منتقل کردند. ناوچه در کنار شط‌العرب پهلو گرفت. پدر و پسر را هر یک در اتومبیلی نشاندند و به همراه دو افسر مسلح راهی اهواز کردند. افراد مسلح زیادی اطراف آنها را گرفته بودند که پیش آمد غیرمترقبه‌ای رخ ندهد، که رخ نداد. شیخ به زاهدی گفت مبلغ پانصد هزار تومان یک گردن‌بند مروارید و یک تفنگ دو لول مرصع تقدیم می‌کنم که بگذاری فرار کنم. زاهدی نپذیرفت. چون به تهران رسیدند زاهدی تفنگ را پذیرفت و گردن‌بند را برای سردار سپه فرستاد که او به همسرش تاج‌الملوک (ملکه بعدی عرضه داشت. گویا خزعل صندوق جواهری نیز همراه داشت که به نشانه حسن نیت به سردارسپه پیشکش داد. او در روز ۱۸ اردیبهشت ۱۳۰٤ وارد تهران شد و مورد استقبال نمایندگان سفارت انگلیس قرار گرفت که بعد از کشمکش بسیار اجازه گرفتند مرتباً به دیدارش بروند. خانه بزرگی در خیابان ژاله تهران و باغی در جعفرآباد شمیران در اختیارش گذاشتند که گاه به دیدار سردار(و رضاشاه) می‌رفت. حتی یک بار برای معالجه چشمش پزشک متخصص از اروپا به تهران آمد. شیخ در سال ۱۳۱۵ در تهران درگذشت و جنازه‌اش در امامزاده عبدالله به خاک سپرده شد.

از لحاظ نظامی پیروزی او کامل بود و ابعاد آن بر افکار عمومی پوشیده نماند. اسلحه و مهمات، توپخانه و سه ناوچه جنگی متعلق به شیخ از طرف دولت ایران ضبط و تحویل نیروهای مسلح شد. اما دولت در اموال و املاک وی مداخله‌ای نکرد. دفتری در بصره داشت که یک انگلیسی به نام ویلسن اموالش را از آنجا اداره می‌کرد. در اهواز و خرمشهر هم دفاتری به همین منظور داشت. سرهنگ ارغنون که به فرمانده کل قوا خیانت کرده بود از خشم وی، به حق، سخت بیم‌ناک بود به عراق گریخت و سپس به سوریه و از آن‌جا به اروپا رفت. تا پایان جنگ جهانی دوم در آن‌جا به ساعت‌سازی که در آن مهارتی داشت، پرداخت. سرانجام به ایران بازگشت و در وطن خود درگذشت.

از لحاظ سیاسی، شکست خزعل و پیروزی سردار سپه بر انگلیس‌ها از یک طرف عداوت آنان را با او پابرجا کرد که تلافی آن را در شهریور ۱۳۲۰ به انجام رساندند و از طرف دیگر بر محبوبیت و اعتبار سیاسی او در افکار ایرانیان افزود. او دیگر مردی بود که امپراطوری بریتانیا را به زانو درآورده بود. نخستین «بذر بدگمانی» انگلیس‌ها نسبت به فضل‌الله زاهدی که تا پایان زندگی سیاسی او ادامه یافت در همین زمان کاشته شد.[1]

سردار پس از پایان کار خزعل، برای زیارت به عتبات عالیات رفت. در بقاع نجف و کربلا ایرانیان مقیم این دو شهر و زائرین ایرانی نسبت به وی احساسات گرمی ابراز داشتند. در یکی از این بقاع، سردار رشید کردستانی که دوبار علیه دولت مرکزی طغیان کرده و پس از شکست قوای اعزامی به عراق گریخته و پناهنده شده بود در حالی‌که یک جلد قرآن به دست داشت خود را به پای او انداخت و طلب عفو کرد که سردار وی را ببخشد. این نخستین سفر وی به خارج از کشور بود.

بازگشت رضاخان به ایران با استقبال گرم مردم روبرو شد. در مسیرش طاق نصرت‌ها به پا کردند. در تهران چراغانی و آذین‌بندی شد.

فصل دیگری در زندگی او و در تاریخ سیاسی ایران گشوده شد.

---

۱ – اردشیر زاهدی، خاطرات، جلد اول، از کودکی تا استعفای پدر آیبکس، واشنگتن، ۲۰۰۶، صفحه ۲۸.

فصل پنجم

«.... امیدی جز به سردارسپه نیست»[1]

سردارسپه در برگشت از خوزستان برای بیشتر ایرانیان، مخصوصاً روشنفکران، به صورت یک قهرمان ملی درآمده و به اوج محبوبیت رسیده بود.

در روز ۲۵ بهمن ماه ۱۳۰۳، مجلس شورای ملی در جلسه فوق‌العاده‌ای که ریاست آن با مؤتمن‌الملک (حسین پیرنیا) بود، به پیشنهاد دکتر محمد مصدق‌السلطنه[2] عنوان ریاست عالیه ارتش و فرماندهی کل قوا را به عنوان معمول رضاخان یعنی سردارسپه افزود. برای احمدشاه دیگر قدرت و اعتباری باقی نمانده بود. برادرش محمدحسن میرزا ولیعهد در تهران مانده و سمت نیابت سلطنت داشت. اما نزد مردم منفور بود. تنها کسی که می‌توانست مرد میدان رودرروئی با رضاخان سردار سپه باشد و مانع تحقق بلند پروازی‌های سیاسی‌اش شود قوام‌السلطنه بود[3]. نظمیه او را متهم به توطئه علیه رئیس دولت و فرمانده کل قوا کرد و اسنادی (به احتمال قوی ساختگی) در این زمینه ارائه داد. قوام‌السلطنه جلب و اقامتگاهش بازرسی و عملاً غارت شد. در این موقع احمدشاه از خود غیرت نشان داد و از نخست‌وزیرش در تلگرافی که از نیس مخابره شده بود خواست (یا به او دستور داد) که به این حرکات که البته برازنده نبود خاتمه داده شود. گویا این دستور به خواهش همسر قوام‌السلطنه که می‌گویند شیرزنی بود، صادر شد. اتهام قوام‌السلطنه نمی‌توانست بدون دستور یا لااقل موافقت رئیس دولت انجام شده باشد. ولی به دستور او و در اجرای امرشاه قوام‌السلطنه آزاد و

---

۱ -«تجارت نیست، صنعت نیست، ره نیست امیدی جز به سردارسپه نیست»
بیتی است از شاهزاده ایرج میرزا جلال‌الممالک شاعر معروف که در این زمان سروده شد.

۲ - هنوز القاب و عناوین دوره قاجار ملغی نشده و معمول و مرسوم بود.

۳ - درباره قوام‌السلطنه و تفصیل این ماجرا نگاه کنید به حمید شوکت: در تیررس حادثه، زندگی سیاسی قوام‌السلطنه، تهران، نشر اختران، ۱۳۸۵ و نیز دکتر هوشنگ نهاوندی سه رویداد و سه دولتمرد، قسمت اول صفحات ۱ تا ۲۳۷، لس آنجلس، شرکت کتاب، ۲۰۰۹

به اروپا تبعید شد و سرانجام در پاریس رحل اقامت افکند. اندکی قبل از آغاز جنگ جهانی دوم اجازه داده شد که به ایران باز گردد و به شرط امتناع از هر نوع فعالیت سیاسی به لاهیجان برود و در املاک خود اقامت کند. سردار سپه از قدرت سیاسی قوام بیمناک بود و شاید حق داشت. سیاستمداران بزرگ آن روز ایران چون مؤتمن‌الملک، مشیرالدوله و مستوفی‌الممالک از قوام‌السلطنه در میان مردم محبوبیت بیشتری داشتند. ولی محافظه‌کار و محتاط بودند. قوام‌السلطنه جاه‌طلب و مردی قوی و اهل مبارزه سیاسی بود. چنانکه بعداً از خود نشان داد. رضاخان می‌دانست که اگر خطری متوجه او باشد از جانب او خواهد بود و به این ترتیب او را از میدان به در کرد.

با خروج اجباری قوام‌السلطنه از میدان سیاست ایران دیگر مانعی در راه صعود سردار سپه به مرحله بعدی قدرت وجود نداشت. اما تحریکات و مخالفت‌ها نیز که سرنخ همه آنها به سفارت انگلیس می‌رسید کم نبود. پیش از ماجرای پرهیاهوی خزعل که در طی آن بسیاری کار سردارسپه را پایان یافته می‌دیدند و به ویژه بعد از آن دامنه حرکت و نهضت طرفداران تغییر رژیم و برقراری جمهوریت در سرتاسر کشور بالا گرفت.

ایران دیگر ایران سال‌های قبل از انقلاب مشروطه نبود و اکثریت مردم از آنچه در دنیا می‌گذشت بی‌خبر نبودند. همه، قاجاریه و نحوه حکومت سلاطین آنرا عامل و منشاء اصلی انحطاط و ناتوانی کشور می‌دانستند و ضعف آنانرا در مقابل ملاحظات قدرت‌های خارجی در امور ایران محکوم می‌کردند. همه در جستجوی سیاست و راه و روش دیگری بودند. امنیت تقریباً در کشور برقرار شده بود. تهران دیگر آن شهر مرده و ناامن سال‌های قبل از کودتای سوم اسفند نبود. مردم دیده بودند که حتی دولت‌های زودگذر به شکرانه امنیت و نظم نسبی کشور به اصلاحات مهمی توفیق یافته‌اند. افق‌های تازه‌ای در برابر افکار عمومی به ویژه روشنفکران گشوده شده بود. مردم دیگر تنها طالب امنیت در شهرها و امکان مسافرت از نقطه‌ای به نقطه دیگر بدون بیم از قاطعان طریق نبودند، شهرهای پاکیزه و مجهز به برق و تلفن و خیابان‌های شایسته می‌خواستند، مدرسه می‌خواستند، بانک و راه‌آهن و صنایع جدید می‌خواستند. تجدید افتخارات گذشته

را می‌خواستند، پایان سرشکستگی در برابر خارجیان را می‌خواستند. در یک کلمه سربلندی و افتخار و غرور می‌خواستند که همه این‌ها را به تدریج در طی دو قرن ایران از دست داده بود ولو آنکه از یک استقلال سیاسی اسمی و ظاهری برخوردار بود.

تنها سردار سپه قادر به تحقق این آرزوها به نظر می‌رسید و بسیاری پایان سلطنت قاجاریه و اصولاً نظام سلطنتی و اعلام و استقرار جمهوری را راه نجات می‌دانستند که ایران مانند ترکیه به جاده ترقی و تعالی بیافتد. ترکیه مصطفی کمال (آتاتورک) را داشت و ایران رضاخان را. برای اکثریت مردم اعلام جمهوریت مترادف با تفویض قدرت و زمام امور کشور به رضاخان سردار سپه بود. دامنه نهضت جمهوری بالا گرفت.

طرفداران سردار سپه و فرماندهان پادگان‌های محلی به این هیاهو که مطلقاً مصنوعی نبود دامن می‌زدند. شک نیست که خود رضاخان نیز با آن مخالف نبود. اما در مقام ریاست دولت و فرماندهی کل قوا نمی‌توانست رسماً و علناً موضع‌گیری کند.

همه‌جا اشاره به الگوی ترکیه و برقراری نظام جمهوری در آن کشور می‌شد. در سرتاسر ایران موافقان و مخالفان جمهوری به مبارزه با یکدیگر برخاستند. حتی در میدان بهارستان و در صحنه مجاس شورای ملی. در این جا قوای انتظامی مجبور به دخالت شدند که مباین همه اصول و سنت‌ها بود. مؤتمن‌الملک که در حفظ حرمت خانه ملت به حق وسواس بسیار داشت سخت برافروخت، به رضاخان که حضور داشت تندی و پرخاش کرد. به ناظم مجلس، سید کمال، فریاد زد زنگ مجلس را بزن که جلسه علنی تشکیل شود تا تکلیف این‌ها را (اشاره به رئیس دولت) معلوم کنم. سردارسپه با همه غرورش ناچار به عذرخواهی شد، ابتدا از رئیس مجلس و سپس علناً از نمایندگان. صحنه‌ای که در تاریخ با عبارت «سید کمال زنگ مجلس را بزن» به جای مانده.

در آن زمان کسی برای قاجاریه امیدی نمی‌دید و همگان برکناری احمدشاه را غیرقابل اجتناب و محتوم می‌دانستند. اما اعلام جمهوریت، آن هم به پیروی از الگوی ترکیه بر اساس جدایی کامل دیانت از سیاست و منع مداخله روحانیون

در امور عرفی و مملکتی خوش‌آیند روحانیت نبود. سران جامعه روحانی در قم و مشهد و نجف به رضاخان سردار سپه توصیه کردند که مانع گسترش نهضت جمهوری شود و خود بر تخت سلطنت نشیند. به این ترتیب در نقش روحانیت در تغییر سلطنت و صعود رضاخان کوچکترین تردیدی نیست. عجب آنکه نیم قرن پس از آن جناحی از روحانیون (که شاید در اقلیت بودند و بقیه را به دنبال خود کشیدند یا وادار به سکوت کردند) با استفاده از نارضایی‌های وسیعی که به‌وجود آمده بود و به خصوص با حمایت علنی و موثر سیاست‌های خارجی و در درجه اول ایالات متحده آمریکا، عامل اصلی سقوط سلطنت در ایران شدند که این خود حکایت دیگری است.

در بهار سال ۱۳۰۲، مشیرالدوله قانونی را به تصویب قوه مقننه رسانده و انتخاب یک نام خانوادگی را الزامی کرده بود. قدم مهمی برای نوسازی جامعه ایرانی.

در همین گیرودار بود که اجرای این قانون آغاز شد. طبیعتاً رهبران سیاسی و نخبگان کشور کوشیدند که در این زمینه پیش قدم شوند. رضاخان سردار سپه در رأس آنها بود. او می‌بایست چه نامی را برگزیند. سوادکوهی، نامی که در آغاز دوران خدمتش به کار می‌گرفت؟ پهلوان، مانند افراد همه طایفه و اقوامش؟ به توصیه روشنفکران و کارشناسانی که دراطرافش بودند و او را ناجی ایران می‌دانستند، سردارسپه راه حل دیگری برگزید و نام پهلوی را انتخاب کرد که البته اشاره‌ای به پهلوان و نام طایفه‌اش بود. اما در حقیقت اشارتی به زبان پهلوی دربرداشت که زبان رسمی ایرانیان قبل از قرن هفتم میلادی، حمله عرب و تحمیل خشونت‌آمیز اسلام به مردم ایران بود. انتخاب نام پهلوی نشان از هدف‌های سیاسی و جاه‌طلبی رضاخان سردارسپه داشت و می‌توانست به خودی خود محتوی نام سلسله‌ای جدید و بازگشت به ریشه‌های تاریخ و تمدن و سنت‌های دیرین ایرانی باشد، که چنین هم بود، یا شد.

رضاخان پهلوی، رئیس‌الوزراء و فرمانده کل قوا، با تظاهر به بی‌طرفی شاهد و ناظر این ماجرا بود. شاید علنی شدن موضع روحانیت[1] او را به یک بازی سیاسی

۱ - «نظر به مواعید رئیس‌الوزرا در تشیید اسلام و منع از افکار خام از او قدردانی می‌شود»

موضع‌گیری بسیار هوشمندانه سوق داد.

در ۱۵ فروردین طی اعلامیه‌ای به مردم توصیه کرد که:

«به تظاهرات به نفع جمهوریت خاتمه دهند و به جای آن تمام سعی و کوشش خود را مصروف رفع موانع اصلاحات و ترقیات مملکت بنمایند. اساس دیانت را تحکیم کنند و استقلال و حکومت ملی را در نظر داشته باشند.»

در پایان این اعلامیه ذکر شده بود:

«به تمام عاشقان وطن توصیه می‌کنم برای نیل به این مقاصد عالی که در آن متفق هستیم با من توحید مساعی نمایند.»

مقصود از این عبارات چه بود؟ آینده خیلی نزدیک آن را عیان کرد. حرکت جمهوری‌خواهان آرام گرفت.

سه روز بعد از این اعلامیه، رئیس دولت و فرمانده کل قوا نامه‌ای به حسین پیرنیا (مؤتمن‌الملک) رئیس محترم و وجیه‌المله مجلس نوشت و استعفای خود را به او و نه احمدشاه که هنوز رئیس قانونی مملکت بود، تقدیم داشت. رضاخان در این نامه علت استعفای خود را «ناشی از تحریکات مفسدین و دسائس عمال بیگانه و ایجاد دلسردی» دانست و بی‌درنگ عازم ملک کوچکی شد که به تازگی در بومهن (نزدیک تهران) خریداری کرده بود. وی به همه اطرافیانش گفته بود که پس از مدتی کوتاه به قصد زیارت عازم کربلا خواهد شد و از آنجا به یکی از ممالک خارجی، احتمالاً ترکیه، خواهد رفت و در آنجا فرود خواهد آمد.

در همین سه روز در محضر اسناد رسمی شیخ مهدی نجم‌آبادی وکالتنامه‌ای رسمی به سرتیپ کریم آقاخان بوذرجمهری یار دیرینش داد و وی را در غیاب خود به سرپرستی امور مالی و اداره املاکش (که ناچیز بود) گمارد. این عمل نیز بر کسی پوشیده نماند. مقصود از این حرکت روشن است. پهلوی می‌خواست پس از پایان دادن به نهضت جمهوری‌خواهان، حرکتی به نفع شخصی خود ایجاد

نگاه کنید به سرتیپ نصرالله زاهدی یادی از دوران رضا شاه کبیر، بنیاد خاطرات جاودان، کالیفرنیا ۱۳۶۹ (۱۹۹۰)، صفحه ۳۱.

درباره روابط جامعه روحانی با مسائل و امور سیاسی و حکومت نگاه کنید به نورمحمد عسگری قبای زرین و عبای پشمین، شرکت کتاب، کالیفرنیا، ۱۳۹۳ (۲۰۱٤).

کند. قطعاً مشاوران نزدیکش این توصیه ماهرانه را به وی کرده بودند و در عمل دیده شد که حق داشتند.

احمدشاه تصور کرد که لحظه سرنوشت و تغییر مسیر تاریخ برای او فرارسیده است. استعفای رضاخان از ریاست وزرا اصولاً به وی تقدیم نشده بود. اما در تلگرافی به رئیس مجلس اعلام داشت که این استعفا را می‌پذیرد. در پیام دیگری حسن مستوفی (مستوفی‌الممالک) شخصیت وجیه‌المله و مقبول عامه را به ریاست دولت برگزید. حسن پیرنیا (مشیرالدوله) را به وزارت جنگ و امیر لشکر امان‌الله میرزا جهانبانی رئیس ارکان کل حزب را به مسئولیت اداره امور ارتش گمارد.

اعلام این تصمیمات از جانب پادشاهی که عملاً فاقد قدرت و نفوذ بود، موجی از تظاهرات و نارضائی برانگیخت.

علی دشتی، نویسنده توانا و روزنامه‌نویس مشهور در روزنامه شفق سرخ[۱] نوشت:

> «پدر وطن رفت. کسی که بعد از دو قرن ضعف و مذلت و تفرق و تشتت به ایران قوت و عزت و وسعت داد از تهران پر از خیانت و غرض بیرون رفت. آن کسی که سه سال قبل با پشتیبانی پر از امید و افتخار به تهران آمد و با اراده خستگی‌ناپذیر به ترمیم خرابی‌های گذشته پرداخت و به اصلاح وضع کثیف که حکومت نالایق گذشته ایجاد کرده بود همت نمود با قیافه افسرده تهران را وداع گفت. سردارسپه رفت و تهران پر از خیانت را به حال خود گذاشت. فقط اراده توانای او فئودالیته را محو، قشون را بزرگ، یاغیان را قلع و قمع و آبرو و حیثیت را در خارج بزرگ نموده است.
>
> اگر علماء بزرگ بقای این مرد را برای عظمت و شوکت یک دولت اسلامی و جلوگیری از فحشاء و منکرات ضروری می‌دانند، اگر آزادیخواهان و احرار به افکار آزادیخواهانه این شخص و احترامی که همیشه به عقاید ملی می گذاشت اذعان دارند، اگر طبقات مختلف این حقایق را قبول دارند، باید نگذارند سردارسپه برود. ... سردار سپه پدر وطن است، روح مردانگی و شهامت ایرانی است. جانشین نادرشاه

---

۱ – متن کامل مقاله در نصرالله زاهدی، صفحات ۳۰ و ۳۱، نقل از شفق سرخ.

افشار و اردشیر بابکان است...»

عزل رضاخان سردارسپه از ریاست دولت و تعیین جانشین برای او در جایی که مجلس برقرار بود و طبق سنت می‌بایست وکلا وی را با رأی عدم اعتماد برکنار و سپس نسبت به تعیین جانشین اظهار تمایل نمایند، بزرگترین اشتباه سیاسی احمدشاه بود. این عمل نشان داد که وی از اوضاع داخلی کشورش اطلاع درستی ندارد و از جو سیاسی حاکم بر افکار عمومی غافل است.

هیجان افکار مردم و تظاهرات آنان و نیز موضع‌گیری فرماندهان نظامی واقعیتی انکارناپذیر بود. لاجرم گروهی از بلند پایگان سیاسی و نمایندگان مجلس و روسای بازار و نمایندگان اقلیت‌های مذهبی، عازم بومهن شدند که سردار را به پایتخت بازگردانند. طرفداران رئیس‌الوزرای مستعفی یا معزول قبلاً به او خبر این اقدام را داده بودند و او با وجود تنگی جا وسائل پذیرایی هیأت را فراهم کرده بود. مشیرالدوله، مستوفی‌الممالک، حاج میرزا یحیی دولت‌آبادی سلیمان میرزا، دکتر مصدق‌السلطنه، سید محمد تدین نایب رئیس اول مجلس در این گروه بودند. برخلاف آنچه این‌جا و آن‌جا نوشته شده مؤتمن‌الملک رئیس مجلس در میان آنان نبود چراکه الزامات مقام وی و رعایت بی‌طرفی تأمل اجازه آن را نمی‌داد.

مذاکرات میان «مسافران بومهن» و سردار سپه در محیطی بسیار دوستانه انجام شد و طبق روایت‌های موجود، او مخصوصاً نسبت به دو شخصیت اصلی این گروه یعنی مستوفی‌الممالک و مشیرالدوله بیش از حد متعارف ابراز فروتنی و ادب کرد. به او گفته شد که مردم و مملکت نیاز به او دارند و همه طالب بازگشت وی به پایتخت و رهبری امور هستند. البته سردارسپه هم جز این نمی‌خواست. پس از صرف ناهار همگی عازم تهران شدند. سردارسپه از مستوفی‌الممالک و مشیرالدوله خواست که به اتومبیل وی بیایند و نیز به روایت خود او از حاج میرزا یحیی دولت‌آبادی[1] که این عمل نشانه احترام خاص او و به این شخصیت‌ها بود و نیز عیان می‌کرد که رئیس‌الوزا و وزیر جنگ منتخب شاه به جستجوی او آمده‌اند. سردار سپه به آنان گفت «نیت من استقرار حکومت مشروطه و قانون است.» سپس

---

۱ - حاج میرزا یحیی دولت‌آبادی، حیات یحیی، جلد چهارم، چاپ دوم، تهران ۱۳۶۱، مجموعه تاریخ معاصر، سازمان انتشارات فردوسی، صفحه ۳۳۱.

رو به مشیرالدوله کرده اظهار داشت «جنابعالی از این پس بین من و مجلس حکم باشید. من به شخص شرافتمندی مثل شما همیشه اعتقاد و ایمان دارم. آرزوی من ایجاد یک ایران مترقی و سربلند می‌باشد[۱]». همه راویان متفقند که وی در کنار مستوفی‌الممالک و مشیرالدوله به تهران وارد شد.

پس از این ماجرا کار احمدشاه دیگر ساخته بود و اظهار وجودی از وی دیده نشد. با تعطیل هیاهوی جمهوریت تنها یک راه برای تغییرات بنیادی وجود داشت و آن انقراض قاجار و تفویض سلطنت به سلسله دیگری بود.

هیچ‌کس جز رضاخان پهلوی، سردار سپه، رئیس‌الوزرا و فرمانده کل قوا یعنی عملاً هم رئیس مملکت و هم رئیس دولت در میدان نبود.

با تبعید قوام‌السلطنه، جز محمدحسن میرزا ولیعهد که در میان مردم وجهه نداشت و سیدحسن مدرس و دار و دسته‌اش کسی در مقابل سردار نبود که بتواند عرض اندام کند.

اما سلطان احمد هنوز رسماً و قانوناً شاه ایران بود. محبوب نبود. اما در میان مردم هنوز طرفدارانی داشت. به خصوص کسانی که به رعایت تشریفات مندرج در قانون اساسی دلبسته بودند.

در این میان رضاخان پهلوی و مشاورینش رفتاری ماهرانه کردند: رئیس دولت و فرمانده کل قوا در یک پیام تلگرافی به احمدشاه نسبت به او اظهار «فدویت» و احترام کرد، جویای احوالش شد و «معروض داشت» که مشتاقانه چشم براه بازگشت او به ایران است و پرسید از چه راه وارد خاک وطن خواهد شد که شخصاً تا سرحد به استقبالش بیاید[۲]. به این ترتیب و با وجود آنچه گذشته بود و عمل کودکانه شاه، سردار احترام خود را به او (ولو ظاهری) و به قانون اساسی (که می‌بایست آینده در چهارچوب آن پیاده شود) اظهار می‌داشت. به این پیام در مطبوعات آن روز تهران حداکثر وضوح داده شد. اما کسی در مفهوم واقعی

---

۱ - نصرالله زاهدی، صفحه ۳۲.

۲ - وقایع‌نگاران و مورخین دوران پهلوی، این متن را معمولاً نادیده می‌گرفتند، از جمله نگاه کنید به: گاهنامه پنجاه سال شاهنشاهی پهلوی که متنی است بسیار جالب و مفید. (اما بی‌طرفانه نیست). سازمان چاپ و انتشارات سهیل، پاریس. بدون تاریخ، این کتاب تجدید چاپ اثری است که پیش از انقلاب از سوی کتابخانه پهلوی در تهران انتشار یافته بود.

آن شک و تردید نکرد و احمدشاه نیز ظاهراً جوابی نداد.

در راه نیل به سلطنت دیگر مانعی برای پهلوی وجود نداشت. البته جز انگلیس‌ها که هم‌چنان به تحریکات کم و بیش پنهان خود ادامه می‌دادند. از جمله تقسیم وجوهی از طرف شرکت نفت بین سران عشایر بختیاری برای تحریک و تجهیز آنان علیه دولت مرکزی (تلگراف ۱۰ خرداد ماه ۱۳۰۳، ۳۱ مه ۱۹۲٤ فرمانده لشکر غرب به رئیس دولت) و نیز توزیع اسلحه و مهمات و وجوه نقد به بعضی از طوایف کردستان از جانب کاپیتن نول انگلیسی که مامور سازمان‌های اطلاعاتی آن کشور بود. (گزارش کارگزار کردستان به دولت مورخ ۱۷ تیرماه ۱۳۰۳، ۸ ژوئیه ۱۹۲٤). پهلوی کابینه خود را ترمیم کرد و سپس اعضای آن را به محمد حسن میرزا نایب‌السلطنه و ولیعهد معرفی نمود، اما نه شخصاً. بلکه از دکتر مصدق‌السلطنه که به وزارت امور خارجه برگزیده شده بود، خواست که این کار را به عنوان وزیر ارشد انجام دهد. مصدق‌السلطنه وظیفه‌ای را که به وی محول شده بود انجام داد، اما بلافاصله از قبول وزارت پوزش خواست. اعضای دولت در ۲۶ فروردین به مجلس معرفی شدند و نمایندگان مردم به آنان رأی اعتماد دادند.

***

از نظر افکار عمومی کار دیگر تمام و سلطنت رضاخان پهلوی محتوم بود. شاید به همین مناسبت توقع اصلاحات هر روز علنی‌تر می‌شد. وحدت و امنیت در مملکت برقرار شده بود. کسانی که قاجاریه را مسبب همه بدبختی‌های چند دهه اخیر می‌دانستند، تصور می‌کردند که دیگر مانعی در برابر تحقق آرزوهای دور و دراز آنان برای وطن‌شان وجود ندارد. همه در انتظار بودند. نه تنها در انتظار تغییر و تحول در رأس نظام، بلکه در تسریع اقدامات اصلاحی و پاره کردن بندهای استعماری.

درباره نقش روشنفکران این دوره (در آن زمان می‌گفتند منوّرالفکر) کمتر گفته و نوشته شده، اجتماعاتی تشکیل می‌شد. طرح‌هائی ریخته می‌شد. مطالبی عنوان می‌گردید و همه چشم‌ها به یک نفر دوخته شده بود.

در این ماه‌ها بود که گروهی به نام انجمن ایران جوان در تهران شهرت و اعتبار می‌یافت[۱].

روزی سردار سپه اعضای هیأت مدیره این انجمن را به «حضور خواست» اسماعیل مرآت، دکتر حسن مشرف نفیسی، محسن رئیس و رئیس انجمن (دکتر علی‌اکبر سیاسی) با «اندکی بیمناکی» به اقامتگاهش رفتند «در محوطه باغ ایستاده بودیم که او با شنلی که بر دوش داشت و با قامت بلند و برافراشته خود از دور پیدا شد و روی نیمکتی نشست و با ما اشاره کرد نزدیک شدیم و روی نیمکتی که نزدیک بود جلوس کنیم. آنگاه گفت شما جوان‌های فرنگ رفته چه می‌گویید، حرف حسابتان چیست؟ این انجمن ایران جوان چه معنی دارد؟ (من، دکتر سیاسی) گفتم این انجمن از عده‌ای جوانان وطن‌پرست تشکیل شده. ما از عقب‌افتادگی ایران و از فاصله عجیبی که ما را از کشورهای اروپا دور ساخته است رنج می‌بریم و آرزوی از بین بردن این فاصله و ترقی و تعالی ایران را داریم و مرام انجمن ما بر همین مبنی و اصول گذاشته شده است. گفت کدام مرام؟ من مرامنامه چاپ شده انجمن را به او دادم. آن را گرفت و آهسته و به دقت خواند. آنگاه نگاه نافذ و گیرنده خود را متوجه ما کرد و با کمال گشاده روئی گفت اینها که نوشته‌اید بسیار خوب است. می‌بینم که شما جوانان وطن‌پرست و ترقی‌خواه هستید و آرزوهای بزرگ و شیرین در سر دارید. حرف از شما ولی عمل از من خواهد بود. به شما اطمینان، بلکه بیش از اطمینان به شما قول می‌دهم که همه این آرزوها را برآورم و مرام شما را که مرام خود من هم هست از اول تا آخر اجرا کنم. این نسخه مرام‌نامه را بگذارید نزد من باشد. چند سال دیگر خبرش را خواهید شنید.

دکتر سیاسی می‌افزاید:

> «این کلمات با سخنی بسیار جدی و با آهنگی گیرا ادا می‌شد و گوینده در آن هنگام با یک وقار و هیبت و عظمت مخصوص در نظر ما جوانان جلوه می‌کرد... گذشت زمان معلوم داشت که آن مرد بزرگ سخن به گزاف نگفته و بیهوده وعده نکرده است. زیرا در مدت کوتاه

---

۱ – مانند کانون مترقی یا گروه اندیشمندان در دوران سلطنت محمدرضا شاه. نگاه کنید به دکتر علی‌اکبر سیاسی (رئیس این انجمن) گزارش یک زندگی، جلد اول، دی ماه ۱۳۶۶، صفحات ۷٤ تا ۷۸ که تاریخچه این انجمن و شرح ملاقات با سردار سپه در آن آمده.

حکومتش که بیست سال بود، تقریباً تمام مرام ما را به موقع به اجرا درآورد».

نمونه‌ای بارز از برداشت روشنفکران آن روز ایران نسبت به سردارسپه در این ماه‌ها با وجود محدودیت‌های مالی و آشفتگی وضع بودجه که میراث سال‌ها بی‌بندوباری بود، دامنه اصلاحات مورد نیاز کشور و توقع مردم توسعه یافت.

در ۱۱ خرداد ۱۳۰۳، اول ژوئن ۱۹۲٤، ایجاد نیروی هوایی ایران رسماً اعلام شد و نخستین افسران دانشجوی رشته خلبانی به فرانسه و روسیه اعزام شدند. هواپیماهای این «نیرو» از آلمان خریداری شد و فرودگاه قلعه مرغی در تهران به عنوان پایگاه آنها تعیین گردید.

اندکی بعد مؤسسه دفع آفات و سرم‌سازی رازی تشکیل شد و در پی آن قانون معافیت ماشین‌های فلاحتی و صنعتی از پرداخت حقوق گمرکی به تصویب مجلس رسید. دو قدم بنیادی برای توسعه اقتصاد کشور.

در ۱۱ فروردین ۱۳۰۲ — ۳۱ مارس ۱۹۲۵، مقرر شد که به جای تقویم‌های ترکی و عربی با سال قمری، تقویم ایرانی با نام‌های فارسی از نخستین روزهای بهار در فروردین تا پایان اسفندماه متحول شود. اساس این تقویم را شاعر و دانشمند بزرگ ایرانی عمرخیام در زمان سلطنت ملک شاه سلجوقی محاسبه و تنظیم کرده بود. این تصمیم که بعداً به تصویب مجلس شورای ملی رسید و جنبه قانونی و الزامی یافت، یکی از بزرگترین اقدامات آن دوران برای بازگشت به ریشه‌های ملی و تاریخی تمدن و فرهنگ ایران بود.

در مبدأ محاسبه تغییری داده نشد و همان هجرت پیامبر اسلام از مکه به مدینه باقی بود. اما ایرانی شدن تقویم و جدائی آن از تقویم‌های اعراب و ترک‌ها یکی از آرزوهای دیرین ملیون و روشنفکران ایران بود که از بیم مخالفت روحانیون و قشریون هیچ‌کس حتی تصور تحقق آن را نمی‌کرد. قدرت پهلوی آن را جامه عمل پوشاند.

***

در ١٤ اردیبهشت ماه ۱۳۰٤ خورشیدی (٤ مه ۱۹۲۵ میلادی) نخستین بانک ایرانی، به نام بانک پهلوی قشون پایه گرفت. وظیفه اولیه آن جمع‌آوری و اداره

حقوق بازنشستگی افسران و درجه‌داران ارتش بود. اما بزودی با تغییر نام آن به بانک سپه به صورت یکی از ارکان اصلی فعالیت اقتصادی کشور درآمد. تا آن زمان سه بانک در کشور وجود داشت. بانک شاهی متعلق به انگلیس‌ها که امتیاز نشر اسکناس یعنی در حقیقت راهبری غیر مستقیم اقتصاد ملی را داشت، بانک استقراض روس که با سقوط امپراطوری تزاری تعطیل شده بود و بانک عثمانی که فعالیت تجاری نسبتاً محدودتری داشت. بانک استقراض را روس‌ها در برابر بانک شاهی تأسیس کرده به قاجاریه تحمیل کرده بودند. بدهی‌های عده زیادی از رجال سیاسی و درباریان و شخصیت‌های اقتصادی به این بانک یکی از عوامل اصلی نفوذ روسیه در سیاست ایران بود.

با انقلاب روسیه، بانک شاهی دیگر حاکم و بازیگر اصلی صحنه اقتصاد ایران شده بود. از ابتدای مشروطیت، استقلال بانکی و لغو امتیاز نشر اسکناس یکی از آرزوهای همه ایرانیان بود که دولت‌های وقت نه قدرت تحقق آن را داشتند و نه شاید به علت بعضی وابستگی‌های شخصی علاقه واقعی به آن را. در تسلط لندن و «دولت فخیمه» بر اقتصاد مفلوک ایران آن روز چون و چرائی وجود نداشت. آغاز کار نخستین بانک ایرانی آغاز پایان این تسلط بود و این در حالی بود که قسمت‌های اول و دوم قانون تجارت تدوین و به تصویب مجلس رسید و اندک اندک پایه‌های یک اقتصاد ملی واقعی ریخته می‌شد.

یک روز بعد از اعلام تشکیل و افتتاح نخستین بانک ایرانی قدم انقلابی دیگری در زمینه استقلال اقتصادی و سیاسی ایران برداشته شد:

دولت اعلام کرد که به «امر رئیس‌الورزاء و فرمانده کل قوا» برای لغو امتیازاتی که «پادشاهان قاجار» به کشورهای خارجی داده بودند «مطالعاتی آغاز شده است» این تصمیم آغاز تحقق یکی از آرزوهای همه وطن‌پرستان بود که بزودی به مرحله عمل درآمد. در اعلامیه دولت آمر آغاز این مطالعات و مسئول اعطای امتیازات به روشنی ذکر شده بود. رضاخان پهلوی، میهن پروری را که می‌خواست در برابر سلاطین ضعیف قاجار قرار گیرد و بندهای استعمار را پاره کند قرار داده بودند که معنای این رودررویی بر هیچ‌کس پوشیده نماند.

انتشار فهرست این امتیازات نشان می‌داد که در مقابل دریافت وجوهی ناچیز

یا به سبب ضعف تا چه حد استقلال اقتصادی و سیاسی ایران به حراج گذاشته شده و مملکت در گرو منافع و مطامع خارجیان قرار گرفته:

به انگلیسها

- امتیاز استخراج نفت جنوب، که دهها سال ایران با پیآمدهای آن درگیر بود.

- امتیاز ایجاد بانک شاهی و چاپ و نشر اسکناس، یعنی امتیاز راهبری امور اقتصادی کشور

- امتیاز ایجاد خطوط تلگرافی جنوب که در حقیقت وسیله تماس و ارتباط مرکز را با نیمی از کشور در اختیار سیاست استعماری بریتانیا قرار میداد.

- امتیاز ایجاد بنادر بازرگانی در کرانههای خلیجفارس، با به دست آوردن چنین امتیازی بود که سیاست استعماری انگلیس توانسته بود شبه قاره هند را به صورت بخشی از امپراطوری بریتانیا درآورد و کشورهای دیگر مانند هلند و پرتغال نیز چنین کرده بودند. تا آن روز حتی تصور این که میتوان این امتیازات را لغو کرد برای میهندوستان و روشنفکران ایران مشکل بود. سردارسپه این تصمیم را گرفت و شاید همین یک عمل برای این که نامش در تاریخ ایران جاودان شود کافی بود.

- و بالاخره امتیاز احداث راهآهن خرمشهر به خرم آباد.

به روسها

- امتیاز بانک استقراض روس

- امتیاز شیلات بحر خزر، که سالها بعد همراه با ملی شدن صنعت نفت، به طور کامل در اختیار دولت و ملت ایران درآمد.

- امتیاز احداث راه شوسه جلفا به تبریز و بندرانزلی (پهلوی) به قزوین

- امتیاز راه آهن تهران به قزوین و جلفا به تبریز

- امتیاز بهرهبرداری معادن قراچه داغ

- امتیاز بهرهبرداری از جنگلهای مازندران

- امتیاز ایجاد خطوط تلگرافی در شمال کشور

- امتیاز استخراج نفت شمال

به عثمانی‌ها

- امتیاز صدور توتون و تنباکو و اجازه تأسیس بانک عثمانی

به بلژیکی‌ها

- امتیاز احداث و بهره‌برداری راه‌آهن تهران، شهر ری، همان «ماشین‌دودی» ده کیلومتری که در زمان ناصرالدین شاه ساخته شد و مورد بهره‌برداری قرار گرفت.
- امتیاز اداره گمرکات کشور.
- امتیاز بهره‌برداری کارخانه قند

و بالاخره به فرانسویان امتیاز حفریات باستان‌شناسی

گذشته از سه مورد اخیر که حائز اهمیت کمتری بود، در حقیقت این امتیازات نوعی تقسیم صنعتی ایران میان دو قدرت بزرگ استعماری همسایه یعنی روس و انگلیس بود که که به سال ۱۹۰۷ با پادرمیانی فرانسه در یک قرارداد رسمی تسجیل شد و با انقلاب اکتبر و فروپاشی امپراطوری تزارها به خودی خود از میان رفت.

هم‌چنین به کلیه وزارتخانه‌ها و سازمان‌های دولتی ابلاغ شد که مستخدمین دولت مکلف هستند از «منسوجات و البسه وطنی» استفاده کنند و کسانی که از این دستور تخلف نمایند جریمه خواهند شد. وزارت مالیه مأموریت یافت که جرائم متخلفان را جمع‌آوری کند و هر ۱۰ روز یکبار گزارش اجرای «قانون البسه وطنی» را از مأموران خود در نقاط مختلف کشور مطالبه نماید.

رضاخان، نخستین کسی بود که به اجرای این تصمیم پرداخت و تا روز آخر سلطنت خود به آن مقید بود.

در همین روزها بود که قانون نظام وظیفه به نام «نظام اجباری» به تصویب قوه مقننه رسید. در بسیاری از شهرها، مخصوصاً قم و مشهد جمعی از روحانیون این قانون را خلاف «شرع مقدس» اعلام کردند و تظاهراتی به راه انداختند. دولت دیگر دولت ناتوان سال‌های قبل نبود که بازیچه این قبیل تحریکات شود. قوای انتظامی و ارتش از موضع قدرت و بدون تأمل به هیاهو خاتمه دادند و اجرای قانون به تدریج در سرتاسر کشور آغاز شد. هدف تنها «تأمین نیازمندی‌های کشور» و آشنا ساختن جوانان به فنون نظامی نبود. بلکه ایجاد وحدت ملی و هماهنگی

میان همه فرزندان ایران بود. پهلوی شخصاً در اجرای قانون نظارت می‌کرد. استثنائی در کار نبود. از شاهزادگان قاجار و فرزندان اعیان و اشراف تا روستائیان نقاط دوردست همه به خدمات سربازی فراخوانده شدند و در کنار یکدیگر قرار گرفتند و زیستند. شرایط زندگی سربازان وظیفه آسان نبود و تا حد زیادی تحت تأثیر انضباط شدید لشکر قزاق قرار داشت که پهلوی و همراهانش از آنجا برخاسته بودند. ایران نیز ثروتمند و مرفه نبود. اما شرایط یک قرن پیش را نمی‌توان با ضوابط امروزی سنجید.

***

در این جو سیاسی و اجتماعی پر التهاب و به موازات اعلام و تحقق اصلاحات بنیادی در سرتاسر کشور بود که ناگهان شایعه مراجعت احمدشاه به ایران در پایتخت و شهرهای دیگر منتشر شد و قوت گرفت. منبع این شایعات چه بود؟ اطرافیان محمدحسن میرزا ولیعهد و نایب‌السلطنه و یار سیاسی‌اش سیدحسن مدرس؟ عوامل لندن که تعدادشان کم و نفوذشان ناچیز نبود قصد سنجش بازتاب این بازگشت را در افکار عمومی داشتند؟ خود احمدشاه که در فرانسه می‌زیست؟ یا اطرافیان پهلوی که می‌خواستند کار را یکسره کنند و به سلطنت قاجاریه خاتمه دهند؟ همه این فروض قابل تصور است و نافی یکدیگر نمی‌تواند باشد. تنها علاقه احمدشاه که بیمار هم بود مورد تردید است و از او خبری نبود. گویا با وجود اصرار محمدحسن میرزا و طرفداران معدودش پادشاه قاجار دیگر علاقه‌ای به تخت و تاج نداشت و مبارزه را رها کرده بود. اما هنوز او پادشاه قانونی کشور بود و رئیس‌الوزرا نیز با پیامی به وی اظهار وفاداری کرده و اظهار داشته بود که چشم به‌راه مراجعت‌اش به خاک وطن است.

غوغای جمهوری پایان یافته بود

رضاخان پهلوی مرد توانای کشور و حاکم بلامنازع اوضاع بود. عده زیادی از مردم به دور سلیمان میرزا (اسکندری) وزیر پیشین سردارسپه طرفدار سلطنت غیر موروثی بودند. مثال‌های مختلفی در این مورد وجود داشت از جمله در لهستان اما چنین راه حلی برای مردم چندان قابل فهم نبود.

نتیجه آن‌که هیاهوی انقراض قاجاریه و تفویض سلطنت به رضاخان پهلوی بالا گرفت.

تقاضای انقراض قاجاریه از آذربایجان آغاز شد. کمیسیون مختلط نهضت ملی آذربایجان طی پیامی به رئیس‌الوزرا و فرمانده کل قوا نگرانی شدید اهالی آن ایالت را از بازگشت احمدشاه به ایران ابراز داشت و بر خاطرات تلخ مردم ایران از سلاطین قاجار تاکید کرد.

در ماه مهر ۱۳۰٤ هزاران پیام تلگرافی و طومار از نقاط مختلف کشور در همین زمینه به سردارسپه و مخصوصاً ریاست مجلس ارسال شد. همه مخالفت خود را با بازگشت شاه (که شخصاً چنین علاقه‌ای را ابراز نکرده بود) ابراز می‌داشتند و خواستار انقراض قاجاریه بودند.

به رسم سنتی ایرانیان این حرکت با تحصن در تلگراف‌خانه‌ها، مدارس بزرگ و حتی اقامت‌گاه رئیس‌الوزرا و فرمانده کل قوا همراه بود.

تردید نیست که طرفداران پهلوی و فرماندهان نظامی در هماهنگی و تشویق اقدامات موثر بودند. اما خود سردار سپه ساکت بود. سکوتی علامت رضا اما پرمعنا از نظر سیاسی.

مطابق قانون اساسی سلطنت ودیعه‌ای بود که به مشیت الهی از جانب ملت به خانواده قاجار تفویض شده بود. هر ودیعه را می‌توان بازپس گرفت و در نتیجه به دیگری واگذاشت.

ده‌ها مرجع مهم مردمی در آبان‌ماه ۱۳۰٤ این تقاضا را عنوان کردند. از جمله جامعه روحانیت، جامعه وکلای عدلیه، اقلیت‌های مذهبی، نمایندگان استان‌های مختلف کشور، ارباب جراید و اتحادیه‌های اصناف و بازرگانان ...

سرانجام کار به مجلس رسید. تنها مرجعی که می‌توانست به نام ملت ایران این «ودیعه» را از خانواده قاجار پس بگیرد و پایان سلطنت آنان‌را اعلام کند.

تقریباً یک قرن پس از این حوادث، قضاوت درباره آنچه در ایران آن روز می‌گذشت دشوار نیست:

در مجلس پنجم سه گروه سیاسی متمایز وجود داشت. اکثریتی که سخن‌گوی سرشناس آن شاهزاده قاجار سلیمان میرزا (اسکندری) بود از سردارسپه حمایت

می‌کرد.

اقلیتی به رهبری سید حسن مدرس با او مخالف بود. چند تن از شخصیت‌های سیاسی سرشناس چون مشیرالدوله، مستوفی‌الممالک، مؤتمن‌الملک، مصدق‌السلطنه، تقی‌زاده و معین‌الوزرا (حسین علاء بعدی) جانب حزم و احتیاط را نگاه می‌داشتند. با سردار سپه مخالف نبودند چراکه در مقام اصلاح امور از هم‌گسیخته کشور بود و پیاپی موفقیت‌هایی می‌یافت و در میان جوانان محبوبیت بسیار داشت. اما علناً در برابر مدرس که شخصاً به حق یا ناحق وابسته به سفارت انگلیس تلقی می‌شد جبهه نمی‌گرفتند. شاید هم حفظ و ادامه وجهه ملی چندتن از آنان در همین میانه‌روی و احتیاط سیاسی بود.

افکار عمومی مجموعاً هوادار سردار سپه بود. قاجاریه دیگر رمق و حیثیتی نداشت و پایان عمرش محتوم بود. دفتر جمهوری را روحانیون بسته بودند. هیچ‌کس به عوام‌بازی و هرج‌ومرج امیدی نداشت و جز سردار سپه. نقطه امیدی وجود نداشت. ناچار راه سلطنت برایش گشوده شد. به ویژه که ارتش که دیگر قدرتی محسوب می‌شد و در استقرار نظم و تمامیت کشور و ثبات سیاسی توفیق یافته بود در اختیار و هوادار بی‌چون و چرای سردار بود.

قبل از حرکت به بومهن، رضاخان یک «هیأت مشورتی» برای «رای‌زنی» تشکیل داده بود که در «تمام امور» به او نظر بدهند. اعضای این هیأت عبارت بودند از مشیرالدوله، مستوفی‌الممالک. مصدق‌السلطنه، حاج میرزا یحیی دولت‌آبادی، سید حسن تقی‌زاده، ذکاءالملک فروغی، حاج مخبرالسلطنه هدایت و معین‌الوزراء (حسین علاء). جلسه اول در اقامت‌گاه خود سردار، جلسه دوم در خانه مصدق‌السلطنه و جلسه سوم در منزل مشیرالدوله و جلسات بعدی در منازل اعضای دیگر هیأت تشکیل شد. ظاهراً جلسات هیأت بعد از بحران و حرکت رضاخان به بومهن ادامه یافت. رضاخان از مصدق‌السلطنه خواسته بود که رابط این گروه با او باشد و نظرات آنان‌را مرتباً به وی گزارش دهد. این عمل واجد معنای سیاسی خاصی بود. سردار سپه که دیگر می‌خواست کار را تمام کند، نیاز به تأیید رجال سیاسی مورد احترام مردم داشت. وگرنه «رای‌زنی» آنان در «تمام امور» نمی‌توانست نتیجه حکومت فکری زیادی داشته باشد. در حقیقت سردار و

مشاوران نزدیکش با نهایت ظرافت و دقت عمل می‌کردند.

لحظه تغییر مسیر فرا رسیده بود.

***

سرانجام طرح «انقراض قاجار» در روز نهم آبان ۱۳۰٤ – ۳۱ اکتبر -۱۹۲۵ در مجلس مطرح شد. اندکی قبل مؤتمن‌الملک از ریاست مجلس کناره گرفته و مستوفی‌الممالک به جای وی انتخاب شده بود. وی در جلسه حضور نیافت و همان روز استعفای خود را از ریاست مجلس تقدیم نمایندگان کرد که به عقیده بعضی از مفسران برای به عقب انداختن طرح موضوع در جلسه علنی بود. این برداشت درست نیست چراکه یک روز تأخیر احتمالی در اصل مطلب تغییری نمی‌داد و مستوفی‌الممالک که سیاست‌مداری کهنه کار و سرد و گرم روزگار چشیده بود این نکته را به خوبی می‌دانست.

به هرحال هنگامی که طرح انقراض قاجاریه در مجلس مطرح شد سه تن «وجیه‌المله» یعنی مستوفی‌الممالک (که به دیدار سردار رفته بود) و مشیرالدوله و مؤتمن‌الملک در جلسه حاضر نبودند.

مجلس اندکی پیش از ظهر تشکیل شد و به ریاست سید محمد تدین نایب رئیس اول مذاکرات خود را آغاز کرد. پس از گفتگوهای مقدماتی، از جمله طرح و تصویب صورت جلسه قبل و اشاره‌ای به استعفای مستوفی‌الممالک که فرصتی برای اعتراض و مخالفت مقدماتی سیدحسن مدرس با انقراض سلسله قاجاریه پیش آورد و او جلسه را به همین بهانه ترک کرد، پیشنهاد تعدادی از نمایندگان که تقدیم «مقام ریاست» شده بود به این شرح قرائت شد:

«نظر به این‌که عدم رضایت از سلطنت قاجاریه و شکایاتی که از این خانواده می‌شود به درجه‌ای رسیده که مملکت را به مخاطره می‌کشاند. نظر به این‌که حفظ مصالح عالی مملکت مهم‌ترین منظور و اولین وظیفه مجلس شورای ملی است و هر چه زودتر به بحران خاتمه باید داد، ما امضا کنندگان با قید دو فوریت پیشنهاد می‌کنیم مجلس شورای

ملی تصمیم ذیل را اتخاذ نماید.
ماده واحده:
مجلس شورای ملی به نام سعادت ملت انقراض قاجاریه را اعلام نموده و حکومت موقتی را در حدود قانون اساسی و قوانین موضوعه مملکتی به شخص رضاخان پهلوی واگذار می‌نماید. تعیین تکلیف حکومت قطعی موکول به نظر مجلس موسسان است که برای تغییر مواد ۳٦ و ۳۷ و ۳۸ و ٤۰ متمم قانون اساسی تشکیل می‌شود.»

پس از گفتگوهای بسیار سرانجام اصل موضوع مطرح شد. چند تن از نمایندگان به عنوان موافق یا مخالف ثبت نام کرده بودند.

سید حسن تقی‌زاده نخستین سخنران بود که بعد از مقدمه‌ای مفصل گفت:

«با کمال صمیمیت و فداکاری خدا را شاهد می‌گیرم که این حرف را که می‌گویم محض خیرخواهی مملکت و خیرخواهی همان شخص است که زمام امور مملکت را در دست دارد و من خیر او را می‌خواهم و از جان خودم بیشتر او را می‌خواهم.... ولی ترجیح می‌دادم که ماده واحده رجوع شود به کمیسیون چون ممکن است راه حل بهتر و قانونی‌تری پیدا شود که هیچ خدشه و وسوسه در کار پیدا نشود. از قراری که می‌شنوم این مقبول نخواهد شد. در این صورت بنده شخصاً یک نفر در مقابل خدا و در مقابل این ملت که مرا انتخاب کرده و در مقابل تاریخ خودمان و در مقابل نسل‌های آینده این ملت می‌گویم که این وضع مطابق با قانون اساسی نیست و صلاح هم نیست برای این مملکت. بنده می‌گویم و بعد از آن اکثریت قطع می‌کند. بیش‌تر از این حرف زدن هم صلاح نیست. همه می‌دانند آنجا که عیان است چه حاجت به بیان است.»

تقی‌زاده این‌ها را گفت و از مجلس خارج شد. سید یعقوب انوار به عنوان موافق نطقی طولانی ایراد کرد:

«... ملتی که می‌خواهد زندگی کند باید حیات تازه پیدا کند و برای نیل به این سعادت ناچار است که درخت کهنه را بکند و دور اندازند... . حکومت با خود ملت و تعیین سلطنت با ملت است و اولین وظیفه مجلس خاتمه دادن به انقلاب است. کجا این مسأله مخالف قانون

اساسی است؟... بلکه همین قانون است».

مخالف دوم معین‌الوزراء (حسین علاء) بود که چند کلمه‌ای گفت و نتیجه گرفت:

«این طرح را بنده به کلی مخالف قانون می‌دانم. این پیشنهاد را مخالف صلاح مملکت می‌دانم. زیرا یک بابی مفتوح خواهد شد که برای مملکت مضر خواهد بود.»

عبدالله یاسائی به عنوان موافق پاسخ کوتاهی به او داد. سرانجام نوبت به دکتر مصدق رسید. نطق او کاملترین و طولانی‌ترین استدلالی است که در این زمینه ایراد شده.

مصدق‌السلطنه اظهار داشت:

«اول لازم است که بنده یک عقیده‌ای نسبت به شخص آقای رئیس‌الوزراء اظهار کنم. بعد نسبت به سلاطین قاجار و بعد هم عقیده خودم را درباره اصول و قانون اساسی عرض کنم.

«اولاً راجع به سلاطین قاجار بنده عرض می‌کنم که کاملاً از آن‌ها مایوس هستم زیرا در این مملکت خدماتی نکرده‌اند که بنده بخواهم در این جا از آن‌ها دفاع کنم و گمان هم نمی‌کنم کسی منکر این باشد... بنده مدافع اشخاصی که برای وطن خودشان کار نمی‌کنند و جرأت و جسارت حفظ مملکت‌شان را نداشته باشند و در موقع خوب از مملکت استفاده بکنند و در موقع بد غایب بشوند نیستم.»

بنابراین دکتر مصدق قاجاریه را «اگر هم قوم و خویش خودم باشد» بدون چون و چرا محکوم کرد و غیبت سلطان احمدشاه را از کشور مذموم دانست.

درباره سردارسپه گفت:

«بنده به شخص ایشان عقیده‌مند هستم و ارادت دارم... این که ایشان یک خدماتی به مملکت کرده‌اند گمان نمی‌کنم بر احدی پوشیده باشد. وضعیت این مملکت وضعیتی بود که می‌دانیم. اگر کسی می‌خواست مسافرت کند اطمینان نداشت. اگر کسی مالک بود اطمینان نداشت. اگر یک دهی داشت بایستی چند تفنگچی داشته باشد تا بتواند محصول خود را حفظ کند. ولی ایشان از وقتی که زمام امور مملکت را در

دست گرفته از یک خدماتی نسبت به امنیت مملکت کرده‌اند که گمان
نمی‌کنم بر کسی مستور باشد... این هم راجع به آقای رئیس‌الوزرا»

و سپس به اصل مطلب می‌پردازد:

«...در مملکت مشروطه رئیس‌الوزرا مهم است نه پادشاه. ما قانون
اساسی داریم. ما مشروطه داریم... ما شاه غیرمسئول داریم که به
موجب اصل چهل و پنجم قانون اساسی از تمام مسئولیت مبرا است.
اگر رضاخان پهلوی شاه بشوند بدون مسئولیت این خیانت به مملکت
است. برای این که یک شخص محترم و یک وجود موثری است که
امروز این امنیت و آسایش را برای ما درست کرده و این صورت را
امروزه به مملکت داده است، برود بی‌اثر شود معلوم نیست چه کسی
به جای او می‌آید؟ ... بنده به عقیده خودم خیانت صرف می‌دانم که
شما یک وجود موثری را بلااثر کنید...

شما که می‌خواهید آقای رئیس‌الوزرا را شاه بکنید، ایشان یک وجود
موثری هستند که می‌خواهید بلا اثر کنید...»

ناطق پس از چند کلمه‌ای جلسه را ترک کرد.

استدلال دکتر مصدق دقیقاً مستند به قانون اساسی بود و همان مسأله جدائی
سلطنت از حکومت را مطرح می‌کرد که بعداً چندبار در کشور مطرح شد.

به دکتر مصدق که از موضع قانون و به عنوان حقوق‌دان سخن می‌گفت
علی‌اکبر داور، شخصیتی برجسته در حد او پاسخ داد. توضیحات وی مفصل
و دقیق بود. عصاره استدلالش این بود که وظیفه اصلی «شاه جدید که جانشین
قاجاریه شود که هیچ‌کس نیست که بگوید من طرفدارم این است که امنیت کامل
و رهبری صحیح در مملکت ایجاد نماید که دولت‌های مسئول در مقابل قوه
مقننه بتوانند به وظایف خود در توسعه و ترقی مملکت عمل نمایند. چنان که در
دموکراسی‌های سلطنتی (آن موقع جهان) عمل (می‌شد).»

دکتر مصدق و داور هر دو از دیدگاه خود حق داشتند. گذشت زمان نشان داد که
حکومت قدرتمند سردارسپه و رضاشاه بعدی، گرچه با نص قانون اساسی تناقضی
نداشت، با روح آن که جدائی سلطنت از دولت و حکومت بود هماهنگ نبود. گرچه
تا آخرین روزها به اصلاحات بنیادی که مردم چشم به راه آنها بودند ادامه داد. داور

در سایه و پناه قدرت رضاشاه به اقداماتی انقلابی در زمینه اصلاح دادگستری و وضع قوانین متناسب با اوضاع و احوال زمانه توفیق یافت که نام او را در تاریخ ایران جاویدان می‌سازد. که این داستان دیگری است که به آن خواهیم پرداخت.

با سخنان مصدق و داور، به نظر می‌رسید که همه چیز گفته شده، جمعی از نمایندگان پیشنهاد کفایت مذاکرات کردند. سید محمد تدین که بر جلسه ریاست داشت، پیشنهاد را به رای نگذاشت و گفت «بنده عقیده‌ام این است که آقایان تأمل بفرمایند تا تمام آقایان موافقین و مخالفین صحبت خودشان را بکنند.» وی خواست جلسه به طور عادی ادامه یابد و به پایان برسد و احساس فشار و تهدید آزادی بیان پدیدار نشود.

مخالف بعدی حاج میرزا یحیی دولت‌آبادی بود. مردی مورد احترام مردم که سال‌ها در خارج زیسته و تازه به کشور بازگشته بود. وی گفت:

«... تا به حال بنده همیشه می‌دانستم که این سلطنت از ابتدا اساسی نداشته و حالا هم ندارد.... ما که دچار گرفتاری‌ها و ابتلائات و پریشانی‌ها و کشمکش‌ها بودیم تا خدا خواست و شخص آقای پهلوی در این مملکت پیدا شد... دیدم مردی که علاقه به مملکت دارد و دلش می‌خواهد مملکت ترقی کند و جرأت و قدرت هم داشته باشد همین آدم است.... این آدم خودش را به جائی رسانیده که مردمی که علاقه به مملکت دارند و دلشان می‌خواهد این مملکت هم‌رنگ دنیا شود و دلشان می‌خواهد که از این ذلت و کثافت بیرون بیاید متوسل شده‌اند به او. به او می‌گویند آقا بیا و به بدبختی ما خاتمه بده و یک چاره‌ای برای ما بکن ...

مخالفت بنده در این لایحه نه از بابت قاجار است. قاجار را رفته و منقرض شده می‌دانم و نه از نقطه نظر رضاخان پهلوی است. او رئیس مملکت است و از خدا می‌خواهم سی چهل سال عمر کند و همیشه رئیس مملکت باشد و کار این مملکت را بکند. فقط باید یک قدری بیشتر در اطرافش فکر کرد که ناخوشی ذات‌البعد پیدا نکند. این عرایض بنده و دیگر عرضی ندارم.»

سخنان حاج میرزا یحیی در حقیقت برآیند منویات اکثریت مردم بود. ظاهراً او بیم داشت که سرعت در اتخاذ تصمیم عکس‌العمل خوبی نداشته باشد و

می‌خواست طرح قانونی انقراض قاجاریه در جلسه دیگری به رأی گذاشته شود. اما دیگر کار از کار گذشته بود. نظر اکثریت مجلس جز این بود. طبق قانون اساسی سلطنت «ودیعه‌ای» بود که از طرف ملت به خانواده قاجار تفویض شده بود، نمایندگان ملت ودیعه را بازپس می‌گرفتند. سخنران دیگری نبود. رای به کفایت مذاکرات داده شد. سپس اخذ رای کتبی نسبت به اصل مطلب به عمل آمد و ماده واحده هم اتفاق آراء حاضران یعنی هشتاد تن به تصویب رسید. نوزده تن با اجازه قبلی غایب بودند و سیزده تن بدون اجازه که دکتر مصدق از آن جمله بود. بیست تن دیگر غیبت خود را قبلاً اعلام کرده بودند از جمله مؤتمن‌الملک پیرنیا و ملک‌الشعرای بهار.[۱]»

به این ترتیب سلسله قاجاریه منقرض شد. صفحه‌ای از تاریخ ایران ورق می‌خورد. در پایان روز نهم آبان (۱۳۰۴) هیأت رئیسه مجلس تصمیم قوه مقننه را به «والاحضرت اقدس پهلوی» که دیگر رئیس موقت مملکت بود ابلاغ کرد. چند ساعت بعد محمد حسن میرزا ولیعهد بدون بی‌احترامی ولی نه با تشریفات خاص از کاخ گلستان اخراج و رهسپار عراق شد که از آنجا به بغداد رفت و اندکی بعد به اروپا.

در روز ۱۵ آبان ۱۳۰۴ (٦ نوامبر ۱۹۲۵) سلطان احمدشاه که در فرانسه به سر می‌برد. اعلامیه‌ای صادر کرد و در آن خود را «پادشاه قانونی و مشروطه ایران» دانست و دیگر خبری از او نشد.

به مناسبت این تغییر و تحول و به تقاضای مجلس، کلیه زندانیان سیاسی که گویا نزدیک به نود تن بودند آزاد شدند و حکومت نظامی که در تهران و بعضی از شهرهای کشور برقرار بود موقوف گردید و وزارت داخله دستور انجام انتخابات مجلس موسسان را صادر کرد.

---

۱ - او بعداً در اثر معروف خود «تاریخ احزاب سیاسی» که پس از سقوط و تبعید رضاشاه انتشار یافت نوشت: «ایرانیان در آن زمان حکومت مشت و عدالت را که متکی به قانون و فضیلت باشد می‌خواستند که رضاخان پهلوی برخاست و بسیاری به این مرد تازه رسیده و شجاع و پرطاقت اعتقادی شدید یافتند.»

فصل ششم

«اعلیحضرت اقدس پهلوی»

با انقراض قاجاریه و بازپس گرفتن «ودیعه»ای که طبق قانون اساسی به این سلسله تفویض شده بود، یک صفحه از تاریخ ایران ورق خورد.

قاجاریه دیگر محبوبیت و اعتباری میان مردم نداشت. افکار عمومی به حق پادشاهان این سلسله را از فتحعلی‌شاه تا احمدشاه مسئولان انحطاط ایران می‌دانستند. مظفرالدین شاه از احترام و محبوبیتی برخوردار بود. چرا که فرمان مشروطیت را امضاء کرد و اصولاً مردی سلیم‌النفس و بیزار از خون‌ریزی بود. احمدشاه مخلوع را کسی به حساب نمی‌آورد.

پایان قاجاریه بدین ترتیب محتوم بود. نغمه جمهوری زود خاموش شد. اکثر مردم درست مفهوم آن را درنمی‌یافتند و سلسله مراتب شیعه با آن شدیداً مخالف بودند که مبادا ماجرای ترکیه و جدائی خشن دیانت از سیاست و منع مداخله روحانیون در امور مملکتی تحقق یابد. چنانکه دیدیم رضاخان پهلوی را مراجع روحانی به سوی سلطنت سوق دادند.

دیگر نه کسی در میدان بود و نه راه حلی در میان. جز رضاخان. به قول شاعر چاره‌ای جز سردار سپه نبود. او در میان مردم، یا لااقل اکثریت مردم، محبوبیت داشت. در ضمن با فرماندهی کل قوا اختیار ارتش که اندک اندک قدرت و انسجامی یافته بود، در دستش بود. مردم اصلاحات عمده‌ای را که از کودتای ۱۲۹۹ تا آن زمان تحقق یافته بود مدیون او می‌دانستند و حق داشتند و ارتش ضامن آرامش و امنیت نسبی مملکت و مرکز اصلی قدرت به شمار می‌رفت.

مجلس شورای ملی «تعیین تکلیف حکومت قطعی» مملکت را به نظر مجلس موسسان «موکول» کرده بود که برای تغییر اصول ۳۶ - ۳۷ - ۳۸ و ۴۰ قانون اساسی تشکیل شود و تصمیم لازم اتخاذ کند.[1]

---

۱ - «پرونده سلسله قاجاریه با مرگ احمدشاه رسماً بسته شد. اما چنان که آشکار است،

انتخابات مجلس موسسان در مدتی بیش از یک ماه در سرتاسر کشور انجام گرفت و نخستین مجلس موسسان دوره مشروطیت ایران در تاریخ ٦ دسامبر ۱۹۲۵ (۱۵ آذرماه ۱۳۰٤) در محل تکیه دولت - بنایی که متاسفانه در دوران پهلوی تخریب شد و ساختمان شعبه بازار بانک ملی ایران جای آن را گرفت - آغاز به کار کرد.

نخستین جلسه مجلس موسسان به ریاست سنی شیخ محمدحسین یزدی، یکی از علمای سرشناس صدر مشروطیت، یک ساعت و نیم قبل از ظهر تشکیل گردید[۱]. بعد از انجام تشریفات مقدماتی، برای انتخاب رئیس مجلس اخذ رای به عمل آمد. بار اول اکثریت حاصل نشد. ۲۲۳ تن رای دادند میرزا صادق خان مستشارالدوله ۱۰۵ رای، سید محمد تدین ۸۵ رای، حاج امین‌الضرب ۲۹ رای داشتند. چند ورقه سفید بود، چند تن یک رای بیشتر نداشتند. از جمله سید ابوالقاسم کاشانی و یک رای هم به نام «حضرت حجه‌ابن الحسن ارواحنا فداه» بود که به ذکر نام او همه حاضران قیام کردند.

چون اکثریت تام حاصل نشده بود، تجدید رای به عمل آمد. سید محمد تدین که بار سنگین نیابت ریاست مجلس شورای ملی با او بود و حاج امین‌الضرب عذر خواستند. بار دوم مستشارالدوله با اکثریت صد و بیست و دو رای به ریاست مجلس موسسان انتخاب شد.

جریان انتخاب رئیس مجلس نشان می‌دهد که برخلاف آن‌چه بعداً گفته یا نوشته شد دستور خاصی برای انتخاب متصدی این مقام مهم داده نشده بود و نمایندگان آزادی عمل داشتند. در اصل مطلب، یعنی تعیین رضاخان پهلوی

سال‌ها قبل از آن قاجاریه با اعمال و رفتار خود دیگر جایگاهی نه در دل مردم و نه در دل اندیشمندان و بزرگان ایرانی داشت و خیلی پیش از این؛ عملاً پرونده این سلسله بسته شده بود. دوره قاجاریه مثال آشکاری برای سیاستمداران و حاکمان بعدی است تا بدانند نبض هر حکومت و دولتی با خواسته‌های افراد جامعه می‌تپد و تغییر و تحول به آن چنان که مردم نمی‌خواهند ضروری است و همواره باید در برابر خواسته‌های آنان تسلیم شود.»
دکتر مهدی هروی، قاجاریه، نشر آیبکس ۱۹۸٤ صفحه ۲٤۹

۱ - برای مطالعه صورت مفصل مذاکرات مجلس موسسان نگاه کنید به تاریخ بیست ساله ایران- جلد سوم، تالیف و نگارش حسین مکی، تهران، امیرکبیر، ۱۳۵۷، صفحات ٤۹۰ تا ٥۸٦

که دیگر به لقب والاحضرت اقدس رئیس حکومت موقت بود. کسی تردیدی نداشت.

استقرار جمهوری فراموش شده دیگر کسی از آن سخن نمی‌گفت. اما مسائل بسیار باقی بود و مطالعه متن کامل مذاکرات مجلس نشان می‌دهد که آزادی عقیده و بیان در مورد آنها وجود داشت.

مستشارالدوله (صادق-صادق) از رجال خوشنام دهه‌های اخیر دوران قاجار بود. اعتبار و محبوبیتی در حد مستوفی‌الممالک، مشیرالدوله، مؤتمن‌الملک و حتی دکتر مصدق‌السلطنه نداشت، اما محترم بود. انتخابش به ریاست مجلس به آن اعتبار می‌داد و کسی مدعی نشد که فرمایشی است.

او در طی سال‌های قبل از آن بارهابه وزارت رسیده بود و حتی یکبار به مدت کوتاهی به ریاست دوره دوم مجلس شورای ملی انتخاب شد. به علت مخالفت با قرارداد ۱۹۱۹ که ایران را عملاً به صورت تحت‌الحمایه امپراطوری بریتانیا درمی‌آورد به مدت یازده ماه به کاشان تبعید شد که این سختگیری برایش در میان مردم محبوبیتی به وجود آورد. پس از آن در کابینه سردار منصور (سپهدار رشتی) به وزارت مشاور منصوب شد اما بعد از مدت کوتاهی استعفا داد.

سپس یکی از بنیان‌گذاران انجمن آثار ملی مدتی وزیر علوم و معارف در کابینه سردار سپه بود.[1]

پس از انتخاب رئیس مجلس، ساعت‌ها بحث شد که آیا جلسه ادامه یابد و

---

۱ - یادداشت‌های تاریخی مستشارالدوله که به همت استاد ایرج افشار به سال ۱۳۶۱ در تهران انتشار یافت (مجموعه یادداشت‌های تاریخی و اسناد سیاسی -انتشارات فردوسی) متاسفانه بر وقایع و اسناد دوران مورد اشاره و سال‌های بعد از آن شامل نیست. شاید علت آن باشد که مربوط به دوران پهلوی است و سازمان‌های بازبینی و نظارت جمهوری اسلامی مانع آن شدند. می‌دانیم که در این دوران مستشارالدوله احترام قبلی خود را حفظ کرد. در زمان مسافرت رضاشاه به ترکیه سفیر کبیر ایران در آن کشور بود. سپس چند سالی سناتور و مدتی طولانی رئیس هیأت مدیره انجمن روابط فرهنگی ایران و شوروی بود و هم‌چنان در اداره انجمن آثار ملی سهم عمده‌ای داشت. در بهمن‌ماه ۱۳۲٤ (ژانویه ۱۹٤٦ میلادی) هنگام اوج بحران آذربایجان، شاید به علاقه دربار و احتمالاً شهرتی که به حسن رابطه با شوروی‌ها داشت، داوطلب مقام ریاست دولت شد. اما مجلسیان (فقط با کثرت یک رای) احمد قوام را ترجیح دادند. مستشارالدوله سال ۱۳۳۱ خورشیدی درگذشت.

یا به روز بعد موکول شود. راه حل اخیر مورد تصویب قرار گرفت و به حکم ضرورت فردای آن‌روز به گزینش نواب رئیس و اعضای هیأت مدیره و شعب مجلس اختصاص یافت.

بعد از دو جلسه طولانی که به گفتگو در اداره جزئیات و نظامنامه و اعتبارنامه‌ها و نحوه کار مجلس اختصاص یافت، سرانجام بحث به اصل مطلب یعنی تغییر مواد چهارگانه متمم قانون اساسی رسید.

شاهزاده سلیمان میرزا اسکندری پس از ستایش بسیار از رضاخان پهلوی (که خود وزیر کابینه او بود و به آن افتخار می‌کرد)، با اینکه سلطنت به او تفویض شود اظهار موافقت کرد ولی با موروثی بودن آن مخالف بود. در حقیقت وی طرفدار ترتیبی بود شاید آنچه سال‌ها در لهستان عمل می‌شد و مجلس شاه را انتخاب می‌کرد، یعنی سلطنت غیرموروثی.

بعداً از این نظر به عنوان مخالفت با سلطنت پهلوی و شخص سردار سپه، گفتگو شد. پس از سوم شهریور و سقوط رضا شاه و تشکیل حزب توده که سلیمان میرزا به عنوان رئیس آن انتخاب شد، او را به این عنوان عَلَم کردند، حال آنکه او چنانکه خود اظهار داشت هم موافق بود(موافق سلطنت پهلوی) و هم مخالف موروثی بودن آن.

سخن یا پیشنهاد دیگری که به بحثی طولانی و تقریباً پرهیاهو انجامید، کلمه شاهنشاه بود. یاسائی که در مجلس شورای ملی نیز با انفصال قاجاریه روی موافق نشان نداده بود، عقیده داشت که مملکت باید شاه داشته باشد، نه شاه شاهان زیرا بساط ملوک الطوایفی برچیده شده «من نمی‌دانم اگر بگوییم شاه‌شاهان آن شاهانش کدام است». مخبر کمیسیون پاسخ داد که این یک عنوان افتخاری است که «در همه جا مملکت ایران را مملکت شاهنشاهی گفته‌اند»[1]. سرانجام پیشنهاد یاسائی

۱ – عنوان شاهنشاه از کوروش کبیر تا حمله عرب مرسوم بود و سپس منسوخ شد. عضدالدوله دیلمی که شاید بزرگترین پادشاه ایران بعد از اسلام و پیش از استقرار صفوی باشد دوباره آن را برگزید. او بغداد را که مرکز خلافت عباسی بود تصرف کرد و خلیفه را به نقطه دیگری تبعید کرده بود و سودای تجدید بزرگی‌های ایران قبل از اسلام را داشت. به هر حال عنوان شاهنشاه در سال ۱۵۰۱ میلادی با رسیدن شاه اسماعیل صفوی به تخت سلطنت دوباره معمول گشت و تا پایان کار محمدرضا شاه هم‌چنان مرسوم بود و حکومت ایران «دولت شاهنشاهی» خوانده می‌شد.

نیز پذیرفته نشد.

درباره تعیین ولیعهد و شرایط آن نیز بحث‌های طولانی انجام شد. سرانجام اصل سی و هفت متمم قانون اساسی مقرر داشت که «ولایتعهد با پسر بزرگ‌تر پادشاه است که مادرش ایرانی‌الاصل باشد۱. در صورتیکه پادشاه اولاد ذکور نداشته باشد تعیین ولیعهد برحسب پیشنهاد شاه و تصویب مجلس شورای ملی بعمل خواهد آمد. مشروط بر آنکه آن ولیعهد از خانواده قاجار نباشد. ولی در موقعی که فرزند ذکور برای پادشاه بوجود آید، حقاً ولایتعهد با او خواهد بود.»

بحث درباره سن قانونی ولیعهد برای نیل به مقام سلطنت نیز طولانی بود و سرانجام «بیست سال تمام» برگزیده شد.

در نهایت امر به مجموع مصوبات رای گرفته شد. از ۲۶۰ نفر حاضران ۲۵۷ تن رای موافق دادند و سه تن ممتنع بودند.

در جلسه بعدی که فردای آن روز تشکیل شد، پس از مذاکرات طولانی صورت مذاکرات به تصویب نهایی رسید. مستشارالدوله در پایان جلسه و پیش از اعلام انحلال و پایان انحلال کار مجلس نطق مفصلی ایراد داشت و نتیجه گرفت: «... اگر آقایان نمایندگان در وقت تشریف‌فرمایی به تهران، امیدهایی که در دل خود داشتند قدری آلوده به نگرانی و دغدغه خاطر بود، بحمدالله در موقع مراجعت با دلی از شعف و امیدواری بطرف محل خود مراجعت خواهند فرمود زیرا موفق شدند که تاج و تخت مملکت مشروطه ایران را به کسی بسپارند که همه می‌دانیم اراده توانای او مصروف به ترقی و تعالی مملکت است و این افتخار بزرگ را با خودشان خواهند برد که این خدمت مهمی را که از طرف ملت به آنها محول شده بود موفق شدند که به انجام برسانند. لهذا همانطوری که آقایان تشریف آوردند و به میمنت و سعادت مجلس موسسان تشکیل شد، همینطور هم به میمنت انحلال می‌یابد.»

به محض انجام کار موسسان، هیأتی مامور ابلاغ تصمیم آن به «اعلیحضرت اقدس پهلوی» شد که او پس از وصول این پیام به مجلس شورای ملی رفت. در

---

۱ - به هنگام ازدواج شاهپور محمدرضا ولیعهد با شاهزاده خانم مصری فوزیه این مصوبه، اشکالاتی به وجود آورد که با تصویب قانونی حل شد. نگاه کنید به فصل بعدی.

مقابل قرآن زانو به زمین زد، آن را بوسید و پس از ادای سوگند وفاداری به قانون اساسی رسماً به عنوان «سردودمان» پهلوی وظایف سلطنت را به عهده گرفت.

***

چهار روز بعد، شانزدهم دسامبر (۲۵ آذرماه ۱۳۰٤) در کاخ گلستان رجال کشور و نیز دیپلمات‌های مقیم دربار شاهنشاهی به حضور رضاشاه که بر تخت مرمر جلوس کرده بود بار یافتند و سلطنت او را تبریک گفتند. در آن زمان مقدم‌السفرا وزیر مختار پادشاه بریتانیای کبیر بود که به حکم وظیفه این تکلیف را پس از همه کارشکنی‌های دولت متبوعش در برابر شاه جدید انجام داد. بازی سرنوشت یا تقدیر؟ دو روز بعد، رضا شاه محمدعلی فروغی، ذکاءالملک را که در دوران انتقالی حکومت بین انقراض قاجاریه و سلطنت پهلوی کفالت امور دولت را به عهده داشت رسماً مامور تشکیل کابینه جدید کرد و به این ترتیب وی نخستین رئیس دولت او و نخستین رئیس دولت دوران پهلوی محسوب می‌شد و تقدیر بر آن بود که آخرین نخست‌وزیر وی نیز باشد و با تدبیر و فداکاری ولیعهدش یعنی شاهپور محمدرضا را به تخت سلطنت بنشاند، چنانکه به تفصیل خواهیم دید.

***

محمدعلی فروغی نه تنها یکی از برجسته‌ترین دولتمردان ایران در دو قرن اخیر است. بلکه از دانشمندان و نویسندگان طراز اول کشور نیز به شمار می‌آید. وی در سال ۱۸۷۷ در خانواده‌ای که اهل فضل و دانش بود، چشم به جهان گشود. در تدوین قانون اساسی با حسن پیرنیا (مشیرالدوله) و حسین پیرنیا (مؤتمن‌الملک) همکاری داشت. در سال ۱۹۰۷ از بانیان مدرسه عالی علوم سیاسی بود که با الهام از Ecole libre des sciences Politiques پاریس برای تربیت کارگردانان سیاسی ایران نوین و مخصوصاً اعضای وزارت امور خارجه بنیان گرفت و بسیاری از شخصیت‌های برجسته ایران در دهه‌های بعدی دانش‌آموختگان آن بودند خود او ریاست این مدرسه را به عهده گرفت. اما از همان زمان کار تالیف یا ترجمه نخستین کتاب‌های زبان فارسی را در زمینه علوم اجتماعی و انسانی آغاز کرد. از آن جمله از اصول علم ثروت ملل، تاریخ ملل مشرق زمین و حقوق اساسی یا آداب مشروطیت دول در دوران سلطنت رضاشاه، به موازات فعالیت‌ها و مناصب

سیاسی بنیان‌گذار انجمن آثار ملی و سپس فرهنگستان ایران بود و عجب نیست که فاضل محققی چون علی میرفطروس وی را «بزرگترین و اندیشمندترین شخصیت سیاسی- فرهنگی ایران بعد از جنبش مشروطیت» دانسته[۱].

وی از آغاز مشروطیت تا سلطنت رضاشاه بارها متصدی وزارتخانه‌های مختلفی چون امور خارجه، مالیه و حتی جنگ بود. سپس به مناسبتی که به آن اشاره خواهیم کرد. بین او و رضاشاه کدورتی حاصل شد و تا شهریور ۲۰ از فعالیت‌های سیاسی و حتی تشریفات درباری کناره گرفت.

در این سال‌ها، زندگی ساده‌ای داشت و تمام وقت و کوشش خود را با فروتنی مصروف خدمت به فرهنگ و تاریخ ادب و تمدن ایران کرد که از یک نگاه پربارترین دوران زندگی او به شمار می‌آید. حکمت سقراط، سیر حکمت در اروپا، کتابی که پس از تقریباً یک قرن هنوز مرجعیت دارد، یا ترجمه‌های فصیح و دقیقی از بعضی از آثار مهم فلسفی غرب از جمله نوشته‌های مونتنی[۲] یا گفتار درباره روش درست راه بردن عقل[۳] اثر دکارت یادگارهایی از این سال‌ها هستند. باز در

---

۱ - علی میرفطروس، به مناسبت سالگرد خاموش محمدعلی فروغی، مقاله منتشر شده در اینترنت درباره این شخصیت استثنایی تاریخ معاصر ایران از جمله نگاه کنید به رامین جهانبگلو، عقلانیت و مدرنیته در نوشته‌های محمدعلی فروغی، ایران نامه سال بیستم، آمریکا زمستان ۱۳۸۰.
علی‌محمد حقدار- محمدعلی فروغی و ساخته‌های نوین مدنی، تهران ۱۳۸٤.
برای مطالعه در محیط فکری و سیاسی ایران در دوران محمدعلی فروغی و مقایسه او با متفکران و سیاستمداران دیگر آن عهد نگاه کنید به علی میرفطروس، دکتر محمد مصدق، آسیب‌شناسی یک شکست، چاپ سوم، نشر فرهنگ ، مونترآل ۲۰۱۱.
و نیز پویا زارعی: به مناسب هفتاد و پنجمین سالگشت درگذشت یکی از سه معمار اصلی ایران مدرن، محمدعلی فروغی و چهل سال تلاش برای بازآفرینی هویت ایرانی، ایرانیان. سال بیست و دوم، شماره ۸۷۰، جمعه اول دسامبر ۲۰۱۷.
حبیب یغمایی که خود از دانشمندان و بزرگان ادب فارسی بود. در پایان منتخب شاهنامه برای دبیرستان‌ها که آن را پس از مرگ فروغی به پایان رساند، نوشته: «در شب جمعه ششم آذرماه ۱۳۲۱ چراغ روشن عمرش خاموش گشت و ایران از داشتن فرزندی دانا و آزموده - که بی‌هیچ شائبه و اغراق نظیر او در قرون گذشته هم کمتر پرورش یافته - محروم ماند... انصافاً فروغی مردی بود بزرگ و انسانی کامل که هر چه بصیرت و معرفت در باره او بیش گردد، بزرگواری و ارجمندی وی در نظرمان آشکاراتر می‌شود» صفحات ٦۲۳ و ٦۲٤.

۲ - Michel de Montaigne فیلسوف و نویسنده فرانسوی (۱۵۹۳ - ۱۵۳۳).

۳ - Discours de la Methocle نوشته Rene Descarte (۱٦۵۱-۱۵۹٦) این ترجمه به حدی زیبا و در عین حال دقیق است که به قول بسیاری از اهل نظر مقابله آن با اصل تشخیص

همین سال‌ها بود که فروغی به تصحیح و انتشار متون کامل شاهنامه فردوسی، رباعیات خیام، کلیات سعدی و غزلیات حافظ پرداخت و نیز نوشته کوتاهی تحت عنوان پیام من به فرهنگستان انتشار داد که نه تنها از شاهکارهای ادب فارسی است، بلکه امروز نیز می‌تواند دستور کاری برای مقابله فرهنگ ایرانی با معارف غربی و ترجمه اصطلاحات و کلمات خارجی به زبان فارسی باشد[1].

به هنگام تصدی وزارت امور خارجه، فروغی سه بار ریاست هیأت نمایندگی ایران را در نشست‌های سالیانه جامعه ملل[2] به عهده داشت و یک بار در ۱۹۲۸ به ریاست مجمع عمومی آن انتخاب شد که امتیاز و توفیقی بزرگ برای کشور بود.

چه بعد از انقراض قاجاریه و چه در نخستین روزهای سلطنت و بعد از آن رضاشاه همواره مراقب بود که رفتار نظام جدید با رجال دوران گذشته که کشور به آنها نیازمند بود، محترمانه باشد: احمدشاه شخصاً مرد ثروتمندی بود، بسیاری او را به پول دوستی و حرص مال متهم کرده‌اند که ممکن است نادرست نباشد. به هر حال به دارائی او در ایران، که اندک هم نبود، کوچکترین تجاوزی نشد و او و خانواده و بازماندگانش توانستند با آسایش کامل و در حد شئون خود زندگی کنند. هم‌چنین در مورد محمد حسن میرزا ولیعهد و نایب‌السلطنه که دشمن سردار سپه بود و سردار از او نفرت داشت.

در نخستین روزهای بعد از انقراض قاجاریه گروه انبوهی از طبقات مختلف شهری به دیدار «والاحضرت اقدس پهلوی» آمده بودند. یکی از حاضران پس از ستایش فراوان از رضاخان سخنانی دور از نزاکت به احمدشاه بر زبان آورد.

این نکته را که کدام یک متن اولیه است و کدام ترجمه مشکل می‌سازد.

۱ - باید در همین زمینه به اثر تقریباً فراموش شده دیگری، تسخیر تمدن فرنگی، نوشته دکتر سید فخرالدین شادمان اشاره کرد که جلال آل احمد در کتابی تحت عنوان غرب‌زدگی که چند سال مورد توجه عده‌ای بود، از آن الهام گرفت ولی اشاره‌ای به مأخذ نوشته‌های خود نکرده. تسخیر تمدن فرنگی نیز یکی از نمونه‌های بارز نثر پاکیزه و کم نظیر فارسی در دوران اخیر به شمار می‌رود که از بعضی جهات چندان کمتر از پیام من به فرهنگستان نیست.

2 - S.D.N, Société des Nations

پس از جنگ جهانی دوم سازمان ملل متحد O.N.U (Organisation des nations Unies جایگزین S.D.N شد و دیپلمات ایرانی برجسته، نصرالله انتظام، یک بار به ریاست مجمع عمومی این سازمان در سال ۱۳۲۸ انتخاب شد. نصرالله انتظام پس از انقلاب اسلامی به زندان افتاد و زیر شکنجه جان داد، گرچه سالها دور از سیاست و گوشه‌گیر بود.

رضاخان سخت برآشفت و کشیده آبداری به متملق بیچاره زد و دستور داد که بی‌درنگ او را از میان جمع برانند. اندکی بعد تنی چند از اطرافیان به او گوشزد کردند که این حرکت در شأن رئیس مملکت نبود و نباید او خود را در یک سربازخانه تصور کند. سردار جواب داد هیچ‌کس حق بی‌احترامی به شاه را ندارد ولو مخلوع باشد. اما قول داد که از آن پس رعایت آداب و رسوم را نماید و به وعده خود تقریباً - ولی نه همیشه - عمل کرد.

سپهبد جهانبانی حکایت می‌کند «در موقع کودتای ۱۲۹۹ سیدضیاء وقتی که اکثر بزرگان را بازداشت کرده بود به رضاخان اظهار می‌دارد که بهتر است ترتیبی داده شود که آنها اعدام شوند. رضاخان در جواب می‌گوید که در آینده یک سید یه لاقبا مثل تو یا یک نفر قزاق مثل من می‌توانند مملکت را اداره کنند یا نه؟ ما به وجود همین بزرگان نیازمندیم[۱]» سپس ادامه می‌دهد: «از سالار اقدس فرزند کامران میرزا شنیدم که می‌گفت در نخستین نوروز بعد از عزل احمدشاه، ما شاهزادگان قاجار تکلیف خود را نمی‌دانستیم زیرا در گذشته در کاخ گلستان محل اجتماع ما شاهزادگان روشن بود. حال در این زمان اگر ما اصلاً از حضور خودداری می‌کردیم شاید یک نوع جنبه بی‌احترامی پیدا می‌کرد و اگر مانند همیشه حاضر می‌شدیم شاید حضورمان بی‌مورد بود. بالاخره آنها در محضر یکی از فرزندان ناصرالدین شاه جمع می‌شوند تا در این‌باره تصمیم‌گیری شود. هم‌زمان قاصدی فرا می‌رسد و برای هر یک از شاهزادگان به نام کارت دعوت می‌آورد. در نتیجه آنها از سردرگمی نجات پیدا می‌کنند. شاهزاده سالار اقدس اضافه می‌کرد که در محل همیشگی در سالن کاخ گلستان ایستادیم. ناگهان سرتیپ مرتضی‌خان یزدان‌پناه پیدا شد. او به گروه ما نزدیک شد و به تندی گفت شما چرا در صدر مجلس قرار گرفته‌اید و ما را به پایین‌ترین نقطه مجلس اعزام داشت. در این موقع رضا شاه وارد شد و بر روی صندلی قرار گرفت و با تعجب پرسید چرا شاهزادگان در محل همیشگی خود نیستند و ما دوباره به محل سابق خود بازگشتیم. شاه به ما گفتند که بنابر اراده ملت و تصویب مجلس حکومت با او خواهد بود ولی همه شاهزادگان مقام و هستی خود را مانند سابق دارا خواهند بود و باید برای خدمت

---

۱ - یادمانده‌هایی از امان‌الله میرزا جهانبانی، گردآورنده مجید جهانبانی، ویرجینیا، فوریه ۲۰۱۴، تکثیر خصوصی، بدون ذکر نام و نشانی ناشر صفحه ۵۰.

هرچه بیشتر آماده باشند[۱]».

در این مورد اخیر، ذکر مثالی مربوط به شاهزاده شهاب‌الدوله[۲] که عملاً وزیر دربار احمدشاه و تا حد زیادی گرداننده مبارزه دربار یا حداقل محمدحسن میرزا با سردارسپه بود، بی‌مناسبت نیست. سلیمان بهبودی در خاطراتش می‌نویسد که او «هر وقت اعلیحضرت رضاشاه را قبل از انقراض قاجاریه در کاخ گلستان می‌دید، چون از روابط باطنی شاه و ولیعهد معظم‌له آگاهی داشت، روی خود را برمی‌گرداند و دور می‌شد تا مبادا مجبور به برخورد باشد. عضدالملک در مورد همین شخص اعلیحضرت رضاشاه حسن توجه داشت. روزی طرف عصر که اعلیحضرت در باغ شخصی قدم می‌زدند، مجلل‌الدوله دولتشاهی برای کاری شرفیاب شد. بعد از خاتمه کار اعلیحضرت سئوال فرمودند: دولتشاهی پسرعمویت چه می‌کند؟ دولتشاهی متوجه نشد منظور از پسرعمویش کیست. مجدداً فرمودند منظور شهاب‌الدوله است. این شخص آدم خوبی است و وضع زندگی خوبی ندارد. از طرف ما از او احوالپرسی کن و بگو وزارت داخله چون سابقه کردستان دارد بگوید بفرستندش کردستان و حکومت آنجا را به او بدهند[۳]» و چنین نیز شد.

***

در ۲۵ آوریل ۱۹۲٦ (٤ اردیبهشت ۱۳۰۵)، مراسم تاجگذاری رضاشاه در تالار بزرگ کاخ گلستان انجام شد.

رضاشاه می‌خواست که در این مراسم مجلل تا حد امکان متفاوت با تاجگذاری سلاطین قاجار و به ویژه ایرانی باشد. نه تقلید از آنچه در فرنگ یا امپراطوری عثمانی مرسوم بوده.

قدم نخست ساختن تاج سلطنتی بود. رضاشاه ابتدا به دیدار خزانه جواهرات سلطنتی رفت. ابتدا الماس معروف به دریای نور را که وزن تخمینی آن ۱۸۲ قیرات است به وی عرضه داشتند. این گوهر بی‌همتا را نادرشاه افشار سال ۱۷۳۹ میلادی پس از فتح دهلی به عنوان غرامت جنگ (یا در حقیقت قسمت کوچکی از غرامت‌های جنگ) از هندیان گرفته و به ایران آورده بود و قبلاً به امپراطور نامدار

۱ - جهانبانی، ۵۰ و ۵۱.
۲ - شمس ملک‌آرا که بعداً در زمان محمدرضا شاه پهلوی به سمت سناتور انتصابی نیز گردیده شد.
۳ - سلیمان بهبودی، ۲۷۷.

هندوستان شاه جهان تعلق داشت. رضاشاه هرگز آن را ندیده بود. تنی چند از اطرافیان به بدگوئی از فتحعلی شاه قاجار پرداختند. که نام خود را در ذیل آن حک کرده و به این ترتیب ارزش آن را تقلیل داده است. همه در این زمینه داد سخن دادند و هرکس چیزی بر بدگوئی از فتحعلی افزود. رضاشاه به فکر فرو رفته و به همه سخنان گوش داد و سپس به آرامی گفت: «خیر. بسیار کار خوبی کرد. حق داشت». پیرامونیان متملق با شگفتی نمی‌دانستند چه بگویند. رضاشاه افزود: «اگر این کار را نکرده بود دریای نور را هم انگلیس‌ها می‌دزدیدند» گفته رضاشاه در همه شهر منعکس شد اما دستور رسید که جراید از درج آن اجتناب کنند که بهانه دیگری برای دلتنگی انگلیس‌ها و اختلاف با دولت بریتانیا پیدا نشود.

اشاره رضاشاه به قطعه الماس دیگری بود موسوم به کوه نور که آن هم مانند دریای نور بر تخت طاووس نصب بود و در هندوستان شهرت داشت و می‌گفتند هر که صاحب آن باشد بر جهان تسلط خواهد داشت. این گوهر نادر پس از فتح هندوستان و بازگشت نادر مدتی متعلق به ایرانیان بود. سپس به تملک شاهان افغانستان درآمد. سپس رد آن را در پنجاب یافتند. سپس انگلیس‌ها آن را به عنف تملیک کردند که در سال ۱۸۵۰ به ملکه ویکتوریا تقدیم شد. وزن کوه نور قبلاً ۱۸٦ قیرات بود. انگلیس‌ها برای افزودن درخشش و زیبایی آن دوبار آن را تراش دادند که وزنش به ۱۰۵ قیرات رسید. کوه نور در تاج ملکه الیزابت همسر ژرژ ششم نصب شد و اکنون در خزانه جواهرات سلطنتی انگلیس در برج لندن نگهداری می‌شود و هندی‌ها هنوز مدعی مالکیت آن هستند.

گویا طرح تاج را ابتدا به یک جواهرساز روس که پس از انقلاب بلشویکی به ایران آمده و مقیم شده بود واگذار کردند[1]. اما ساخت آن به یک جواهرساز هنرمند ایرانی سراج‌الدین محول شد. همین تاج که به تاج پهلوی مرسوم شد، از تاج‌های شاهنشاهان ساسانی الهام گرفته و تا انقلاب اسلامی در خزینه جواهرات سلطنتی نگهداری می‌شد و زیبایی و جلال و درخشش آن مورد ستایش بود. سال‌ها بعد هنگامی که مراسم تاجگذاری محمدرضا شاه ترتیب داده شد، گویا به توصیه شهبانو، ساخت تاج‌های شاه و خود ایشان به هنرمندان فرانسوی تفویض شد. کاری که باعث تاسف بسیار گردید.

---

۱ - جهانبانی، صفحات ۲۷۲ الی ۲۷٤.

لباس مخصوص تاجگذاری را عبدالوهاب زردوز و شنل شاه را استوار خیاط باشی که هنر خود را در انگلستان آموخته بود، از ترمه سفید دوخت و مرواریددوزی کرد. از مراسم تاجگذاری رضاشاه گزارش کامل و مستندی در دست است[۱]. ابتدا تاج سلطنتی تنی چند از شاهان پیشین را به وی عرضه داشتند، ذکاءالملک حامل تاج کیان بود، تیمورتاش (سردار معظم)، حامل تاج پهلوی، سردار اسعد وزیر پست و تلگراف حامل تاج مروارید، امیر لشکر امیر طهماسب وزیر جنگ حامل شمشیر جهانگشای نادری بود و تنی چند از بزرگان وقت عصای مرصع سلطنتی، شمشیر شاه اسمعیل، امیر لشکر اسمعیل‌خان زره بنیان‌گذار سلسله صفوی، امیر لشکر نقدی شمشیر شاه عباس را عرضه داشتند و در کنار تخت سلطنت که سردارسپه یا رضاشاه بر آن نشسته بود. به نظم و ترتیب کامل ایستادند. خطبه مرسوم در این تشریفات را ادیب‌الدوله که «صدای رسا دارد[۲]» قرائت کرد. امام جمعه خوئی که خود را ارشد روحانیون مقیم پایتخت می‌دانست توقع داشت که تاج سلطنت را بر سر شاه بگذارد. او قبول نکرد و تاج را از دست سردار معظم گرفت و خود بر سرنهاد.

بقیه تشریفات در تهران و شهرهای دیگر کشور با حداکثر جلال و شکوهی که در آن زمان میسر بود انجام گرفت و به این ترتیب سردارسپه به اصطلاح بر تخت سلطنت نشست.

در این مراسم، شاهپور محمدرضا، پسر ارشد شاه با لباس مخصوص و وقار و رفتاری که ستایش همگان را برانگیخت در کنار پدرش بود. وی در ۲۸ ژانویه طبق ماده ۳۰ قانون اساسی رسماً به سمت ولایتعهد و وارث قانونی تاج و تخت اعلام شده بود. با آن ماده و این تاجگذاری، دوران کودکی این طفل هفت ساله به پایان رسید و وی وارد صحنه تاریخ شد، با سرنوشتی که می‌دانیم.

---

۱ – بهبودی، صفحات ۲۷۶ تا ۲۹۲ که «پرگرام تاج گذاری اعلیحضرت همایون شاهنشاهی دامت سلطنه» را نیز به طور کامل درج کرده.
۲ – حاج مخبرالسلطنه، ۲۶۹.

فصل هفتم

ولیعهدی برای ایران

نوجوانی که به ولایتعهدی منصوب شده بود، در ۲۶ اکتبر ۱۹۱۹ (چهارم آبان) چشم به جهان گشود و محمد رضا نامیده شد. محمدرضا پهلوی شاهنشاه بعدی و آخرین شاهنشاه ایران[1].

شاهپور محمدرضا به هنگام کودتای ۱۲۹۹ که پدرش پا به عرصه تاریخ نهاد، دو سال و اندی بیش نداشت و حاصل ازدواج رضاخان میرپنج با نیمتاج خانم آیرملو ملکه تاج‌الملوک بعدی بود و در خانه کوچکی (سه اطاقه) در محله سنگلج تهران چشم به جهان گشود.

نیم‌تاج خانم آیرملو، همسر دوم رضاخان بود. او برای بار نخست در عنفوان جوانی با دختری به نام مریم خانم که نشان و خانواده دقیقی از او در دست نیست

---

۱ –درباره زندگی محمدرضا شاه نگاه کنید به:
Freidoun Sahejam, Mohammad Reza Pahlavi shah d Iran, Berger Levrault, Paris, 1971
Bertrand de Castelbajac , L' Homme qui voulait étre Cyrus, Allabros, Paris, 1987.
William Shawcross, Le SHAH. Traduit de langlais Stock, Paris, 1989
Jacaues lapeyre, Le Chah d' Iran, Editions Cvonig ue
Paris,1998
Abbas Milani, The SHAH, Palgrave, New-york,2011
(ترجمه فارسی بوسیله خود نویسنده، چاپ کانادا، ۲۰۱۳)
H.Nahavandi el yves Bomati , Mohammad Reza Pahlavi, Le dernier shah, Paris, Perrin, 2013
ترجمه فارسی از دادمهر- شرکت کتاب (لس آنجلس) ۲۰۱٤.
همین کتاب در مجموعه جیبی Paris ،TEMPUS، ۲۰۱۹ تجدید طبع شد.
و نیز: سیاوش بشیری شاهنشاه، انتشارات پرنگ، پاریس، ۱۹۹۰.
کتابی مشتمل بر سخنرانی‌ها و مصاحبه‌ها و مدارکی از محمدرضا شاه پهلوی. همین محقق در دو مجلد دیگر برگزیده جالبی از مصاحبه‌ها و سخنرانی‌های محمدرضاشاه انتشار داده هشدارهای ناشنیده، انتشارات زرتشت و دوباره بخوانیم، انتشارات پرنگ ۱۹۸۸.

ازدواج کرد و از او دارای دختری شد که در ۲۲ فوریه ۱۹۰۳ به دنیا آمد و فاطمه نام گرفت. مادرش اندکی بعد در سنین جوانی درگذشت و رضاخان که سرگرم انجام وظایفش در لشکر قزاق و جنگ و گریز در این سو و آن سوی ایران بود تربیت او را به مستخدمه‌ای محول کرد. بعد از وصول به تاج و تخت، «فاطمه خانم» را همدم‌السلطنه نامیدند که به عقد و ازدواج سرلشکر دکتر آتابای رئیس بهداری ارتش درآمد. به هنگام سلطنت پدر و برادرش در آسایش مالی و احترام اما بی‌سروصدا می‌زیست. با کسی کاری نداشت و کسی را با او کاری نبود. تقریباً در هیچ‌یک از تشریفات رسمی و درباری شرکت نداشت یا دعوتش نمی‌کردند. او پس از انقلاب در تهران درگذشت. ظاهراً مزاحمتی برایش فراهم نشده بود.

ازدواج دوم رضاخان که دیگر میرپنج بود (درجه‌ای معادل سرتیپ در لشکر قزاق) داستان دیگری دارد. او به هنگام ترفیع به این درجه سی و پنج سال داشت. در میان همکاران خود و رهبران آن روز ایران نام و شهرتی یافته بود. همه قدرت تصمیم‌گیری، درست‌کاری و شهامت او را می‌ستودند. فکر می‌کرد که باید موقعیت اجتماعی خود را تحکیم کند، یا درست‌تر بگوییم بسازد. اما نه ثروتی داشت و نه به خانواده متشخصی متعلق بود. ناچار توقع چندانی نمی‌توانست داشته باشد. شبکه دوستان و همکارانش را برای یافتن همسر مناسبی به کار انداخت. برای تأمین هزینه‌های ازدواج وامی گرفت و سرانجام با پادرمیانی خدایارخان (یکی از افسران لشکر قزاق که در دوران سلطنتش به درجه سرلشکری رسید و چندبار وزیر هم شد) توانست با نیم‌تاج خانم دختر نوزده ساله امیرتومان تیمورخان آیرملو که از تبار گرجی و یکی از صاحب منصبان ارتش درهم پاشیده قاجار بود ازدواج کند. نیم‌تاج خانم متولد ۱۷ مارس ۱۸۹۶ اشتهاری به زیبایی نداشت. همه او را بدخلق می‌پنداشتند. با توجه به ضوابط آن روز جامعه ایران «درخانه مانده بود» اما رضاخان هم نمی‌توانست زیاده‌طلب باشد و کار رو به راه شد.

رضا از آن پس و تا پایان دوران سلطنت با نیم‌تاج خانم، ملکه تاج‌الملوک و ملکه پهلوی بعدی، با نهایت احترام رفتار می‌کرد. ملکه پهلوی چه در زمان سلطنت همسرش و چه هنگامی که مادر شاهنشاه بعدی ایران بود، در امور سیاسی دخالت و اعمال نفوذ نمی‌کرد. در زمان رضاشاه نمی‌توانست، در عهد محمدرضا

شاه می‌توانست. به وی نسبت هیچ «بندو بستی» داده نشد. از تبلیغ و خودنمایی بیزار بود. اما گویا در تندخوئی‌اش تغییری حاصل نشد. برای تربیت فرزندانش در حدود مقدورات و رسوم روز آنچه می‌توانست انجام داد و هنگامی‌که محمدرضا شاه و نخستین همسرش ملکه فوزیه از یکدیگر جدا شدند سرپرستی دختر آنان شاهدخت شهناز را تا چندسالی به عهده گرفت. دربار کوچک خود را داشت. چند تن از شاهزادگان قاجار و رجال قدیمی که دیگر کاره‌ای نبودند، بعضی از هنرمندان، شاعران یا نویسندگانی که دیگر مورد توجه نبودند. پس از مرگ رضاشاه، رسم بر آن شده بود که هر هفته محمدرضا شاه و همسرش هر چهارشنبه شام به نزد او بروند. چند تنی به این مجلس خصوصی دعوت می‌شدند. ولی نه الزاماً مسئولان امور و وزیران. هر سال دوبار، یکی به مناسبت ولادت ولیعهد وقت ایران، شاهپور رضا و دیگری به مناسبت ۲۸ مرداد و بازگشت محمدرضا شاه به سلطنت و سقوط مصدق ضیافت مجللی ترتیب می‌داد که شخصیت‌های برجسته مملکتی، سفیران مقیم دربار شاهنشاهی و تنی چند از اهل ادب به آن دعوت می‌شدند. در اتاقی می‌نشست و بسیاری از مدعوین برای عرض ادب و احترام به نزدش می‌رفتند. اغلب آنها را اصولاً نمی‌شناخت. سپس در بازوی پسرش میان جمعیت حاضر می‌شد و شام می‌خورد. شاید لذت بزرگش در این ضیافت‌ها همین بود. ملکه پهلوی اندکی پیش از پیروزی انقلاب اسلامی به اتفاق دختر بزرگش شاهدخت شمس و دامادش مهرداد پهلبد ایران را ترک کرد. مدتی در کالیفرنیا، سپس در مکزیک و سرانجام در کالیفرنیا می‌زیست. دچار فراموشی کامل شده بود و حتی از مرگ محمدرضا شاه مطلع نشد. سرانجام در لس‌آنجلس درگذشت و در همان جا به خاک سپرده شد.

نخستین فرزند این خانواده، شاهدخت شمس، در روز ۸ اکتبر ۱۹۱۷ چشم به جهان گشود. دو سال بعد، دوقلوها، محمدرضا پهلوی شاهنشاه آینده، و ظاهراً یک ساعت بعد از او شاهدخت اشرف متولد شدند. سپس در سال ۱۹۲۲ شاهپور علی‌رضا به دنیا آمد. هم او بود که در ۲۶ اکتبر ۱۹۵٤ در یک سانحه هواپیمایی کشته شد.

به این ترتیب رضاشاه آینده قبل از نیل به سلطنت از ازدواج دوم خود دارای

چهار فرزند شد. اما ازدواج‌های دیگری در انتظارش بودند.

با تاج‌گذاری، مسأله تربیت ولیعهد از اولویت خاص برخوردار شد. نخستین تصمیم رضاشاه پس از اعلام ولایتعهدی محمدرضا پهلوی، تعیین پیشکاری برای او بود. چراغعلی‌خان امیراکرم بزرگ طایفه پهلوان، به این سمت برگزیده شد. در حقیقت این انتصاب برای ابراز احترام و توجه به خانواده وی بود و نه چیز دیگر. امیر اکرم مردی بود سالخورده و بیمار. نه از وظایف پیشکاری ولیعهد اطلاع داشت و نه قادر به تقبل آن بود. عملاً سلیمان‌خان بهبودی پیشکار و مرد مورد اعتماد رضاشاه این کار را به عهده گرفت و این ترتیب بعداً رسمیت یافت و تا اعزام ولیعهد به سوئیس ادامه داشت.

رضاشاه می‌خواست به ولیعهد یعنی پادشاه آینده ایران، هرچه را که خود نداشت و نمی‌توانست داشته باشد، عرضه بدارد. رضا به هیچ زبان خارجی آشنایی نداشت. فقط چند کلمه‌ای روسی می‌فهمید که آن را در لشکر قزاق آموخته بود. به گویش آذری که مخلوطی از فارسی قدیم و ترکی است و در شمال غربی ایران متداول بود و هست، نا آشنا نبود. ولی این گویش یک زبان خارجی محسوب نمی‌شد و به هر حال دانستن آن امتیازی نبود. رضاشاه هرگز به آداب و تشریفات سلطنت خو نگرفت و به آنها اعتنایی نداشت. همیشه لباس ساده نظامی به تن می‌کرد. ساده غذا می‌خورد و حتی با ظرایف پخت و پز ایرانی آشنایی نداشت. خواندن و نوشتن را دیر آموخته بود و خطی ابتدایی و شاید کودکانه داشت. اما به هنر خطاطی اهمیت بسیار می‌گذاشت و در معماری سلیقه‌ای خاص داشت و زیبایی‌شناس بود. او هنگامی که خدمت خود را آغاز کرد به اندیشه سلطنت نبود. فرزند توده مردم ایران بود و این را با سربلندی همواره یادآور می‌شد. اما می‌خواست ولیعهدش را برای سلطنت به کشور و ملتی که عظمت و هویت خود را باز یافته پرورش دهد و هرچه را که خود می‌خواست و کمبودش را احساس می‌کرد و شاید از آن رنج می‌برد به او ارزانی دارد.

نتیجه آن که شاهپور محمدرضا به هنگامی که رسماً به ولایتعهدی منصوب و معرفی شد دیگر لذائذ زندگی کودکان را از دست داد و چنان‌که خود بارها گفت و نوشت دوران طفولیت او مانند سایرین نبود. او را از «اندرون» خارج کردند و

رضاشاه مستقیماً تربیت وی را به عهده گرفت.

برنامه‌ای که برای ولیعهد تعیین شد دقیق و سخت و سنگین و آمیخته با انضباط شدید بود، چنانکه روحیه و طرز عمل پدرش اقتضا می‌کرد. در محوطه اقامتگاه سلطنتی مدرسه کوچکی برایش تاسیس شد. بیست تن دانش‌آموزان این مدرسه همه فرزندان نظامیان بودند. رضاشاه تصور می‌کرد که این گروه بعداً اطرافیان ولیعهدش خواهند بود و هریک از آنان آینده‌ای فراخور خود در ایران فردا خواهد داشت. یکی از آنان حسین فردوست فرزند درجه‌داری از گارد سلطنتی بود که محمدرضا با او الفت یافت و در سال‌های پادشاهیش به مقامات عالی رسید و سرانجام به او خیانت کرد و به خدمت جمهوری اسلامی درآمد.

یک سال بعد از آن آموزشگاهی به نام دبستان نظام گشوده شد. همه این گروه به آنجا منتقل شدند. برنامه فشرده و دشوار بود. دانش‌آموزان به لباس متحدالشکل شبه نظامی ملبس شدند. تابستان‌ها، دروس در ساعت ۸ باید آغاز می‌شد و جمعاً سه ساعت به طول می‌کشید. در میان ساعات درس ده دقیقه استراحت داده می‌شد. سپس از ساعت یازده و سی دقیقه (۱۱/۵) تا سیزده و سی دقیقه (۱/۵) هنگام صرف ناهار بود و بار دیگر کلاس‌ها شروع می‌شد و به همان ترتیب تا ساعت هفده (۵ بعد از ظهر) ادامه داشت. شش ساعت درس در همه روزهای هفته، البته به استثنای جمعه. برنامه دروس عبارت بود از فارسی، تاریخ و جغرافیا، حساب و تعلیمات مدنی. برنامه‌ای که در همه مدارس ابتدایی آن زمان معمول بود. آیا تنبیهات بدنی که در آن زمان در همه مدارس مجاز و معمول بود در این مدرسه نیز جاری بود؟ روایتی در این باره نداریم. اگر هم بود قطعاً بر ولیعهد شامل نمی‌شد. هم‌چنین آموزش یک زبان خارجی که فرانسه باشد اجباری بود.

رضاشاه به معلمان دستور داد که انضباط دقیقی را رعایت کنند و اندک استثنائی برای ولیعهد قائل نشوند. محمدرضا ضعیف‌الجثه بود ولی به ورزش و بازی‌های مختلف در هوای آزاد بسیار علاقه داشت. بازی مورد علاقه خاص او در این زمینه، چوگان با دوچرخه۱ بود که برای آن دوچرخه‌های کهنه را به کار می‌گرفتند.

---

۱ - موسوم به Polo – Cyclism.

همچنین به دستور رضاشاه ولیعهد به آموزش سوارکاری پرداخت. مربی او یکی از درباریان قاجار، از تبار ترکمن، به نام ابوالفتح آتابای بود که تا سال‌های آخر سلطنت محمدرضاشاه عنوان میرآخور سلطنتی داشت و تا پایان کار به او وفادار ماند.

سالی گذشت. رضاشاه تصمیم گرفت که ولیعهد باید هر روز ناهار را با او صرف کند. ناهاری ساده و سالم چنان که شاه دوست می‌داشت. در این دوران هر وقت میسر می‌شد. پدر و پسر با هم به گردش می‌رفتند. گویا از همان زمان رضاشاه کوشید که اندک اندک ولیعهدش را با مسائل سیاسی مملکتی آشنا کند. اما صحبت‌های آنان همیشه جدی نبود. پدر و پسر گاهی با هم آوازی می‌خواندند.[1] یا آهنگ‌های قدیم ایرانی و یا آهنگ‌هایی را که تازه متداول و به اصطلاح «مد روز» شده بود.

در همین زمان رضاشاه یک خانم فرانسوی، مادام ارفع، را که همسر یکی از صاحب‌منصبان ارشد ارتش بود[2] به عنوان مربی پسر خود برگزید. این خانم بیش و پیش از هر چیز زبان فرانسه را به محمدرضا آموخت. اما به این کار بسنده نکرد برای او از تاریخ اروپا و کشورهای بزرگ جهان صحبت می‌کرد. گویا قصه‌گوی خوبی بود و موفق به جلب توجه و جذب شاگرد خود شد. مخصوصاً در حکایت زندگی مردان بزرگ تاریخ مهارت داشت. چون فرانسوی بود، اکثر این بزرگان از دیدگاهش از هم‌وطنان او بودند. وی محمدرضا را به ظرایف پخت و پز فرانسوی نیز آشنا کرد. ولیعهد آن روز و پادشاه آینده ایران هرگز پرخور و به اصطلاح عامیانه «شکمو» نبود. اما غذاشناس و علاقمند به ظرائف آشپزی مخصوصاً فرانسوی بود. بعداً با شراب‌های فرانسوی نیز آشنائی یافت. هرگز در نوشیدن مشروبات الکلی زیاده‌روی نمی‌کرد و اصولاً زیاده‌روی در طبیعت و خلقیاتش نبود. اما شراب‌شناس و شراب دوست بود.

به مادام ارفع دستور داده شد که با شاگردش فقط به زبان فرانسه گفتگو کند.

۱- خاطرات سلیمان‌خان بهبودی.
۲- Madame Arfa در سال ۱۹۵۸ در پاریس درگذشت. تا پایان عمرش محمدرضا شاه مواظب آسایش زندگی او بود.

سال‌ها بعد کنت دومارانش رئیس D.G.S.E[۱] در خاطراتش نوشت:

«اگر ظاهر شاه که همه آن را می‌شناختند نبود امکان نداشت کسی دریابد که او یک فرانسوی با فرهنگ و فرهیخته که همه چیز را می‌داند نیست».

رضاشاه عقل سالم را در بدن سالم می‌دانست و به امر او پسرش وادار به آموختن شمشیربازی، بکس، کشتی و سوارکاری شد. محمدرضا سه ورزش اول را دوست نمی‌داشت و آنها را به محض آنکه آزادی یافت رها کرد. اما تا پایان حیاتش ورزشکار و ورزش‌دوست بود.

در برنامه تربیت ولیعهد نکات و مسائل دیگری هم منظور شده بود. یکی از آنها فراگرفتن تاریخ ایران بود. در این زمینه علاوه بر آموزش رسمی، ساعات درس اختصاصی برای وی ترتیب داده شد که رضاشاه شخصاً بر حسن انجام آن نظارت می‌کرد. همه کسانی که با محمدرضا شاه تماس داشتند اطلاعات تاریخی او را ستوده‌اند. هم‌چنین ولیعهد معلمین مخصوص برای فراگیری خط و زبان فارسی داشت. اطلاعات ادبی وی و خطش زیبا و پخته بود. طی سال‌های پادشاهی‌اش، محمدرضا پهلوی، هرگاه فرصتی می‌یافت از معلم ادبیاتش میرزا عبدالعظیم‌خان قریب که یکی از بزرگان ادب فارسی و متخصص سرشناس دستور این زبان بود یاد می‌کرد و اصرار داشت بگوید که «شاگرد او بودیم».

در یک کلام رضا شاه کوشید هرچه کمبود داشت، اطلاعات عمومی، تاریخ، جغرافیا، زبان و ادب فارسی و زبان‌های خارجی، در اختیار ولیعهدش بگذارد و در حقیقت وی را وادار به فراگیری این رشته‌ها کرد که آنها را لازمه فرهنگ یک پادشاه می‌دانست و حق داشت.

سال‌های تحصیلات ابتدائی شاهپور محمدرضا به این ترتیب به پایان رسید. قسمت اعظم تحصیلات تابستانی او در «کاخ سلطنتی» بابل می گذشت. ساختمانی متعلق به یک بازرگان روس موسوم به تومانیانس که پس از انقلاب بلشویکی و از دست دادن ثروتش به ایران گریخته بود و آن را به ژنرال رضاخان که هنوز

---

۱ -Conte Alexandre de Marenches از برجسته‌ترین کارشناسان اطلاعاتی منطقه‌ای که «جهان آزاد» خوانده می‌شد، مشاور رونالد ریگان و سلطان حسن دوم که از نزدیکان محمدرضا شاه نیز بود.

نام پهلوی هم نداشت فروخت و وی آن را برای «نورچشمی محمدرضا خان» و به نام وی ابتیاع کرد[1] این ساختمان که در اسلوب روسی قرن نوزدهم بنا شده بود در میانه باغی مملو از درختان پرتقال قرار داشت و سال‌ها مورد علاقه خاص محمدرضا شاه بود که آن را به دانشگاه رضاشاه کبیر در مازندران اهدا کرد و محل استقرار رئیس آن و دفتر او شد.

در ژوئن ۱۹۳۱ (خرداد ۱۳۱۰)، شاهپور محمدرضا دوازده ساله بود و تحصیلات ابتدائی وی به پایان رسید. حاصل این سال‌ها شباهت زیادی به سال‌های کودکی دیگر آن زمان نداشت. ولیعهد رضاشاه خجول بود و تا پایان سلطنت‌اش حتی در اوج قدرت و عظمت خجول ماند. آموخته بود که تسلط خاصی بر احساسات خود داشته باشد و آن‌ها را به خوبی پنهان کند. تودار بود و کاملاً توانا به حفظ ظاهر. فارسی را خوب می‌دانست. اطلاعات تاریخی شایسته‌ای داشت. زبان فرانسه را فراگرفته و به روانی صحبت می‌کرد و تاریخ این کشور با نشیب و فرازهایش برای او راز و رمزی نداشت. حافظه‌ای بسیار قوی داشت و هر آنچه را می‌دید و می‌شنید به آسانی به خاطر می‌سپرد. او در حقیقت دو فرهنگ داشت. ایرانی و فرانسوی. رضاشاه وی را در این زمینه تشویق می‌کرد چرا که از فرانسویان بیمی نداشت و در درجه اول نگران سیاست‌های روس و انگلیس بود و نمی‌خواست پادشاه آینده ایران تحت تاثیر این دوکشور باشد که چشم داشتشان به ایران بر هیچ‌کس پوشیده نبود.

گروهی از پیرامونیان که در آن زمان آشنا به اوضاع و احوال جهان غرب تصور می‌شدند مأموریت یافتند که مدرسه مناسبی انتخاب و پیشنهاد کنند. این بررسی تحت نظر سردار معظم تیمورتاش وزیر دربار انجام پذیرفت. گروهی مدرسه به غایت اشرافی و اشراف‌پرور ایتون[2] انگلستان را پیشنهاد کردند که رضاشاه با خشونت آن را رد کرد. تربیت پادشاه آینده ایران را نمی‌شد به دشمنان قدرت ایران یا دست کم مدرسه آنان سپرد! بعضی دیگر از مدرسه سرز[3] فرانسه در نزدیکی

---

۱ - خاطرات بهبودی.

۲ - Eaton معروف به Gentelman Factory

۳ - College de Sorëze که به سال ۱۶۸۲ تاسیس شده بود.

شهر تولوز[1] نام بردند که محل تربیت اشراف‌زادگان فرانسوی بود و جنبه نیمه نظامی و بویژه کاتولیک داشت. رضاشاه مدرسه‌ای غیرمذهبی می‌خواست و این نظر را نیز رد کرد. سرانجام بر سر مدرسه رزه[2] در سوئیس واقع در شهر رل[3] واقع میان ژنو و لوزان توافق حاصل شد و رضاشاه آن را پذیرفت. سوئیس کشوری بود بی‌طرف و به دور از رقابت‌های سیاسی بین‌المللی، کسی در میهمان‌نوازی و حسن رفتار مردمش ایرادی نداشت. زبان متداول در این مدرسه فرانسه بود و شاگردانش جملگی از فرزندان اشراف و سردمداران کشورهای مختلف جهان بودند و همه معلمین شبکه دوستی و ارتباط فارغ‌التحصیلان آن را می‌ستودند. گمان رضاشاه بر آن بود که این شبکه برای آینده فرزندش سودمند خواهد بود. به او گفتند که انضباط و اصول اخلاقی در محیط آن با دقت رعایت می‌شود و آموزش زبان‌های خارجی (غیر از فرانسه که زبان رسمی متداول آن بود) از سطحی رضایت‌بخش بهره‌مند است. اطمینان حاصل کرد که از بامداد تا شامگاه دانش‌آموزان تحت مراقبت مربیان برجسته از برنامه‌ای منظم برخوردارند. رضاشاه تصاویر زیادی از ساختمان‌های مدرسه و جریان کار آن را دید و پسندید و در نهایت امر آن را برای «دوران غربت» ولیعهدش برگزید[4].

از اوایل سپتامبر ۱۹۳۱ (شهریور ۱۳۱۰) تدارک وسائل سفر شاهپور محمدرضا آغاز شد. برای این که «احساس غربت» نکند، قرار شد برادر کوچکترش شاهپور علیرضا و همچنین مهرپور تیمورتاش یکی از پسران وزیر دربار و نیز حسین فردوست همراه او باشند. شخص اخیر فرزند یک درجه‌دار ارتش بود. در همان مدرسه ابتدائی که ولیعهد تحصیل کرده بود درس می‌خواند. اما دارای لباس‌ها و وسائل لازم برای این سفر نبود که لازم آمد برایش فراهم شود که شد[5]. به این

1 -Toulouse
2 - Rosey
3 - Rolle

٤ – این موسسه را در سال ۱۸۸۰ یک بلژیکی به نام Pierre Carnal بنیان نهاده بود و هنوز نیز دایر است و از حسن شهرت بسیار برخوردار.

۵ – آیا نباید ریشه‌های روانی رفتار بعدی حسین فردوست را که گویا از سال‌ها پیش و عامل شوروی‌ها بود و در نهایت امر به ولی‌نعمتش محمدرضا شاه خیانت کرد، در همین احساس حقارت جستجو کرد؟ گروه دیگری گرایش‌های جنسی او را عنوان کرده‌اند که در همه کشورها سازمان جاسوسی شوروی از آن برای ارعاب و استخدام افراد استفاده می‌کردند.

ترتیب به او هم ظاهری همانند پسران پادشاه ایران و وزیر دربار شاهنشاهی داده شد.

علاوه بر این‌ها دو مربی و سرپرست برای گروه تعیین شدند. یکی دکتر مؤدب‌الدوله نفیسی برآمده از یک خانواده برجسته و متشخص فارس که به او عنوان پیشکار و پزشک مخصوص ولیعهد داده شد و آن دگر آقای مستشار که ماموریت یافت آموزش فارسی، رسم‌الخط و ادبیات ایران را به ولیعهد و همراهانش دنبال کند. شاه شخصاً به وی دستور داد که وظیفه خود را با نهایت دقت و بدون گذشت انجام دهد. وزیر مختار ایران در سوئیس، دکتر مودب‌الدوله و آقای مستشار مامور شدند هر هفته گزارش‌های کاملی درباره رفتار و پیشرفت‌های گروه به تهران ارسال دارند. سردار معظم تیمورتاش سرپرستی گروه را به عهده گرفت که آنان‌را به سوئیس برساند و در آنجا مستقر کند. در روز ۵ سپتامبر ۱۹۳۱ (۱۲ شهریور ۱۳۱۰)، پادشاه آینده ایران برای اول بار در یک تشریفات رسمی که به شخص وی اختصاص داشت، شرکت کرد. به دعوت حاج مخبرالسلطنه هدایت رئیس‌الوزرا، هیأت وزیران، رئیس و وکلای مجلس شورای ملی و گروهی از رجال مملکتی در کاخ گلستان برای خداحافظی با او حضور یافتند. رضاشاه نیز اندکی بعد به آنان پیوست و گویا از رفتار و وقار فرزند خود مغرور و شادمان بود.

فردای آن روز ولیعهد و همراهانش با اتومبیل تهران را به قصد بندر پهلوی ترک کردند. رضاشاه، ملکه تاج‌الملوک، شاهدخت‌ها شمس و اشرف و شاهپور غلامرضا برادر ناتنی محمدرضا تا بندر پهلوی او و سایرین را همراهی کردند. به هنگام وداع شاه به دکتر مؤدب‌الدوله و آقای مستشار گفت که انتظار دارد آنها او را مرد بپرورند.

سپس همگی تا بادکوبه به یک کشتی روسی مجلل سوار شدند. طی این مسافرت با شاهپور محمدرضا چون یک نوجوان عادی رفتار نمی‌شد. در بادکوبه دولت اتحاد جماهیر شوروی واگن مخصوصی که بسیار مجلل بود در اختیار

یک مقام عالی‌رتبه فرانسوی که نویسنده این سطور به او اعتماد داشت این نکته را یادآور شد و هم او بود که گفت شورویها فردوست را پس از «انجام» ماموریتش از زندان خارج کرده به شوروی برده‌اند. الله اعلم بالحقایق الاسورا!

ولیعهد ایران و همراهانش گذاشت. پذیرایی از آنان تشریفاتی و آمیخته با تجمل بسیار بود، چنانکه کشورهای کمونیستی فقط قادر یا لااقل مایل به انجام آن بودند!

به این ترتیب آنها از خاک شوروی و سپس لهستان و آلمان گذاشتند. در قلمرو مسکو از قحطی و وحشتی که استالین بر سرزمین تحت تسلط کمونیست‌ها حکم‌فرما کرده بود. اثری دیده نمی‌شد. روس‌ها در این ظاهرسازی‌ها استاد بودند. در هر مرحله و هر توقف از آن‌ها رسماً با تشریفات شایسته استقبال و رفتار می‌شد و طبق همه روایات طرز برخورد و عمل ولیعهد ایران از هر حیث برازنده و در حد او بود و ستایش همگان را برانگیخت. سردار معظم تیمورتاش بر همه چیز نظارت داشت و کار خود را خوب می‌دانست و انجام می‌داد.

مسافران سرانجام به ژنو رسیدند. در آنجا وزیر مختار ایران و مقامات عالی‌رتبه سوئیسی از آنان استقبال کردند و شاهپور محمدرضا برای مدت تقریباً یک سال به صورت شبانه‌روزی در یک خانواده سوئیسی[1] زندگی می‌کرد.

در سپتامبر ۱۹۳۲ به همراهی سه نوجوان دیگر همراهش به مدرسه رُزه وارد شدند. برای ولیعهد ایران جز یک اتاق اختصاصی استثنای دیگری قائل نشدند. او بر روی هم شاگردی بی‌سروصدا بود و مسأله‌ای برای مدیریت رزه نیافرید. خوش اشتها بود اما نه پرخور. خیلی زود رشد کرد و قدش به ۱۷۰ سانتی‌متر رسید. وضع نمرات و کارنامه‌اش خوب و رضایت‌بخش بود. مخصوصاً فوتبال را بسیار دوست می‌داشت و به عنوان دروازه‌بان تیم فوتبال مدرسه انتخاب شد. این تیم در مسابقات محلی به قهرمانی رسید و به همین سبب تصویر ولیعهد ایران را در چند روزنامه محلی چاپ کردند که هم خودش خوشحال شد و هم رضاشاه که دائماً مواظب ولیعهدش بود.

شاهپور محمدرضا در تاریخ، جغرافیا و زبان فرانسه در میان بهترین شاگردان بود. انگلیسی را خیلی زود و خوب فراگرفت که بعداً با اندک لهجه فرانسوی به این زبان سخن می‌گفت. در ریاضیات نسبتاً ضعیف بود که ناچار شد چند درس

---

۱ - Les Mercier مقیم شهر کوچک و زیبای Chailly. در این شهر ولیعهد ایران هم دروس یک آموزشگاه مقدماتی را برای تکمیل زبان فرانسه و معلومات بنیادی تعقیب می‌کرد و هم با رسوم و آداب زندگی در اروپا آشنایی بیشتری یافت، چنانکه رضاشاه مقرر داشته بود.

خصوصی بگیرد.

مکلف بود پنج‌بار در هفته در دروس اختصاصی آقای مستشار حاضر شود. گویا علاقه خاصی به این کار نداشت. ولی دستور موکد پدرش بود و او ناچار از اطاعت. اما بعداً از این دروس اختصاصی اظهار رضایت می‌کرد. آشنایی کامل او به زبان و ادب و تاریخ ایران برایش امتیازی بود و قدر آن‌را می‌دانست. محمدرضا نسبت به معلمش با احترام کامل رفتار می‌کرد چراکه می‌دانست رفتارش را به تهران گزارش خواهند داد.

سفارت ایران در برن، دکتر مؤدب‌الدوله و آقای مستشار موظف بودند هر هفته روزهای سه‌شنبه گزارشی از رفتار و زندگی ولیعهد به ایران بفرستند. خود او نیز هر هفته نامه‌ای به پدرش می‌نوشت. هر هفته یکی از مستخدمان دربار به پست مرکزی تهران می‌رفت که این نامه‌ها را بگیرد و برای رضاشاه بیاورد که او به محض دریافت هر کاری داشت رها می‌کرد و به مطالعه آنها می‌پرداخت. حتی در جلسات هیأت دولت[1] رضاشاه از ولیعهدش راضی بود و به او می‌بالید. هرچه در جوانی از آن محروم بود به شاهپور محمدرضا ارزانی داشته بود و می‌خواست از او پادشاهی برای ایران توانا و پیشرو که در حال ساختن آن بود تربیت کند.

زمستان‌ها مدرسه رزه به گاستاد[2] منتقل می‌شد. از بیم اتفاقات متعارف در ورزش‌های زمستانی و خشم رضاشاه، دکتر مؤدب‌الدوله شاهپور محمدرضا را از شرکت در این ورزش‌ها مانع می‌شد. اما وی اعتنایی نکرد. یک‌بار اندکی زخمی شد ولی گزارش به تهران نرفت و مسأله‌ای پیش نیامد. ولیعهد در پنهان‌کاری استاد شده بود و تا پایان عمرش چنین بود. متاسفانه نامه‌هایی که میان او و پدرش رد و بدل می‌شد و گزارش‌های هیأت همراهانش در دست نیست. قدر مسلم این است که دوران تحصیلش در رزه محمدرضای ضعیف‌الجثه را به جوانی ورزشکار و چالاک تبدیل کرد که حتی تا آخرین روزهای زندگی و با وجود شدت بیماری که دچار آن بود سعی می‌کرد قدرت جسمانی خود را با ورزش بامدادی و هرگاه

---

۱ – خاطرات سلیمان بهبودی.

۲ – Gastadl یک مرکز مشهور ورزش‌های زمستانی که بعداً شهر مورد علاقه محمدرضا شاه پهلوی گردید.

میسر بود با پیاده‌روی حفظ کند[1]. شاهپور محمدرضا برنامه اجباری بعد از ظهری یکشنبه خود را نمی‌پسندید. ولی مطابق معمول تحمل می‌کرد. دکتر مؤدب‌الدوله، وزیر مختار ایران در سوئیس، آقای مستشار و گاهی یکی دو دیپلمات ایرانی او را به چایخانه و قنادی‌های معروف ژنو، لوزان یا شهرهای کوچک اطراف می‌بردند، وی را در صدر میزی که قبلاً «رزرو» شده بود می‌نشاندند. انواع و اقسام شیرینی‌های لذیذ ولی سنگین سوئیسی را سفارش می‌دادند و با وی چون یک سلطان شرقی رفتار می‌کردند: «والاحضرت از این شیرینی میل بفرمایید، والاحضرت لطفاً این شیرینی را بچشید. مقوی است برایتان خوب است، والاحضرت شیرکاکائو سرد می‌شود، میل بفرمایید.» همه اطرافیان به این میز و کسانی که بر آن نشسته بودند زیرچشمی نگاه می‌کردند. شاهپور محمدرضا احساسات تعجب یا حتی تمسخر آنان را حدس می‌زد. شیرینی‌ها را می‌خورد، شیرکاکائو را می‌نوشید. می‌بایست قبول کند. دم برنمی‌آورد[2].

در تابستان ۱۹۳۶(۱۳۱۵) گروه چهارنفری و همراهانشان برای گذراندن تعطیلات به ایران بازگشتند. تغییرات و تحولات ایران در طی پنج سال غیبت آنها برایشان حیرت‌انگیز و چشم‌گیر بود. ایران چهره‌ای دیگر یافته بود که از همان بندر پهلوی به چشم می‌خورد. راه‌های تازه، راه آهن به مازندران که برای مسافرت به بابل و اقامت در کاخ سلطنتی آن سوارش شدند، خیابان‌های وسیع و پاکیزه تهران، روشنایی شهر و اقامتگاه‌های زیبایی که برای اعضای خانواده سلطنت ساخته شده و به آنها نام «کاخ» داده بودند.

یک سال بعد، شاهپور محمدرضا در امتحانات پایانی دوره دوم متوسطه سوئیس توفیق یافت و به دریافت گواهینامه آن نائل آمد[3]. زمان بازگشت به ایران بود. او هنوز نوزده سال تمام هم نداشت و می‌بایست با سال‌های خوش جوانی در سوئیس وداع کند و مانند همه جوانان ایرانی به خدمت نظام وظیفه برود. چون دارای گواهی‌نامه پایان دوره متوسطه بود وارد دانشکده افسری شد. در روز اول

۱ - نویسنده کتاب در مکزیک و قاهره شاهد آن بودم.
۲ - نگاه کنید به کتاب فریدون صاحب‌جمع که بر مذاکراتش با محمدرضا شاه مبتنی است. (متن ذکر شده).
3 -La maturité fédéralé.

خدمتش رضاشاه او را به دانشکده آورد. برای هم‌دوره‌هایش سخنانی راند و گفت همه آن‌ها را چون فرزندان خود می‌داند.

واحدی که محمدرضا به آن پیوست مرکب از سی‌تن بود که بعضی از آنها در سال‌های بعد نام و شهرتی یافتند.[۱]

برنامه آموزشی سنگین‌تر از معمول بود و به امر شاه برای فرزندش استثنایی وجود نداشت.

بیدارباش در ساعت ۵/۳۰ بامداد، چه تابستان، چه زمستان. سپس آماده‌سازی، ورزش بامدادی و صرف صبحانه. ساعت ۹ صبح آغاز دروس نظری یا عملی. در نیم‌روز صرف ناهار دسته‌جمعی. از ساعت ۱٤ تا ۱۷ باز هم دروس نظری یا عملی. از ساعت ۱۷ تا ۱۹ مطالعه و آماده‌سازی دروس. علاوه بر همه این‌ها راهپیمایی‌های طولانی، تمرین حمله یا دفاع شبانه. همه این‌ها اجباری بود. تصمیم گرفته شد که یک‌بار تمرین چتربازی نیز برای دانشجویان این گروه ترتیب داده شود. شاهپور محمدرضا به این کار علاقه‌ای نداشت. اما امر پدرش بود و بر آن گردن نهاد. این نخستین و آخرین پرش وی با چتر نجات بود. گرچه شش سال بعد در ۱۷ اکتبر ۱۹٤٦ گواهی‌نامه خلبانی را دریافت کرد و خلبانی قابل هم شد.

یادگار و عادت بازمانده از این دوره برای پادشاه آینده ایران، وسواس وی در نظم و ترتیب و رعایت انضباط و عدم تحمل بعضی حرکات بود. مخصوصاً در مورد اعضای خانواده خودش، اما نه در همه موارد که جای گفتگو درباره این نکات در کتاب حاضر نیست.

به هر تقدیر این دوره نیز به پایان رسید در ۲۲ سپتامبر ۱۹۳۸ (۳۱ شهریور ۱۳۱۷) گواهی‌نامه فارغ‌التحصیلی خود را از دانشکده افسری از دست پدر تاجدارش دریافت کرد. وی در میان همگنان رتبه اول را حائز شده بود و دیگر ستوان دوم ارتش شاهنشاهی بود یا به قول خودش در مذاکرات خصوصی «نایب دوم». بعداً در مصاحبه‌ای گفت «نمی‌دانم نمرات خوبی که به من داده بودند به حق بود یا به خاطر موقع و مقامی که داشتم».

از دید رضاشاه دوران «تربیت ولیعهد» دیگر به پایان رسیده بود. مقرر داشت

۱ – مانند غلامعلی اویسی، نعمت‌الله نصیری، قره‌باغی و ... حسین فردوست

که در همه مسافرت‌ها و بازدیدها همراه او باشد. در نشست‌های هیأت وزیران و جلسات دیگر (ابتدا بدون اجازه اظهارنظر) شرکت کند. موظف گردید که به بازدید از نقاط مختلف کشور، پیشرفت طرح‌های عمرانی، افتتاح ساختمان‌ها و کارخانه‌ها برود و اجازه یافت که شرف‌یابی‌های اختصاصی داشته باشد. هرآنچه لازمه آماده‌سازی وی برای سلطنت بود. شاهپور محمدرضا همه این‌ها را با نظم و ترتیب و بدون شکوه و شکایت از سنگینی برنامه‌اش و نداشتن فرصت برای پرداختن به زندگی خصوصی و بهره‌گیری از لذائذ جوانی، انجام داد. همه ناظران و حاضران، حتی مخالفان و منتقدان بعدی‌اش، رفتار شایسته و وقار و کاردانی وی را در این دوران ستودند. اندکی بعد رضاشاه مقرر داشت که بعضی از وزیران (از جمله امور خارجه و فرهنگ) در مورد پرونده‌های حوزه مسئولیت خود با ولیعهد مشورت کنند.

درباره زندگی خصوصی پادشاه آینده ایران شایعاتی وجود داشت که یکی از آنها می‌توانست سرنوشت وی را تغییر دهد. می‌گفتند که به دوشیزه‌ای از یک خانواده محترم، فیروزه ساعد، که عمویش از برجسته‌ترین دیپلمات‌های ایران بود و بعداً به نخست‌وزیری رسید، سخت دل‌بسته و اجازه خواسته با وی ازدواج کند. رضاشاه به وی اجازه نداد و مطابق معمول شاهپور محمدرضا به رای پدر گردن نهاد.

در این روزها، رضاشاه به اطرافیان خود می‌گفت «بله، من به مملکت زیاد خدمت کردم ولی بالاترین خدمتم به مملکت انتخاب ولیعهد است. حالا معلوم نیست. وقتی ولیعهد مشغول کار شدند آن وقت معلوم می‌شود. ولیعهد کیست. حالا معلوم نیست»[1].

رضاشاه به آینده سلطنت دودمانش و مسأله جانشینی خودش می‌اندیشید. دوراندیش بود و نگران آینده ایران.

ترتیب ازدواج ولیعهد نشانی از این دلمشغولی و نگرانی وی برای استحکام مقام سلطنت خود و شاهپور محمدرضا بود.

***

پس از فراغت از خدمت نظام، محمدرضا پهلوی که هنوز بیست سال تمام

---

۱ - بهبودی، ۳۵۳

نداشت تا حد زیادی با پدرش در انجام وظایف سلطنت شریک شد. چنانکه در بسیاری از دودمان‌های سلطنتی پیشین ایران مرسوم بود.

از همان زمان که ولیعهد در خدمت نظام بود، گروه کاملاً محرمانه‌ای که تصور می‌شد اعضای آن به وضع خانواده‌های سلطنتی آشنایی دارند در دربار تشکیل و مأمور جستجو و یافتن همسری مناسب برای پادشاه آینده ایران شد. تنها یک شرط وجود داشت که ملکه آینده ایران مسلمان باشد.

اعضای گروه به فکر دختر احمدشاه (متوفی به سال ۱۹۳۱) افتادند که گرچه سلسله قاجار در ۱۹۲۵ منقرض شده بود، افراد خانواده‌اش از دور و نزدیک، با سخت‌گیری و دشواری روبرو نشدند. پیشکاران همسران و دختران به وکالت آنان، اموال و املاکشان را در ایران اداره می‌کردند و عواید آن را در صورت لزوم به خارج حواله می‌دادند. بسیاری از قاجاریه در جوامع سیاسی و مدنی و در قوای مسلح مصدر مقامات مهم بودند.

ازدواج ولیعهد ایران با دختری از سلسله پیشین در تاریخ ایران سابقه داشت و به نوعی آشتی میان دو خانواده سلطنتی و پایان تضادها و احتمالاً کینه‌ها محسوب می‌شد. اعضای کمیته‌ای که در دربار تشکیل شده بود یقیناً از سابقه ساسانیان، افشاریه و قاجاریه در این زمینه آگاه بودند. اما قانون اساسی ایران به نحوی که با تصویب و شاید به اشاره رضاشاه در ۱۹۲۵ اصلاح شده بود، این ازدواج را ممنوع می‌کرد چراکه هیچ‌کس که نسبتش به قاجاریه می‌رسید حق سلطنت نداشت. هدف آن بود که راه را بر بازگشت شاهزادگان و یا منسوبان آن به تاج و تخت ببندند و سلسله نوپای پهلوی را در امان نگاه دارند. ملکه تاج‌الملوک نیز که کم و بیش در جریان بود می‌خواست خطر رقابت فرزندان ذکور دیگر رضاشاه را که از مادر قاجار بودند با پسرش دور کند.

نتیجه آن شد که گروه محرمانه دربار در جستجوی شاهزاده خانمی از یک خانواده سلطنتی مسلمان برآمدند. در افغانستان کسی که شایسته ولیعهد ایران باشد یافته نشد. یکی از دختران بیک تونس جلب نظر کرد. اما تونس کشور مستقلی نبود و رضاشاه دختر سلطان کشوری را که تحت‌الحمایه فرانسه باشد در خور شاهپور محمدرضا تشخیص نداد و از دیدگاه خود حق داشت. پس از آن گروه

چشم به یکی از شاهزاده خانم‌های امپراطوری عثمانی دوخت. سلسله‌ای که از سلطنت و خلافت خلع شده اما از گذشته‌ای خاص و احترام بسیار برخوردار بود. بیم آن رفت که موجب گله دولت ترکیه شود که کشور هم‌پیمان و دوست ایران بود. با تمام این احوال، تهران برآن شد که در انتخاب همسری برای ولیعهد با دیپلماسی ترکیه مشاور کند[1]. و گویا در این زمینه از راهنمایی آنکارا بهره گرفت.

در همین سال ۱۹۳۷ که رضاشاه در جستجوی همسری شایسته برای ولیعهد خود بود، مطبوعات جهان غرب و مخصوصاً هفته‌نامه‌های مصور به تفصیل از تدارک مقدمات ازدواج پادشاه جوان مصر فاروق اول (۱۹۶۵ — ۱۹۲۰) با دختر خانمی به نام فریده صحبت می‌کردند. مطالعه این مقالات و مشاهده تصاویر خانواده سلطنتی مصر نظر گروه جستجو را به دربار مصر و دختران پادشاه فقید آن فواد اول (۱۹۳۶ — ۱۸۶۸) به ویژه نخستین آنان شاهزاده خانم فوزیه متولد ۵ نوامبر ۱۹۲۱ جلب کرد. فواد اول حُسن شهرتی نداشت. رویه سیاسی خشن، اخلاق بد و رفتار ناشایست وی با دو همسرش از جمله ملکه نازلی مادر فوزیه، ورد زبان‌ها بود. رضاشاه نسبت به او نظر خوبی نداشت. اما او دیگر در قید حیات نبود. عمویش شاهزاده محمدعلی، مردی خوشنام و مدبّر نیابت سلطنت را به عهده داشت چرا که فاروق هنوز به سن سلطنت نرسیده بود. رضاشاه توجه خاصی به اصل و نسب خانواده سلطنتی مصر داشت و زندگی بنیان‌گذار آن محمدعلی پاشا را که تبار آلبانی داشت کم و بیش می‌دانست[2]. در این هنگام مصطفی نحاس

۱ - یکی از منابع اصلی ما در مورد ازدواج محمدرضاشاه و شاهزاده خانم فوزیه، جلد هشتم از خاطرات، یادداشت‌ها و اسناد دکتر قاسم غنی است. غنی، دکتر قاسم یادداشت‌ها، دوازده جلد، به همت دکتر سیروس غنی، لندن، ایتاکا ITAKA، ۱۹۸۰، ۱۹۸٤. دکتر قاسم غنی از برجستگان زمان سلطنت دو پادشاه پهلوی بود. پزشک و استاد علم‌الاخلاق پزشکی در دانشگاه، ادیب، دیپلمات، وزیر و نماینده مجلس شورای ملی. در تدارک مقدمات این ازدواج شرکت داشت و سپس در مقام سفیر کبیر ایران در مصر مامور ترتیب طلاق این دو تن شد که ماجرای آن در حوصله این کتاب نیست و در جای دیگر آمده، آخرین شاهنشاه، فصل پنجم.

۲ - محمدعلی پاشا (۱۸٤۹ — ۱۷۶۹) از صاحب منصبان ارتش عثمانی بود که پس از طی مراحلی به نیابت سلطنت مصر رسید و سلسله‌ای را که تا سال ۱۹۵۲ بر آن کشور حکومت داشت بنیان نهاد. وی بانی تجدید حیات و نوسازی مصر بود و عملاً از سال ۱۸۰٤ بر آن جا حکومت مطلق داشت. از ناپلئون اول امپراطور فرانسه در همه چیز الهام می‌گرفت. ارتش جدید مصر را به وجود آورد. سودان را فتح و ضمیمه مصر کرد. شهر

پاشا امور مصر را در مقام ریاست وزرا اداره می‌کرد. اما نفوذ لندن در سیاست آن محسوس بود و رضاشاه را نگران می‌ساخت. اما انتخاب فوزیه از نظر او بهترین بود و رضاشاه در ۱٤ ژوئیه ۱۹۳۷ به احمد راد وزیر مختار ایران در مصر دستور داد که محرمانه و بدون جلب نظر مطبوعات یا محافل سیاسی، با دربار مصر در این باره تماس بگیرد و نیز تصاویر متعددی از شاهزاده خانم مصری تهیه و به دربار ایران ارسال دارد. عرف و عادت آن زمان چنین بود.

این دستور شاه ایران که از طریق دفتر مخصوص ابلاغ شده بود هنگامی به دست احمد راد رسید که اعضای خانواده سلطنتی مصر برای گذراندن تعطیلات به فرانسه رفته بودند و نایب‌السلطنه هفتاد ساله نیز در لندن تحت درمان بود. وزیر مختار ایران خواست خوش‌خدمتی کرده باشد و سریعاً دستور رضاشاه را اجرا کند. با نحاس پاشا رئیس دولت مصر دوستی و رفت و آمد داشت. بر آن شد که نزد او برود، مسأله را مطرح کند و نظر بخواهد. نحاس پاشا حسن استقبال کرد. اما اطرافیانش مطلع شدند، مطلب درز پیدا کرد و حتی در مطبوعات مطرح شد. رضاشاه سخت برآشفت، وزیر مختارش را به تهران خواست و از کار برکنار کرد. او کمترین انحراف از دستوراتش را به ویژه آنجا که با حیثیت و اعتبار خانواده پهلوی ارتباط داشت، برنمی‌تافت.

در تهران قرار برآن شد که به شایعه ازدواج ولیعهد با شاهزاده خانم مصری نقطه پایان گذاشته شود. ملکه تاج‌الملوک را وارد بازی کردند. وی از دختران چند خانواده سرشناس دعوت کرد که به اتفاق مادران خود و احیاناً با همراهان دیگری برای صرف چای به دربار بیایند. به آنان گفته شد که مقصود یافتن همسری برای ولیعهد ایران است. شایعه این پذیرایی‌ها کافی بود که به ماجرای ازدواج با شاهزاده خانم فوزیه پایان دهد. اما رضاشاه تصمیم خود را گرفته بود و تغییر رای نداد. یک دیپلمات کهنه‌کار، جواد سینکی به وزارت مختار ایران در قاهره برگزیده شد و در ۱٦ اکتبر ۱۹۳۷ بر سرکار خود رفت. سینکی امتیاز دیگری دارا بود که شاه نیز از آن

خرطوم پایتخت آن را بنیان نهاد. راه‌سازی، توسعه کشاورزی، ایجاد نخستین واحدهای صنعتی، تاسیس مدارس به سبک جدید از جمله اقدامات و اصلاحات او بود. شباهت رضاشاه با او جای تردید نیست.

آگاهی داشت و آن همسرش بود. بانوئی باسلیقه، مهمان‌نواز، کاملاً وارد به آداب اشرافی و درباری و آشنا به زبان‌های فرانسه، انگلیسی، روسی و ترکی. به وزیر مختار جدید دستور داده شد که از همسرش برای بازی‌های درباری و تشریفاتی یاری بگیرد. برای این که دست سینکی و همسرش به کلی باز باشد وزارت امور خارجه در یک تلگراف رسمی به تاریخ ۱۸ ژانویه ۱۹۳۸ به او ابلاغ کرد که دربار ایران از فکر ازدواج ولیعهد با شاهزاده خانم مصری منصرف شده است. اما در دستورالعمل محرمانه دیگری از دفتر مخصوص شاهنشاهی به وی اطلاع داده شد که اقدامات محرمانه و بی‌سروصدای خود را ادامه دهد. این تدبیر به نتیجه رسید و دولت و دربار مصر با ازدواج محمدرضا و فوزیه موافقت کردند. ولیعهد که کم و بیش از این بازی‌ها مطلع بود رسماً در جریان گذاشته شد. رضاشاه به او گفت که فوزیه برای همسری وی برگزیده شده. ولیعهد بی‌چون و چرا بر رای پدر گردن نهاد و گویا گفت که همیشه فرزند مطیع بوده است.

دیگر همه‌چیز بر وفق مراد بود. فوزیه دختری بود زیبا و دارای محاسن اخلاقی. در قاهره همه حسن رفتار و وقار وی را می‌ستودند. علاوه بر زبان مادری‌اش به فرانسه، انگلیسی و ایتالیایی آشنایی کامل داشت. مدیرالملک جم نخست‌وزیر وقت این ازدواج را به اطلاع مجلس شورای ملی رساند و یحیی پاشا وزیر امور خارجه مصر به پارلمان آن کشور. وزارت امورخارجه ترکیه که در جریان اقدامات محرمانه بود نسبت به این ترتیبات اظهار نظر موافق کرد که به آسودگی خاطر شاه افزود.

قاهره از تهران خواست که یک هیأت رسمی به ریاست نخست‌وزیر برای خواستگاری به مصر برود. دکتر مؤدب‌الدوله نفیسی پیشکار ولیعهد، دکتر قاسم غنی و رشید یاسمی استادان دانشگاه که هر دو نماینده مجلس و آشنا به زبان‌های خارجی و تشریفات درباری بودند برای عضویت در هیأت تعیین شدند. اعضای این گروه از راه عراق عازم سوریه و لبنان و از آنجه با ناو مارکوپولو[۱] راهی اسکندریه شدند. در این شهر، فاروق که دیگر هجده‌ساله و رسماً پادشاه مصر بود از آنان پذیرایی کرد و ناهاری مجلل به افتخارشان ترتیب داد.

1\ -Marco Polo

موضوع تابعیت یا ملیت شاهزاده خانم فوزیه سبب دل‌مشغولی دولت مصر بود. مقامات مصری می‌دانستند که پادشاه آینده ایران (یعنی فرزند احتمالی و مورد انتظار محمدرضا و فوزیه) باید ایرانی و ایرانی‌الاصل باشد که هنوز شاهزاده خانم مصری ایرانی نشده بود و نبود. از محمود جم خواستند که راه حلی برای این موضوع یا مشکل یافته شود که او نیز پذیرفت و قول مساعد داد که قبل از ازدواج رسمی ترتیب آن را بدهد. کافی نبود که فوزیه ایرانی بشود، می‌بایست که به هنگام ازدواج ایرانی باشد. در این نکته هر دو طرف متفق بودند.

قانون ترتیب اخذ ملیت ایرانی را معین کرده بود. یک قانون را با قانون دیگری ولو برای یک مورد استثنایی، می‌توان تغییر داد. دکتر احمد متین‌دفتری (متین‌الدوله) با شتاب در نوامبر ۱۹۳۸ ماده واحده‌ای را به تصویب مجلس گذراند که در آن صفت و ملیت ایرانی به شاهزاده خانم فوزیه اعطا شد که به این ترتیب فرزند ذکور احتمالی زوج جدید، ایرانی و ایرانی‌الاصل تلقی شود. احتیاطاتی که همه بی‌فایده بود. نه ازدواج شاهپور ایرانی و شاهزاده خانم مصری پایدار ماند و نه ولیعهد بعدی که هم ایرانی و هم ایرانی‌الاصل بود توانست بر تخت سلطنت بنشیند. چرخ بازیگر از این بازیچه‌ها بسیار دارد.

پس از حل این مسأله شاهپور محمدرضا می‌توانست عازم قاهره شود. شخصیت‌های سیاسی مهمی همراهش بودند. از جمله حاج محتشم‌السلطنه اسفندیاری رئیس مجلس شورای ملی که او نیز مردی دنیا دیده و آگاه به راز و رمزهای سیاست بین‌المللی بود که در حقیقت ریاست هیأت را به عهده داشت. نخستین دیدار شاهزاده ایرانی و شاهزاده خانم مصری در کاخ قبه صورت گرفت. سپس مراسم نخستین ازدواج آنان با رعایت سنن مصری و ترتیبات رسمی و سُنّی در کاخ عابدین برگزار شد. پذیرایی‌هایی که ترتیب داده شد بود جلال و شکوهی نداشت. مصری‌ها مخصوصاً فاروق و مادرش ملکه نازلی به ولیعهد ایران و همراهانش احترام زیادی نمی‌گذاشتند. پادشاه آینده ایران هرگز این رفتار را فراموش نمی‌کرد و نکرد:

«نمی‌توانید تصور کنید که ما در آن زمان چقدر از این رفتار مصری‌ها رنج کشیدیم. آنها تجمل و شکوه دربار و کاخ‌های خود و جلال و

شکوه مراسمی را که ترتیب داده بودند مرتباً به رخ ما می‌کشیدند. خوشبختانه همه این‌ها متعلق به گذشته‌ای دوردست است. امروز همه چیز تغییر کرده»[۱].

پس از پایان این مراسم و تشریفات، ملکه نازلی، تازه داماد و تازه عروس و شاهزاده خانم فائزه خواهر فوزیه به اتفاق همراهان متعدد ایرانی و مصری بر ناو سلطنتی محمدعلی سوار و عازم ایران شدند. ناوی مجلل در دو طبقه بسیار باشکوه و زیبا. مسافران پس از طی قسمتی کوچک از مدیترانه، ترعه سوئز و دریای احمر و خلیج فارس در بندر نوبنیاد شاهپور با ساختمان‌های ساده و محقرش که کوچکترین تشابهی با جلال و درخشندگی اسکندریه نداشت، فرود آمدند و چون جائی برای پذیرایی از آنان وجود نداشت، مستقیماً به واگن‌های سلطنتی که مجلل و شایسته بودند هدایت شدند.

نیش زدن‌ها و اشارات موهن ملکه نازلی از همان جا آغاز شد و طبیعتاً به گوش ولیعهد ایران می‌رسید و رنجش می‌داد.

در این گیر و دار رضاشاه با دلمشغولی همیشگی و اصلی‌اش که حفظ و اعتلای حیثیت و اعتبار بین‌المللی ایران به ویژه در برابر بریتانیا، بود تصمیم گرفت که نمایندگی‌های سیاسی مصر در ایران و ایران در مصر از وزارت مختار به سفارت کبری ارتقاء یابند. به محض انتشار این خبر لندن به شدت اعتراض کرد. استدلال دیپلماسی بریتانیا آن بود که عنوان سفیر کبیر در قاهره به نماینده «اعلیحضرت پادشاه» آن کشور اختصاص دارد. این ترتیب هنگامی داده شد که برای تغییر عنوان «کمیسر عالی» به سفیر کبیر بود که جنبه استعماری و نمایندگی قیمومیت کشوری حاکم بر سرزمین یا مملکتی تحت‌الحمایه نداشته باشد. مصری‌ها در برابر پذیرفتند

۱ - پس از مرگ سرهنگ ناصر (۱۹۷۰) و برقراری مجدد روابط سیاسی میان دو کشور که چند سالی قطع شده بود هیأت‌هایی چند از ایران به مصر رفتند. یکی از آنان هیأتی دانشگاهی به ریاست نویسنده این کتاب بود که در آن زمان افتخار تصدی دانشگاه تهران را داشت. در مراجعتش محمدرضاشاه از او درباره وضع مصر که در آن زمان چندان درخشان نبود سؤالات مفصلی کرد. ایران آن روز در اوج درخشش بود و شاه از ترازنامه کارخود به حق سربلند و مغرور. این سخنان در شرفیابی نویسنده به زبان محمدرضا شاه آمد. آیا تصور می‌کرد که چه آینده‌ای در انتظار او است و سرانجام در مصر که دیگر دوستش انورالسادات رهبری آن را داشت درخواهد گذشت و در همان‌جا مدفون خواهد شد؟

که کشور دیگری از این امتیاز برخوردار نباشد و نشود. در مقابل عکس‌الملل لندن، یحیی پاشا وزیر امور خارجه مصر اندکی تردید از خود نشان داد و دست به دست می‌کرد. رضاشاه سخت عصبانی شد و علناً ابراز نارضائی کرد. دولت ترکیه که از آغاز مشوق این ازدواج و نزدیکی ایران و مصر بود، از نظر تهران پشتیبانی و در ماجرا دخالت و پادرمیانی کرد و سرانجام قاهره تسلیم شد. موجب دیگر برای گله و کینه لندن نسبت به پادشاه ایران.

ورود مسافران به بندر محقر شاهپور و استقبالی که از آنان شد و تصاویری که از این تشریفات وجود دارد بیانگر اختلاف فاحش میان ایرانی‌ها و مصری‌ها در آن روزگار است.[۱]

ملکه نازلی زیباترین لباس‌ها را به تن داشت. حال آنکه ملکه تاج‌الملوک که به استقبال آمده و مطابق معمول لبخندی هم به لب نداشت با لباسی شبیه پیراهن‌های قرن نوزدهم و یک کاپ پوست (که در آن فصل بی‌معنی بود) ظاهر شد.

در تهران که دیگر آن شهر کثیف و خاک‌آلود زمان قاجار با کوچه‌های تنگ و تاریک نبود، همه‌چیز را برای پذیرایی از عروس مصری و همراهانش آماده کرده بودند. شهر پاک‌سازی شده، طاق نصرت‌های چندی برپا کرده بودند. اهالی تهران در همه‌جا بودند و ابراز شادمانی می‌کردند. همه این‌ها جلوه زیادی نداشت. رضاشاه می‌دانست که تهران قاهره نیست چنانکه بندر شاهپور اسکندریه نبود. دربار تهران عادت به پذیرایی‌های شاهانه نداشت. به همین سبب خانم فخرالدوله عمه آخرین پادشاه قاجار را که به وی احترام بسیار داشت محرمانه به دفتر خود فراخواند[۲]. فخرالدوله بانوئی بود با اقتدار و مقید به تشریفات، دنیا دیده و گرم و سرد روزگار چشیده. شاه به او گفت ما با مسائل تشریفاتی زیادی روبرو هستیم و تجربه‌ای نداریم. خواهش می‌کنم سرپرستی ترتیب ضیافت‌ها و مراسم را به عهده بگیرید[۳]. شاهزاده خانم قاجار این درخواست (یا امر) را پذیرفت و مراسم عقدکنان

---

۱ - نگاه کنید به: خاطرات شاهدخت اشرف پهلوی.
Visages dans Le Miroire, Paris, Robert Laffont, 1980

۲ - رضاشاه بارها گفته بود در خانواده قاجار دو مرد وجود دارد یکی شاهزاده عباس میرزا و آن دگر شاهزاده خانم فخرالدوله.

۳ - روایت دکتر علی امینی فرزند خانم فخرالدوله و رئیس‌الوزرای بعدی ایران به

مجدد و پذیرایی‌های بعد از آن به خوبی انجام پذیرفت.

ملکه نازلی هم‌چنان به بدرفتاری‌های خود و توهین به ایرانیان ادامه می‌داد و مخصوصاً می‌خواست خود را برتر از خانواده سلطنتی ایران نشان دهد[1]. بدخلقی او شهره خاص و عام بود. شاید به این علت هم بود که در زمان حیات شوهرش عملاً در کاخ سلطنتی زندانی بود و اجازه خروج نداشت و برای انتقام از او پس از مرگش همه لباس‌هایش را به قیمت ناچیز به یک کهنه‌فروش واگذار کرد. پس از آن نازلی که زیبایی و دلنشینی خود را تا حدی حفظ کرده بود ماجراهای عشقی فراوان داشت که غالباً در جراید و مجلات مصور فرنگ به آن اشاره می‌کردند. همه می‌دانستند که مطلقاً عادت به رعایت آداب اسلامی و به جای آوردن نماز ندارد. صبحگاهی در کاخ گلستان که محل اقامتش بود تصمیم گرفت که نماز بخواند. جانماز در اتاقش نگذاشته بودند. هیاهو به پا کرد و هرچه می‌توانست به ایرانیان گفت و تحقیر خود را نسبت به آنان ابراز داشت.

دربار ایران همه این‌ها را تحمل کرد. رضاشاه می‌خواست هرچه زودتر کار را تمام کند و ولیعهدش همسری در شأن خود و در شأن ایران داشته باشد. هنگامی که ملکه نازلی بالاخره تصمیم گرفت به مصر برگردد که از آنجا عازم فرانسه شود، همه در دربار خوشحال شدند. در این گیرودار، رضاشاه و ملکه پهلوی برای نخستین و آخرین بار در یک ضیافت شام رسمی در یک سفارت خانه خارجی شرکت کردند. تصاویری که از این شام موجود است، نشان می‌دهد که تا چه حد هر دو در رنج و عذاب بودند و می‌توان پنداشت که تا چه اندازه از بازگشت ملکه نازلی باطناً و شاید علناً خوشحال شدند.

نازلی رفت و سرانجام عروس و داماد توانستند چند روزی به مازندران بروند و در کاخ سلطنتی بابل آرامش و نزدیکی داشته باشد. اما این دوره کوتاه بود. ضرورت انجام وظایف ولایتعهد و تشنج روابط بین‌المللی که به آغاز جنگ جهانی دوم انجامید سبب شدند که شاه فرزندش را به تهران احضار کند.

نویسنده این کتاب.

۱ - درباره این روزها و جزئیات و نکات بسیار دیگری نگاه کنید به: خاطرات حاج مخبرالسلطنه هدایت (منبع ذکر شده).

زندگی ولیعهد و شاهزاده خانم مصری در آرامش می‌گذشت. رضاشاه مواظب آنان بود و کسی جرئت مزاحمت در زندگی آنان را نداشت. ولیعهد عربی نمی‌دانست و فوزیه فارسی. با یکدیگر به زبان فرانسه گفتگو می‌کردند. شاه هر روز دو ساعت آنان را می‌پذیرفت. ولیعهد مترجم آنان بود. اما فوزیه خیلی زود فارسی را فرا گرفت و بدون نیاز به مترجم با پدر شوهرش صحبت می‌کرد. شاه از این نکته بسیار خوشحال بود و گویا عروسش را به تدریج در جریان زندگی اجتماعی و سیاسی ایران می‌گذاشت چرا که می‌خواست ملکه آینده ایران را مهیای ادای وظایف خود کند.

رضاشاه همیشه به تنهایی ناهار می‌خورد. برای اینکه تفاهم و ارتباط بیشتری با عروس خود پیدا کند تصمیم گرفت که هر موقع که میسر باشد، ولیعهد و همسرش را به صرف ناهار دعوت کند که این امر حسادت‌های بسیار در خانواده سلطنتی پدید آورد. ناهار رضاشاه معمولاً ساده و سربازی بود و بیشتر اوقات به مقداری پلو و جوجه، ماست و سپس یک یا دو فنجان چای اکتفا می‌کرد. به خاطر پسر و عروسش یک «دسر» هم به این غذای ساده افزوده شد. اما رضاشاه عادات خود را تغییر نداد. می‌بایست در ساعت معین، نه زودتر و نه دیرتر، صرف ناهار کند، چنانکه عادت داشت هر یک ساعت یک استکان چای «قند پهلو» بنوشد و بعد از آن یک سیگار بکشد. روزی به سر میز رفت، فوزیه در کنارش بود و هر دو به صرف غذا پرداختند. ولیعهد دیرتر به آنان پیوست و دید که پدر و همسرش با دشواری مشغول گفتگو هستند. رضاشاه که از تاخیر ولیعهد خشمگین شده بود او را بر سر میز نپذیرفت. شاهپور محمدرضا از آن روز دانست که نباید در ملاقات‌ها و وعده‌هایش با پدر تاجدار خود اندک تاخیری داشته باشد. انضباط نظامی حتی در روابط خانوادگی وی حکمفرما بود.

همه راویان در یک نکته اتفاق نظر دارند. روابط رضاشاه با عروسش بسیار گرم و محبت‌آمیز بود و شاهزاده خانم جوان توانست اندک اندک بر خشونت رفتار و سردی همیشگی رضاشاه فائق آید. میان فوزیه و مادرشوهرش رابطه خاصی وجود نداشت. هر یک به دنیایی تعلق داشتند و این دو دنیا بسیار دور از یکدیگر بودند. فوزیه احترام ملکه را رعایت می‌کرد و تاج‌الملوک نیز با او کاری نداشت.

گرچه بدرفتاری‌های ملکه نازلی را فراموش نمی‌کرد. با حضور رضاشاه و حمایت او از عروسش، زمان انتقام پهلوی‌ها فرا نرسیده بود و قطعاً در انتظار موقع مناسب بودند که سرانجام فرا رسید[۱].

گویا ده‌ها سال بعد، ملکه سابق ایران همواره از پدر همسر نخستین خود با محبت سخن می‌گفت و محبت‌های او را فراموش نکرده بود[۲].

در ۲۷ اکتبر ۱۹۴۰ (۵ آبان ماه ۱۳۱۹) ولیعهد و همسرش دارای فرزندی شدند که برخلاف انتظار درباریان دختر بود (شاهدخت شهناز) و نمی‌توانست بعداً به ولایتعهد ایران نائل شود. ولی رضاشاه از خود شادی بسیار نشان داد. او برای نوه خود ویلای کوچکی هم در خیابان پاستور و محوطه اقامت‌گاه‌های خانواده سلطنتی ساخته بود و تقریباً هر روز به دیدارش می‌رفت و از او احوالپرسی می‌کرد.

ازدواج شاهپور محمدرضا و شاهدخت فوزیه از دیدگاه رضاشاه یک عمل سیاسی بود که موقع و اعتبار خانواده وی را مستحکم کند. عشق و علاقه دو جوان که باید پایه اصلی هر وصلتی باشد برای رضاشاه در برابر ضرورت‌های سیاسی و مملکتی معنی و مفهومی نداشت. تا پایان قرن نوزدهم و حتی غالباً پس از آن در همه خاندان‌های سلطنتی جهان به خصوص اروپا، کار بر همین منوال بود و حتی گاهی شاهزادگان خردسال را به یکدیگر پیوند می‌دادند. رضاشاه حتماً از مقام اندک خانواده‌اش رنج می‌برد. به همین سبب بود که دستور داد دختر بزرگش شاهدخت شمس به عقد ازدواج فریدون جم فرزند مدیرالملک مرد سیاسی محترم و نخست‌وزیر وی درآید و دختر کوچکترش شاهدخت اشرف را به همسری فرزند قوام‌الملک شیرازی رجل صاحب نفوذ منطقه فارس که مالکی بزرگ و در حقیقت یک «فئودال» به معنای واقعی بود، برگزید. هر دو ازدواج فرمایشی بودند و سیاسی و بعد از پایان سلطنتش دیری نپاییدند که این ماجراها از حوصله کتاب

---

۱ - درباره زندگی شاهزاده خانم فوزیه و خانواده وی و سرنوشت آنان نگاه کنید به :
Caroline Gamlta Kuhx, Princesses d' egypte Paris, Rive Neuve, 2009.

۲ - گفتگوهای نویسنده با خانم توران وکیلی که از دوستان ملکه پیشین ایران بود و تا پایان حیاتش هر بار که به سوئیس می‌آمد عملاً جنبه ندیمه وی را به عهده داشت.

حاضر بیرون است[1].

ولیعهد و همسرش، به تنهایی یا به اتفاق هرچه که ضرورت داشت، فعالانه در زندگی اجتماعی و سیاسی ایران مشارکت داشتند. رضاشاه چنین می‌خواست و این شرکت یک کارآموزی برای شاهپور محمدرضا بود. می‌بایست بیاموزد:

به این ترتیب بود که ولیعهد در کنار پدر تاجدارش در ۱۹ فوریه ۱۹۳۷ (۳۰ بهمن ۱۳۱۵) در مراسم باشکوه رسیدن راه آهن شمال به تهران، در ۱۷ مارس همان سال (۲٦ اسفند) در افتتاح سد شاوور بر رودخانه‌ای که به کارون ملحق می‌شد، در اواخر همان ماه در افتتاح حوض تعمیر کشتی‌ها در بندر شاهپور، در ۱۷ اوت (۱٦ مرداد ۱۳۱٦) در گشایش کارخانه عظیم حریربافی چالوس، در ۲۷ سپتامبر (۵ مهرماه ۱۳۱٦) در آغاز فعالیت کارخانه دخانیات ایران، در سوم سپتامبر ۱۹۳۹ (۱۱ شهریور ۱۳۱۸) در گشایش سیلوی تهران حضور داشت. طرح‌هایی که نشان از پیشرفت سریع اقتصاد ملی ایران داشتند و طبیعتاً حسادت‌ها و خشونت‌هایی در کشورهایی که همواره ایران را ناتوان و زبون می‌خواستند، به وجود می‌آوردند.

شاید از لحاظ تاریخ تحولات ایران، مهمترین این مراسم افتتاح فرستنده رادیو تهران باشد که شاهپور آن را به تنهایی انجام داد. گویا خواست شاه چنین بود. رضا شاه در انجام این طرح بسیار مصر بود و آن را نشانه تجدید قدرت و نفوذ ایران می‌دانست که حق داشت. قبل از آن نه تنها در ممالک پیشرفته‌تر غربی و روسیه شوروی و ژاپن، بلکه در افغانستان، عراق، ترکیه، مصر و اردن نیز فرستنده‌های رادیویی وجود داشت و صدای آن کشورها را به همه جا می‌رساند. شاه از این عقب‌ماندگی ایران رنج می‌برد. سرانجام کار با کمک فنی آلمان و مهندسان آن کشور به انجام رسید. ولیعهد در روز ٤ اردیبهشت ۱۳۱۹، ۲٤ آوریل ۱۹٤۰ به مرکز بی‌سیم پهلوی رفت و با چکش مخصوص، زنگی را که عبارت از یک صفحه مدور فلزی و آویزان در داخل استودیو مرکزی رادیو تهران بود به صدا درآورد.

۱ – پس از مراسمی جداگانه و ساده‌تر برای هر یک از این دو زوج، در ٤ مارس ۱۹۳۷ (۱۳ اسفند ۱۳۱۵) پذیرایی باشکوهی در کاخ گلستان به مناسبت ازدواج آنان برپا شد که بیش از یک هزارتن در آن شرکت داشتند و رضاشاه نیز حضور داشت.

بی‌درنگ سلام شاهنشاهی پخش شد و به این ترتیب رادیو تهران آغاز به کار کرد[۱].

آغاز جنگ دوم جهانی در سپتامبر ۱۹۳۹ و حمله متفقین به ایران نقطه پایان زندگی ولیعهد در این مقام بود و آغاز فصل دیگری در زندگی رضاشاه و تاریخ معاصر ایران که در جای دیگر خواهد آمد.

رضاشاه رفت و محمدرضاشاه جای او را گرفت. پدرش او را از هر لحاظ برای احراز مقام سلطنت و انجام مأموریت آن آماده کرده بود. جوانی ولیعهد و خوشی‌ها و لذایذ آن فدای این آماده‌سازی شد. اما محمدرضاشاه مردی بود به معنای واقعی کلمه باسواد، آشنا به دو زبان فرانسه و انگلیسی، مسلط به تاریخ ایران و ممالک بزرگ جهان. چند سال در کنار پدرش در ادای همه وظایف سلطنت، چه نظامی، چه سیاسی شرکت کرده در حقیقت کارآموزی کرده بود. شاید از این که نوجوانی و جوانی وی فدای این کارآموزی شده و حتی در ازدواج خود آزادی عمل نداشته عمیقاً رنج می‌برد. رضاشاه آنچه را نداشت و برای سلطنت ضروری می‌دانست به ولیعهدش داد که او هیچ‌یک از کمبودهایش را دارا نباشد. محمدرضاشاه درست خلاف این رویه عمل کرد و ولیعهدش را به کلی از همه این مسائل دور نگاه داشت: «در دوران نوجوانی و جوانی، من در مجموع حداکثر دوماه با پدرم گذراندم. دیدارهای ما از یک ربع در روز تجاوز نمی‌کرد. من هیچگونه گفتگویی با پدرم (محمدرضاشاه) درباره مسائل سیاسی کشور نداشتم. هرگز با هم به تجزیه و تحلیل مسائل دوران سلطنت و وقایع آن نپرداختیم. او هرگز به من نگفت که اگر روزی جانشین‌اش بشوم چه باید بکنم.[۲]»

---

۱ – درباره تاریخ بی‌سیم و رادیو در ایران، نگاه کنید به کتاب بسیار جالبی با همین عنوان به قلم مهندس احمد معتمدی- کلبه کتاب، لس‌انجلس-۲۰۰۹، که جریان افتتاح رادیو تهران در آن به تفصیل آمده است.

۲ – شاهپور رضا پهلوی در گفتگو با :
Chrishan Malar et Alain Rodier Reza Pahlavi de fils du shah a la, Reconquete Paris, Plon, 1988, P.122

فصل هشتم

سلطنت یا حکومت؟

تاج‌گذاری رضاشاه، تغییر عمده‌ای در نحوه اداره امور کشور به وجود نیاورد. پس از کودتای اسفند ۱۲۹۹، او به تدریج، اما به سرعت، محور اصلی رهبری مملکت شده بود. امنیت و آرامش را در سرتاسر کشور، به ویژه در پایتخت برقرار کرد. خطر فروپاشی و تجزیه از میان رفته، سرکشی ایلات به پایان رسیده و با انقلاب بلشویکی در روسیه از مداخلات آن کشور در امور داخلی ایران دیگر تقریباً خبری نبود.

احمدشاه علاقه‌ای به اعمال قدرت و انجام وظایف سلطنت نداشت و زندگی در اروپا به خصوص جنوب فرانسه، را به رو در روئی با مشکلات کشورش ترجیح می‌داد. محمدحسن میرزا ولیعهد و نایب‌السلطنه آن قدر در میان مردم منفور بود که تحریکاتش با وجود حمایت لندن و همدستی با کسانی چون شیخ خزعل و سید حسن مدرس که روحانی بانفوذی بود به جایی نمی‌رسید و نتوانست برسد. در حقیقت اصلاحات و تغییرات مورد انتظار مردم که از زمان امیرکبیر و سپس انقلاب مشروطه در بوته اجمال مانده بود، با کودتای سوم اسفند و به اتکای رضاخان سردار سپه آغاز شد که شرح آن در فصول پیش آمده. سلطنت رضاشاه کارها را آسان کرد و بسیاری موانع را از پیش پا برداشت و به طور محسوس به سرعت پیشرفت امور افزود.

نحوه اداره امور پس از این دگرگونی چگونه شد و چگونه بود؟

***

مطابق قانون اساسی تعیین وزیران و نخستین آنان یعنی رئیس دولت (هنوز اصطلاح نخست‌وزیر معمول نشده بود) با شخص شاه بود که پس از آن به مجلس بروند و رای اعتماد بگیرند. پس از سقوط محمدعلی شاه و بازگشت اصول مشروطیت به نحوه اداره مملکت، رسم بر آن شد که جز در دوران فترت،

نایب‌السلطنه عضدالملک ایلخانی و سپس ناصرالملک همدانی که به سبب صغر سن شاه وظایف او را انجام می‌دادند برای تعیین و انتصاب رئیس‌الوزرا از مجلس نظر بخواهند و به اصطلاح رای تمایل بگیرند. در غیاب مجلس نایب‌السلطنه و سپس احمدشاه رأساً این کار را انجام می‌دادند. انتصاب رضاخان پهلوی به ریاست دولت و طبیعتاً تفویض فرماندهی کل قوا به او که به پیشنهاد دکتر مصدق‌السلطنه انجام گرفت، به همین ترتیب صورت گرفت. یعنی با تصویب قوه مقننه که در دوران فترت نبود.

نخستین گام پادشاه جدید یعنی رضا شاه، پس از رسیدن به سلطنت انتصاب ذکاءالملک فروغی به ریاست دولت بود که در دوران انتقالی نیز کفالت این امر را به عهده داشت. در ۲۸ آذرماه ۱۳۰۴ — ۱۹ دسامبر ۱۹۲۵ نخستین دولت پهلوی تشکیل شد.

میرزا حسن‌خان مشارالملک وزیر امور خارجه بود. سرلشکر امیر طهماسب یار دیرین شاه وزیر جنگ، عدل‌الملک دادگر وزیر داخله، سهام‌السلطان بیات وزیر مالیه، عمادالسلطنه فاطمی وزیر عدلیه، سردار اسعد بختیاری وزیر پست و تلگراف، میرزا علی‌اکبر خان داور وزیر فوائد عامه و تجارت و میرزایوسف‌خان مشارالسلطنه کفیل وزارت اوقاف و معارف[1].

با این عمل که خلاف قانون اساسی نبود، اما تا حدی با سنت نظرخواهی قبلی از مجلس مطابقت نداشت. رضاشاه نخستین گام را در زمینه تحول سلطنت به سوی حکومت برداشت.

انقراض قاجاریه و سلطنت پهلوی تغییری در روند اصلاحات اساسی که با کودتای سوم اسفند آغاز شده بود به وجود نیاورد. منتهای مراتب کشور تقریباً آرامش یافته بود و سرکشان داخلی سرکوب شده یا آرام شده بودند و دولت می‌توانست با آسودگی بیشتری به وظایف خود بپردازد. با این تفاوت که امنیت در حیطه اختصاصی ارتش و فرمانده کل قوا یعنی شاه بود و نه در دلمشغولی رئیس‌الوزرا و دولت.

در این سال‌های نخست سلطنت رضاشاه آنچه علی‌اکبر داور به هنگام بحث

۱ – اسامی با القاب و عناوین، چنانکه در آن زمان مرسوم بود آمده.

درباره انقراض قاجاریه و نیل رضاخان سردار سپه به مقام سلطنت در مجلس شورای ملی گفته بود کاملاً تحقق یافت. «شاه امنیت کامل و رهبری صحیح در مملکت ایجاد کرده بود و دولت‌های مسئول در مقابل قوه مقننه (می‌توانستند) به وظایف خود در توسعه و ترقی مملکت عمل نمایند. چنانکه در دموکراسی‌های سلطنتی (آن موقع جهان) عمل می‌شد.[۱]»

این روند به تدریج تغییر یافت و کفه ترازوی دستگاه اجرایی و قوه مجریه به نفع مقام سلطنت و تصمیمات فردی او سنگین و سنگین‌تر شد و با حفظ تمام ظواهر دموکراسی پارلمانی، نوعی حکومت فردی با اتکا به قدرت قوای انتظامی به ویژه ارتش و از بعضی جهات شهربانی، در کشور استقرار یافت. چنانکه خواهیم دید.

کابینه فروغی دیری نپایید و در ۱۵ خرداد ماه ۱۳۰۵ – ۶ ژوئن ۱۹۲۶ میرزا حسن‌خان مستوفی (مستوفی‌الممالک[۲]) جای او را گرفت.

در همین مدت کوتاه، دولت به اقدامات بنیادی بزرگی دست زد. از آن جمله بود، تصویب قسمت اول قانون مجازات عمومی که قدمی اساسی در تحدید رسمی اختیارات و امتیازات روحانیون بود، تصویب قانون اجازه اخذ عوائد خاص به منظور ساختمان آرامگاه فردوسی که انجمن آثار ملی به ابتکار خود فروغی تصمیم به اجرای آن گرفته بود. تأسیس دایره نظام اجباری، اداره کل نظام وظیفه بعدی، مرمت و افتتاح خط آهن جلفا به تبریز و سرانجام «قانون ساختن خطوط آهن اصلی و مهمه مملکت» که رضاشاه آن را مهمترین خدمت زمان سلطنت خود می‌دانست و شاید حق داشت که در فصل بعدی به آن خواهیم پرداخت.

فروغی خسته و تا حدی فرسوده بود. از اعتماد کامل رضاشاه برخوردار بود اما شاید شاه می‌خواست در آغاز سلطنت خود چهره تازه‌ای به آن بدهد و «وجیه‌الملّه»ای را به ریاست دولت برگزیند و چنین کرد.

از آغاز سلطنت احمدشاه تا آن زمان سه تن از رجال سیاسی کشور به عنوان

---

۱ – نگاه کنید به فصل پنجم «امیدی جز به سردار سپه نیست» و تفصیل مذاکرات مجلس درباره انقراض قاجاریه.

۲ – هم‌چنان از عناوین و القاب مرسوم در آن زمان استفاده می‌کنیم.

وجیه‌المله بلامنازع شناخته شده بودند. کسی با آنان مخالف نبود. مورد احترام همه بودند و از ارکان وحدت ملی محسوب می‌شدند: مستوفی‌الممالک، مشیرالدوله (حسن پیرنیا) و برادرش مؤتمن‌الملک (حسین پیرنیا).

پس از انقراض قاجاریه، مؤتمن‌الملک به کلی از سیاست و امور مملکتی کناره گرفت و خود را خانه‌نشین کرد. به کسی کاری نداشت و کسی را با او کاری نبود. با دربار نیز قطع رابطه کرده بود. شاید رضاشاه از این وضع راضی نبود. ولی مزاحمتی برای آن مرد محترم و محبوب ایجاد نکرد. برادر ارشدش مشیرالدوله رفت و آمد خود را با شخص شاه ادامه می‌داد. گه‌گاه به دیدارش می‌رفت و مورد احترام او بود. اما از قبول هر مسئولیت دولتی عذر می‌خواست. حاصل این سال‌های خانه‌نشینی تقریبی تاریخ ایران باستان او است که خدمتی بزرگ فرهنگ و تمدن ایرانی محسوب می‌شود که شاید کمتر از خدمات سیاسی و ملی او نباشد.

مستوفی‌الممالک زندگی سیاسی را ترک نکرد. همه او را به طور مطلق «آقا» می‌خواندند. رضاشاه نیز به همین عادت بود و او را آقا خطاب می‌کرد. چه در غیاب و چه در حضور. در نهایت امر مستوفی‌الممالک «آقا» جانشین ذکاءالملک فروغی شد.

انتصاب او معنای سیاسی خاصی داشت. انتخابات مجلس ششم، نخستین دوره زمان سلطنت پهلوی، در جریان بود شاه می‌خواست به آن وجهه و اعتبار خاص بدهد و ظن دیکتاتوری را که در داخل و به خصوص در محافل خارجی به او می‌رفت زائل کند. مستوفی مرد مناسبی برای این سیاست بود. «(آقا) همیشه مورد توسل دولت و ملت بودند. مکرر رئیس‌الوزراء شدند. از درستی و وطن‌پرستی ایشان استفاده می‌شد و در معنی شاخص ملت محسوب می‌شدند. مردی بود رئوف، مهربان، در دوستی ثابت و از دشمنی روگردان. بدی می‌دید، خوبی می‌کرد. مناعت داشت. تکبر نمی‌کرد. گفتند کم اراده است. اراده و ثبات رأیی که در جنگ بین‌الملل در مقابل سفارتین (روس و انگلیس) به ظهور رساند در قوه هیچ یک از رجال قوم نبود...»[۱]

در کابینه مستوفی‌الممالک حسن تقی‌زاده وزیر امور خارجه بود، ذکاءالملک

۱ - حاج مخبرالسلطنه، ۳۹٤

فروغی وزیر جنگ، میرزا حسن خان وثوق‌الدوله وزیر مالیه، میرزا داود خان بدر وزیر معارف و اوقاف، میرزا احمدخان اتابکی وزیر پست و تلگراف، مهدی‌قلی‌خان هدایت (حاج مخبرالسلطنه) وزیر فوائد عامه، سید مصطفی منصورالسلطنه کفیل وزارت عدلیه[۱] و رئیس‌الوزرا شخصاً وزارت داخله را به عهده داشت.

مستوفی در ۱۵ خرداد ۱۳۰۵، ٦ ژوئن ۱۹۲٦ به ریاست منصوب شده بود. مجلس ششم در ۱۹ تیرماه (۱۱ ژوئیه) گشایش یافت. شاه در مراسم افتتاح گفت:

> «با کمال مسرت اولین مجلس زمان سلطنت خود را به توفیق و عنایات سبحانی افتتاح می‌نمایم. امیدواری کامل داریم که سلطنت ما که اراده آزاد ملت محبوب ما بوده، تاریخ خوشبختی و سعادت مملکت ما را تجدید و نمایندگان ملت در تأمین سعادت و تهیه وسیله آسایش عموم به اجرای نیات خیریه ما توفیق خواهند یافت....»

مستوفی‌الممالک بار دیگر مأمور تشکیل دولت شد و اعضای کابینه خود را با اندک تغییراتی به مجلس معرفی کرد و رأی اعتماد گرفت. اما بازی‌های سیاسی قبلی که مانع بسیاری از اقدامات اصلاحی می‌شد هم‌چنان ادامه یافت. مستوفی حوصله این بازی‌ها را نداشت و رضاشاه آنها را مطلقاً برنمی‌تافت. شاه او را خواست و ضمن تجدید مراتب اعتمادش به وی تکلیف کرد که کار خود را ادامه دهد. مستوفی با ترمیم کابینه خود بار دیگر به مجلس رفت و رأی اعتماد گرفت.

در همین اوان بود که شاه، ملک‌الشعرای بهار را که نماینده مجلس و نزدیک به مخالفان دولت بود احضار کرد و از او خواست که آنها را آرام کند و از مزاحمت برای دولت «آقا» جلوگیری نماید[۲] چراکه تحریکات مخالفان دولت مستوفی همچنان ادامه داشت.

دکتر مصدق نیز جزو کسانی بود که رضاشاه به وی تکلیف ریاست دولت

---

۱ - بار دیگر در القاب و عناوین چنانکه هنوز متداول بود استفاده کرده‌ایم.
۲ - گاهنامه، ۵۰ سال سلطنت پهلوی، متن ذکر شده، درباره زندگی مستوفی‌الممالک نگاه کنید به چکیده زندگی سیاسی میرزا حسن‌خان مستوفی‌الممالک، ره‌آورد شماره ۱۲۱ زمستان ۲۰۱۸

را کرد[۱] گرچه از او «بی‌اندازه نفرت داشت» و نیز از قوام‌السلطنه[۲] که هر دوی آنها بعداً در تاریخ ایران نقش بزرگی ایفا کردند و نامشان جاودان است.

رضاشاه با تکلیف ریاست دولت به مصدق یقیناً می‌خواست او را که سردسته مخالفین در مجلس ششم بود آرام کند چون می‌دانست که سررشته کارها به دست خود اوست و رئیس دولت مجری نظریاتش. خود مصدق می‌نویسد:

> «مقصود شاه این نبود که از افکار من استفاده کند. چه هر کسی با آن شاه کار می‌کرد از افکار خود استفاده نمی‌کرد. بلکه نظراتش این بود که مرا از مجلس خارج کند و ثابت نماید که من هم مثل بعضی‌ها به آنچه می‌گویم عقیده ندارم.[۳]».

با این حال ملاقات‌های مصدق با رضاشاه هم‌چنان ادامه یافت. گه‌گاه شرفیاب می‌شد و شاه با او با احترام رفتار می‌کرد. چندی بعد به او ریاست «تمیز» - دیوان عالی کشور- را پیشنهاد کرد که باز نپذیرفت[٤]. توقیف و تبعید او در اواخر سلطنت رضاشاه داستان دیگری است که به آن به تفصیل اشاره خواهیم کرد.

کابینه دوم مستوفی‌الممالک هم دیری نپائید. «آقا» دیگر حوصله بازی‌ها و تحریکات سیاسی را نداشت. با وجود احترام استثنائی شاه و حمایت او استعفا داد. اما حسن رابطه و رفت و آمد خود را با شاه هم‌چنان حفظ کرد.

در این گیرودار که القاب و عناوین الغاء شده، قانون سجل احوال به تصویب رسیده و عدلیه نوین در حال پایه‌گذاری بود، رضاشاه در جستجوی شخصیت برجسته‌ای بود که ریاست «تمیز» را به عهده بگیرد و مورد اعتماد داخلی و خارجی باشد. او مایل بود که مشیرالدوله یا مؤتمن‌الملک به این کار گمارده شوند. هر دو «وجیه‌الملله» نپذیرفتند[۵]. مصدق‌السلطنه نیز نپذیرفته بود. به توصیه شاه مستوفی، این سمت را به مخبرالسلطنه هدایت پیشنهاد کرد. شاه هم در ملاقاتی به او گفت:

---

۱ - مقاله‌ای از دکتر مصدق، در مصدق و مسائل حقوق و سیاست، گردآوری شده زیر نظر ایرج افشار، تهران، زمینه، ۱۳۵۸ صفحه ۱۱٤

۲ - بهبودی، ۳۸۰ - ۳۸۱

۳ - مصدق، همان منبع، ۱۱۵

٤ - مصدق، همان منبع، ۱۲۹

۵ - حاج مخبرالسلطنه، ۳۷۳

«امروز برای مملکت عدلیه مهم‌تر از فواید عامه است.[۱]» (مخبرالسلطنه وزیر فوائد عامه بود).

او به ریاست تمیز رفت. اما این سمت دیری نپایید. مستوفی در استعفا مجدّ بود و ناچار رضاشاه استعفای او را پذیرفت[۲] و حاج مخبرالسلطنه به ریاست دولت منصوب شد(۱۳ خرداد -۱۳۰۶ ٤ ژوئن ۱۹۲۷).

در دولت جدید علیقلی انصاری وزیر امور خارجه بود، سردار اسعد وزیر جنگ، حسین سمیعی (ادیب‌السلطنه) وزیر داخله، نصرت‌الدوله فیروز وزیر مالیه، علی‌اکبر داور وزیر عدلیه، سید محمد تدین وزیر معارف و اوقاف حسین شکوه وزیر پست و تلگراف و تلفن. رییس‌الوزرا خود تصدی وزارت فوائد عامه را به عهده داشت. اندکی بعد در ۱۱ آبان ۱۳۰٦ (نوامبر ۱۹۲۷) دبیراعظم بهرامی که از خواص رضاشاه و نویسنده دو کتاب خاطرات سفر خوزستان و خاطرات سفر مازندران وی بود از کار برکنار شد یا خود کناره گرفت و حسین شکوه وزیر پست و تلگراف به ریاست دفتر مخصوص شاهنشاهی منصوب شد که طی سال‌های طولانی تصدی این مسئولیت حساس را به عهده داشت. دبیر اعظم بهرامی مردی باسواد و خوش قلم و مورد اعتماد رضاشاه بود. درباره برکناری او شایعات بسیار وجود داشت. بسیاری علت اصلی آن‌را رقابت و سعایت تیمورتاش وزیر توانای دربار می‌دانستند. فرج‌الله بهرامی در سال‌های بعد به مقامات مهم چون وزارت و سناتور انتصابی نائل شد. مدتی نیز به فعالیت‌های تجاری و خصوصی مشغول بود.

دولت حاج‌مخبرالسلطنه تا ۲۱ شهریور ۱۳۱۲ (۱۲ سپتامبر ۱۹۳۳) بر سر کار بود، چندبار ترمیم شد. وی را می‌توان طولانی‌ترین رئیس‌الوزرای دوران سلطنت رضاشاه دانست. حاج مخبرالسلطنه مردی خوشنام، دین‌دار و فروتن

---

۱ – همان منبع، همان صفحه.

۲ – در ٦ شهریور ۱۳۱۱ (۲۸ اوت ۱۹۳۲) مستوفی‌الممالک که ۸۵ سال داشت به علت سکته قلبی طی ضیافتی در اقامتگاه رضا حکمت (سردار فاخر) درگذشت. رضاشاه که به «آقا» احترام خاصی داشت دستور داد که تشییع جنازه باشکوهی برای وی ترتیب داده شود که در آن نه تنها رجال کشوری و لشکری ایرانی بلکه همه هیأت‌های سیاسی خارجی مقیم دربار شاهنشاهی حضور داشتند. در پایان مراسم جامعه ارامنه تهران نیز به طور دسته‌جمعی به این گروه پیوستند. مستوفی‌الممالک بر رویهم، یازده بار به مقام ریاست وزرائی رسیده بود.

بود. وجهه ملی مستوفی‌الممالک و برادران پیرنیا را نداشت. اما کسی از او بدی ندید و نگفت. در پایان حکومتش، مردی که پنجاه و دو سال در خدمت دولت بود، با دشواری‌های مالی روبرو شد. درآمدش برای زندگی ساده‌ای که داشت کافی نبود که این مشکل را به دستور رضاشاه حل کردند[1]. همین حکم در مورد مستوفی‌الممالک که او نیز برخاسته از یک خاندان حکومت‌گر بود جاری است که آن هم با مداخله بی‌سروصدای رضاشاه حل شد.

اصولاً یکی از خصائص اخلاقی رضاشاه مواظبت در اوضاع و احوال رجال قدیمی و حفظ احترام آنان بود که قبلاً نیز به آن اشاره کرده بودیم.

حاج‌مخبرالسلطنه رفت و شاه مجدداً فروغی را که مورد احترام خاص او بود به ریاست دولت منصوب کرد.

رضاشاه به فروغی اعتماد کامل داشت «آقای فروغی بی‌اندازه مورد اعتماد عنایت بود... زمانی (که او) مریض بود بارها به منزلش تشریف بردند و عیادت فرمودند[2]. در جای دیگر گفته بود:

«هر وقت فروغی مطلبی به شما رجوع کرد کانه مثل این است که من رجوع کرده باشم بدون اینکه از من کسب اجازه کنید انجام دهید و به رئیس نظمیه هم بگویید گفته ایشان، گفته من است[3]».

با وجود تکدر و برودتی که بعداً میان آنها حاصل شد، در پایان سلطنتش رضاشاه باز به او توسل جست و حق داشت. چراکه به تدبیر فروغی هم از تجزیه و فروپاشی ایران جلوگیری شد و هم ولیعهد محمدرضا پهلوی به تخت سلطنت نشست، چنانکه خواهیم دید.

---

۱ - حاج مخبرالسلطنه پس از کناره‌گیری، یا برکناری محترمانه، هم‌چنان روابط دوستانه و رفت و آمد خود را با رضاشاه نگاه داشت. در مراسم رسمی و تشریفات درباری شرکت می‌کرد و گه‌گاه به دیدار شاه می‌رفت. پس از شهریور ۱۳۲۰، یک بار گروهی از مجلسیان با او تماس گرفتند که شاید در حل بحران آذربایجان دخالت کند که قوام‌السلطنه روی کار آمد و ایران را با تدبیر از تجزیه نجات داد. سه سخنرانی در کانون هدایت افکار ایراد کرد که متن آنها در پایان چاپ دوم خاطراتش انتشار یافته و مطالعه آنها خالی از لطف نیست. حاج مخبرالسلطنه به سال ۱۳۳۵ درگذشت.

۲ - بهبودی، ۳۳۱.

۳ - همان منبع، ۲۳۹.

چرا حاج مخبرالسلطنه رفت و چرا فروغی بر سر کار آمد؟

رضاشاه از حاج مخبرالسلطنه ناراضی نبود. او بر این گمان بود که تغییر و تبدیل مسئولان امور مملکتی ایجاد تحرک می‌کند و حق داشت. «هم خودم و هم مردم و هم شاید شاه از دوام ریاست من خسته شده بودیم.[1]» به هنگام استعفا به وی گفت «هر شغلی بخواهی می‌دهیم داخله یا خارجه[2]» دیدارهای آنان هم‌چنان ادامه داشت.

نخست‌وزیر مستعفی، بهترین رئیس دولت انتقالی از دوره‌ای به دوره دیگر در سلطنت رضاشاه بود. مردی بود محافظه‌کار، متدین، درست‌کار و مراقب در این که ناراضی‌تراشی نکند. در دوران ریاست دولتش کارهای بزرگی آغاز شد که در فصول دیگر خواهد آمد. اما شاه که با انتصاب مستوفی‌الممالک می‌خواست افکار عمومی و مخالفین را آرام و راضی کند و سپس با گزیدن حاج‌مخبرالسلطنه و دوران طولانی ریاست دولتش قدرت و نفوذ خود را پابرجا کرده بود، حال در جستجوی شخصیتی دنیاپسند و مستعد برای اصلاحات اجتماعی بود که در سر داشت.

پس مجدداً ذکاءالملک فروغی را برگزید:

«به اعتقاد من و بدون کمترین مبالغه، محمدعلی فروغی یکی از دانشمندترین و روشن‌بین‌ترین و بزرگترین رجال ایران در قرن حاضر بود. یکی از خصوصیات بارز او جنبه جامعیت کم‌نظیرش می‌باشد.[3]»

در کابینه فروغی سردار اسعد وزیر جنگ بود، علی‌اکبر داور وزیر مالیه، محمود جم وزیر داخله، باقر کاظمی وزیر خارجه، علی‌اصغر حکمت وزیر معارف و اوقاف، علی‌اکبر بهمن وزیر تجارت، رجب‌علی منصور وزیر طرق، محسن صدر وزیر عدلیه و محمدعلی میرزا دولتشاهی وزیر پست و تلگراف[4].

روند اصلاحی بنیادی هم‌چنان ادامه یافت. منتهای مراتب فروغی به آنها

---

۱ – حاج مخبرالسلطنه ٤٠١.

۲ – همان منبع، همان صفحه.

۳ – دکتر غلام‌علی رعدی آذرخشی، گفتارهای ادبی و اجتماعی، بنیاد موقوفات دکتر افشار، تهران، ۱۳۷۰، صفحه ۳۵۹.

٤ –عناوین وزارتخانه‌ها هنوز تغییر نیافته بود.

جنبه‌ای ملی، اجتماعی و مترقی داد. حاج‌مخبرالسلطنه با کشف حجاب و آزادی زنان که از برنامه‌های اصلی رضاشاه بود، چندان موافقتی نداشت که آن‌را در خاطرات خود به تفصیل بیان داشته و قطعاً با شاه نیز در میان گذاشته بود. برای برگزاری هزاره فردوسی و ایجاد فرهنگستان که وظیفه آن تطبیق زبان فارسی با تحولات جدید بود (به هر دو در فصول بعدی خواهیم پرداخت) اهمیت چندانی قائل نبود. فروغی مرد این دگرگونی‌ها بود و بر سر کار آمد.

دو واقعه در سال‌های حکومت یا دولت فروغی شایسته یادآوری در این فصل است. یکی مسافرت رضاشاه به ترکیه و آن دگر ماجرای مسجد گوهرشاد و اغتشاشی که به سرکردگی شیخ بهلول و در نهایت امر سبب کناره‌گیری فروغی شد. البته رضاشاه با خراسان دشواری‌های دیگری هم داشت که به آنها نیز بعداً می‌پردازیم.

رضاشاه جز سفر کوتاهی به عراق برای یک «زیارت سیاسی» به کربلا و نجف آن هم در زمانی که هنوز به سلطنت نرسیده بود، هرگز به خارج از ایران نرفته بود. به تحولات ترکیه و اقدامات و اصلاحات مصطفی کمال پاشا ملقب به آتاتورک علاقه و توجه خاص داشت. می‌خواست بداند که در کشور همسایه چه می‌گذرد. می‌خواست ببیند. نمی‌خواست ایران از ترکیه عقب بماند. می‌دانست که دو کشور در قرن نوزدهم چه‌ها کشیده، چه حقارت‌ها دیده و چه شکست‌ها تحمل کرده‌اند. آتاتورک سربلندی و پیشرفت را به ترکیه بازگردانده بود ولو آن‌که ترکیه دیگر امپراطور عظیم عثمانی یا حتی باقی مانده آن نبود. رضاشاه راه ترقی و تعالی ایران را گشوده بود و اکنون می‌خواست از تجربیات کشور همسایه استفاده کند و احتمالاً درس بگیرد.

مسافرت رسمی پادشاه ایران به ترکیه در ۱۲ خرداد ۱۳۱۳ خورشیدی (۲ ژوئن ۱۹۳٤) به دعوت رسمی آتاتورک آغاز شد. در سر راه در ۱۵ خرداد نمایشگاه محصولات فلاحتی و صنعتی آذربایجان را در تبریز گشود و گفت:

«آذربایجان افراد شایسته و با استعداد زیاد دارد و من خیلی خوشوقتم که می‌بینم مردم به این نوع کارهای اقتصادی و اموری که باعث پیشرفت تجارت است توجه کرده‌اند. گمان می‌کنم که در همه ایالات

و ولایات بتوان چنین نمایشگاه‌هایی ترتیب داد و مردم سایر شهرها باید به آذربایجانی‌ها تأسی کنند. این نمایشگاه بهترین هدیه‌ای است که آذربایجانی‌ها به من دادند. علاقه مرا به این نوع کارها هرگز فراموش نکنید.[۱]»

سخنانش مطابق معمول ساده بود و مقصودش ایجاد رقابت بین مناطق و شهرها. استقبال مردم تبریز از پادشاه خود بسیار گرم و پرشور بود.

یک گروه سی و شش نفره (که بر مستخدمین و محافظان نیز شامل می‌شد) در این سفر همراه رضاشاه بودند. مهمترین آنان عبارتند از باقر کاظمی (مهذب‌الدوله) وزیر امور خارجه، حسین سمیعی (ادیب‌السلطنه- شاعر معروف) رئیس کل تشریفات شاهنشاهی حسین شکوه (شکوه‌الملک) رئیس دفتر مخصوص، امیر لشکر امان‌الله میرزاجهانبانی ژنرال آجودان و در ضمن مترجم مورد اعتماد شاه. گروهی از وزارت امور خارجه، نظامیان نیز همراه شاه بودند.

صادق صادق، مستشارالدوله، رئیس مجلس موسسان که رضاشاه را به سلطنت برگزیده بود و آن هنگام سفارت ایران را در ترکیه به عهده داشت.

در روز ۲۲ خرداد، ۱۲ ژوئن ۱۹۳٤، رضاشاه و همراهانش از مرز ترکیه گذشتند و در حقیقت سفر رسمی از آن تاریخ آغاز شد. رضاشاه، آتاتورک و اقداماتش را می‌ستود و آتاتورک نسبت به او احترام خاص داشت. هر دو علاقه داشتند که روابط دو کشور مستحکم شود و در حقیقت محور امنیت و تعادل قوا در منطقه باشند. اما این دو شخصیت استثنایی با یکدیگر تفاوت‌های بسیار داشتند. درست است که هر دو نظامی بودند اما آتاتورک مردی بود دنیا دیده و تحصیل کرده، آشنا به زبان‌های روسی و به خصوص فرانسه، اهل مطالعه و ظاهراً متعلق به طریقت فراماسون‌ها که معتقد به جدایی کامل مذهب از سیاست و غالباً ضد مذهبی بودند. رضاشاه کم‌سواد بود اما علاقه‌ای وافر به آموختن داشت. مخصوصاً آشنایی با تاریخ ایران. او نیز مانند آتاتورک اراده‌ای شکست‌ناپذیر برای تجدید حیات سیاسی، نظامی، فرهنگی و اقتصادی ایران داشت. او نیز مانند آتاتورک از مداخلات ناروای سیاست‌های خارجی در امور داخلی کشور خود و حقارت‌هایی

---

۱ - گاهنامه، ۱۱۹.

که تحمل کرده بود رنج می‌برد و در مقام جبران آنها و حتی نوعی انتقام بود. او نیز مانند آتاتورک مداخله و نفوذ روحانیون و اهل مذهب را در راهبری امور کشور برنمی‌تافت. هنگامی که به ترکیه رفت، آن کشور را پیشرفته‌تر از ایران می‌دانست و می‌خواست که سریعاً به این عقب‌افتادگی یا عقب‌ماندگی پایان بخشد که موفق هم شد. اما بعداً بهای گران آن را نیز پرداخت.

در گاه‌نامه پنجاه سال شاهنشاهی پهلوی کمتر از یک صفحه به این مسافرت اختصاص یافته[۱] اما جزئیات آن‌را مدیون یادمانده‌های امان‌الله میرزا جهانبانی هستیم[۲].

در آنکارا پایتخت جدید ترکیه که جای اسلامبول پرشکوه و جلال را گرفته اما در داخل خاک آن کشور قرار داشت، یک بنای دو طبقه برای اقامت رضاشاه در نظر گرفته شده بود. کاخ باشکوهی نبود. اما آنکارای آن زمان فاقد چنین عماراتی بود.

ترک‌ها سعی کردند بهترین و مجلل‌ترین پذیرایی را از شاه ایران به عمل آورند و مخصوصاً قدرت نظامی خود را به وی نشان بدهند. می‌دانستند که این نکته مورد توجه خاص رضاشاه است.

رضاشاه که هنوز مردی ساده و بی‌تکلف بود در بعضی موارد رعایت آداب تشریفاتی را نمی‌کرد. در نخستین روز اقامتش در آنکارا که طبق رسوم آن زمان آتاتورک به «دیدن» او آمد، چند دقیقه‌ای وی را معطل کرد. معذرت خواست و این تأخیر را به گردن ساعت خود انداخت که «قدری عقب مانده». دو رئیس مملکت از آنجا عازم بازدید از تأسیسات مختلف نظامی و سپس مشارکت یک مانور ارتش ترکیه شدند. سپس رضاشاه به «بازدید» رئیس جمهوری ترکیه رفت و به این ترتیب آداب تشریفاتی آن زمان رعایت شد.

در بندر طرابوزان شاه را به بازدید یک ناو بزرگ جنگی، موسوم به یاووز که یادگاری از نیروی دریایی امپراطوری عثمانی بود، بردند. به هنگام ورودش به کشتی دسته ارکستر سلام رسمی ایران را نواخت که مربوط به دوره قاجاریه بود.

---

۱ – صفحه ۱۲۰.

۲ – جهانبانی، صفحات ۱۸۸ تا ۱۹۸.

رضاشاه تا پایان به حالت احترام و سلام نظامی باقی ماند ولی فوق‌العاده ناراحت شد و عصبانی به نظر می‌رسید که حق داشت و دستور داد تحقیق شود چرا سفارت ایران نت سلام رسمی جدید را در اختیار مقامات ترکی قرار نداده. گویا بعداً معلوم شد که آنها چنین سوالی را نکرده بودند و در سفارت نیز کسی به فکر آن نبوده. به هر تقدیر سوء نیتی در میان نبود و موضوع دنبال نشد.

در پذیرایی‌های باشکوهی که به افتخار رضاشاه ترتیب داده شده بود، اتفاقاتی رخ داد که نقل آنها برای دریافتن روحیه ساده و سربازی پادشاه ایران خالی از لطف نیست.

در یکی از این ضیافت‌ها، بدون آنکه موجب رسمی و تشریفاتی وجود داشته باشد ارکستر سلام رسمی جدید ایران را به هنگام ورود رضاشاه نواخت. هم سفارت ایران و هم ترک‌ها می‌خواستند اشتباهی را که در ناو جنگی یاووز رخ داده بود جبران کنند. پس از صرف شام ارکستر به نواختن آهنگ‌های رقص مشغول شد. افسران ترک با دعوت از بانوان به رقص پرداختند. رضاشاه از ژنرال آجودان خود پرسید مگر افسران ما رقص بلد نیستند؟ به عرض ایشان رسید که خوب هم بلدند. شاه می‌گوید پس چرا خشکشان زده. بگویید بجنبند، که افسران ایرانی چنین کردند. حتی در این زمینه هم برای رضاشاه قابل قبول نبود که ایرانیان کمتر از خارجیان باشند.

در ضیافت شام دیگری، پس از ایراد نطق‌های تشریفاتی که پذیرایی شام آغاز شد شاه پس از مدتی به آتاتورک گفت که «من شب‌ها زود می‌خوابم» اجازه خواست و مجلس را ترک کرد. آتاتورک بعد از بدرقه شاه به مجلس شام بازگشت و دستور داد که شب‌نشینی همچنان ادامه یابد.

در یک مجلس میهمانی صندلی شاه چنان قرار داده شده بود که در مقابل ایشان سه دختر جوان و زیبا البته با کمال وقار نشسته بودند. آتاتورک از یکی از آجودان‌های مخصوص می‌خواهد که به شاه بگوید که این بانوان برای سرگرمی و مشغول داشتن به ایشان برگزیده شده‌اند. شاه مدتی به آنها نگاه می‌کند و به قول جهانبانی «پس از چشم چرانی» چند دانه سیب و گلابی در ظرفی مقابل وی قرار داشت برمی‌دارد و به یک بانوی موطلایی می‌دهد و به ترکی به وی می‌گوید اینها

را بخور و مجلس را ترک می‌کند. با شاه ایران از این شوخی‌ها نمی‌شد کرد.

رضاشاه اهل این قبیل تشریفات و تفریحات نبود. با ازدواج ولیعهدش با شاهزاده خانم فوزیه لازم آمد که او دیگر مواظب تشریفات و ترتیبات متداول در جهان غرب باشد، چنانکه دیدیم.

از آنکارا شاه به اسلامبول رفت. در محل سرقنسولگری ایران دختران دانش آموز دبیرستان ایرانیان مقیم آن شهر به طور دسته جمعی چند آواز و سرود وطنی ایرانی را برای شاه خواندند که بسیار خوشحال شد. و به ایرانیان مقیم آنجا تاکید کرد که باید در حسن رابطه با ترکان کوشا باشند.

سفر ترکیه یک ماه به طول انجامید و رضا شاه در ۲۰ تیر ماه ۱۳۱۳، ۱۱ ژوئیه ۱۹۳٤ به تهران بازگشت. با اندیشه‌ها و برنامه‌هایی که شاید مهمترین آنها آزادی بانوان به اصطلاح آن زمان کشف حجاب یا چادربرداری بود. به قول حاج مخبرالسلطنه «رفع حجب یا حجاب سوقات آنکارا»[1]

در ماه‌های بعد از مراجعت از ترکیه رضا شاه با مساله دیگری مواجه شد و آن غائله مسجد گوهرشاد بود. کشف حجاب، عمومیت خدمت نظام وظیفه، لباس متحدالشکل که پایان یک دوره از تاریخ اجتماعی مردم ایران به شمار می‌آمد. بر بسیاری از محافل مذهبی و آخوندها خوش آیند نبود و مسلماً مخالفان سیاسی نظام از آن بهره‌برداری کردند.

در مسجد گوهرشاد مشهد اجتماعاتی برای اعتراض به این تدابیر تشکیل شد. تظاهر کنندگان از حاج حسین آقا قمی که پرنفوذترین روحانی شهر بود خواستند که در این اجتماعات شرکت کند و شخصاً با رضاشاه مذاکره نماید. به قولی او را مجبور کردند که به صحن مسجد گوهرشاد بیاید، که آمد ولی مذاکره با رضاشاه میسر نشد و طبیعی بود که نشود. هیاهو بالا گرفت. روضه‌خوانی به نام محمدتقی نیشابوری، معروف به شیخ بهلول که گویا قدرت کلام بسیار داشت و سخنانش عوام‌پسند بود گرداننده اصلی این ماجرا بود. از اطراف مشهد عده‌ای چماق‌دار و مسلح به اسلحه سرد به مسجد گوهرشاد آمدند که ماموران شهربانی موفق به جلوگیری از اجتماع آنان نشدند. سهل است مورد حمله و ضرب و شتم آنان قرار

۱- حاج مخبرالسلطنه، ٤۰۵.

گرفتند. نتیجه آن که هیاهو بالا گرفت و تبدیل به غائله شد.

نایب‌التولیه آستان قدس رضوی محمدولی اسدی (مصباح‌السلطنه) پیشکار سابق امیرشوکت‌الملک علم، معروف به امیر قائنات که از اطرافیان رضا شاه بود[۱] کوشیدند که با مذاکره و مصالحه غائله را آرام کند. بهلول را به دفتر خود فراخواند و سرانجام در کشیک خانه آستان قدس رضوی تحت نظر قرار داد که بی‌فایده بود و هیاهو به پایان نرسید.

رضاشاه در این جریان سخت برآشفته بود. به سرهنگ ایرج مطبوعی فرمانده تیپ خراسان در یک تلگراف رمز با کلماتی بسیار خشن پیغام داد که اگر فوراً به ماجرا پایان ندهد خودش (یعنی رضاشاه) به مشهد خواهد آمد و کار را یکسره خواهد کرد. مطبوعی بیمار و بستری بود اما چاره‌ای جز اطاعت اوامر فرمانده کل قوا نداشت. دستور به دخالت ارتش داد. قوای نظامی وارد مسجد گوهرشاد شدند و به قوه قهریه به ماجرا پایان دادند. تعداد تلفات را صد و هشتاد نفر نوشته‌اند[۲]. گفته شد که شیخ بهلول در اتومبیل نائب‌التولیه که نوعی مصونیت داشت از مسجد گوهرشاد خارج شده. به هر تقدیر او دیگر ناپدید شد و مأمورین موفق به یافتن رد پای او نشدند.

آیا رقابت و خصومت شدید میان نائب‌التولیه که می‌خواست استاندار خراسان شود با فتح‌الله پاکروان استاندار که می‌خواست نیابت تولیت آستان قدس رضوی را هم بدست آورد، عاملی در این بی‌نظمی‌ها نبود؟ نمی‌دانیم.

آیا واقعاً سهل‌انگاری اسدی سبب اصلی تجمع گروهی از مردم در داخل صحن مسجد گوهرشاد بود؟ آیا فرار او در اتومبیل نایب‌التولیه صحت دارد؟

---

۱ - علم (امیراسدالله، وزیر، نخست‌وزیر، مدیر عامل بنیاد پهلوی، رئیس دانشگاه پهلوی و وزیر دربار شاهنشاهی در زمان سلطنت محمدرضا شاه)، خاطرات، جلد هفتم که به طور مسلسل در دو هفته‌نامه راه زندگی چاپ لوس‌انجلس انتشار یافت، شماره ۱۳ دسامبر ۲۰۱۹.

۲ - همان منبع، همان شماره.

در حکم اعدام سرلشکر مطبوعی که به دستور روح‌الله موسوی خمینی انجام گرفت به رقم ۲۵ کشته و ۴۰ زخمی اشاره شده است: ایران در عصر پهلوی، جلد اول شگفتی‌های زندگی رضاشاه نوشته و تحقیق دکتر مصطفی الموتی، لندن ۱۳۶۷ صفحه ۴۰۷ (نام ناشر ذکر نشده و احتمالاً خود نویسنده کتاب است).

این‌ها سوالاتی است که از همان موقع مطرح شد و هنوز جوابی به آنها داده نشده. به ویژه که پرونده محاکمه مصباح‌السلطنه اسدی ناپدید شد و پس از شهریور ۱۳۲۰محققان مختلف موفق به دسترسی به آن نشدند.

اسدی به دستور رضاشاه بازداشت شد و تا اواخر آذرماه ۱۳۱۴ (دسامبر ۱۹۳۵) زندانی بود و سرانجام محکوم به اعدام شد که حکم در روز ۲۹ آذر اجرا گردید. در آخرین شب زندگی خود اسدی تقاضای دیدار امیرلشکر امان‌الله میرزا جهانبانی را می‌کند که در آن موقع فرمانده لشکر خراسان بود:

> «اسدی با حالتی بسیار مضطرب روی زمین نشسته بود. به محض رویت من جلو دوید و مرا در آغوش گرفت و گفت امان‌الله میرزا می‌خواهند مرا بکشند. شما با سابقه خوبی که با رضاشاه دارید می‌توانید به او مراجعه و حکم آزادی مرا بگیرید. من یک دنیا متاثر شدم و گفتم آقای اسدی اکنون شب است چگونه می‌توانم چنین کمکی را بکنم. او گفت راست می‌گویید ولی آیا نمی‌شود که مرا به طور راحت بکشند؟ در جواب ایشان (گفتم) که من تا به حال اعدام نشده‌ام که دقیقاً بدانم چطور بهترین و آسان‌ترین راه است. ولی تیرباران به نظر مناسب‌تر از همه چیز دیگر است و در آخر به او گفتم که حالا بهتر است که مردانه بمیرید و اظهار عجز نکنید.»
>
> گویا چنین هم شد.

در هنگام اعدام اسدی، ذکاءالملک فروغی رئیس والوزرا بود و دامادش فرزند او. خواست از پدر داماد خود شفاعت کند و موفق نشد. گویا میان او و رضاشاه سخنان تندی رد و بدل شد و فروغی استعفا داد که تا شهریور ۲۰ خانه نشین بود که رضاشاه برای نجات ایران و سلطنت پسرش به او متوسل شد.

شیخ بهلول ناپدید شد و از مرز افغانستان یا بلوچستان ایران را ترک کرد.

در اوائل سال ۱۳۴۲ خورشیدی، یعنی نزدیک سی سال پس از این ماجرا دوباره پدیدار شد. شادروان دکتر جواد صدر که در آن‌هنگام سفیر شاهنشاهی در توکیو بود می‌گفت که روزی پیرمردی غیرمعمم در دفترش به دیدار او آمد و خود را همان شیخ بهلول معرفی کرد و گفت که می‌خواهد به ایران برگردد. دکتر صدر

به او پاسخ داد که ایرانی است و مانعی برای مراجعت او نیست ولی پرسید بعد از ماجرای مسجد گوهرشاد و تا به حال کجا بودید بهلول می‌گوید به افغانستان رفتم و از آنجا به ممالک مختلف سفر کردم و به سیر آفاق و انفس مشغول بودم. اما توضیح نداد به خرج چه کسی یا کسانی و چگونه امرار معاش می‌کرده و دکتر صدر می‌پرسد که اکنون چه گذرنامه‌ای دارید؟ بهلول می‌گوید گذرنامه اندونزی. سفیر ایران از او می‌خواهد که گذرنامه‌اش را بیاورد و تحویل دهد و در مقابل آن گذرنامه ایرانی بگیرد. بهلول رفت و دیگر نیامد[۱]. اما پس از انقلاب اسلامی به ایران بازگشت و در ستایش خود مصاحبه‌ها کرد و مورد احترام مقامات رژیم ناشی از انقلاب قرار گرفت.

ایرج مطبوعی که دیگر سرلشکر بازنشسته و سناتور انتصابی بود پس از انقلاب توقیف و زندانی و چهل و چهار سال بعد از واقعه مسجد گوهرشاد به دستور خمینی به قتل رسید. سرلشکر ایرج مطبوعی مردی بود فرهیخته و محترم و میهن دوست که با شجاعت جان سپرد.

دو واقعه دیگر را در ارتباط با خراسان باید در این فصل ذکر کرد. هر دو در نخستین سال‌های سلطنت رضاشاه روی دادند که ایران هنوز دستخوش بعضی نافرمانی‌ها و بی‌نظمی‌های دوران گذشته بود.

نخستین آنها ماجرای ظلم و فساد امیر لشکر شرق، جان محمدخان فرزند علاءالدوله دولو است که در سال ۱۳۰۵ روی داد. گزارش‌های نگران کننده‌ای از رفتار و بدکاری‌های وی می‌رسید که سبب نگرانی شاه شد و به عادت خود تصمیم گرفت به مشهد عزیمت کند، حقیقت را دریابد و به ماجرا خاتمه دهد. خزانه خالی بود. شاه ناچار شد برای این مسافرت یکصد هزار تومان شخصاً از بانک شاهی قرض کند. وضع و حال ایرانی که به او رسیده بود.

به امیر لشکر جهانبانی دستور داد گروه کوچکی نظامی با یک دستگاه زره‌پوش همراهش باشند. علاوه بر رئیس ارکان حرب یعنی جهانبانی، تیمورتاش، دبیراعظم بهرامی، سردار اسعد بختیاری، قائم مقام‌الملک رفیع و سرتیپ محمدحسین آیرم نیز در التزام بودند.

---

۱ - روایت شادروان دکتر جواد صدر، نویسنده کتاب.

جان محمدخان از یاران رضاشاه و اندکی قبل در ۱۲ اردیبهشت (۳ مه ۱۹۲٦) به دریافت نشان سپه نائل شده بود. اما چون به فرماندهی نظامی منطقه شرق رسید بنای بدکاری و سوء استفاده گذاشت که بزودی شهرت آن در سرتاسر کشور پراکنده شد.

جان محمدخان در نخستین سفر خود به بجنورد مورد استقبال شایان سردار معزز رئیس ایل شادلو قرار گرفت و وارد منطقه شد. سردار معزز در همه بازدیدها همراهش بود و هنگام بازگشت هدایای گرانبهایی به او تقدیم می‌کند. در محل دروازه شهر به اتفاق تنی چند به بدرقه‌اش می‌آیند. جان محمدخان توقف نکرده به راه خود ادامه می‌دهد که ناچار سردار معزز و همراهانش برای آنکه اسائه ادبی نکرده باشند، به دنبال او به راه می‌افتند تا به دروازه مشهد می‌رسند. پس از پیاده شدن جان‌محمدخان آنها هم از اتومبیل‌های خود پیاده می‌شوند تا خداحافظی کنند. جان محمدخان به سردار معزز می‌گوید از پذیرایی شما خیلی متشکرم. حالا من هم آماده پذیرایی از شما هستم. از دور چند دار را نشان می‌دهد و مقرر می‌کند که همه را به دار بیاویزند. جان محمدخان از مصادره اموال سردار معزز ثروت فراوانی به دست آورد. اما به این هم اکتفا نکرد قسمتی از حقوق و مزایای افسران خود را نمی‌پرداخت و بالا می‌کشید که یکی از علل اصلی شورش مراوه تپه بود که به آن خواهیم پرداخت.

با توجه به این گزارش‌ها رضاشاه جان محمدخان را از فرماندهی منطقه خراسان عزل می‌کند و سمت او را به امیر لشکر امان‌الله‌خان جهانبانی رئیس کل ارکان حرب قشون تفویض می‌نماید که در سفر همراه او بود.

با این حال جان محمدخان در شاهرود به اتفاق جمعی دیگر به استقبال رضاشاه آمد و یک چک صد و هشتاد هزار تومانی به وی تقدیم کرد که شاه آن را گرفت و دستور داد به حساب ارتش واریز شود. رفتارش با جان محمدخان بسیار سرد و دور از مودتی بود که تا اندکی پیش به وی ابراز می‌داشت. چون به مشهد رسیدند، رضاشاه در جمع افسران شدیداً از «قدم‌های کج» و «تعدیات» بعضی از صاحب‌منصبان ابراز نارضایتی می‌کند و می‌افزاید:

«وقتی فرمانده لشکر تعدی کند و قوانین را زیر پا بگذارد و علناً خیانت

کند و حقوق و مقرری افسران و افراد را حیف و میل نماید وضع بهتر از این نمی‌شود. من باید با تمام گرفتاری‌ها به خراسان بیایم و به شکایات رسیدگی کنم.»

رضاشاه در جمع هشتاد و چهار نفری صاحب منصبان لشکر خراسان به افسر جوانی نایب (ستوان) اول نیکجو دستور می‌دهد که پاگون تنی چند از افسران را با قیچی ببرد. نیک‌جو امر شاه را اطاعت می‌کند تا این‌که به نخستین منصب ایستاده در صف یعنی جان محمدخان می‌رسند که می‌دانست این سرنوشت در انتظار او هم هست، چون گناهکار اصلی بود. هنگامی که نیکجو به سوی او می‌رود جان محمدخان با خشم پاگون خود را کنده به پای شاه می‌اندازد و نیکجو کار را تمام می‌کند و پاگون دیگر و نشان‌های او را می‌گیرد.

شاه به امان‌الله میرزا دستور داد که جان محمدخان را بعد از ظهر همان روز در میدان عمومی شهر و در برابر مردم تنبیه کنند، یعنی شلاق بزنند. فردای آن روز که همگی عازم خروج از شهر و حرکت به سوی منطقه گرگان بودند از امان‌الله میرزا پرسید آیا دستور مرا اجرا کردید؟ با شنیدن جواب منفی رضاشاه با خشم از او پرسید شما چطور خلاف امر من عمل کردید و پاسخ می‌شنود «اگر یک سرتیپ ارتش را با چنین شکلی تنبیه کنیم باید با آبروی ارتش خداحافظی کرد.» رضا شاه بعد از قدری تفکر گفته بود «درست می‌گویی، او را بفرستید تهران[1]» امر شاه اجرا شد. جان محمدخان را به زندان فرستادند. مقرر شد تسلیم محکمه نظامی شود و حکم اعدام در انتظارش بود.

در این هنگام مشیرالدوله (حسن پیرنیا) که فوق‌العاده مورد احترام رضاشاه بود وساطت کرد و او را که با وی نسبتی داشت نجات داد. گویا جان محمدخان در سال‌های آخر عمرش معتاد و حتی دیوانه شده بود که کاری به کار او نداریم.

یکی از علل حرکت رضاشاه به خراسان و رسیدگی به اعمال جان محمدخان شورش مراوه تپه بود که در کتاب‌ها و مقالات مربوط به زندگی بنیان‌گذار سلسله پهلوی کمتر به آن اشاره شده و می‌شود. به علت عدم وصول حقوق و مسامحه‌های

---

۱ - ماجرای جان محمدخان مستند است به خاطرات سپهبد جهانبانی صفحات ۵۹ تا ٦٤ و شگفتی‌های زندگی رضاشاه که در آن به یاد داشت و روایات مختلف با ذکر منبع اشاره شده، صفحات ٤۳۰ الی ٤۳٤.

دیگر جان محمدخان، پادگان مراوه تپه که فرماندهی آن با سلطان جهانگیرخان سالار جنگ معروف به مهاک‌خان بود سر به طغیان و شورش زد. نفرات مهاک‌خان بجنورد را تصرف کردند و پنج تن از صاحب منصبان و درجه‌داران را که از او اطاعت نمی‌کردند در ملاء عام اعدام نمودند. سپس به سوی شیروان و قوچان به قصد تصرف شهر مشهد حرکت کردند. در آن ماه‌های اول سلطنت رضاشاه، هر افسری که نیرویی در اختیار داشت نمی‌توانست چنین اندیشه‌هایی در سر داشته باشد. افراد لشکر مشهد که دیگر فرماندهی آن با امان‌الله میرزا بود، شورش را فرو نشاندند و مهاک‌خان در سرحد باجگیران اسلحه خود و چند تن از اطرافیانش را به مامورین شوروی تسلیم کرد و بعد به آن کشور پناهنده شد که به این ترتیب غائله پایان یافت.

***

ماجرای مسجد گوهرشاد و شیخ بهلول و پیش از آن حرکات جان محمدخان و شورش محدود مراوه تپه، مهمترین دل‌مشغولی‌های سال‌های نخست سلطنت رضاشاه در منطقه خراسان بود. متاسفانه واقعه مسجد گوهرشاد و بازداشت و محاکمه و اعدام مصباح‌السلطنه اسدی به کناره‌گیری ذکاءالملک فروغی انجامید که شاید اگر دولتش ادامه می‌یافت به سلطنت رضاشاه چهره و ظاهر بهتری می‌داد.

چه بسا فروغی می‌اندیشید که وساطت او از پدر دامادش کمتر از وساطت مشیرالدوله از جان محمدخان نیست که بار گناهان و کج رفتاری‌هایش به مراتب سنگین‌تر بود. اما رضاشاه دیگر همان پادشاه دو سال اول سلطنت نبود. قدرت و نفوذش مستقر و مستحکم شده و چاپلوسان و محرکان دورش را گرفته بودند. هرچه بیشتر از سلطنت دور می‌شد و به حکومت گرایش می‌یافت گرچه تاکید و اصرارش بر انجام اصلاحات ضروری و پیشرفت و تحول مملکت هم‌چنان ادامه داشت و بلکه افزایش یافت.

نخست‌وزیر دیگری، محمود جم (مدیرالملک) جای فروغی را گرفت و فصل دیگری در سلطنت رضاشاه پهلوی آغاز شد.

فصل نهم

در جستجوی یک سیاست خارجی

با جنگ دوم ایران و روس و عهدنامه ترکمانچای که پیشتر به آن اشاره کردیم، نه تنها ایران از قسمت مهمی از مناطقی را که قرنها جزئی از این کشور به شمار می‌آمدند از دست داد، بلکه با قبول اصل کاپیتولاسیون[1] یا حق قضاوت قنسولی نوعی قیمومیت خارجیان را به سیاست و حاکمیت داخلی خود پذیرفت.

در قرارداد پاریس (مارس ۱۸۵۷) ایران کلیه حقوق خود را در آسیای مرکزی از دست داد. به موازات آن امپراطوری بریتانیا بر قسمت مهمی از بلوچستان و مجمع‌الجزایر بحرین دست انداخت و حتی سه جزیره کوچک واقع در تنگه هرمز را تحت تسلط خود درآورد که در زمان سلطنت محمدرضا شاه پهلوی بازپس گرفته شد.

پس از قتل امیرکبیر، ایران دیگر نه حکومتی شایسته داشت و طبیعتاً نه سیاست خارجی مستقل و مشخصی. دوران «توازن مثبت» بین دو امپراطوری بزرگ بریتانیا و روسیه و نفوذ «سفارتین»[2] در اتخاذ تصمیمات مملکتی تا کودتای سوم اسفند ادامه یافت. مشروطیت با تمام حسن نیت بانیان و رهبران میهن دوست آن دردی را دوا نکرد و قرارداد ۱۹۰۷ که ایران را به دو منطقه نفوذ تقسیم می‌کرد مشکلی بر مشکلات افزود.

در آستانه قدرت سردار سپه، چنانکه دیدیم، ایران در حال فروپاشی بود. قدرتی نداشت تا سیاست خارجی شایسته‌ای داشته باشد.

در عهد سردار سپه، از همان آغاز که قدرت یافت و به ویژه در زمان پادشاهی‌اش چند مشی اساسی در سیاست خارجی ایران پدیدار شد.

گام اول سیاست خارجی رضاشاه الغای کاپیتولاسیون بود که در دهم

---

1 - Capitulation

۲ - اصطلاح معمول در آن زمان.

اردیبهشت ۱۳۰۶ (اول مه ۱۹۲۷) مستوفی‌الممالک رئیس‌الوزرا آن را در مجلس شورای ملی اعلام کرد. اندکی قبل از آن در بیستم بهمن (ده فوریه ۱۹۲۷) علی‌اکبر داور وزیر عدلیه تشکیلات قدیمی آن را که تحت نفوذ کامل روحانیون و متکی به قوانین شرع بود منحل کرد و چند روز بعد سازمان دادگستری نوین ایران را رسمیت بخشید. راه برای الغای حق قضاوت قنسولی گشوده شده بود و دولت آن را به همه سفارت‌خانه‌های مقیم دربار شاهنشاهی ابلاغ نمود. به این ترتیب بهانه قانونی برای مداخله دول خارجی در امور محاکم ایران بسته شد.

یکی از مهمترین اصول و مبانی سیاست خارجی ایران در زمان رضاشاه حسن رابطه با کشورهای همسایه بود که او شخصاً و دائماً بر آن نظارت می‌کرد و مراقبت داشت. طبیعتاً افغانستان نخستین آنان بود. خاطره فتنه افغان و فجایع آن که به پایان سلطنت صفویه انجامیده بود هرگز فراموش نمی‌شد و نادر به عنوان مظهر رهایی ایران و یک قهرمان تاریخی در میان ایرانیان محبوبیت و مقام خاصی داشت. اما مردم ایران همیشه افغانستان و ملت آن را به عنوان کشور برادر تلقی می‌کردند. مگر نه آنکه زبان فارسی دری هنوز زبان رسمی آن کشور بود و بسیاری از مفاخر تاریخ تمدن و فرهنگ ایران افغانی نیز بودند و هستند. تا زمان سلطنت ناصرالدین شاه قاجار قسمت مهمی از افغانستان جزیی از ایران بود که بر اثر مداخله نظامی و سیاسی امپراطوری بریتانیا از کشور ما جدا شد.

نتیجه آن‌که پادشاه افغانستان، امان‌الله خان به اتفاق ملکه آن کشور با کشتی‌های شوروی در ۱۶ خرداد ماه ۱۳۰۷ (۶ ژوئن ۱۹۲۸) نخستین رئیس مملکت خارجی بود که به ایران سفر می‌کرد. مسافرت او از راه شوروی و از طریق دریای خزر اندکی ایجاد شگفتی کرد ولی به هر حال قدمی در راه تحکیم روابط دو کشور به حساب می‌آمد.

چهار روز بعد دو پادشاه در کاخ سعدآباد با یکدیگر ملاقات می‌کردند و نخستین شام رسمی دوران سلطنت رضاشاه به افتخار پادشاه افغانستان ترتیب داده شد. در ایران کشف حجاب هنوز انجام نشده بود. بنابراین ملکه افغانستان میهمان ملکه تاج‌الملوک بود و برنامه‌ای جداگانه داشت.

هم‌چنین رضاشاه از مشیرالدوله خواست که ضیافتی به افتخار او ترتیب

دهد که گویا بسیار باشکوه بود[۱]. پادشاه ایران اهل تشریفات نبود و حوصله آن را نداشت. امان‌الله خان شاید به دلایل روانی بسیار مقید بود که برای وی احترامات خاص قایل شوند و مشیرالدوله از این لحاظ بسیار دقیق بود و او را راضی و خشنود کرد.

امان‌الله‌خان که دیگر بایستی او را شاه امان‌الله بنامند در کشور خود همان سیاستی را در پیش گرفت که آتاتورک در ترکیه آغاز کرده بود[۲]. ابتدا در قراردادی با لندن استقلال سیاست خارجی کشور خود را مسجل کرد و برای حفظ تعادل با روسیه شوروی نزدیک شد و با آن کشور نیز همان پیمان دوستی و تفاهم بست. وی در ۱۹۱۹ به جای پدر خود که به قتل رسیده بود به قدرت رسید[۳] و در سال ۱۹۲۳ خود را رسماً پادشاه خواند.

سیاستی که امان‌الله‌خان در افغانستان در پیش گرفت بسیار شبیه روش‌های رضاشاه بود. ایجاد مدارس غیرمذهبی، ممنوعیت حجاب برای زنان، بنیان‌گذاری عدلیه مستقل از «شریعت»، اصلاحات اداری و ...

میان دو پادشاه وجوه تشابه زیادی وجود داشت. امان‌الله‌خان با شورش قشریون مذهبی که رهبری آنها با شخصی به نام و یا لااقل مشهور به «بچه سقا» بود روبرو شد و ناچار از کشور خود گریخت و به اروپا رفت و در ۲۵ آوریل ۱۹۶۵ در زوریخ درگذشت[٤]. برای شاه امان‌الله برنامه خاصی در تهران ترتیب داده شد. او از مدرسه عالی حقوق و علوم سیاسی و مدارس نظامی ایران نوین بازدید کرد و یک «پروتکل» اعاده مجرمین و متهمین بین دو کشور به امضا رسید.

۱ – روایت اردشیر زاهدی نوه مؤتمن‌الملک پیرنیا (برادر کوچکتر مشیرالدوله) که در آن موقع رئیس مجلس شورای ملی بود.

۲ –در مورد امان الله‌خان و اوضاع افغانستان در این دوران از جمله نگاه کنید به :
Fitouzeh Nahavandi, L'Asie du Sad-O uest Afghanistan , Iran, Pakistan, Paris, Harmattan 1991

و از همان نویسنده:
Afghanistan, Bruexelles, de Boeck, 2019

۳ – امان‌الله‌خان فرزند حبیب‌الله‌خان امیر افغانستان و او پسر عبدالرحمن خان بود که بسیاری وی را پدر افغانستان جدید یا در حقیقت افغانستان می‌نامند.

٤ – گویا امان‌الله خان در اواخر زندگی خود و پس از آغاز کامیابی‌های ایران در زمینه اصلاحات اجتماعی (انقلاب سفید) از محمدرضا شاه تقاضای ملاقات کرد که ظاهراً انجام نشد. شاید تهران نمی‌خواست موجبی برای گلایه پادشاه و حکومت افغانستان پدید آورد.

رضاشاه همه جا او را همراهی می‌کرد و هر دو در کنار یکدیگر با کالسکه سلطنتی یا اتومبیل در تهران حرکت می‌کردند:

«اما پیش‌آمدها آن طور که باید و شایسته بود مسیر خود را طی نکردند و به اصطلاح آب رضاشاه و امان‌الله خان در یک جوی نتوانست جاری شود... در طی اقامت خود در تهران پادشاه افغانستان روش بسیار متکبرانه‌ای پیش گرفت... سعی داشت که اغلب پیشاپیش رضاشاه و حتی بدون اعتنا به او قدم برداشته و به خیال خود آن طور وانمود کند که چیزی از پادشاه ایران کمتر ندارد. رضاشاه که تحمل این‌گونه حرکات را نداشت کم کم حوصله‌اش از امیر به سر آمد.[۱]»

به هر تقدیر در ۲۶ خرداد ماه ۱۳۰۷ (۱۶ ژوئن ۱۹۲۸) امان‌الله تهران را به سوی مشهد و از آنجا کشور خود ترک کرد. در مشهد نیز برخوردهای تشریفاتی نامطلوبی روی داد.

پس از سقوط و فرار امان‌الله، بچه سقا خود را پادشاه افغانستان نامید اما دوران قدرتش بسیار کوتاه بود و با شورش ایلات کشور و مردم کابل مواجه شد. که سرانجام او را به دار آویختند. اما سیاست دوستی و تفاهم ایران با افغانستان هم‌چنان ادامه یافت- چنانکه خواهیم دید- ماجرای بچه سقا جمله معترضه‌ای بیش نبود.

***

کشوری که امروز عراق نامیده می‌شود، همسایه مهم دیگر ایران بود که اکنون نیز هست.

عراق کنونی به تقریب با منطقه‌ای تطبیق می‌کند که سابقاً بین‌النهرین نامیده می‌شد و در کتب تواریخ غربی آن را مزوپوتامی[۲] می‌خواندند و گهواره بعضی از تمدن‌های بزرگ عهد عتیق از جمله آشور[۳] و بابل[۴] به شمار می‌آید. از زمان کوروش بزرگ و تاخت و تاز اسکندر مقدونی این سرزمین جزئی از شاهنشاهی ایران بود. اما به سنت آن روز ایرانیان به زبان و عادات و فرهنگ ساکنان آن احترام

---

۱ – جهانبانی ۲۰۱، ۲۰۲.

2 -Mesopotamie.
3 -A ssyrie.
4 -Babylone.

گذاشته می‌شد. تسلط کوتاه اسکندر و یونانیان تعادل دیرین این منطقه را بر هم زد و سپس بین‌النهرین شاید علت اصلی جنگ‌های هفتصدساله ایران و روم بود. هدف ایران وصول به دریای مدیترانه بود و هدف رومیان در درجه اول تسخیر تیسفون که از زمان اشکانیان پایتخت شاهنشاهی بود و دوبار هربار به مدت چند روز موفق به آن شدند و اصولاً تسلط بر شرق، لااقل به هنگام قدرت آن امپراطوری. اما در مجموع کامیابی با ایرانیان بود و تیسفون جلال و اهمیتی داشت که در همه کتب و روایات آمده. چه در زمان اشکانیان و چه در زمان ساسانیان که عظمت ویرانه‌های طاق کسری پس از گذشت قرن‌ها شاهد آن است و دست کمی از تخت جمشید ندارد.

حمله عرب اوضاع را به کلی دگرگون کرد. پس از سقوط بنی‌امیه و بر روی کار آمدن عباسیان، بغداد در کنار تیسفون که به آن مداین نام نهاده بودند پایتخت امپراطوری بنی‌عباس شد که هر چه داشتند مدیون ایرانیان بود. یعقوب لیث موفق به تسخیر بغداد نشد. اما عضدالدوله دیلمی آن شهر را گشود و ایرانی کرد و خلیفه را از آنجا راند و بار دیگر عنوان شاهنشاه ایران را برگزید که خوش درخشید ولی دولت مستعجل بود. ساکنان منطقه دیگر هویت و زبان خود را از دست دادند و عرب شدند. حمله مغول به همه این ماجراها برای همیشه پایان داد. ترکان بیش از دو قرن بر این سرزمین مستولی بودند. تسلط بر عراق بار دیگر موجب برخورد دو امپراطوری بزرگ آن زمان شد، صفویه و عثمانی که گاه توفیق با ایرانیان بود و گه گاه با ترکان عثمانی. از دوران کوتاه درخشان نادرشاه افشار که بگذریم در قرون هجده و نوزده پیشرفت کارها با عثمانی بود که عراق را به چند «ولایت» نیمه مستقل تبدیل کرد و تغییرات و اصلاحاتی را نیز در آنجا انجام داد. اما دیگر عراق کنونی موجودیتی نداشت، کشوری نبود، هیچ‌کس آن را به این نام نمی‌شناخت، چرا که هرگز وجود نداشت.

امپراطوری عثمانی که از ده‌ها سال قبل از آن انحطاطش آغاز شده بود در جنگ‌جهانی اول (۱۹۱۸ — ۱۹۱٤) به دو امپراطوری آلمان و اتریش پیوست. شکست این اتحاد سه‌گانه سرنوشت سرزمین‌هایی را که اکنون عراق می‌نامیم معین کرد. فرانسه و بریتانیای کبیر، منطقه خاور نزدیک و میانه را بر اساس ضوابط

سیاسی و اقتصادی به چند کشور تقسیم کردند و احیاناً بر هر یک نامی نهادند.

ولایات موصل و بصره و بغداد تبدیل به عراق شد که چرچیل در آن موقع امیرالبحر (لُرد اول دریاداری) بود می‌خواست آن را با ترکیبی از کردهای آریایی‌نژاد و اعراب شیعه و سنی که همواره در دشمنی و رقابت با یکدیگر بودند و اقلیت کوچکی مسیحی «مملکتی غیرقابل حکومت» بسازد تا لندن اختیار آن را داشته باشد و به ویژه نفت آن را بهره‌برداری کند. سیاست معروف «تفرقه بیانداز و حکومت کن» که روش همیشگی لندن بود. امیرفیصل فرزند شریف مکه را که قهرمان شورش بر ضد امپراطوری عثمانی شده بود بر تخت سلطنت این کشور نشاندند که ابتدا رسماً تحت‌الحمایه بریتانیا بود و در سال ۱۹۳۰ به نوعی استقلال محدود نائل شد. در کنار او و جانشینانش، نوری سعید پاشا، مردی هوشمند، مدیر و مدبر و دنیا دیده اما دست نشانده علنی لندن، سررشته کارها را به دست داشت که در کودتای خونین ۱۹۵۸ به سرنوشت شومی دچار شد.

ایران مانند اکثر کشورهای دیگر دولت جدید عراق را به رسمیت شناخت و توفیق‌بیک سویدی نخستین وزیر مختار این حکومت نوپا در ۱۹ فروردین ۱۳۱۰ (۲۹ آوریل ۱۹۳۱) استوارنامه‌های خود را به رضاشاه تقدیم شد.

ملک فیصل پادشاه عراق در سوم اردیبهشت ۱۳۱۱ (۲۳ آوریل ۱۹۳۲) به دعوت رسمی رضاشاه به ایران سفر کرد. استقبال رسمی در سرحد به وسیله فروغی وزیر امور خارجه انجام گرفت. نوری سعید پاشا رئیس الوزرای عراق همراه ملک فیصل بود. «مجالس آراسته به تجلیل پادشاه ترتیب یافت، منجمله در عمارت بلدیه و بعضی مسائل جاری به خوشی فیصل یافت.»[1]

ایران، ایران چندسال پیش نبود. ملک فیصل رفتار و شخصیتی کاملاً متفاوت با امان‌الله خان پادشاه مخلوع افغانستان داشت و سفر رسمی وی به ایران با رعایت کلیه تشریفات معمول آن روز و بدون اتفاقات نامطلوب انجام گرفت.

روابط ایران و عراق هرگز خالی از اشکال نبود. سرحدات دو کشور مخصوصاً مساله شط‌العرب همواره تنش‌هایی به وجود می‌آورد. با این احوال در ۱۷ تیرماه ۱۳۱۶ (۸ ژوئیه ۱۹۳۷) ایران و عراق و ترکیه و افغانستان پیمان سعدآباد را امضا

۱ – حاج مخبرالسلطنه، ۳۲۳.

کردند. به موجب این پیمان دول امضا کننده متعهد شدند که سیاست عدم مداخله مطلق در امور داخلی یکدیگر را رعایت کنند و به سرحدات مشترک احترام بگذارند و در صورت بروز مداخلات خارجی به یاری یکدیگر بیایند. چند روز بعد در ۲۷ تیرماه ۱۳۱۶ (۱۸ ژوئیه) عهدنامه مودتی میان دو کشور ایران و عراق مشتمل بر چهارده ماده به امضا رسید. هنگامی که در سال ۱۹۴۰ به اعتماد حمایت آلمان‌ها که جنگ دوم جهانی را آغار کرده بودند. رشید عالی گیلانی نخست‌وزیر ملی‌گرای عراق به قیامی علیه تسلط بریتانیا بر کشور خود دست زد، قوای انگلیسی که در حبانیه پایگاه نظامی اصلی این کشور در منطقه مستقر بودند آن را به شدت سرکوب کردند. رشید عالی به ایران پناهنده شد و به دستور رضاشاه با احترام او را حفاظت کردند و سرتیپ فضل‌الله زاهدی (سپهبد بعدی) ترتیب مسافرت وی را به ترکیه و سپس آلمان داد که هم به گلایه‌های لندن از رضاشاه افزود چرا که دولت عراق تقاضای استرداد او را کرده بود و هم به کینه انگلیسی‌ها نسبت به زاهدی که از زمان ماجرای خزعل آغاز شده بود.

به هر تقدیر هنگامی که در شهریور بیست شوروی و بریتانیا به خاک ایران تجاوز کردند، فقط ترکیه به ارسال یک یادداشت اعتراض به دو دولت اکتفا کرد و دو دولت دیگر دم بر نیاوردند.

البته پایگاه عظیم حبّانیه مرکز ثقل اصلی تجاوز انگلیسی‌ها به ایران بود. به هر حال از این کشورها کاری در برابر دو ابرقدرت جهان آن روز بر نمی‌آمد.

عراق حتی در سال‌های حسن رابطه رسمی، بالقوه یا بالفعل، مساله‌ای برای ایران بود. جز در فاصله میان ۱۹۷۵ یعنی قرارداد الجزیره در زمان سلطنت محمدرضا شاه تا ۱۹۷۹ و پیروزی انقلاب اسلامی. از آن پس نیز چنین است که جنگ هشت ساله ایران و عراق و وضع کنونی آن کشور نمونه‌های بارز آن به شمار می‌آیند. اما این‌ها دیگر در حوصله و موضوع کتاب حاضر نیست.

***

روابط با اتحاد جماهیر شوروی در این سال‌ها عادی و بدون مساله بود. مسکو در مرزهای جنوبی خود کشوری می‌خواست که پایگاه رقیب اصلی‌اش در جهان آن روز یعنی بریتانیای کبیر نباشد. ایران نه تنها پایگاهی به هیچ کشور خارجی نداد

بلکه سیاستی در پیش گرفته بود که علناً دوری و یا حتی ایستادگی در برابر لندن بود. چنانکه خواهیم دید. دوران سلطنت رضاشاه متقارن بود با حکومت استالین در اتحاد جماهیر شوروی و پیروزی او بر لئون تروتسکی[1] هوادار تشویق انقلاب در همه کشورها به خصوص ممالک شرقی. البته شوروی‌ها محرمانه از شبکه‌ها و نهضت‌های کمونیستی در کشور ما حمایت می‌کردند و دولت ایران نیز شدیداً با آنان رفتار می‌نمود[2]. اما روابط دو دولت حسنه بود. مسافرت ایرانیان به اروپا تقریباً همیشه از راه روسیه انجام می‌گرفت و هرگاه مسافران از مقامات رسمی بودند از آنان به گرمی پذیرایی و یا لااقل رفتار می‌شد. هنگامی که ولیعهد و همراهانش به اروپا می‌رفتند از آنان در راه سفر تجلیل فراوان به عمل آمد. مسکو اجازه داد که ناوچه‌ها جنگی که ایران برای مراقبت بر بنادر دریای خزر خریده بود از راه ولگا و شمال این دریا به ایران بیایند. هم‌چنین ناو سلطنتی شهسوار که در بندر پهلوی پهلو گرفت و در زمان محمدرضا شاه به قسمتی از موزه نیروی دریایی ایران تبدیل شد ولی عملاً هرگز از آن استفاده‌ای نشده بود.

با تمام این احوال پس از سوم شهریور رضاشاه سخت بیمناک بود که اسیر ارتش سرخ شود که فرار به سوی جنوب را ترجیح داد. شاید هم به توصیه فروغی نخست‌وزیری که ایران و سلطنت پهلوی را نجات داد و محمدرضا شاه که به اوضاع جهان و به نحوه عمل روس‌ها آشنا بود، این راه حل را برگزیدند.

به هر تقدیر در روابط دو دولت ایران و اتحاد جماهیر شوروی تا جنگ دوم جهانی مسأله و بحران خاصی وجود نداشت.

***

مناسبات با امپراطوری بریتانیا اهمیت و ابعاد دیگری داشت

پس از ناکامی قرارداد ۱۹۱۹ که ایران را به صورت نیمه مستقل و تحت‌الحمایه عملی بریتانیای کبیر در می‌آورد لندن کودتای سوم اسفند ۱۲۹۹ را ترتیب داد. به این امید که سیدضیاء که دست نشانده آنان بود سر رشته کارها را بدست بگیرد آنچه را می‌خواستند عملی کنند. یعنی کشوری منظم اما در عمل در اختیار آنان

1 - Leon Trotsky.

۲ – نگاه کنید به فصل دیگر این کتاب، تاریکی و روشنائی.

که بتواند حائلی میان نفوذ احتمالی اتحاد جماهیر شوروی و امپراطوری بریتانیا به خصوص هندوستان گوهر یکتای آن باشد. اما سیدضیاء روزنامه‌نویس و ناطقی زبردست بود ولی نوری سعید نبود. چنانکه دیدیم بازوی اجرایی این کودتا لشکر قزاق بود و از همان روزهای اول توفیق آن، برخوردها تند و شدید میان فرمانده این لشکر یعنی رضاخان میر پنج (سردار سپه) و انگلیس‌ها آغاز شد. در مقابل اراده ملی گرای سردار سپه، هیاهوی سید به حساب نمی‌آمد و وزنه‌ای نبود. از نخستین روزهای قدرت سردار تا ۲۵ شهریور ۱۳۲۰ رودررروئی میان او و لندن ادامه یافت. نوعی جنگ فرسایشی که تحریکات زیرزمینی آن را نمی‌دانیم ولی بعضی اقدامات ظاهری نشان از وسعت و تداوم آن دارد:

در دوم اردیبهشت ۱۳۰۲ سردار سپه به امیر لشکر جنوب رسماً و کتباً دستور داد که در بلوچستان، منطقه بختیاری، مناطق نفت‌خیز جنوب و سواحل خلیج فارس مواظب تحریکات انگلیسی‌ها باشد و قسمتی از لشکر مرکز را برای کمک به قوای جنوب اعزام داشت.

اندکی بعد، در سی‌و یکم اردیبهشت (۲۱ مه ۱۹۲۳) سرپرسی لُرن وزیر مختار بریتانیای کبیر در ایران طی گزارشی برای لرد کورزن وزیر خارجه آن کشور از اعتلای قدرت سردار سپه که ممکن است منافع نفتی انگلستان را به خطر اندازد اظهار نگرانی کرد و هشدار داد که تا دیر نشده دولت متبوع وی اقداماتی را که ضروری است در این مورد معمول دارد.

نگرانی‌ها ادامه داشت. در ١٤ مهر ۱۳۰۲ سردار رسماً به روسای ایلات کشکولی منطقه اخطار کرد که نمایندگان کمپانی نفت ایران و انگلیس قصد مذاکره و عقد قراردادهایی با آنان در مورد حفظ امنیت منطقه دارند. سردار افزوده بود:

> «از طرف من به کلیه آنان قدغن کنید که دخالت در این قبیل امور از وظایف مخصوص دولت است و افراد ایل حق ندارند که به این‌گونه امور دخالت نمایند.»

در ۱۷ تیر ۱۳۰۳ (۸ ژوئیه ١٩٢٤) کارگزار کردستان به سردار سپه که دیگر رئیس‌الوزرا بود گزارش داد که عمال انگلیس مشغول پخش اسلحه میان عشایر کردستان به منظور تشویق آنان به شورش علیه دولت مرکزی هستند.

طبیعی است دولت عکس‌العمل فوری نشان داد و بر مراقبت‌های مامورین لشکری و انتظامی در منطقه افزود.

در پاییز سال ۱۳۰۳ بود که ماجرای شیخ خزعل پیش آمد و دولت به شرحی که دیدیم به غائله پایان داد.

در ۲۷ بهمن ۱۳۰۸ (۱٤ فوریه ۱۹۳۰) قوای انگلیسی در جزایر تنب و ابوموسی پیاده شدند. پرچم آن کشور را برافراشتند که با اعتراض شدید و بی‌حاصل دولت ایران مواجه شد. ایران نه نیروئی برای استقرار مجدد حاکمیت خود بر این منطقه داشت نه توانائی رودررروئی نظامی با بزرگترین قدرت جهان آن روز را.

در تابستان ۱۳۰۹ (ژوئن - ژوئیه ۱۹۳۰) معلوم شد که افراد انگلیسی وابسته به شرکت نفت جنوب در منطقه کهکیلویه رفت و آمدهایی دارند و به تحریک عشایر آنجا علیه دولت می‌پردازند. کار به آنجا رسید که سفارت ایران در لندن یادداشت اعتراض محکمی به وزارت خارجه انگلستان فرستاد و خواستار پایان دادن به این حرکات شد.

در تابستان ۱۳۱۱ رودرروئی بزرگ ایران با بریتانیای کبیر بر سر شرکت نفت جنوب آغاز شد.

رضاشاه نیاز کشور را برای تحقق اصلاحات و نوسازی زیربنای اقتصادی و فرهنگی و تقویت قوای نظامی به خوبی می‌دانست و احساس می‌کرد. در همه این‌کارها شتاب فراوان داشت. می‌خواست ایران را هرچه زودتر به کشوری نو، به کشوری کاملاً متفاوت با مملکت از هم پاشیده و ناتوانی که از قاجار به او رسیده بود، تبدیل کند.

همه این‌ها نیاز به اعتبار و امکانات مالی داشت. او، مانند همه میهن‌دوستان ایرانی، خاطره‌ای تلخ از وام‌های پیاپی دوران قاجاریه که هربار به قیمت واگذاری بخشی از اقتصاد ملی به بیگانگان منتهی می‌شد در برداشت و اصولاً با وام گرفتن از خارج مخالف بود، با انتشار بی‌بند و بار اسکناس و نتیجه اجباری آن یعنی تورم و افزایش قیمت‌ها و فشار به گروه‌های کم بضاعت مردم شدیداً مخالف بود. حفظ استقلال ایران را مستلزم بی‌نیازی به خارجیان و تعادل بودجه مملکتی می‌دانست که البته حق داشت. نه تنها از مداخلات مأموران انگلیسی و تحریکات مداوم آنان

در داخل کشور رنج می‌برد و با آن مبارزه می‌کرد، بلکه در ضمن می‌دانست که فشار مالی بیشتر بر مردمی که هنوز در تهیدستی بودند میسر نیست و احیاناً به زیان امنیت ملی است. می‌دانست که درآمد ایران از نفت جنوب ناچیز است و امکان افزایش آن وجود دارد پس در مقام تحقق این هدف برآمد.

دو رویداد مهم در این ماه‌ها شایان توجه است که تقریباً ارتباط آنها با بحران نفتی ۱۹۳۳ جلب نظر محققان و مورخان را نکرده.

نخست حرکت نمادین رضاشاه در آخرین سفرش به خوزستان (آبان ۱۳۱۱ – ۲۸ اکتبر ۱۹۳۲) بود که در کنار شط‌العرب به مأمورین دستور داد شیرهای یک لوله نفتی را که اختصاص به بارگیری نفتکش‌های انگلیسی داشت باز کنند، در نتیجه سیل نفت به شط گشوده شد. رضاشاه تماشا می‌کرد و کسی پروای جلوگیری از اجرای این دستور را نداشت. پس از مدتی شاه برگشت و به صدای بلند گفت، حال که از این نفت چیزی عاید ما نمی‌شود که صاحبان اصلی آن هستیم، چه بهتر که در دریا سرازیر شود. اخطاری بود به لندن و عواملش در ایران.

دو دیگر، ورود کشتی‌های جنگی ایران به خلیج فارس، از جمله دو ناوشکن کوچک موسوم به ببر و پلنگ که به ایتالیا سفارش داده شده بود و اعلام رسمی تشکیل نیروی دریایی شاهنشاهی، آرزوی دیرین ایرانیان از زمان شاه عباس دوم، نادر شاه و امیرکبیر. تعداد این کشتی‌ها نه فروند بود[1]. دریادار آینده غلامعلی بایندر به فرماندهی کل نیروی دریایی ایران برگزیده شد. او از نخستین شهدای سوم شهریور بود. لندن انتقام خود را فراموش نکرده بود. رضاشاه در سنجش نیروهای دو طرف یعنی ایران و بریتانیای کبیر تا حد زیادی اشتباه کرده بود.

اندکی پیشتر وزیر مالیه در نامه‌ای به تاریخ ٦ تیرماه ۱۳۱۱ (۲۷ ژوئن ۱۹۳۲) به رئیس ایرانی شرکت نفت متذکر شده بود که به علت کمی حق‌الامتیاز نفت و عدم تناسب آن با حقوق ایران، از دریافت وجوه آن خودداری خواهد کرد. نه تنها شرکت باین تذکر ترتیب اثری نداد بلکه برای فشار بیشتر به دولت ایران، باز هم این مقدار را کاهش داد. به عنوان مثال در همان سال حق‌الامتیاز پرداختی به

۱ - گاهنامه، جلد اول صفحه ۱۰۵. در بعضی از کتب به هشت فروند اشاره شده.

ایران ۳۰۶۸۷۰ لیره و در واقع کمتر از یک چهارم حق‌الامتیاز سال گذشته بود[1]. البته مخاطب این نامه در پاسخ به آن اعتراض دولت ایران را رد کرد و بار دیگر تاکید نمود که قرارداد ۱۹۰۲ با دارسی را مبنای روابط دو طرف می‌داند. این پاسخ رضاشاه را نه تنها در رودرروئی بلکه در زورآزمائی با انگلیس‌ها مصمم کرد.

در ٦ آذرماه ۱۳۱۱ (۲۷ نوامبر ۱۹۳۲) هیأت دولت رسماً امتیاز نامه دادرسی را لغو کرد. این تصمیم با صحنه‌سازی جالبی همراه بود. همه نارضائی شاه را از قرارداد می‌دانستند و نیز خشم او را از بی‌اعتنایی انگلیس‌ها به منافع ایران. در جلسه هیأت دولت متن قرارداد را خواست. آن را به بخاری انداخت و «متغیرانه فرمودند نمی‌روید تا امتیاز نفت را لغو کنید.[2]» که وزیران بلافاصله این کار را انجام دادند، در حالی که شاه با خشم ساختگی جلسه را ترک کرده بود.

در همین اوان شاه از سفیر افغانستان پرسیده بود که سفرا در قضیه الغای امتیاز نفت چه می‌گویند. تصور نمی‌کنند که من در فسخ قرارداد محق باشم؟ سفیر می‌گوید منتظر نتیجه هستند. رضاشاه پاسخ می‌دهد حاضرم کار با انگلیس به اسلحه برسد ولو آن‌که جانم در خطر باشد[3].

به موازات این تصمیمات به اشاره و احتمالاً با رضایت شاه و دولت، حملات شدیدی در مجلس شورای ملی و جراید به شرکت نفت و سیاست استعماری بریتانیا در ایران و در منطقه آغاز شد. تا آنجا که لندن مجبور شد نسبت به این رویه رسماً به وزارت امور خارجه اعتراض کند. انگلیس‌ها آزادی مطبوعات و بیان را در کشور خود طبیعی تلقی می‌کردند ولی تحمل چنین رویه‌ای را نسبت به خودشان،

---

۱ - دکتر مصطفی علم، نفت قدرت و اصول، انتشارات اطلاعات، تهران ۱۳۷۱، صفحه ٦۳. این کتاب شامل نکات جالبی است ولی متاسفانه فاقد مبانی علمی و ذکر مراجع در بعضی از مطالب است که در موارد متعدد به ادعانامه‌ای علیه خانواده پهلوی (پدر و پسر) بیشتر شباهت دارد. نویسنده کارمند عالی‌رتبه وزارت امور خارجه و پیش از انقلاب سفیر شاهنشاهی در کشور سودان بود. او هم‌چنین از ستایش‌های فراوان نسبت روح‌الله خمینی که معلوم نیست در این میان چه‌کاره بوده است دریغ نورزیده. شاید هم این عبارت را بعداً به متن افزوده باشند.

۲ - حاج مخبرالسلطنه، رئیس‌الوزرای وقت، صفحه ۳۹۵. رضاشاه تصمیم خود را فقط به رئیس دولت گفته بود و حتی وزیران امور خارجه و مالیه (فروغی و تقی‌زاده) در جریان نبودند.

۳ - همان منبع، ۳۹٦.

آن هم در ایران، نمی‌پذیرفتند.

مبادله یادداشت‌ها بین دو دولت هم‌چنان ادامه یافت و لندن بعد از تهدید به رجوع دعوا به دادگاه بین‌المللی لاهه از ایران به جامعه ملل[1] در ژنو که هر دو کشور عضو آن بودند شکایت کرد.

بریتانیا رویه معمولی خود را در روابط با ایران طی دو قرن گذشته از یاد نبرده بود. توسل به تهدیدهای نظامی و لشکرکشی از یک طرف و تحریکات داخلی از طرف دیگر.

لندن با اعزام چند کشتی جنگی بزرگ به آب‌های خلیج فارس و با اعلام آماده باش قوای خود در عراق (که عملاً تحت‌الحمایه بریتانیا بود) و مخصوصاً با نمایش قدرت نیروی هوائی مستقر در پایگاه حبانیه، عملاً و علناً ایران را به مداخله نظامی تهدید کرد. شیخ خزعل در تهران مقیم و تحت حمایت و حفاظت مستقیم سفارت بریتانیا و آماده بود که بار دیگر به خوزستان بازگردد و به قدرت و حمایت لندن موقعیتی مانند ملک‌فیصل و شیوخ و امرای عرب دیگر منطقه برای خود به وجود آورد.

رضاشاه این خطر را احساس می‌کرد.

از طرف دیگر تحریکات لندن در مناطق مرزی و میان ایلات و عشایر و طوایف آن‌ها از سرگرفته شد. رضاشاه از آغاز کار همواره مواظب آنان بود و اصولاً همین مراقبت یکی از علل و عوامل اصلی سختگیری‌های داخلی نسبت به مخالفان محسوب می‌شد.

با شروع بحران نفت، جعفر سلطان یاغی معروف کُرد از عراق به ایران آمد و غائله‌ای علیه دولت به راه انداخت. تحریکات در بلوچستان و مخصوصاً خوزستان آغاز شد و کاملاً محسوس بود.

شاه و دولت ایران مجبور بودند هم در جبهه داخلی بجنگند و هم در جبهه خارجی. یعنی جامعه ملل. به عنوان عکس‌العمل نه تنها به نیروی دریایی کوچک ایران در خلیج فارس آماده باش داده شد بلکه در تاریخ ۱۳ بهمن ۱۳۱۱ (۲ فوریه ۱۹۳۳) به تیپ مستقل خوزستان و چند روز بعد در ۲۵ بهمن (۱٤ فوریه) همین

---

1 - Société des Nations.

دستور به لشکر شرق که مسئول حفاظت سرحدات ایران با افغانستان و مخصوصاً بلوچستان بود (مستعمره بریتانیا در آن زمان) ابلاغ شد. اما ایران ناتوان آن روز در مقابل بزرگترین قدرت سیاسی و نظامی جهان چه می‌توانست بکند؟ تقریباً هیچ. رضاشاه سریعاً متوجه این نابرابری شد. اما مرد عقب‌نشینی نبود و کوشید به رودرروئی ادامه داد و چنین نیز کرد.

صحنه سیاست بین‌المللی آن روزها با آن‌چه بعد از جنگ جهانی دوم پدید آمد کاملاً متفاوت بود. ایالات متحده آمریکا و اتحاد جماهیر شوروی اصولاً عضو جامعه ملل نبودند. گرچه آمریکائی‌ها خودشان بانی ایجاد آن شدند. آلمان در بحران بود و اصولاً هنوز محلی از اعراب نداشت که بتواند تکیه‌گاهی برای ایران باشد. فرانسه که دومین قدرت بزرگ جهانی محسوب می‌شد، در خاورمیانه فقط علاقمند به حفظ نفوذ و استیلای خود در سوریه و لبنان و آزادی رفت و آمد در تنگه سوئز بود. در ایران جا و مقام خاصی برای خود احراز کرده بود اما هم‌پیمان بریتانیای کبیر بود و در عرصه بین‌المللی نمی‌خواست رقیب آن کشور تلقی شود.

ایران تنها بود و سریعاً در مقابل یک انتخاب تاریخی قرار گرفت:

- تمدید امتیاز نفت و نوعی توافق با انگلستان
- نابسامانی در نقاط مختلف مرزی، احیاناً از دست دادن ایالت خوزستان که یکی از گهواره‌های تمدن و تاریخ ایران بود و اهمیت مقابله با مداخله نظامی بریتانیا که امکان آن جداً وجود داشت ولی ایران توان آن را نداشت. گزینشی سخت و کمرشکن که رضاشاه را ناچار به انتخاب راه حل نخستین کرد[۱].

---

۱ - در مورد این روزها مدرکی بی‌نظیر در اختیار داریم: تقریرات مرحوم سید حسن تقی‌زاده، وزیر مالیه وقت و امضا کننده قرارداد ۱۹۳۳ که نتیجه مذاکرات بعدی با لندن بود. این تقریرات در مجله آینده (شهریور و مهر ۱۳٦٦) (به مدیریت مرحوم استاد ایرج افشار) به قلم آقای دکتر جواد شیخ‌الاسلامی و سپس در روزنامه کیهان ۲۰ اکتبر ۱۹۸۸ انتشار یافت. مرحوم محمدعلی جمال‌زاده نویسنده معروف نیز یادداشت‌هایی از خاطرات سید حسن تقی‌زاده در دست داشت که با مفاد تقریرات وی به آقای دکتر شیخ الاسلامی تطبیق می‌کند. در شرافت و صداقت مرحوم تقی‌زاده که سیاست مداری وطن دوست بود و دقت ضبط کننده این تقریرات و نیز مجله آینده و مدیر آن تردیدی نیست. بنابراین مدرک مورد اشاره موثق است. هم‌چنین نگاه کنید به نصرالله زاهدی، رضاشاه کبیر، بنیاد خاطرات جاودان، ۱۳٦۹، ۱۹۹۰.

امکان نقل همه گفتگوها و رفت و آمدها در این جا نیست. سرانجام لندن مسأله را به جامعه ملل برد و ایران فروغی، تقی‌زاده، داور و علا را که همه مردانی دانا و دنیا دیده بودند مأمور دفاع از حقوق خود کرد. رأی نخست جامعه ملل که انگلیس‌ها بر آن تسلط کامل داشتند مذاکره بین دو طرف بود. دکتر ادوارد بنش[1] وزیر خارجه چکسلواکی مأمور داوری میان طرفین و رهبری مذاکرات شد. گفتگوها ابتدا در همان ژنو مرکز جامعه ملل آغاز شد و سپس نمایندگان عالی‌رتبه شرکت نفت از جمله رئیس و نایب رئیس آن به ایران آمدند. تهران آن موقع حتی مهمان‌سرای مناسبی برای اقامت آنان نداشت. ناچار در محل سفارت انگلیس رحل اقامت افکندند و در ساختمان (سابق) بانک ملی ایران چند اتاق مناسب برای انجام مذاکرات اختصاص یافت که مرتباً گزارش پیشرفت آن به عرض شاه می‌رسید.

رضاشاه دوبار نمایندگان فرستاده لندن را با حضور وزیران ایرانی که مأمور مذاکره با انگلیس‌ها بودند به حضور پذیرفت. از ایرانیان تقی‌زاده و علا کاملاً به انگلیسی آشنا بودند و فروغی اندکی کمتر. لازم آمد که مترجمی حضور داشته باشد. انگلیس‌ها پیشنهاد کردند مصطفی فاتح مقام ایرانی ارشد شرکت این کار را انجام دهد. رضاشاه برآشفت و گفت:

«نخیر او را نیاورید. شرکت در این گونه جلسات برای امثال او خیلی زود است و حضورش در جلسه مقام وزرای مرا پایین می‌آورد. او هم شأن وزرای من نیست[2].»

سرانجام یک پزشک انگلیسی را که مقیم ایران و کاملاً مسلط به زبان فارسی

---

۱ - دکتر ادوارد بنش Edvard Benes (۱۹٤۸ - ۱۸۸۳) حقوق‌دان و سیاستمدار چکسلواکی یکی از بنیان‌گذاران استقلال این کشور پس از جنگ جهانی اول و فروپاشی امپراطوری اتریش، هنگری بود. سپس در جامعه ملل نقش مهمی بازی کرد. از ۱۹۱۸ تا ۱۹۳۵ وزیر امور خارجه کشور خود بود و در این سال به ریاست مجمع عمومی جامعه ملل انتخاب شد (سمتی که قبل از او ذکاءالملک فروغی نیز بدان نائل شده بود. در سال ۱۹۳۵ به ریاست جمهوری چکسلواکی برگزیده شد. در سال ۱۹۳۸ بعد از قرارداد مونیخ و تجزیه کشورش استعفا داد و در ۱۹٤۵ به ریاست جمهوری چکسلواکی برگزیده شد. اما با کودتای کمونیستی ۱۹٤۸ از سیاست به دورش کردند و در شرایطی که روشن نیست درگذشت.

۲ - تقریرات تقی‌زاده.

بود به عنوان مترجم انتخاب کردند.

هنگامی که صحبت از تمدید قرارداد دارسی به میان آمد، شاه سخت برآشفت و گفت:

«این تقاضا به هیچ‌وجه انجام شدنی نیست. ما سی سال بر گذشتگان لعنت کردیم که چرا این امتیاز را اصلاً دادند. حالا می‌خواهند آیندگان شصت سال دیگر هم بر ما لعنت کنند که چرا همان امتیاز را تمدید کرده‌ایم. نه نمی‌شود.[۱]»

تندی سخنان شاه چنان بود که انگلیسی‌ها حتی قبل از ترجمه از لحن کلامش احساس کردند که پیشنهادشان پذیرفته نشده. سرجان کدمن[۲] رئیس هیأت انگلیسی با سردی گفت:

«پس مرخص بفرمایید. برمی‌گردیم و شکست مذاکرات را به حکومت انگلستان و جامعه ملل گزارش می‌دهیم.[۳]»

رضاشاه برگشت به سوی داور و علا گفت:

«شما چمدان‌هایتان را ببندید و خود را برای سفر دوم (به ژنو) آماده کنید»

و نشست با سردی پایان یافت.

اما چهل و هشت ساعت بعد ورق برگشت و دستور امضای قرارداد صادر شد که امضا کننده ایرانی آن وزیر مالیه سیدحسن تقی‌زاده بود. قراردادی که در ۱۳ ماه مه ۱۹۳۳ به امضاء رسیده بود. سریعاً به تصویب مجلس شورای ملی نیز رسید و به مرحله اجرا درآمد.

طبق این قرارداد که مشتمل بر ۲٦ ماده بود، سهم ایران در منافع خالص بهره‌برداری از ۱٦ درصد به ۲۰ درصد افزایش یافت. شرکت نفت تعهد کرد که این مبلغ هرگز کمتر از ۷۵۰/۰۰۰ (هفتصد و پنجاه هزار لیره) نباشد. دولت ایران حق نظارت بر محاسبات شرکت نفت را یافت. به این منظور نماینده‌ای به لندن اعزام شد ولی هرگز امکان یک نظارت واقعی و حسابرسی دقیق را نیافت. منطقه

---

۱ – همان منبع.

۲ - Sir john Kodman (لرد بعدی).

۳ – همان منبع.

بهره‌برداری مجاز از ۴۸۰/۰۰۰ کیلومتر مربع به ۲۶۰/۰۰۰ کیلومتر مربع کاهش یافت (که یک و شاید تنها امتیاز واقعی برای ایران بود). هم‌چنین انگلیسی‌ها امتیاز توزیع انحصاری نفت و بنزین را در داخل کشور از دست دادند. در مقابل، پایان امتیاز از ۱۹۶۱ به ۱۹۹۳ افزایش یافت. سرزنش بزرگ بعدی به رضاشاه و وزیر مالیه‌اش تقی‌زاده. شاه از عقب‌نشینی ناگهانی خود متاثر و متاسف بود. وزیرانی را که مأمور مذاکرات بودند احضار کرد و مورد عنایت قرارداد و گفت: «شما از جریان پشت پرده خبر ندارید.[۱]»

البته انگلیسی‌ها قرارداد را امضا کردند. سال بعد نام شرکت از:

Angelo Persian Oil company(A.P.O.C)

به

Anglo Iranian Oil company (A.I.O.C)

تغییر داده شد که نام رسمی و واقعی کشور یعنی ایران در آن ملحوظ باشد. اما انگلیسی‌ها اشکال‌تراشی‌های خود را برای تضعیف ایران و شاید آزار رضاشاه کم و بیش ادامه دادند. به بهانه‌های مختلف از جمله شروع جنگ دوم جهانی از پرداخت حق‌الامتیاز خودداری کردند. کار به تهدید کشید، تا آنجا که روزی وزیر مختار بریتانیا مجبور شد چک را از شرکت نفت که ساختمانش در خیابان سپه جنب عمارت پستخانه بود بگیرد، پیاده از آن‌جا به وزارت خارجه برود که پس از تسلیم آن به مقامات ایرانی گفت:

«یادتان باشد که ما عمل شاه را هرگز فراموش نمی‌کنیم و روزی تلافی خواهیم کرد.[۲]»

که کردند.

***

ترازنامه این رودررویی چند ماهه میان رضاشاه و دولت ایران با انگلیس‌ها بر روی هم چندان درخشان نیست. شاید شاه بی‌گدار به آب زد و می‌بایست با

---

۱ - همان منبع.
۲ - همان منبع.

تمهیدات لازم مذاکرات مفصل‌تر و طولانی‌تری می‌داشت. شاید نفرت او از عوامل لندن و اعتمادش به قدرتی که یافته بود وی را به این کار واداشت. به ویژه که از مخالفت افکار عمومی با عوامل بریتانیا مطلع بود. شک نیست که قرارداد ۱۹۳۳ از امتیاز دارسی منافع بیشتری را برای ایران ملحوظ می‌داشت. اما تردید هم نیست که تمدید مدت امتیاز به زیان ایران بود. به هر تقدیر این قرارداد هیچ چیز را حل نکرد و شاید نقطه آغاز بحرانی بود که تا «انقلاب اسلامی» به طول انجامید. نهضت ملی سال‌های بعد از جنگ جهانی دوم مخصوصاً پس از نجات آذربایجان که منجر به ملی شدن نفت به رهبری دکتر مصدق شد، سپس بحران سیاسی و اقتصادی متعاقب این جریان و خطرات ناشی از تسلط حزب توده بر ایران، ماجرای ۲۸ مرداد و نقش سپهبد زاهدی که خود وزیر مصدق و یار وفادار ماه‌های اول نهضت ملی بود برای خروج از بحران و سرانجام کوشش چند ساله محمدرضا شاه برای تحقق هدف‌های اولیه نهضت ملی و مقاومت و مبارزه‌اش علیه شرکت‌های بزرگ چند ملیتی نفت که تا حدی به قیمت سقوط سلطنتش تمام شد. لغو امتیاز دارسی خطر مداخله نظامی بریتانیا را در ایران به وجود آورد. رضاشاه زود دریافت که باید از آن به هر قیمت اجتناب کند و قرارداد ۱۹۳۳ را پذیرفت که از افتخارات وی نیست.

لندن با مقاومت در برابر خواست‌های ایرانیان در آن زمان و سپس با پافشاری در برابر نهضت ملی مرتکب دو اشتباه بزرگ تاریخی شد. کمک شرکت‌های بزرگ نفتی به دامن زدن نارضایتی‌های داخلی و تشویق انقلاب اسلامی در ایران (که امروز کمتر محقق و مورخ موجهی، منکر آن است) از علل و عوامل اصلی خطر اسلام‌گرایی افراطی و خشن و وحشیانه‌ای است که اکنون دنیا را تهدید می‌کند.

به هر تقدیر تاریخ را نمی‌توان دوباره نوشت. ولی حقایق وقایع را نیز نمی‌توان انکار کرد. جنگ نفت نیز هنوز پایان نیافته.

شکست ایران در دو جنگ با روس‌ها، پایان توهمی بود که رهبران کشور از عظمت و قدرت خود داشتند و نیز آغاز جستجوی راه حل‌هایی برای سازندگی نقشی نوین، نقشی که دیگر در سیاست خارجی، اصلاح طلبان واقعی همه در این مقام و قصد بودند که کشور را از رودرروئی دائمی با دو سیاست استعماری

انگلیس و روس و نقش تحقیرآمیز «سفارتین» در راهبری امور مملکت خارج کنند. امیرکبیر مبتکر و آغاز کننده این سیاست بود که کوشید حضور چند کشور بزرگ دیگر را که نظرهای استعماری به ایران نداشتند در صحنه سیاست کشور تسهیل کند. آرزوی رهبران انقلاب مشروطیت نیز همین بود که قرارداد ۱۹۰۷ و جنگ‌جهانی اول و سپس قرارداد ۱۹۱۹ آمال آنان‌را نقش برآب کرد. بعد از کودتای سوم اسفند قوام‌السلطنه به هنگام ریاستش بر دولت بر همین راه رفت و با ماجرای سقاخانه و تحریکات لندن با بن‌بست مواجه شد و در واقع شکست خورد و به هر حال خودش برای مدتی طولانی از صحنه سیاست ایران دور شد.

سردار سپه سیاست امیرکبیر و رهبران مشروطه را از سر گرفت.

فرانسه در آن زمان یکی از دو قدرت بزرگ جهان به شمار می‌آمد. همه صاحب‌نظران نیروی زمینی آن کشور را بهترین و تواناترین می‌پنداشتند، که ظاهراً بود. در برتری نیروی دریایی بریتانیای کبیر کسی تردید نداشت و کوشش فرانسوی‌ها بر آن بود که به نوبه خود در این زمینه مقام دوم را داشته باشند. اهمیت و نقش نیروی هوایی هنوز پذیرفته نشده بود. رضاشاه که هنوز سردار سپه ولی مرکز اصلی قدرت و عامل بازگشت سریع نظم و آرامش بود. ارتش فرانسه و نحوه اداره آن را نمونه می‌دانست. به‌ویژه که زبان فرانسه در آن زمان عملاً زبان تقریباً رسمی بین‌المللی بود مانند زبان انگلیسی در حال حاضر.

نخستین تصمیم سردار در این زمینه تشکیل ستاد ارتش بود که ارکان حرب کل قشون نام گرفت و سرتیپ امان‌الله میرزا جهانبانی یکی از نادر صاحب‌منصبان ارتش آن روز ایران که فارغ‌التحصیل بهترین مدرسه عالی نظام روسیه و آشنا به چند زبان خارجی از جمله فرانسه بود به ریاست آن منصوب و مأمور ترتیب تشکیلات جدید قوای نظامی ایران شد.

به پیشنهاد سردار سپه برای اول بار در تاریخ قانون اعزام شصت نفر دانشجوی نظامی به فرانسه در تاریخ ۱۸ خرداد ماه ۱۳۰۱ (ژوئن ۱۹۲۲) به تصویب مجلس شورای ملی رسید. یک سال بعد در اجرای این قانون چهل و شش تن از افسران جوان ارتش برای آموزش فنون نظامی عازم فرانسه شدند. امان‌الله میرزا جهانبانی سرپرست آنان بود و این گروه را تا پاریس هدایت نمود.

پس از چند روز گروه کوچکی از افسران جوان نیز برای تشکیل نخستین واحد نیروی هوایی ایران عازم فرانسه شدند و یک سال بعد اولین هواپیمای ایرانی را که ساخت فرانسه بود از پاریس به تهران آوردند.

در پنجم مهرماه ۱۳۰۵ (۲۸ سپتامبر ۱۹۲٦) پنجاه دانشجوی نظامی جوان دیگر برای فراگیری فنون مختلف ارتش رهسپار فرانسه شدند.

اندیشه رضاشاه در سخنانش خطاب به نخستین گروه از این افسران، هنگامی که راهی فرانسه می‌شدند، به خوبی پیدا است:

«امروزه که شما برای رفتن به مملکت فرانسه انتخاب شده‌اید یکی از فیروزترین ایام تاریخی دوره حیات قشون به شمار می‌رود. شما را برای تحصیل به سرزمینی می‌فرستند که علاوه بر دارا بودن منظم و معظم‌ترین قشون‌های عالم از نقطه نظر عرق ملیت، حس فداکاری، پرستش و پاسبانی وطن عملیات خود را سرمشق سایر ممالک قرار داده‌اند و در راه استقلال و تمامیت خویش در همین جنگ بین‌المللی اخیر با دادن هزاران قربانی حق حیات و موجودیت خود را یک مرتبه دیگر به عالم اثبات نمود. شما در آن محیط که موظف به تکمیل معلومات علمی و فنی خود هستید، باید قوای دماغی و روحی خویش را نیز تنویر داده و از همان احساسات عالیه و فناناپذیر به ارمغان آورید. شما نبایدتصور کنید که اعزام پنجاه‌نفر صاحب منصب محصل به اروپا برای دولت رایگان تمام شده بلکه باید به خاطر بیاورید که تا چندی پیش دولت حتی به جمع‌آوری پنجاه نفر سرباز برای جلوگیری از کوچکترین سرقت‌های پشت دروازه قادر و توانا نبود.

....فرزندان عزیزم، البته می‌دانید که مملکت فاقد وسائل مولّد ثروت از قبیل راه‌آهن و کارخانه و غیره بوده و یگانه محل عایدات آن منحصر به منابع زراعتی است. این وجوهی که دولت برای مخارج مسافرت و دوره تحصیل شما می‌پردازد از قرضه‌های کمرشکن که سابقاً به همین عناوین از خارجه به عمل می‌آمد و صرف لهو و لعب و هوسرانی عده معدودی می‌گردید فراهم نشده بلکه از قیمت گندم و جو و حاصل دسترنج آن طبقه زحمت‌کش و رنجبر ایرانی تهیه گردیده است. پس باید همیشه به خاطر بیاورید که برای فراهم نمودن هر یک قران آن

زارعین غیرتمند ایرانی روزهای متمادی عمر عزیز خود را به شما می‌دهند که در مقابل اشعه سوزان آفتاب صرف زیر و زبر کردن زمین و کشت و زرع نموده‌اند و اینک برزگران ایرانی ثمره سعی و عمل خودشان را در اختیار شما گذارده‌اند که در مقابل بدون فوت دقیقه‌ای از وقت، با کمال جدّیت به تحصیل و تکمیل معلومات نظامی پرداخته و با یک توشه و سرمایه بزرگ علمی به وطن خود مراجعه و با تمام قوا و معلومات خود به نگهبانی و حراست جان و مال و ناموس آنها اشتغال ورزید.[۱]»

به موازات اعزام گروه‌های مختلف افسران جوان به فرانسه برای فراگیری فنون جدید نظامی، رضاشاه مقرر داشت که هر سال یک صد تن دانشجوی غیرنظامی برای تحصیل در رشته‌های مختلف علوم به فرانسه اعزام شوند. هربار شخصاً آنها را قبل از حرکت به حضور می‌پذیرفت و با همان زبان و بیان ساده و غیرادبی که در گفتگویش با افسران جوان داشت، به جدیت در تحصیل و بازگشت به ایران با توشه‌ای شایسته در رشته‌های خود تشویق می‌کرد. انتخاب این جوانان با دقت و مراقبت شخصی شاه در اجتناب از هر نوع استثنا و «پارتی بازی» همراه بود. آنها را «فرزندان عزیزم» خطاب می‌کرد و یک‌بار هنگامی که دولت با دشواری‌های مالی در تنظیم بودجه مواجه شده بود و وزیر دارائی خواست که از مخارج آنان بکاهد، سخت برآشفت و گفت حتی اعتبارات ارتش را کاهش دهد ولی نه این هزینه‌ها را که سرمایه‌گذاری برای آینده ایران است.

چنین نیز بود.

استخوان‌بندی ارتش نوین ایران، نحوه ترتیب سلسله مراتب و روابط داخلی واحدها از ساختار و رفتار ارتش فرانسه الهام می‌گرفت. جوانان اعزامی به فرانسه پس از بازگشت اندک اندک به نظام اداری و دانشگاهی ایران شکل دادند. فرانسه برای ایران نمونه شده بود و آموزش فرانسه در مدارس متوسطه و دانشگاه‌ها اجباری گردید.

«در همان اوان مشاوران فرانسوی که حدود سی نفر بودند به موجب قراردادی که با فرانسه بسته شده بود و در تهران و به حضور شاه

۱ - متن کامل در نصرالله زاهدی، صفحات ۵۵ تا ۵۸

معرفی شدند. رضاشاه مقرر داشت که هر افسر فرانسوی با یک درجه ترفیع مشغول خدمت شود و ضمناً باید به «لباس متحدالشکل» ارتش ایران ملبس شوند. به این ترتبی رئیس هیأت سرلشکر ژاندار[1] درجه و مقام سپهبدی پیدا کرد و ارتش ایران در نتیجه دارای دو سپهبد شد که اولی احمد آقاخان احمدی بود.[۲]»

در مهرماه ۱۳۱٤ (سپتامبر ۱۹۳۵) «دانشگاه جنگ[۳]» برای تکمیل معلومات افسران ارتش که به درجات بالا می‌رسیدند تشکیل شد و در ابتدا، اداره آن به افسران فرانسوی که تحت نظر سرلشکر امان‌الله میرزا جهانبانی بودند واگذار گردید.

به همین ترتیب برای «ریاست کل صحیه مملکتی» کارشناس ارشدی از فرانسه خواسته شد که بانی وزارت بهداری نوین ایران است. در حفاظت آثار باستانی و جلوگیری از غارت ذخایر باستانی از کارشناسان فرانسوی کمک گرفته شد. بنای موزه ایران باستان تهران اثر مهندس معمار سرشناس فرانسوی آندره گدار[٤] است. که طرح آن‌را با الهام دقیق از طاق کسری در تیسفون تهیه کرد و به مرحله اجرا درآورد. هم او بود که طرح ساختمان‌های پردیس اصلی، دانشگاه تهران را (واقع در خیابان شاه‌رضا که آن موقع در بیرون شهر بود) ریخت. دانشکده هنرهای زیبا را تأسیس کرد و نخستین رئیس آن بود.

و جز این‌ها .

***

در دی ماه ۱۳۱۷ (دسامبر ۱۹۳۸) یکی از جراید فرانسه مطالب موهنی درباره رضاشاه انتشار داد که اساس آن بر بازی با کلمات Chat (گربه) و شاه Chah بود. رضاشاه که شاید متوجه آزادی مطبوعات در آن کشور نبود یا نمی‌خواست باشد سخت برآشفت. گویا به وی توجه داده شد که روزنامه مذکور یک نشریه فکاهی

1 -Gendart.

۲ – جهانبانی، ۷۹. مقصود سپهبد احمد امیراحمدی است.

۳ – در زمان سلطنت محمدرضاشاه به دانشگاه پدافند ملی تغییر نام یافت و تشکیلات و برنامه‌ای در ردیف ممالک بزرگ جهانی به آن داده شد.

4 - Andre Godart.

و افراطی است و شاید بهترین پاسخ در برابر آن خاموشی باشد. اما او توجه نکرد و دستور به اعتراض شدید و در نهایت قطع روابط سیاسی با فرانسه داد. به ویژه که از آن کشور، با آن همه سهم و نقشی که در تمشیت امور مملکتی پیدا کرده بود، چنین انتظاری نداشت. در نهایت امر این حالت بحران با اقدامات سیاسی و عذرخواهی شخصی رئیس جمهوری فرانسه دیری نپائید و روابط سیاسی دو کشور دوباره برقرار شد.

به این ترتیب در زمینه‌ای نظامی، فرهنگی و آموزشی فرانسه نخستین و مهمترین هم‌پیمان ایران در دوران رضاشاه بود. جا و مقامی که انگلیس‌ها انتظار آن را داشتند.

برای اداره گمرکات کشور و در پی‌ریزی سازمانی که با مقتضیات روز تطبیق کند، هیأتی از بلژیک استخدام شد که ریاست آن با یکی از صاحب منصبان ارشد دستگاه اداری آن کشور لامبرمولیتور[1] بود که به اتفاق ده کارشناس به ایران آمد و این کار را به انجام رساند. و بالاخره برای نوسازی سازمان مالی و مالیاتی کشور هیأتی از آمریکا به ریاست دکتر میلسپو استخدام شد.

در همه این شئون و رشته‌ها از انگلیسی‌ها خبری نبود. طبیعتاً بر کینه آنان نسبت به پادشاه ایران افزوده شد که در انتظار موقع انتقام بودند.

اما در مسائل اقتصادی و عمرانی نقش اصلی با آلمان‌ها بود. چنان‌که در فصل دیگری که مربوط به آغاز جنگ دوم جهانی و حمله متفقین به ایران است، مفصلاً به آن اشاره خواهد شد.

در جمیع این مسائل و رشته‌ها اختیار با ایرانیان بود. کارشناسان خارجی حقوق‌بگیر دولت ایران بودند، نه آن‌چنان که در قرارداد ۱۹۱۹ مقرر شده و همه اختیارات با انگلیس‌ها بود. آنچه امیرکبیر و مصلحان و وطن‌دوستان ایرانی می‌خواستند. سرانجام به وسیله رضاشاه و دولت‌های وی به مرحله عمل درآمد. ایران دیگر با دو دولت و «سفارتین» آنها رودررو نبود. با بسیاری کشورهای دیگر

---

۱ - Lambert Molitor فرزند این شخص که بعداً در بلژیک به مقامات عالی رسید به فارسی چون زبان مادری خویش آشنا بود و در توسعه و بهبود روابط دو کشور همواره با عشق و علاقه می‌کوشید.

جهان قراردادهای مودت و همکاری بسته شد.

بعد از الغای حقوق قضاوت قنسولی (کاپیتولاسیون) ایران دیگر یک سیاست خارجی مستقل و ملی داشت. آن‌چه از امیدها پیشتر آرزو و هدف همه ایرانیان بود.

فصل دهم

ایرانِ ایرانی

رضاشاه چنان‌که دیدیم، فرزند ملت ایران بود نه برخاسته از خانواده‌ای اشرافی یا متعیّن و ثروتمند. مانند یعقوب لیث و نادر، دو شخصیت بزرگ تاریخ ایران که با آنان شباهت‌های بسیار داشت. تا چهارده‌سالگی که به «بریگاد» قزاق رفت حتی خواندن و نوشتن نمی‌دانست. اما هوش سرشار و حافظه‌ای استثنایی داشت و می‌خواست همه‌چیز را بیاموزد. مخصوصاً تاریخ ایران و نشیب و فرازهای آن را. از مداخله و تسلط بیگانگان بر امور مملکت خود رنج می‌برد. نمی‌توانست تحمل کند که در «بریگاد» قزاق. فرمان‌ها و دستورها به زبان روسی داده شود. از این که افراد ارتش به پاسبانی سفارت‌خانه‌های خارجی گمارده شوند و اروپایی‌ها با آنان چون «نوکر» رفتار کنند. رنج بسیار می‌برد و پس از کودتای سوم اسفند یکی از نخستین تصمیماتی که گرفت پایان دادن به این وضع بود و حق داشت. او می‌خواست ایرانیان هویت ملی خود را بازیابند. به گذشته که خود او اندک اندک با آن آشنا شده بود افتخار کنند و از نخستین روزهای قدرتش به این مهم پرداخت.

در دی ماه ۱۳۰۰ خورشیدی (ژانویه ۱۹۲۲)، سردار سپه مقرر داشت که کلیه اسامی خارجی از سازمان‌های نظامی حذف و واژه‌های فارسی جانشین آن شود. ارتش نوین ایران می‌بایست نام‌های ایرانی داشته باشد. به این ترتیب Brigade جای خود را به تیپ داد و باتالیون Batailion به هنگ و Division به لشکر. بیش از یک‌سال بعد زمانی که سردار سپه ریاست دولت را نیز به عهده داشت، در فروردین ۱۳۰٤ (مارس ۱۹۲۵)، دستور داد که تقویم ایرانی با نام‌های فارسی جایگزین تقویم‌های ترکی و عربی شود. به این ترتیب تحولی بزرگ در زندگی ایرانیان پدیدار شد. فروردین، اردیبهشت، ... ۱۳۰۱، ۱۳۰۲ الی آخر.

در مرداد ماه ۱۳۰۷، قانون دیگری زندگی ایرانیان را دگرگون کرد و آن قانون موسوم به سجل احوال بود که مقرر داشت برای همه ایرانیان ورقه هویت (بعداً

شناسنامه) با ذکر نام، نام خانوادگی، نام پدر و مادر و تاریخ و محل تولد اجباری شود. ایران نه تنها ایرانی می‌شد بلکه شکل و صورت جدید می‌یافت. بعضی از محافل روحانی این قانون را خلاف شرع دانستند. چراکه بر نوعی مداخله ملایان در امور خانوادگی و منبع درآمدی برای آنان، نقطه پایان می‌گذاشت.

قانون متحدالشکل شدن لباس که در همان سال به تصویب رسید، قدمی دیگر در همین زمینه بود. در همین سال ۱۳۰۷ قانون جدید مربوط به تأسیس دفاتر اسناد رسمی و متعاقب آن قانون اجباری شدن ثبت معاملات ملکی و اندکی بعد قانون مربوط به تحدید اختیارات محاکم شرع (که در حقیقت پایان وجود آنها بود)، به جدایی سیاست و اداره امور عمومی از دیانت انجامید. کار زیادی برای ملاها باقی نمانده بود. نارضایتی آنان گاهی علنی می‌شد. اما در برابر قدرت اصلاح‌طلبانه رضا شاه و اراده استوار وی وزنه‌ای نداشت.

«فرمان همایونی» و نه قانون دایر به الغاء «القاب» و «عناوین» را که مانند میرزا، خان، الدوله، السلطنه، الملک، الممالک و نظایر آن مکمل قوانین و تدابیر قبلی بود.

رضاشاه به رعایت این ترتیب سخت پای‌بند بود و اگر کسی در برابر وی به عادت پیشین، یعنی در حقیقت عادت دو قرن گذشته، این القاب و عناوین را به کار می‌برد سخت برمی‌آشفت. طبق روایات موجود خود او در مورد دو تن رعایت این دستور را نکرد و نمی‌کرد، یکی سرلشکر جهانبانی که همواره او را امان‌الله میرزا می‌خواند و دیگر سرلشکر محمد نخجوان که عادت داشت او را هم‌چنان امیر موثق بنامد.

***

بنیان‌گذاری انجمن آثار ملی که اندیشه آن از محمدعلی فروغی بود در زمان انتقال سلطنت از قاجاریه به رضاشاه صورت گرفت. کسانی چون عبدالحسین تیمورتاش و مستشارالدوله صادق در میان نخستین اعضای این انجمن بودند. گویا روزی در مقابل والاحضرت اقدس پهلوی به وضع دلخراش بناهایی چون عالی‌قاپو و چهل ستون که به «زباله‌دانی» تبدیل شده بود، آرامگاه (سابق) سعدی که تبدیل به «غمکده» شد و خرابی تخت‌جمشید، اشاره می‌شود و فروغی پیشنهاد می‌کند که برای شکل دادن به «هویت ایرانی» انجمنی از سرشناسان و چهره‌های

فرهنگی گردهم آیند و طرح شناسایی و بازسازی آثار تاریخی را به مرحله اجرا در آوردند[۱]. پهلوی، با شور و هیجان این فکر را تأیید و قبول می‌کند و ریاست عالیه انجمن آثار ملی را می‌پذیرد و فعالیت‌های آن را دنبال می‌کند[۲]. و چون به سلطنت رسید ریاست عالیه «والاحضرت اقدس» به ریاست عالیه «اعلیحضرت اقدس شاهنشاه پهلوی» تبدیل شد که طبیعتاً محمدرضاشاه نیز آن را به ارث برد[۳].

نخستین طرح بزرگی که انجمن آثار ملی مامور اجرای آن شد بنای آرامگاه فردوسی شاعر بزرگ ایران و سراینده شاهنامه بود که در حقیقت پس از حمله تازیان زبان فارسی را دوباره زنده کرد که بسیاری آن‌را شناسنامه هویت ملی ایران می‌دانند.

بزرگداشت فردوسی و شاهنامه‌اش، با حماسه بازسازی هویت ملی ایرانی و ایجاد غرور ملی در میان ایرانیان که آرزوی بزرگ زندگی رضاشاه و هدف اصلی او بود کاملاً تطبیق می‌کرد. او می‌خواست ایرانیان نسبت به گذشته خود «احساس غرور و افتخار کنند» و به یاد عظمت ایران باستان و شکوه پیش از اسلام این سرزمین» بیافتند[۴].

---

۱ - پویا زارعی، ایرانیان، سال بیست و دوم شماره ۸۷۰ جمعه ۱۰ آذر ۱۳۹۶. نویسنده این سطور که خود سال‌ها عضو هیأت مدیره انجمن و در چند سال آخر قبل از انقلاب رئیس آن بود این مراتب را تأیید می‌کند.

۲ - در مدخل ساختمان انجمن آثار ملی (محلی که سابقاً اقامتگاه امیر بهادر جنگ و نمونه‌ای از معماری فاخر دوران اخیر قاجاریه بود و از وراثش خریداری شد) کتیبه‌ای از مرمر نصب شده و این تاریخچه در آن مندرج بود. در روزهای پیش از انقلاب، بدون تصویب هیأت مدیره انجمن، نام والاحضرت اقدس پهلوی حذف و در ظل «توجهات حضرت ولی‌عصر» جایگزین آن شد. انجمن نیز پس از انقلاب جنبه اسلامی پیدا کرد.

۳ - محمدرضا شاه دو سال قبل از انقلاب آگاه شد که ریاست عالیه انجمن با اوست. معمولاً در آن زمان همه کارهای فرهنگی و هنری به ریاست عالیه شهبانو و گاهی زیر نظر وزارت فرهنگ و هنر انجام می‌گرفت. محمدرضا شاه به نویسنده این سطور که در دو سال آخر رئیس هیأت مدیره انجمن بود فرمود: «خوب حالا ما هم یک ریاست عالیه فرهنگی پیدا کردیم» و از آن پس به پیشرفت کار انجمن توجه خاص مبذول می‌داشت از جمله به نصب مجسمه‌های بزرگان ایران در شهرهای محل تولد یا اقامت ایشان. عباس میرزا نایب‌السلطنه، ستارخان سردار ملی و باقر خان سالار ملی در تبریز، محمدعلی فروغی در تهران، سید جمال‌الدین اسدآبادی در اسدآباد همدان و امیر کبیر در کاشان (باغ فین که در آن به دستور ناصرالدین شاه به قتل رسید) و جز این‌ها... همه این مجسمه‌ها به هنرمندان بزرگ ایرانی وقت سفارش داده شد و فقط مجسمه امیرکبیر ساخته و نصب شد.

۴ - نادر نادرپور، طفل، صد ساله‌ای به نام شعر نو.

فردوسی مظهر این تفکر بود (و هنوز هست) و آرامگاهش می‌بایست شایسته او باشد.

از دیدگاه فروغی، رئیس انجمن آثار ملی و الهام‌بخش این طرح «فردوسی بزرگترین شاعر فارسی زبان و یکی از نامی‌ترین ایرانیان و از بزرگان جهان[1]» بود که شاهنامه‌اش «هم از حیث کمیت و هم از جهت کیفیت بزرگترین اثر ادبیات و نظم فارسی است، بلکه می‌توان گفت یکی از شاهکارهای ادبی جهان است و ملل دیگر قدیم و جدید که دارای ادبیات معتبر می‌باشند فقط سه چهار منظومه دارند که می‌توان با (آن) مقایسه کرد»[2].

رضاشاه که خود با شاهنامه انس یافته بود از این فکر استقبال کرد. نخستین طرحی که برای این آرامگاه ارائه شد، ساختمانی شبیه اهرام ثلاثه بود که مورد تصویب انجمن آثار ملی و البته شخص شاه واقع نشد. ساختمان کنونی تا حد زیادی از آرامگاه کوروش بزرگ در پاسارگاد الهام گرفته[3].

آیین بزرگداشت فردوسی در دو مرحله انجام گرفت:

نخست «کنگره هزاره فردوسی» که در ۱۲ مهرماه ۱۳۱۳ (چهارم اکتبر ۱۹۳٤)، محمدعلی فروغی، ریسی انجمن آثار ملی، نه در این مقام بلکه به عنوان رئیس‌الوزرا که اندکی قبل (۲٦ شهریور ۱۳۱۲- ۱۷ سپتامبر ۱۹۳۳) به این سمت منصوب شده بود، آن را گشود. علی‌اصغر حکمت کفیل وقت وزارت معارف (فرهنگ بعدی) نخستین سخنران این اجتماع بزرگ علمی بود.دانشمندان ایران‌شناس ۱۸ کشور از جمله شوروی، ژاپن، فرانسه، انگلستان، آلمان، دانمارک، مصر و هندوستان به این کنگره دعوت شده و میهمان دولت ایران بودند. حاج محتشم‌السلطنه اسفندیاری

۱ – محمدعلی فروغی مقدمه شاهنامه برای دبیرستان‌ها، از انتشارات وزارت فرهنگ، تهران، ۱۳۲۱، صفحه چهارم.

۲ – همان منبع، بیست و ششم.

۳ – ساختمانی بسیار زیبا و باشکوه که با اندکی شتاب و با توجه به امکانات مالی آن دوران ساخته شد. در زمان حکومت شادروان حسن‌علی منصور، تعمیرات اساسی در آن ساختمان انجام شد. با شماره‌گذاری کلیه سنگ‌ها و وسایل مورد استفاده تا مجدداً به کار برده شود، بر بزرگی و شکوه و جلوه بنا افزوده شد که اکنون به صورت یک زیارت‌گاه عمومی و ملی جمله میهن دوستان ایران درآمده است مسئول اجرای طرح اخیر مهندس هوشنگ سیحون رئیس وقت دانشکده هنرهای زیبای دانشگاه تهران بود که چند آرامگاه بزرگ دیگر هم به وسیله انجمن آثار ملی ساخته شد از آثار اوست.

به عنوان رئیس، پرفسور آرتور کریستین سن دانمارکی و پرفسور زاره آلمانی به عنوان نواب رئیس، پرفسور هانری ماسه فرانسوی و دکتر عبدالوهاب عزّام مصری به عنوان دبیران کنگره برگزیده شدند. محل برگزاری آن ساختمان دارالفنون بود. ایران آن زمان هنوز محل پرشکوه‌تری از این یادگار ارزنده امیرکبیر دارا نبود. ولی به هر حال کنگره گشایش یافت و به بهترین صورت انجام گرفت.

گروهی از مدعوین خارجی از راه روسیه و بندر پهلوی به تهران آمدند و گروهی دیگر از راه عراق. از هر دو گروه گزارش‌هایی در دست است که مطالعه آنها خالی از لطف نیست:

> «بزرگترین مهمان‌نوازی‌ها و دست و دل بازی‌های دولت ایران در مراسم جشن هزارمین سال تولد فردوسی، شاعر بزرگ ایران به منصه ظهور رسید.[۱]»

هانری ماسه[2] ایران‌شناس بزرگ فرانسوی که از راه عراق آمده بود، شرحی بسیار شاعرانه، مملو از عشق به ایران از این سفر انتشار داد. هانری ماسه این راه را برای چهارمین بار می‌پیمود. با شور و تحسین فراوان از تغییرات و تحولات ایران که در این مسیر مشاهده کرد سخن می‌گوید[۳].

رضاشاه شخصاً در مراسم افتتاح نطق کوتاهی ایراد کرد، از بزرگی فردوسی گفت و از حضور دانشمندان ایران‌شناس سپاسگزاری نمود.

مدعوین ایرانی و خارجی سپس از نمایشگاه کالاهای خراسان در مشهد بازدید کردند و در مراسم گشایش بیمارستان ششصد تختخوابی بزرگ و فاخر آستان قدس رضوی که به دستور رضاشاه و مراقبت خاص وی ساخته شده بود شرکت جستند. ایران دیگری در حال پیشرفت سریع در برابر چشمان آنان متجسم شد.

کنگره جهانی هزاره فردوسی بزرگترین و شاید مهمترین اجتماع بین‌المللی دوران سلطنت رضاشاه بود و نمونه بارز علاقه او و دولت به بزرگداشت هویت ایرانی.

---

۱ – سفرنامه بلوشر (سفیر وقت آلمان در تهران)، ترجمه کیکاووس جهانداری، انتشارات خوارزمی، تهران، ۱۳۶۳، ص ۳۱۰.

2 - Henri Massé.

۳– در

Céleliration du millenaire de Firdousi, Société des etudes persanes, 1934, Vers Khorrassan.

در همین مراسم بود که سفیر آلمان در آیین خاصی دانشنامه دکترای افتخاری فلسفه را از جانب دانشگاه برلین به محمدعلی فروغی «که روح تمام این مراسم به شمار می‌رفت تقدیم کرد.[۱]»

پس از این مراسم بود که به تاریخ دی ماه ۱۳۱۳ (۲۵ دسامبر ۱۹۳٤)، دولت ایران تصمیم گرفت که از اول فروردین ۱۳۱٤ نام رسمی کشور در خارج از Perse و Persia به ایران یعنی نام واقعی آن تبدیل شود. ایران نه تنها در دل و جان همه ایرانیان، از هر کجای این سرزمین که بودند، بلکه در خارج ایرانی شد. قدم بزرگ دیگری در بازیابی هویت ملی و وحدت مردم آن. انطباق نام رسمی با واقعیت تاریخی و جغرافیایی.

خداحافظی همیشگی با اصطلاحات و عنوان‌هایی که خارجیان و مخصوصاً سیاست‌های استعماری به کشور داده بودند.

***

در ۲۹ اردیبهشت ۱۳۱٤ (۲۰ مه ۱۹۳۵) هیأت دولت به ابتکار بزرگ دیگر فروغی رسمیت بخشید: تشکیل فرهنگستان ایران[۲].

پس از انجمن آثار ملی که تلاشش تا انقلاب اسلامی ادامه یافت و بزرگداشت فردوسی که با تشکیل انجمن‌ها و مجامعی در سرتاسر جهان همراه بود، فروغی از نخستین کسانی بود که نیاز زبان فارسی را به کلماتی برای بیان اصطلاحات و مفاهیم تازه فرهنگی و علمی احساس کرد. خود او مبتکر این کار بود، از جمله در ترجمه و تألیف کتاب‌هایی چون اصول علم ثروت و یا حقوق اساسی که برای تدریس در مدرسه علوم سیاسی که بر آن ریاست داشت تدوین شده بود.

در نخستین سال‌های سلطنت پهلوی اول، هرج و مرج شدیدی در محافل روشنفکران و یا مدعیان روشنفکری و علم و ادب در مورد مبارزه با کلمات خارجی در زبان فارسی پدیدار شد. هرکس چیزی می‌گفت و چیزی می‌نوشت.

---

۱ - سفرنامه بلوشر، ۳۱۱.
۲ - نگاه کنید به مقاله پویا زارعی، منبع ذکر شده، دکتر غلامعلی رعدی آذرخشی تاریخی از فرهنگستان ایران، بنیاد موقوفات دکتر محمود افشار، شماره ۳٤ و برای یک برداشت کلی به علی میرفطروس به مناسبت سالگرد خاموشی محمد علی فروغی در blog نویسنده.

افراط تا به آنجا رفت که گروهی خواستار تغییر الفبای فارسی و اختیار الفبای لاتین شدند. گروهی دیگر می‌خواستند هر واژه عربی را از زبان فارسی دور کنند. تا آنجا که حتی گفتار فردوسی و قطعاً سعدی و مولوی و حافظ و خیام برای آنان نیاز به پاک‌سازی داشت. در سازمان‌های دولتی و ارتش گروه‌هایی شروع به لغت‌سازی کردند. بعضی از اعضای آن‌ها حتی زبان فارسی را به درستی نمی‌دانستند، اما به دنبال یک «پارسی سره» خیالی و ساختگی بودند. می‌بایست به این هرج و مرج پایان داد. فروغی با هم‌فکری گروهی از اهل دانش و ادب و تأیید رضاشاه به این کار دست زد و موجد فرهنگستان ایران شد.

نخستین گروه اعضای فرهنگستان ایران از ۲۴ تن مرکب بود که در میان ایشان بزرگانی چون ملک‌الشعرای بهار، دکتر محمود حسابی، حاج سیدنصرالله تقوی، علی‌اصغر حکمت، علی‌اکبر دهخدا، رشید یاسمی، دکتر رضازاده شفق، غلامحسین رهنما، ادیب‌السلطنه سمیعی، سید کاظم عصار، بدیع‌الزمان فروزان‌فر، برادران فروغی (خود محمدعلی ذکاءالملک و ابوالحسن) سعید نفیسی و سرتیپ غلامحسین مقتدر باید ذکر شود. سپس چند تنی دیگر به آنان افزوده شدند. چون دکتر قاسم غنی، ابراهیم پورداوود، عباس اقبال، محمد حجازی، محمد قزوینی، جلال‌الدین همائی و احمد بهمنیار و ...

سپس به تدریج چند تن از بزرگان ایران‌شناس خارجی به عنوان اعضای وابسته نیز برگزیده شدند. محمدعلی جمال‌زاده که مقیم سوئیس اما از برجسته‌ترین نویسندگان دوران بود به اعضای وابسته اضافه شد. فرهنگستان ایران در نخستین جلسه خود محمدعلی فروغی را به ریاست انتخاب کرد و در سال‌های بعد کسانی چون ادیب‌السلطنه سمیعی یا سیدنصرالله تقوی جانشین وی شدند.

فرهنگستان در طول مدت فعالیت خود بیش از دو هزار واژه جدید به جای کلمات خارجی مصطلح در آن زمان و یا برای بیان مفاهیمی که اصولاً واژه‌ای برای آن‌ها وجود نداشت، وضع کرد که تقریباً همه آن‌ها جزئی از زبان فارسی معمول در زبان امروزی ما شده‌اند. بعد از فروغی بی‌سلیقگی‌هایی در انتخاب و وضع کلمات پدیدار شد که رضاشاه بر آن‌ها ایراد گرفت و مقرر داشت که واژه‌های جدید را قبل

از رسمیت و ابلاغ به اطلاع او برسانند[1].

فروغی می‌خواست که فرهنگستان ایران مرجع و مرکزی برای رونق و ترویج زبان فارسی و دفاع از آن باشد و نه تنها برای وضع کلمات جدید. متاسفانه پس از آن‌که بر اثر نقاری با رضاشاه که به آن اشاره کردیم از سیاست دور شد ریاست فرهنگستان را نیز رها کرد، کسان دیگری جای او را گرفتند که تنها ادیب‌السلطنه سمیعی اهل شعر و ادب بود اما جامعیت او را نداشت و متاسفانه تعهدات و مسئولیت‌های سیاسی‌اش همیشگی و دائمی بود و به هر حال فروغی نبود.

پس از شهریور بیست فرهنگستان که به دستور رضاشاه در نزدیکی مسجد سپهسالار ساختمان مستقل و مناسبی نیز یافته بود، به حالت نیمه تعطیل و سپس تعطیل درآمد. در اواخر سلطنت پهلوی گفتگوهایی در مورد تجدید حیات آن به میان آمد که انقلاب اسلامی ایران به همه این امید و آرزوها پایان داد.

***

ایجاد «دانشگاه تهران» نیز یکی از گام‌های بزرگ این زمان برای واقعیت بخشیدن به یک ایران، ایرانی بود. بسیاری دانشگاه جندی شاپور اهواز را که یادگار زمان شاپور اول ساسانی بود به یاد داشتند که آن را نخستین دانشگاه جهان به معنی امروزی کلمه می‌دانند. بنیان‌گذار واقعی نخستین دانشگاه در ایران به سبک و روش امروزی امیرکبیر است که دارالفنون را به وجود آورد. او میرزا رضاخان مهندس را که تحصیل کرده انگلستان بود مأمور طراحی ساختمان دارالفنون کرد و محمدتقی خان معمار باشی را مباشر اجرای این طرح[2]. برای استخدام مدرسان دارالفنون هیأتی مأمور اطریش شد. فرانسوا ژزف[3]. که تازه به مقام امپراطوری رسیده بود، این هیأت را پذیرفت و شخصاً در حسن انجام مأموریت آن مراقبت کرد. هشت اتریشی دو ایتالیایی یک فرانسوی و یک هلندی برای این منظور

---

۱ – خاطره‌ای از علی‌اصغر حکمت مندرج در ماهنامه آزادی سال نهم شماره ۱۰۷، صفحه ۱۹

۲ –برای اطلاع از جزئیات این خدمت بزرگ امیر به ایران نگاه کنید به همه زندگی‌نامه‌های او و نیز:

H.Nahavandi et Yves Bomati Lesgrandes figures de L Iran. Paris, Perrin, 2015,Chapitre 13.

3 - Francois Joseph (1830-1916).

استخدام شدند. امیر تصمیم گرفت که دروس به زبان فرانسه تدریس شود و برای استادان مترجمانی گماشته شدند.

ساختمان دارالفنون، تالارهای تدریس، کتابخانه، تئاتر و رستوران به سرعت انجام شد. مانند همه طرح‌هایی که امیر اراده اجرای آن را داشت. دارالفنون دارای شعب مختلف بود. از جمله مهندسی، پزشکی، زبان‌های خارجی، نظام و فن قلعه‌سازی و علوم. نخستین گروه دانشجویان بالغ بر پانصد نفر می‌شد که همه لباس متحدالشکل مخصوص داشتند و از دولت مقرری می‌گرفتند تا پس از پایان تحصیلات به خدمت کشور درآیند. ناصرالدین شاه دارالفنون را در روز ۳۰ دسامبر ۱۸۵۱ شخصاً افتتاح کرد. اما دیگر امیر آنجا نبود. معزول شده و در تبعید بود و اندکی بعد به قتل رسید.

دارالفنون در ابتدا رونقی داشت و سپس رو به زوال رفت، اما هرگز تعطیل نشد. قوام‌السلطنه در نخستین دوران نخست‌وزیری دوم خود، بعد از کودتای سوم اسفند ۱۲۹۹ و عزل سیدضیاء از ریاست وزراء مدرسه عالی فلاحت (دانشکده کشاورزی بعدی) و مدرسه داروسازی را بنیان نهاد که مدیریت موسسه اخیر به مدرسه طب دارالفنون تفویض شد[1].

همه اینها از دیدگاه رضاشاه کافی نبود. او یک دانشگاه بزرگ ایرانی می‌خواست که هم‌پایه دانشگاه‌های بزرگ جهان یا لااقل منطقه، باشد. علی‌اصغر حکمت «وزیر معارف» مأمور اجرای این طرح شد.

در پانزده بهمن ۱۳۱۳ (۲ فوریه ۱۹۲۵) رضاشاه شخصاً لوحه ساختمان نخستین دانشکده دانشگاه جدید را در اراضی که به این منظور خریداری شده بود (و اکنون پردیس اصلی دانشگاه تهران است که متاسفانه بعد از انقلاب اسلامی در آن تغییرات نازیبایی داده شد) نصب کرد.

به هنگام طرح قانون خرید این اراضی که اندکی بیش از چهارصد هزار متر مربع بود وزیر معارف در مجلس مورد انتقاد قرار گرفت. سطح اراضی را بیش

---

۱ - نگاه کنید به حمید شوکت در تیررس حادثه، زندگی سیاسی قوام‌السلطنه، تهران، نشر اختران، ۱۳۸۵ و دکتر هوشنگ نهاوندی سه رویداد و سه دولتمرد، قسمت اول، لس‌آنجلس، شرکت کتاب ۱۳۸۸ (۲۰۰۹ میلادی).

از حد ضرورت دانستند و او را به ولخرجی متهم کردند. به هر تقدیر قانون به تصویب رسید. هنگام نصب لوحه ساختمان، علی‌اصغر حکمت که از نظر دقیق شاه مطلع نبود و بیم داشت که مورد انتقاد و یا حتی شماتت قرار گیرد، شروع به ادای توضیحاتی در مورد ضرورت فضایی وسیع برای دانشکده‌ها کرده رضا شاه با تندی سخنان وی را قطع کرد و گفت خواهید دید که وسعت این اراضی کافی نیست و دانشگاه، نیاز به زمین‌های بیشتری برای طرح‌های آینده خود خواهد داشت که چنین هم شد. رضا شاه دورنگر بود و برای کشور خود بلندپرواز. چون فرزندش که هر دو تا حدی فدای این آرزوهای دور و دراز برای میهن خود شدند.

بر روی لوح فلزی تاریخ ساختمان دانشگاه تهران چنین نوشته شده بود «به هنگام شاهنشاهی پادشاه ایران رضاشاه پهلوی، سر دودمان پهلوی، ساختمان دانشگاه تهران به فرمان او آغاز و این نبشته که به یادگار در دل سنگ جای گرفته، به زمین سپرده شد. بهمن‌ماه سال یک‌هزار و سیصد و سیزده خورشیدی[۱]»

طرح تقسیم ساختمان‌ها را در فضای پردیس آندره گدار[۲] فرانسوی تهیه کرد. در همان روز نصب نخستین سنگ‌بنای دانشگاه تهران، رضاشاه به علی‌اصغر حکمت دستور داد که کار ساختمان دانشکده پزشکی زودتر از دانشکده‌های دیگر آغاز شود که چنین نیز شد. این دانشکده در شمالی‌ترین منطقه پردیس قرار دارد که قبل از انقلاب اسلامی دانشکده‌های دندانپزشکی، علوم پایه پزشکی[۳]، بهداشت و داروسازی در آن مستقر شدند.

ساختمان‌های جدید دانشگاه یکی پس از دیگری آماده و افتتاح شدند. دانشکده علوم، دانشکده ادبیات، دانشکده حقوق و علوم سیاسی و اقتصادی[٤]،

---

۱ – گاهنامه، جلد اول، ۱۲۵

2 -Andrie Godart

۳ –دانشکده پزشکی در سال‌های آخر به دانشکده علوم پایه پزشکی که در همان ساختمان اولیه مستقر بود و دانشکده پزشکی پهلوی. دانشکده پزشکی رازی و دانشکده پزشکی داریوش کبیر تقسیم شدند که در نهایت امر پیش از انقلاب دانشگاه تهران دارای چهار دانشکده پزشکی بود که سه واحد اخیر متکی به بیمارستان‌ها و مراکز درمانی متعدد بودند که مجموعاً به سه هزار تختخواب شامل می‌شد. الحاق بیمارستان‌ها به دانشگاه به موجب قانونی در ۱۲ آبان ماه ۱۳۱۹ (۲ نوامبر ۱۹٤۰) رسمیت یافت.

٤ – بعداً دانشکده اقتصاد استقلال یافت و در پردیس نوین امیرآباد مستقر شد.

دانشکده فنی و ...

دانشکده هنرهای زیبا (که کمال‌الملک نخستین رئیس آن بود که بعداً آندره گدار و سپس مهندس محسن فروغی جانشین وی شدند) و باشگاه دانشگاه بعد از شهریور به پایان رسیدند و کتابخانه مرکزی دانشگاه خیلی دیرتر که به وسیله محمدرضا شاه افتتاح شد.

در مرکز این پردیس، فضای وسیعی برای ورزش و گردش پیش‌بینی شده بود که بعداً قسمتی از آن را به ساختمان مسجدی برای دانشگاه اختصاص دادند. کاری بی‌مورد و قطعاً مباین نظر رضاشاه که طرفدار جدایی دیانت از فرهنگ و سیاست بود. تا یکسال قبل از انقلاب اسلامی این مسجد گشوده بود اما تقریباً خالی. سپس به یکی از مراکز اجتماعات علیه نظام تبدیل شد و پس از انقلاب قسمت اعظم فضای آن‌را داخل دانشگاه به محلی برای نماز جمعه اختصاص دادند که به زیبایی و تناسب پردیس لطمه بسیار زد. تا این که قطعاً روزی این بساط برچیده شود. چراکه دانشگاه، جای مسجد نیست که جای تعلیم و تعلّم و تحقیق آزاد و دور از سیاست و احترام به همه ادیان و مذاهب است.

اراده رضاشاه بر آن بود که به تدریج در چند شهر بزرگ دیگر نیز به تناسب نیازها دانشگاه‌های شایسته‌ای ساخته شود. مدرسه عالی بهداشت مشهد قدم اول در این زمینه بود و در زمان سلطنت فرزندش این آرزوی او جامه عمل پوشید و تنها در تهران سه دانشگاه و چندین مدرسه عالی وجود داشت.

***

بنیان‌گذاری ارتش نوین ایران که بعداً ارتش شاهنشاهی نام گرفت رسماً در تاریخ ۲۶ آبان‌ماه ۱۳۰۰ خورشیدی، ۱۷ نوامبر ۱۹۲۱ انجام گرفت. در کابینه دوم قوام‌السلطنه که رضاخان سردارسپه وزیر جنگ نیز بود، تصمیم گرفته شد که لشکر قزاق و ژاندارمری کل کشور مشترکاً به نام «واحد قشون» شناخته شوند. چنانکه دیدیم ارکان حرب کل قشون (ستاد ارتش بعدی) تشکیل و امان‌الله میرزا جهانبانی به ریاست آن منصوب شد.

به این ترتیب، بی‌هیچ چون و چرا، رضاخان سردارسپه بانی ارتش نوین ایران جلوه‌ای بزرگ از ایرانی شدن ایران است. این خود داستانی دیگر است که نیاز به

تاریخی دیگر دارد.

در زمان رضاشاه، ارتش، واحدهای منطقه‌ای و سلسله مراتب آن، نه تنها عامل و ضامن نظم و آرامش داخلی و پایان شورش‌های منطقه‌ای بودند، بلکه سریعاً به استخوان‌بندی رژیم مبدل شدند. رضاشاه مرتباً به فرماندهان مناطق ارتشی (لشکرها یا تیپ‌های مستقل و ...) دستور می‌داد که در امور «کشوری» مداخله نکنند. اما در عمل جز این بود و این فرماندهان در اداره امور وزنه‌ای غیرقابل اجتناب به شمار می‌آمدند و گه‌گاه اختلاف‌نظرهای آنان با استانداران مسائلی ایجاد می‌کرد. اما ابهت و قدرت رضاشاه و بیم از خشم او چنان بود که اختلاف‌نظرها هرگز به بحران‌های علنی نمی‌انجامید.

در این دوران وزیر جنگ در جلسات هیأت دولت شرکت نمی‌کرد و اصولاً نقش زیادی نیز در راهبری امور وزارت وجود نداشت. زمانی که ذکاءالملک فروغی را به این سمت برگزید، در برابر اظهار تعجب او از این انتصاب به وی گفت:

«می‌خواستم اعتماد خود را به شما به همه نشان بدهم و در ضمن فرصت استفاده از زندگی و استراحت داشته باشید. وگرنه وزیر جنگ خود من هستم. شما راحت باشید.»

نخست‌وزیر، به هنگام معرفی اعضای دولت وزیر جنگ را معرفی نمی‌کرد، انتصاب او اعلام می‌شد. چنانکه خواهیم دید. در ماجرای سوم شهریور هنگامی که «در نتیجه خیانت‌های بعضی از فرماندهان از جمله سرلشکر خلبان احمد نخجوان وزیر جنگ وقت(ارتش) به سرعت متلاشی شد و بدون هیچ‌گونه مقاومت عقب نشست.[1]» رضاشاه به فروغی نخست‌وزیر جدید گفت دستور دادم امیر موثق (سرلشکر محمد نخجوان) که به وزارت جنگ منصوب شده خود را به شما معرفی کند. یعنی دقیقاً مباین آنچه قبل و بعد از رضاشاه انجام می‌گرفت.

***

رضاشاه به تجهیز ارتش نوین ایران توجهی دائم و خاص داشت. مرتباً هیأت‌هایی به اروپا برای خرید اسلحه مورد نیاز این ارتش اعزام می‌شدند. با

---

۱ – سرهنگ نصرالله توکلی نیشابوری، آخرین سقوط آریاها، خاطرات اولین رئیس ستاد کل ارتش بعد از انقلاب، انتشارات IBEX، پخش شرکت کتاب، ایالات متحده ۱۹۸۴ صفحه ۱۱۴، دیدگاه یکی از معدود صاحب‌منصبان ارتش که به انقلاب پیوستند.

وجود محدودیت‌های مالی آن زمان به این کار می‌پرداختند.

در آوریل ۱۹۲۸ (فروردین ۱۳۰۷) تصمیم به ایجاد «نیروی دریایی شاهنشاهی» گرفت. آرزوی دیرین ایرانیان که در زمان شاه عباس دوم صفوی و نادر شاه افشار تا حدی تحقق یافته بود، اما امیرکبیر که به اندیشه این کار افتاد با مخالفت و کارشکنی شدید انگلیس‌ها که به کلی مخالف حضور یک قوه بحریه‌ای در منطقه جز ناوهای جنگی متعلق به خودشان بودند، مواجه شد و به احتمال قریب به یقین یکی از علل اصلی تحریکات آنان برای عزل وی همین بود.

برای ترتیب کار، ابتدا تیمورتاش وزیر دربار و شخصیت مورد اعتماد شاه به اروپا رفت که ملاقاتی طولانی با موسولینی رهبر توانای ایتالیا داشت و موافقت وی را جلب کرد تا هم افسران نیروی دریایی در آن کشور تربیت شوند و هم ناوهای جنگی مورد نیاز ایران را بسازند و به ایران بفروشند. به این‌سان نیروی دریایی ایران بنیان گرفت. قدرت کوچکی که در نخستین ساعات بامداد سوم شهریور ۱۳۲۰ با بمباران خرمشهر نابود شد و بیشتر افسران آن شهید شدند.

رضاشاه مانند همه افسران و کارشناسان آن دوره نیروی زمینی را استخوان‌بندی اصلی ارتش می‌دانست. توجه وی به نیروی دریایی در درجه اول جنبه سیاسی داشت. ولی نیروی هوایی را نیز از یاد نبرد. در پنجم اسفند ۱۳۰۴، نخستین خلبان ایرانی با یک فروند هواپیمای نظامی ایرانی که در فرانسه ساخته شده بود از پاریس وارد تهران شد. به تدریج ارتش به چند هواپیمای نظامی مجهز شد و سپس با کمک آلمان‌ها کارگاه بزرگی برای سوار کردن قطعات منفصله هواپیماها در قلعه‌مرغی نزدیک تهران ساخته شد که به آن هواپیماسازی شهباز نام نهادند. به این ترتیب ایرانیان شاهد پرواز هواپیماهای ساخت ایران شدند که برای همه موجب افتخار و غرور شد.

کارخانه هواپیماسازی شهباز در نخستین ساعات حمله متفقین به ایران بمباران شد و از میان رفت.

سال‌های بسیار گذشت تا آنکه در ده سال آخر سلطنت محمدرضا شاه پهلوی، ایران دارای نیروی دریایی و نیروی هوایی توانا و موثری شود. در آن زمان «نیروی هوایی شاهنشاهی» چهارمین یا پنجمین نیروی هوایی جهان بود و نیروی دریایی ایران برای تأمین خلیج فارس و قسمت بزرگی از اقیانوس هند کافی به

نظر می‌رسید. شاید همین قدرت و خودکفایی از علل اصلی تشویق خارجیان از انقلاب ایران بود. بسیاری ایران توانا را برنمی‌تافتند.

***

در ۱٦ خرداد ماه ۱۳۰٤ (٦ ژوئن ۱۹۲۵) قانون نظام وظیفه به تصویب مجلس شورای ملی رسید. گروهی از روحانیون آن را خلاف شرع دانستند. اما طبیعتاً سردارسپه توجهی به این مخالفت نکرد و قانون به تدریج به مرحله اجرا درآمد. در عهد سلطنت رضاشاه انجام «خدمت وظیفه» واقعاً همگانی بدون کوچکترین استثنا بود.

شاه شخصاً بر این مهم نظارت می‌کرد و کسی را یارای تخطی از آن نبود. این امر در اختلاط گروه‌های مختلف اجتماعی و اهالی استان‌ها و مناطق مختلف کشور که بعضی از آن‌ها جز به گویش محلی به زبان دیگری آشنا نبودند بسیار موثر بود. همه ایرانیان برابر یکدیگر بودند و دوران خدمت وظیفه آن زمان با وجود سختی آن، این برابری را تضمین می‌کرد که متاسفانه بعداً در آن خلل‌های فراوان پدیدار شد. اما وحدت ملی بنیان استواری یافته بود و سربلندی و غرور ملی تنها نیازمند به این خدمت نبود و عوامل بسیار دیگر داشت.

***

رفع حجاب و آغاز آزادی زنان و برابری آن با مردان قدم بزرگ دیگر دوران رضاشاه به شمار می‌آید.

در ۱۷ دی‌ماه ۱۳۱٤ (۸ ژانویه ۱۹۳٦) شاه به اتفاق ملکه تاج‌الملوک و شاهدخت شمس و اشرف بدون حجاب به بازدید دانشسرای مقدماتی تهران رفت و پس از اعطای گواهی‌نامه‌های دوشیزگانی که تحصیلات خود را در رشته‌های مامائی و پرستاری به پایان رسانده بودند ضمن بیاناتی گفت:

«شما خواهران و دختران من حالا که وارد اجتماع شده‌اید و برای سعادت خود و هم‌وطنان گام به پیش‌نهاده‌اید باید پیوسته در راه وطن تلاش کنید. سعادت کشور و آینده ملت در دست شما است. شما تربیت‌کننده نسل آینده این کشور هستید.»

رفع عمومی حجاب که گاهی با خشونت صورت می‌گرفت یک انقلاب اجتماعی، اخلاقی و ملی واقعی بود. پیش از ۱۷ دی که گه‌گاه بانوان معدودی بدون حجاب در بعضی مراسم و پذیرایی‌ها حضور می‌یافتند اما این‌کار با احتیاط

و به صورتی کاملاً خصوصی انجام می‌گرفت. ظاهراً در سفر ترکیه و مشاهده تحولات سریع آن کشور بود که رضاشاه را به این تصمیم واداشت.[۱]

۱۷ دی سرآغاز تحولی بزرگ بود که به انقلاب سفید در زمان محمدرضا شاه منتهی شد. زنان ایران به همه مشاغل و مراتب دست یافتند. وزارت، وکالت مجلس، استادی دانشگاه‌ها، سلسله مراتب نظامی و جز این‌ها که همه با انقلاب اسلامی از میان رفت. که البته این داستان دیگری است.

***

دوران سلطنت رضاشاه، عصر شکوفایی ادب و فرهنگ ایرانی بود که به نظر او و به حق یکی از ارکان اصلی هویت ملی به شمار می‌آمد. پس از شهریور ۲۰ و سقوط او مخالفان، بدگویان و دشمنان درباره اختناق آن زمان بسیار گفتند و نوشتند. رضاشاه همواره به اطرافیان خود درباره ضرورت ترجمه متون فنی، تاریخی و ادبی از زبان‌های خارجی به فارسی تاکید می‌کرد: «ترجمه کنید، ترجمه کنید، ترجمه کنید.» صورت کتاب‌های مهمی که در آن زمان به فارسی درآمد بعد از چند دهه هنوز شگفت‌انگیز به نظر می‌رسد و تجدید چاپ آن‌ها بسیار سودمند خواهد بود. کتاب‌های درسی دوره‌های ابتدائی و متوسطه با حسن سلیقه و الهام از بهترین متون خارجی (به ویژه فرانسه) تهیه و تدوین می‌شد و بسیاری از آنها هنوز نمونه است.

نویسندگان و محققان بزرگی چون سلیمان حییم، محمد علی فروغی، ابراهیم پورداوود، صادق هدایت، فخرالدین شادمان، دکتر قاسم غنی، رشید یاسمی، محمدعلی جمال‌زاده، احمد کسروی ، سعید نفیسی[۲]، محمد حجازی،

---

۱ - «رفع حجب یا حجاب- سوقات آنکارا»، حاج مخبرالسلطنه ۴۰۵. او که دیگر نخست‌وزیر نبود، مخالفت خود را ابن نحوه عمل به استحضار شاه رساند که جریان مذکرات خود را به تفصیل بیان داشته، ۴۰۵ الی ۴۰۸ و جاهای دیگر.
دکتر مصدق نیز بعد از جنگ و به هنگام وکالت مجلس شدیداً از این تصمیم انتقاد کرد: «دیکتاتور (رضاشاه) با پول ما و به ضرر ما راه‌آهن کشید... اگر به تدریج که دختران از مدارس خارج می‌شدند حجاب رفع می‌شد، چه می‌شد؟ رفع حجاب از زنان پیر و بی‌تدبیر چه نفعی برای ما داشت؟ اگر خیابان‌ها آسفالت نمی‌بود چه می‌شد؟ اگر عمارت‌ها و مهمان‌خانه‌ها ساخته نمی‌شد به کجا ضرر می‌رسید؟» سخنان دکتر مصدق در مجلس چهاردهم، سه شنبه ۱۶ اسفند ۱۳۲۲.

۲ - که تقریباً همه او را به عنوان مورخ و محقق می‌شناسند. اما نویسنده‌ای توانا بود. نگاه کنید به ستارگان سیاه، ماه نخشب، فرنگیس و ... ادیب السلطنه ـ (حسین سمیعی) از

سیدعبدالرحیم خلخالی، حسینقلی مستعان، صادق هدایت، علی دشتی ... در این دوره به شهرت و اعتبار رسیدند. ملک‌الشعرای بهار چون ایرج میرزا جلال‌الممالک ستایندگان او بودند. پروین اعتصامی در آن دوران زیست و اشعارش را انتشار می‌داد. حتی سال‌ها و حتی امروزه، بعضی از منتقدان به حق یا ناحق، از شخصی به نام محرم‌علی خان که گویا مسئول بازبینی انتشارات در شهربانی بود، شخصیتی بی‌سواد و مضحک، ساخته و می‌سازند که شاید هم بود. تنی چند از بزرگان ادب و فرهنگ آن زمان گه‌گاه با دشواری‌های کوتاهی مواجه شدند (چون بهار یا دشتی). اما چند تن دیگر به مقامات عالی دولتی رسیدند.

در مجموع تردید نمی‌توان داشت که سال‌های سلطنت رضاشاه دورانی درخشان برای فرهنگ ایرانیان بود.

برای رضاشاه جدائی دیانت از سیاست و جلوگیری از مداخله روحانیون، یا روحانی نمایان در امور سیاسی یکی از پایه‌های نظام حکومتی بود و گاهی با خشونت با آنان رفتار می‌کرد. اما آزادی ادیان و مذاهب و احترام به همه آنها نیز کاملاً مراعات می‌شد. بازگشتی به دوران پیش از اسلام، به ایران ایرانی. اقلیت‌های مذهبی از یک دوران امنیت و احترام برخوردار بودند. «سیاست رضاشاه در مورد بهائیان، تفاوتی با سیاست او در مورد دیگر اقلیت‌های دینی مثل یهودیان، زردشتی و مسیحی نداشت. بهائیان که از دوران ناامنی و کشتار دوره قاجاریه به امنیت و آرامش رسیده بودند در دوران او در تقویت دین خود و تبلیغ آن کوشیدند و با راهیابی به دانشگاه‌ها و مدارس عالی و نیز با تحصیل در اروپا طبقه درس خوانده ممتازی را تشکیل دادند.[1]»

هنگام باریابی نخستین گروه از دانشجویان ایرانی به اروپا که همه به هزینه دولت عازم خارج از کشور بودند، رضاشاه بعد از تاکید درباره ضرورت تامین

بزرگترین شاعران معاصر است متاسفانه او را نیز بیشتر به سبب مقامات مهمی که در دوره قاجار و به ویژه پهلوی شاغل بود می‌شناسند. بازشناسی مقام ادبی او را فراموش نباید کرد.

۱ – فریدون وهمن، صدوشصت سال مبارزه با آئین بهائی، چاپ سوم، نشر باران، سوئد ۲۰۱۰ (۱۳۸۹) صفحه ۱۱۲. نویسنده که مورخ موجه و شناخته شده‌ای در زمینه تاریخ پیش از اسلام در ایران است. مواردی را نیز ذکر کرده که غالباً با تحریک ملایان و در یک مورد به ابتکار صولت‌الدوله قشقائی، بهائی‌ستیزی در شهرهای کوچک یا دورافتاده مشاهده شده.

اعتبار کافی برای زندگی آنان که موجب سرافکندگی ایران و ایرانیان نشوند، با یک یک آنان دست داد. سپس خطاب به آنها گفت:

«آیا می‌دانید که شماها را برای چه به خارج می‌فرستم؟

لحظه‌ای سکوت حکمفرما شد و سپس یکی از دانشجویان به خود جرأت داده و گفت:

«برای تحصیلات عالیه تا به مملکت خدمت کنیم.»

شاه نگاهش را به او دوخت و سپس سرش را بالا گرفت و به آسمان خیره ماند. لحظه‌ای گذشت و سپس خطاب به محصلین گفت:

«ببینید آقایان! فرض می‌کنیم من و شما نسبت به یکدیگر وظیفه‌ای داریم. درست شد؟ وظیفه من مراقبت از شما است و وظیفه شما اندوختن علم و دانش. تا من هستم برای تامین سعادت شما می‌کوشم. در عوض شما هم باید به من قول بدهید که هرگز فراموش نکنید که یک ایرانی هستید. شماها باید به خاطر داشته باشید که نیاکان ما با افتخار زیسته‌اند. شما نیز بایستی چنانکه شایسته است کشور خود ایران را به دنیا بشناسانید و آن‌قدر در خارج خوب رفتار کنید که به خاطر شماها هم که باشد، مردم اروپا نام ایران را از یاد نبرند.

من منتظرم که شماها را پس از کسب موفقیت بار دیگر در همین جا ببینیم.»

... در این موقع اشک از چشمان شاه ناگهان جاری شد. اشکی که هرگز از چشم او جاری نشده بود و کسی به خاطر نداشت که او مرد جنگ دیده و پرقدرت، اشک بریزد. بغض راه گلویش را بسته و اشکش سرازیر شده بود! او با همان حالت تکان دهنده زمزمه کرد که آیا من شماها را بار دیگر خواهم دید؟»[1]

---

۱ - نقل از خاطرات سیاسی معتصم‌السلطنه (مهدی فرخ) که به طور مسلسل در دو هفته‌نامه راه زندگی چاپ لس آنجلس انتشار می‌یافت، ۹ فوریه ۲۰۱۸.

«آقای جلال شادمان نقل می‌کند روزی با وزیر مالیه وقت سرتیپ میرخسروی شرفیاب بودیم. می‌بایستی توضیحاتی راجع به بودجه به عرض برسانند. گویا دولت برای خریدهای ضروری و لازم در مضیقه ارزی بوده است. امیر خسروی پیشنهاد می‌کند که از محل ارزی که برای محصلین دولتی اختصاص دارد موقتاً برداشت کنند که بعد از ارزهای حاصله آن را برگردانند. شاه برآشفت و گفت این محصلین برای هوا و هوس به خارج نرفته‌اند، آینده مملکت هستند. نباید در مضیقه قرار گیرند.» به نقل از علی دشتی.

فصل یازدهم

زیربنای اقتصاد ملی

«.... جز خرابی و ویرانی، ذخیره دیگری برای من در مملکت انباشته نشده. از قصر گلستان تهران تا بنادر خلیج فارس و دریای خزر همه جا خراب است در همه جا خرابه‌هایی است که روی خرابه‌های دیگر انباشته شده و مفاسدی است که بر زیر مفاسد دیگر انبوه شده است. به تمام آنها باید شخصاً رسیدگی و به مقام تعمیر آنها برآیم. خزانه مملکت تهی است. وزارتخانه‌ها دور از مراحل وظیفه‌شناسی هستند. متخصص هیچ امری در مملکت وجود ندارد که کار را به دست اهل آن بسپارم. وسائل ترقّی و پیشرفت مفقود است. اخلاق عمومی در منتها درجه انحطاط است. هیچ کس به وظیفه خود آشنا نیست. لفاظی و شارلاتانی قائم مقام تمام حقایق واقع شده است. سالها نهال تذبذب و تزویر و چاپلوسی و دروغ را آبیاری کردند. من میوه آنها را باید بچینم. خط آهنی را که در نظر گرفته‌ام شاید متجاوز از دویست کرور تومان خرج داشه باشد، این پولی است که در هیچ تاریخی خزانه مملکت به داشتن آن معتاد نبوده است. از کجا این پول تامین خواهد شد؟ آیا از این خزانه فقیر و تهی؟...

ایجاد خطوط، تاسیس شهر، ایجاد دوایر و هتل و غیره میلیونها خرج دارد. از کجا و چه محلی پرداخته خواهد شد. ما قادر به انجام مصارف یومیه خود نیستیم. در این صورت ایجاد کارخانه قند و نخ و برق و غیره موکول به پرداخت چه وجهی خواهد بود؟

شکافتن البرز.... زدن تونل، خرید ریل، ایجاد موسسات و غیره و غیره از کدام پول؟

اما من که تصمیم گرفته‌ام مملکت خود را بیارایم تمام این موانع را زیر پا خواهم گذاشت و قهراً باید به تمام آمال و آرزوی خود صورت

عمل و حقیقت بدهیم».[۱]

این چند سطر مبیّن آرزوهای رضا شاه برای توسعه اقتصاد ملی ایران است که برای نیل به آن تمام نیرو و همّت خود را به کار برد.

رضاخان میرپنج، از همان روزی که به عنوان سردار سپه برگزیده و سپس وزارت جنگ نیز به او تفویض شد، در حقیقت مرکز اصلی قدرت در کشور گردید دخالت در امور اقتصادی را نیز آغاز کرد.

تصویب قانون الحاق آب کوهرنگ به زاینده رود در فرودین ماه ۱۳۰۱ نخستین قدم در این راه بود. این طرح از زمان شاه عباس کبیر مورد نظر دولت بود ولی امکان تحقق آن وجود نداشت. طرح اولیه را شیخ بهایی تهیه کرده بود که تا زمان سلطنت پهلوی دوم به مرحله اجرا درنیامد و سپس یک شرکت انگلیسی با استفاده از نقشه شیخ بهائی طرح نهایی را آماده ساخت که متعاقباً به مرحله اجرا درآورد و به این ترتیب به خشکسالی‌های متناوب زاینده رود نقطه پایان گذاشته شد، که متاسفانه در سالهای اخیر به سبب سوء اداره یا سوء استفاده‌های مسئولان مجدداً دشواریها از سر گرفته شده.

اندکی بعد سردار سپه که دیگر رئیس دولت هم بود مؤسسه دفع آفات حیوانی و سرم سازی را به مؤسسه پاستور که مشیرالدوله بانی آن بود ملحق کرد و سپس با یک طرح قانونی ورود «ماشین‌های فلاحتی و صنعتی» را به مدت ده سال آزاد و از کلیه حقوق و عوارض گمرکی معاف کرد.

دو گام بزرگ در راه تحول و توسعه اقتصاد نوین ایران. ماجرای بزرگ دوران حکومت و سلطنت رضاشاه، تحقق آرزوی دیرین ایرانیان یعنی راه آهن سرتاسری بود.

در ۹ خرداد ماه ۱۳۰٤ (۲۰ مه ۱۹۲۵) قانون «انحصار قند و شکر و چای برای تامین هزینه ساختمان راه‌آهن سراسری به تصویب مجلس شورای ملی رسید. علی دشتی در همان روزها ملاقاتی با سردارسپه در دفتر او در وزارت جنگ داشت:

«دشتی، اگر مُردَم بدان که بزرگ‌ترین آرزوی من کشیدن خط آهن

---

۱ - رضا شاه، سفرنامه مازندران، ۱۳۰۵، چاپ تهران.

سرتاسری است».[۱]

ساختن راه آهن سرتاسری سه جنبه داشت:

نخست تامین اعتبار آن. اراده رضاشاه بر آن بود که این طرح با «پول ایرانی» اجرا شود. به طور کلی او «از قرضه خارجی می‌ترسید ولی از استخدام مهندسان خارجی و استفاده از علم و تکنیک آنان پروایی نداشت»[۲] شاید هم در باطن از اینکه پس از نزدیک به دو قرن استیلای سیاسی و فکری خارجی‌ها بر ایران به افراد تابع کشورهای بزرگ غرب «مزدور» ایرانیان شوند، خوشحال و راضی بود. به هر حال با وضع عوارض اندک بر قند و شکر و چای اعتبار ساختمان راه آهن سرتاسری تامین شد و همه ایرانیان آن را پرداختند. طرح عظیمی که بدون یک دینار کمک از خارج به مرحله اجرا درآمد معادل ۱۷/۵۰ میلیون لیره انگلیسی مصروف ساختن راه آهن سرتاسری شد که برای آن زمان مبلغی هنگفت و حتی غیرقابل تصور بود.[۳]

جنبهٔ دوم: اجرای این طرح مخالفت‌های داخلی با آن بود. اقلیتی در مجلس که رهبری آن با دکتر مصدق بود شدیداً با این طرح مخالفت می‌ورزید و مبارزه می‌کرد او در جلسه ۲۹ فروردین ۱۳۰۶ که مسأله در مجلس مطرح شد، گفت:

«بنده با راه‌آهن مخالف نیستم. به این جهت که راه آهن حقیقت واقعش یک چیزی است که در هر جا رفته باعث آبادی شده. ولی با موقعیتش و طرز خرجش مخالفم... اگر ما این چهارده میلیون پول موجودی را خرج کارخانه قند در نقاط مختلف بکنیم، هم قند ارزان‌تر می‌شود و هم مستغنی از فرستادن پول به خارج می‌شویم.

اگر بخواهیم خط آهن بکشیم، چهل میلیون تومان به خارج می‌رود که

۱- علی دشتی، افسر جاه‌طلب، در کتاب پنجاه و پنج، به نقل از سرتیپ نصرالله زاهدی، منبع ذکر شده صفحه ۴۰.

۲ - همان، منبع صفحه ۴۱.

۳- درباره راه‌آهن سرتاسری بسیار نوشته شده. از جمله نگاه کنید به مهدی شمشیری راه‌آهن سرتاسری ایران، رضاشاه بزرگ و محمد مصدق، هوستون، تگزاس، پارس، ۱۳۸٤ خورشیدی، ۲۰۰۵ میلادی، صفحات ۲۳۷ تا پایان کتاب (صفحه ۳٤۳)، به اصل مطلب پرداخته که حاوی دقایق و اسناد جالبی است. همچنین ک. هومان رضاشاه در آینه اسناد، رسانه گروهی پارس، ماساچوست، ۱۳۹۵، ۲۰٦. گفتار دوم برپایی راه‌آهن سرتاسری ایران گره کوری که به همت رضا شاه گشوده شد. صفحات ۳٤۳ تا ۳۷۷. کتابی مستند و دقیق.

حدود چهارمیلیون حداقل منفعت آن است و سالی چهار میلیون هم بودجه راه‌آهن است...

پس این ضررش از هر چیز زیادتر است. در صورتی که اگر سرویس کامیون را در این مملکت دایر کنیم، به این ترتیب که پنجاه کامیون بیاوریم که یکی از تهران حرکت کند برود به بوشهر و یکی هم برعکس، مسافرین در راه بوشهر روزی پنج نفر هم نخواهد بود و ما می‌توانیم مسافرت راه بوشهر را تا اینجا را با کامیون تامین کنیم و اگر ما پنجاه اتوبوس مسافرتی داشته باشیم می‌توانیم در پنج نقطه ایران خط ابتدایی و انتهایی درست کنیم و بعد هم یک عده کامیون که بنده شنیدم امروزه در اروپا هست که با بخار حرکت می‌کند و مخارج سوختش هم خیلی کمتر است، آن را بیاوریم برای حمل و نقل....

راه آهن فایده‌ای ندارد... تا ده سال دیگر هرچه خرج کنیم بی‌فایده است... مملکتی که هر کیلومتر مربعش پنج نفر جمعیت دارد گمان نمی‌کنم فایده داشته باشد.»

«اگر دولت به کشیدن راه‌آهن اصرار داشت باید از غرب به شرق باشد (از تبریز به مشهد) به بهشت وارد می‌شویم (اگر نه) به جهنم وارد می‌شویم.»

سرانجام با وجود مخالفت شدید مصدق و مدرس و اقلیت مجلس و گروهی دیگر، مبانی قانون ساختمان راه آهن سرتاسری قطعی شد.[۱]

جنبه سوم: مساله مسیر راه آهن سرتاسری بود که به بحث‌های گوناگون و گاهی شدید و آمیخته با اغراض سیاسی یا اقتصادی منتهی شد.

پس از گذشت ایام، انتخاب مسیر کنونی که گویا مبتنی بر دخالت و تصمیم خود شاه بود، منطقی به نظر می‌رسد. از دو استان شمالی ایران که در کنار دریای خزر قرار دارند، گیلان پیشرفته‌تر و با ضوابط آن زمان پررونق به نظر می‌رسید

۱- علاوه بر منابعی که ذکر شد درباره همه این ماجرا که هنوز هم این جا و آنجا به آن اشاره می‌شود. نگاه کنید به دکتر جلال متینی، نگاهی به کارنامه سیاسی دکتر مصدق، لس‌آنجلس، شرکت کتاب، ۱۳۸۴، ۲۰۰۵ میلادی، صفحات ۱۰۶ـ ۱۱۱ و ۳۸٤ تا ٤۰۸ (مشتمل بر اسنادی بسیار جالب) همچنین جلال متینی، ایرانشناسی، سال یازدهم، شماره ۱ بهار ۱۳۷۸ و نورمحمد عسگری، شاه، مصدق، زاهدی، آرش، استکهلم، ۱۳۷۹، صفحات ۱۱۵ تا ۱۲۵.

که شاید یکی از عوامل آن تجارت با روسیه (و سپس تا حدی با اتحاد جماهیر شوروی) و روابط با آن بود. گیلان از لحاظ آموزش و فرهنگ پیشرفته‌ترین مناطق ایران بود. سهم و نقشی که در انقلاب مشروطیت ایفا کرده بود و به آن اهمیت خاصی می‌داد. بسیاری کسان از همه جای ایران به گیلان می‌آمدند تا در آنجا کسب و کاری داشته باشند یا ثروتی بیاندوزند. مازندران، با آن همه امکاناتش که شاید بیشتر از استان مجاور هم بود، تقریباً هیچ نداشت. قطعاً به همین سبب و نیز به علت علاقه‌ای که به سرزمین مولودی خود داشت. رضاشاه ترجیح داد که راه آهن سرتاسری از مازندران بگذرد و به بندر گز (که در کنار آن تاسیسات جدیدی به نام بندر شاه ساخته شد) منتهی گردد. روستاها و شهرهای بسیار در این استان آباد شدند و رونق یافتند. اما حق آن است که گفته شود گیلان هم از مناطقی بود که رضاشاه توجه خاص به آن مبذول داشت و در آبادی و رونق آن بسیار کوشید. انتخاب بندرشاه نقطه آغاز (یا پایان) راه‌آهن سرتاسری، آن را از مناطق نفتی شوروی در آذربایجان سابق ایران که شاید چشم داشتی برای لندن بود دور نگاه می‌داشت که از لحاظ امنیتی و سوق‌الجیشی مزیتی بود.

انگلیس‌ها و از جمله شرکت نفت مایل بودند راه‌آهن سرتاسری (که اصولاً با ساختن آن موافق نبودند.) از خانقین آغاز شود و به تبریز برسد. یعنی درست آنچه دسترسی به چاه‌های نفت آذربایجان را آسان می‌ساخت. اما رضاشاه می‌خواست خلیج فارس را به دریای خزر متصّل کند. حتی به جای محمره آن وقت (خرمشهر) بندر جدیدی را برگزید و دستور به ساختمان آن داد. بندر شاهپور که از شط‌العرب و مداخله احتمالی قوای امپراتوری بریتانیا که در عراق مستقر و بر آن کشور که هنوز وجود رسمی هم نداشت مسلط بودند، به دور و تا حدی در امان باشد و به موازات آن خوزستان هم آباد شود.

همه این‌ها حسن تشخیص و ایران شناسی رضاشاه بود و اکنون می‌بینیم که حق داشت.

طرح نهایی راه‌آهن را مهندسان آلمانی فراهم کردند و اجرای آن به وسیله شرکت‌های آلمانی، دانمارکی و ایرانی صورت گرفت و در روز ۲۵ اوت ۱۹۳۸ (٤ شهریور ماه ۱۳۱۷) شاه با محکم کردن آخرین پیچ و مهره راه‌آهن و قطع نوار سه

رنگ در سفید چشمه اراک آن را رسماً گشود و نخستین قطار که از بندر شاپور حرکت کرده بود رهسپار پایتخت شد.

رضا شاه گفت:

«امروز یکی از روزهای پرافتخار ملت ایران است. بسیار جای خوشوقتی است که راه‌آهن سراسری کشور اکنون به پایان رسیده است. امروز یکی از روزهای بزرگ تاریخ حیات ملت ایران به شمار می‌رود. زیرا آرزوی هشتاد ساله ایرانی طی هفده سال همراه با اصلاحات گوناگون به منصه ظهور رسیده است»

حق با شاه بود: نخستین اندیشه اجرای این طرح مربوط به امیرکبیر است. راه‌آهن سرتاسری یکی از آرمان‌های بزرگ انقلاب مشروطیت و رهبران آن بود که سیاست‌های استعماری مانع اجرای آن شدند و دولت‌های ناتوان آن روزگار اراده و امکان اجرای آن را نداشتند.

پایان ساختمان راه‌آهن سرتاسری شور و هیجانی بزرگ در ایران به وجود آورد. بسیاری از دولتهای خارجی طی پیامهای گرمی این توفیق بزرگ را به ایران و پادشاه آن تبریک گفتند.

اما کار به پایان نرسیده بود:

چند روز بعد در سی‌ام اکتبر ۱۹۳۸ (۸ آبان ماه ۱۳۱۷) ساختمان راه‌آهن سرتاسری دوم، تبریز به مشهد آغاز شد که به سرعت پیش رفت.

شاه عجله داشت:

چند روزی گذشت: در چهارم دسامبر خط سرتاسری سوم، تهران – اصفهان – یزد که می‌بایست به بندرعباس در کنار تنگه هرمز برسد، آغاز شد.

برای هیچ یک از این طرح‌ها دیناری از خارج وام گرفته نشد.

علاوه بر این خطوط راه‌آهن که رضاشاه شخصاً بر آنها نظارت می‌کرد، در این دوران به ساختمان هزاران کیلومتر راه‌های شوسه اقدام شد[1] و تهران به همه شهرهای بزرگ و کوچک و این شهرها بین خود به یکدیگر متصل گردیدند. چهره ایران به سرعتی شگفت‌انگیز تغییر می‌یافت.

۱- ۲٦ هزار کیلومتر / ک. هومان، ۲۸۹.

پیشرفت ساختمان راه‌آهن شگفت‌انگیز بود و ستایش جهانیان را برانگیخت نخستین راه‌آهن سرتاسری به طول ۱۳۹٤ کیومتر و هشتاد و چند ایستگاه که همه به وسیله آلمان‌ها طرح‌ریزی شده بود مشتمل می‌شد بر دویست و بیست و چهار تونل که ۹۳ عدد آن در شمال و ۱۳۱ تونل بقیه در جنوب بود. مجموع تونل‌ها قریب ۸٤ کیلومتر که اندکی بیش از شصت کیلومتر آن در جنوب و ۲٤ کیلومتر در شمال قرار داشت. طولانی‌ترین تونل شمال به طول ۲ کیلومتر و ۸۸۰ متر و بزرگترین تونل جنوب به طول دو کیلومتر و ۸۲۲ متر بود. در خط‌آهن سرتاسری متجاوز از ٤۰۰۰ پل کوچک و بزرگ به طول تقریباً ۹ کیلومتر ساخته شد.[1]

همه این ارقام ممکن است امروز چندان چشمگیر نباشد. اما با توجه به تنگدستی ایرانیان در آن زمان و فقدان وسائل فنی در دهه‌های پیش نه تنها توفیقی چشمگیر بلکه شاهکاری محسوب می‌شد و می‌شود.

قبل از پایان سلطنت رضاشاه راه‌آهن سرتاسری غرب به شرق از تهران به شاهرود[2] رسیده بود و از پایتخت به قزوین[3]، زنجان و سپس میانه. روس‌ها بعضی از ایستگاه‌های نیمه تمام و بقیه این دو مسیر را بمباران و ویران کردند که سپس بازسازی شد.

همچنین ساختمان راه‌آهن تهران به اصفهان ـ کرمان و بندرعباس آغاز شد که در شهریور ۲۰ به قم رسیده بود.

همه این طرح‌ها با دخول ایران در جنگ جهانی دوم متوقف شد و سال‌های نابسامانی پس از پایان جنگ و سپس بحران ناشی از ملی شدن نفت امکان آن را نداد که از سرگرفته شود. در زمان نخست‌وزیری سپهبد فضل‌الله زاهدی در ایران و دومین وزیر راهش سرلشکر عباس گرزن اجرای همه این طرح‌ها از سرگرفته شد که پیش از انقلاب اسلامی به پایان رسیده بود و ایران در حقیقت دارای یک شبکه وسیع خطوط آهن و ایستگاه‌های مجللی چون تبریز و مشهد بود.

در نهایت امر آیا همه این تغییرات و تحولات (که شبکه راه‌آهن سرتاسری

۱- شمشیری ۳٤۳-۳۳۹.
۲- افتتاح رسمی در دوم خردادماه ۱۳۲۰(۲۲ مه ۱۹٤۱).
۳- که به تاریخ ۱۹ مهرماه ۱۳۱۹ (٤ اکتبر ۱۹٤۰) رسماً گشایش یافت.

نمونه و جزء کوچکی از آن بیش نبود) سبب نشد که بعضی از دولت‌های بزرگ که همواره ایرانی ناتوان می‌خواستند بر آتش نارضایی‌های چند سال اخیر سلطنت محمدرضا شاه از هر جهت دامن بزنند و اسلام‌گرایی افراطی و خشن را که اکنون خطری برای همه دنیا شده بیافرینند؟ این بحث دیگری است، بیرون از موضوع کتاب حاضر.

***

رهبران جنبش ملی و اصیل مشروطیت سه آرزو و آرمان بزرگ اقتصادی داشتند، نخست ساختمان شبکه راه‌آهن، به ویژه راه‌آهن سرتاسری که به همت رضاشاه و کوشش همه ایرانیان و با سرمایه ملی جامه عمل پوشید. دیگر ایجاد ذوب‌آهن، مادر و پایه صنایع سنگین که ضامن استقلال ملی تلقی می‌شد و سوم بنیان‌گذاری یک بانک ملی و نشر اسکناس به وسیله ایرانیان که قاجاریه آن را به لندن واگذار کرده بود.

نخستین کارخانه ذوب‌آهن ایران که شاه به آن سخت دلبسته بود به آلمان سفارش داده شد و ساختمان عظیم آن در حوالی کرج تقریباً به پایان رسیده بود که انگلیس‌ها، کشتی حامل ماشین‌های این کارخانه را با وجود اعتراضات مکرّر و مستدل دولت ایران در بحر احمر توقیف کردند و ظاهراً به بندر عدن بردند و حتی خسارت آن را نپرداختند! سالها بعد ایران قرارداد دیگری با کارخانه کروپ آلمان امضا کرد که تحت فشار بانک بین‌المللی و دولت ایالات متحده که آن را مخالف مصالح ملی و منافع اقتصاد ایران می‌دانستند!! مؤسسه اخیرالذکر از اجرای آن خودداری کرد و باز این کار معوق ماند. سرانجام هنگامی که سیاست مستقل ملی ایران استقرار و استحکامی یافت، طرح عظیم ساختمان ذوب‌آهن ایران در نزدیکی اصفهان در مقابل صدور نفت و گاز به اتحاد جماهیر شوروی به امضا رسید و به مرحله تحقق پیوست که موجب شگفتی و ستایش همگان شد. تولید این کارخانه در ابتدا ۶۰۰۰۰۰ تن بود که سریعاً دو برابر شد و بخش خصوصی کارخانه دیگری در اهواز بنا کرد. اعتراض چند «مرجع» بین‌المللی دایر بر آنکه ایران باید صادر کننده مواد اولیه و کشوری کشاورزی باشد به جایی نرسید و پایه اساسی صنعتی شدن ایران ریخته شد و آرزوی دیرین مشروطه‌خواهان و میهن‌دوستان

ایران جامه عمل پوشید.

***

قبل از کودتای سوم اسفند، ایران فاقد تشکیلات بانکی و پولی بود.

در چهارده اردیبهشت ماه ۱۳۰٤ (٥ مه ۱۹۲٥) نخستین بانک ایرانی برای اداره امور و وجوه بازنشستگی «قشون» تشکیل شد و بانک پهلوی نام گرفت که سپس، بانک سپه تغییر نام یافت و یکی از بزرگترین (شاید دومین) بانک کشور شد.

پیش از آن امتیاز انتشار اسکناس یعنی در حقیقت مدیریت سیاست پولی کشور با بانک شاهی (یک موسسه انگلیسی) بود و روس‌ها به رقابت با آن «بانک استقراضی روس» را ایجاد کردند که وسیله موثری برای نفوذ آنان در اقتصاد کشور و به ویژه بر شخصیتهای ایرانی بود که با گرفتن وام از آن عملاً دست نشانده سیاست آنها می‌شدند. بعداً موسسه کوچکتری نیز به نام بانک عثمانی ایجاد شد که با سقوط امپراطوری عثمانی در پایان جنگ جهانی اول عملاً از بین رفت گرچه شعبه‌ها و واحدهائی از آن در بعضی کشورهای اروپایی به فعالیت خود ادامه دادند.

انقلاب اکتبر به وجود بانک استقراضی روس پایان داد و لندن حاکم بلامنازع صحنه پول و اقتصاد ایران شد. اسکناس‌های ایرانی را بانک شاهی (با «شاهنشاهی») یک بانک انگلیسی به مدیریت انگلیس‌ها و در اجرای سیاست آنها، انتشار می‌دادند. وضعی که برای سیاست ملی‌گرایی رضاشاه و اطرافیان و مشاورانش قابل تحمل نبود.

شاید نخستین قدم در همین زمینه تغییر واحد پول ایران از قران به ریال بود که در ۲۷ اسفند ۱۳۰۸ به تصویب مجلس شورای ملی رسید.

در ۲۲ اردیبهشت ماه سال بعد (۱۳۰۹) با پرداخت مبلغ ۲۰۰۰۰۰ لیره انگلیسی امتیاز انتشار اسکناس که متعلق به بانک شاهی بود، باز خرید شد و ایران این اهرم اصلی سیاست اقتصادی خود را به دست آورد.

پیش از آن، به تدریج مقدمات کار فراهم شده بود.

در سال ۱۳۰٦ قانون تاسیس بانک ملی ایران به تصویب مجلس شورای ملی و توشیح شاه رسید. شانزده ماه طول کشید که این بانک به ریاست یک آلمانی که بعداً به سبب سوءاستفاده‌هایی معزول ـ فراری ـ توقیف محکوم و زندانی شد،

گشایش یابد و سرانجام با تصویب «قانون اصلاح واحد و مقایس پول ایران» انحصار انتشار اسکناس به بانک ملی ایران محول شد.

نخستین اسکناس‌های بانک ملی ایران در روز چهارم فروردین ۱۳۱۱ (۱۹۳۲) به جریان گذاشته شد و چون اسکناس‌های یاد شده مقارن ایام نوروز انتشار یافته بود مورد استقبال فراوان مردم قرار گرفت.

اسکناس‌های بانک ملی و بانک شاهنشاهی (شاهی) هنگام سه ماه به موازات یکدیگر در جریان بودند و در تیرماه ۱۳۱۱ کلیه اسکناس‌های بانک انگلیسی «منسوخه» اعلام شد و ارزش قانونی خود را از دست داد و پول ایران، ایرانی شد[۱]

در ۹ شهریور ۱۳۰۷ برای کمک به توسعه کشاورزی ایران «بانک فلاحتی» تاسیس شد که سپس بانک کشاورزی نام گرفت و سه سال بعد به صورت شرکت سهامی (اما دولتی) در آمد. در دوم نوامبر ۱۹۲۶ یعنی تقریباً دو سال قبل از آن مجلس شورای ملی قانون تاسیس «موسسه رهنی» را از محل «وجوه تقاعد» تصویب کرده بود که بعداً تبدیل، بانک رهنی ایران و یکی از اهرمها و وسائل اصلی توسعه خانه سازمان در ایران شد.

به این ترتیب در دوران سلطنت پهلوی اول شبکه بانکی کشور به وجود آمد که در سال‌های پس از جنگ جهانی دوّم و ماجرای بیست و هشت مرداد تا پایان سلطنت پهلوی دوّم به حد کشورهای پیشرفته جهان رسید و بسیاری از موسسات بانکی ایران در ممالک خارج دارای شعب و دفاتر خاص بودند، چنانکه بسیاری از بانک‌های خارجی نیز در ایران و طبق قوانین کشور ما به فعالیت مشغول بودند. به عبارت دیگر شبکه بانکی ایران در حد ممالک پیشرفته جهان و مورد اعتماد آنها بود.

۱– امروز شاید کمتر کسی بداند که قرار داد تاسیس The Imperial Bank of Persia که همان بانک شاهی باشد در ۱۸۸۹ میان جولیوس رویتر Reuter و صدراعظم ناصرالدین شاه میرزا علی‌اصغر خان اتابک امین‌السلطان با سفیر انگلیسی امضا شد. طبق این قرارداد بانک مذکور از پرداخت مالیات و سود سهام معاف بود و مشمول مقررات پولی و بانکی بریتانیا می‌شد. دو ماه بعد سهام بانک در بورس لندن ارائه شد و تمامی آن با قیمت ۱۵ برابر ارزش رسمی و اسمی به فروش رفت. مدیر بانک شخصی به نام J. Rabino بود و اداره آن از لندن صورت می‌گرفت. مشروطه‌خواهان کوشیدند با جمع‌آوری سرمایه از مردم یک بانک ایرانی تاسیس کنند که با کارشکنی بانک شاهی (شاهنشاهی) و بانک استقراضی روس سامان نگرفت. به این ترتیب می‌توان اهمیت همت و اراده رضاشاه را در تاسیس بانک ملی در آن دریافت.

***

ضرب سکه ـ که در آن زمان استفاده از آن بسیار معمول و متعارف بود،
همواره دچار هرج و مرج می‌بود و حتی تا اوائل دوران پهلوی اول گردنکشان و
تجزیه‌طلبان محلی آن را به عنوان مظهر استقلال یا لااقل خودمختاری خود تلقی
می‌کردند.

رضاشاه به این وضع پایان داد: در ۱۶ اسفند ۱۳۱۰

«اول مارس ۱۹۳۲) شاه ضرابخانه شاهنشاهی را در خیابان سلطنت‌آباد تهران
رسماً گشود. ماشین‌های جدید ساخت آلمان جایگزین دستگاه‌های فرسوده و
پراکنده قدیمی شد و از آن پس کلیه نیازهای کشور (سکه‌های طلای پهلوی)،
مسکوک نقره و نیکل در داخل کشور، در مرکزی واحد و به نام دولت شاهنشاهی
ساخته می‌شد در دسترس همه قرار گرفت. نشانه جدیدی از استقلال ایران. اندکی
قبل از انتشار اسکناس‌های ایرانی، که پیشتر به آن اشاره کردیم.

چنانکه گفتیم پول ایران ایرانی شد و سیاست پولی کشور به طور کامل در
اختیار ایرانیان قرار گرفت.

***

پیش از کودتای سوم اسفند تقریباً همه شهرهای ایران فاقد برق بودند. نشانه
عقب‌افتادگی کامل. در آبادان چند خانه‌ای که ایرانیان مجاز به استفاده از آنها بودند
از نیروی برق استفاده می‌کردند و بقیه شهر مانند همه بلاد دیگر ایران حداکثر
با چراغ‌های پی‌سوز و یا گازی چند کوچه و خیابانی روشن داشتند. در تهران
کارخانه برق «امین‌الضربی» خیابان باب همایون، میدان ارک و یکی دو معبر دیگر
را روشن می‌کرد (از جمله خیابان «چراغ برق» را که بعداً امیرکبیر نام گرفت) برای
رضاشاه این وضع قابل قبول نبود و پایتخت کشور شاهنشاهی می‌بایست از نیروی
برق و روشنائی شایسته خود برخوردار باشد. کارخانه مولد برق به آلمان سفارش
داده شد و نخستین کارخانه برق دولتی ایران به نیروی ۶۰۰۰ کیلووات در ۲۵
اردیبهشت ماه ۱۳۱۶ خورشیدی در دوشان تپه آن روز (میدان ژاله) به کار افتاد.
در آن روز شش هزار کیلووات برای تهران ضروری به نظر نمی‌رسید و چند تنی
از افراط و تفریط دولت حتی در مجلس انتقاد کردند. اما پایتخت کشور سرانجام

روشن شد و برق امین الضربی گرچه به کار خود ادامه داد ولی دیگر فاقد اهمیت بود. آینده نشان داد که شش هزار کیلو وات سهل است ده برابر آن هم برای پایتخت کشور شاهنشاهی کافی نیست.

اصولاً شهرسازی، چه در پایتخت، چه در مراکز استانها، چه در شهرهای کوچکتر از دلمشغولی‌های اصلی شاه به شمار می‌رفت. سرلشکر کریم (آقا) بوذرجمهری مردی ساده اما شریف و پرکار شهردار تهران شد و به اتکای قدرت دولت به این مهم پرداخت.

پیش از رضاشاه، تهران شهری بود با کوچه‌ها و «خیابان‌های کثیف و تنگ که شایسته کشور متحول و مترقی نبود. طرح شهرسازی جدیدی برای پایتخت ریخته شد که متاسفانه در اجرای آن اشتباهاتی هم صورت گرفت که بی‌شباهت به اشتباهات بارون هوسمان[1] شهردار معروف فرانسه در زمان امپراطوری ناپلئون سوم نبود[2] «یکی از اقدامات ناگوار (دوران رضاشاه) دستور خرابی دروازه تهران بود که در دوره ناصرالدین شاه بر پا شده بودند. بقای این دروازه‌ها می‌توانست حدود آن روز تهران را نشان دهد و با حفظ آنها گسترش شهر تهران و اقداماتی که بعداً برای زیبائی پایتخت و ایجاد خیابان‌های وسیع بعمل آید به خوبی معلوم می‌شد. بعضی از این دروازه‌ها ساختمان جالب توجهی نداشتند. مثلاً دروازه دولاب با آجر ساده بنا شده بود و نقش نگاری نداشت ولی بعضی از آنها مانند دروازه شمیران و مخصوصاً دروازه دولت با کاشی‌کاری‌ها و نقش‌های زیبا کاملاً درخور توجه بود.[3]

۱- Baron Haussemann (۱۸۰۹–۱۸۹۲) از سال ۱۸۵۳ تا ۱۸۷۰ استاندار و شهردار پاریس بود. پاریس قدیمی را دگرگون کرد خیابانهای جدید گشود. عمارت اطراف ساختمانهای تاریخی را تخریب کرد که این بناها جلوه دیرین خود را باز یابند. بسیار از پلها ـ باغ‌های عمومی و میدانهای پاریس یادگار دوران اوست. متاسفانه مرتکب اشتباهاتی شد. بسیاری از ابنیه قدیمی را از میان برد. چنانکه بوذرجمهری نیز دروازه‌های قدیمی و تاریخی تهران را از روی نادانی تخریب کرد.

۲- NAPELON III (برادرزاده ناپلئون اول) که از ۱۸۵۲ تا ۱۸۷۰ امپراطور فرانسه بود و بر اثر شکست در مقابل پروس در سدان Sedan ناچار به استعفا شد و در ۱۸۷۳ در انگلستان درگذشت.

۳- جهانبانی، ۲۶۸. دروازه موسوم به باغ ملی صحت این قضاوت را نشان می‌دهد آتاتورک کاملاً متفاوت است که او حتی به «جعل» آثار تاریخی نیز بی‌علاقه نبود. دیدن تصاویر بعضی از عمارات این دوران بسیار جالب است. از جمله نگاه کنید به دوستعلی خان معیرالممالک یادداشت‌هایی از زندگانی خصوصی ناصرالدین شاه نشر

رضاشاه به نوسازی تهران و گشایش خیابان‌های جدید علاقه بسیار داشت و غالباً سوار بر اسب سفید خود به اتفاق تنی چند از همراهان به بازدید پیشرفت اجرای طرح‌ها می‌رفت.

شاه بسیار علاقه داشت که خیابان‌های تمام تهران آسفالت شود اما شرکت نفت انگلیسی از فروش و تحویل نفت و قیر لازم برای انجام این منظور امتناع می‌کرد و شاه هم چاره‌ای جز تحمل نداشت. پس دستور داد که خیابان‌های مهم تهران را سنگفرش کنند که بعضی از آنها سال‌ها باقی مانده بود که احتمالاً افراد بسیار سالخورده به یاد دارند.

«زمانی سرلشکر بوذرجمهری مریض و بستری شد. پس از چندی اجازه فرمودند برای معالجه به خارج برود و در غیاب مشارالیه سرلشکر آیرم رییس شهربانی که مردی فعال بود (بعداً به شاه خیانت و از ایران فرار کرد) دست و پا می‌کرد شاید به کارهای سرلشکر بوذرجمهری، رخنه کند و اتفاقاً همین‌طور هم شد و مدیریت تمام ساختمان‌های شمال تهران را به عهده گرفت و برای مهمانخانه‌ها اشیاء و لوازم وارد می‌کرد و خوب از عهده برآمده بود. بعد که در این کار پیشرفتی حاصل کرد برای دست‌اندازی به شهرداری مشغول فعالیت شد و ضمناً از بدی اوضاع شهرداری و این که سرپرستی ندارد، شکایاتی می‌رسید.

عاقبت با سرلشکر آیرم مذاکره و تکلیف کردند که یک نفر را پیدا کند و سرلشکر هم چون قبلاً تمام وسایل را حاضر کرده بود، بلافاصله سرهنگ فضل‌الله بهرامی را به عنوان سرپرست موقت انتخاب کرد. ولی محرمانه مشغول پرونده‌سازی برای سرلشکر بوذرجمهری بود. بعد از مدتی کاوش گاه و بیگاه در شرفیابی‌ها از گذشته شهرداری تنقید به میان می‌آورد. ولی سرلشکر آیرم

تاریخ، کتاب نهم، تهران، ۱۳۶۱
گنجینه عکس‌های ایران همراه با تاریخچه ورود عکاسی به ایران به کوشش زنده‌یاد استاد ایرج افشار و نشر فرهنگ ایران، تهران، ۱۳۶۸ مجموعه‌ای بی‌نظیر و بسیار جالب.
ایران در نگاره‌ها، ۱، تهران، نگار، ۱۳۶۸
زندگی جدید ـ کالبد قدیم گزیده‌ای از بناهای با ارزش تاریخی، عکاس جاسم غضبانپور وزارت مسکن و شهرسازی؛ تهران، ۳۷۲ بسیاری از این بناها هنوز به صورت نیمه مخروبه باقی مانده‌اند و بعضی دیگر برای بازدید و جلب جهانگردان به کار گرفته شده و برخی به کلی ویران شده‌اند. اکثر آنها متعلق به بخش خصوصی می‌باشند.

غافل بود که اعلیحضرت همایونی مراقب هستند. پس از انتقادات زیاد و این که در شهرداری خرابکاری زیاد شده مقرر فرمودند اگر حقیقتاً چیزهائی دیده می‌شود و پرونده‌هائی هست بفرستند و دادگستری. بلافاصله پرونده علیه سرلشکر بوذرجمهری آماده شد و عنقریب بود که به محکمه بفرستند. در این ضمن بود که خیابان فعلی بوذرجمهری تمام شد. و بدون اسم بود. آقای بهرامی به عرض سرلشکر آیرم می‌رساند که نام‌گذاری کنند. آقای سرلشکر هم دستور می‌دهد تعدادی اسم یادداشت کنند تا در شرفیابی حضور اعلیحضرت همایونی با کسب اجازه نام‌گذاری شود و همین کار را کردند. روزی که سرلشکر آیرم شرفیاب شد صورت اسامی را به عرض می‌رساند. اعلیحضرت همایونی عیناً مسترد می‌دارند و بهترین موقع را برای عدم تعقیب و پرونده‌سازی پیدا می‌کنند اعلیحضرت همایونی می‌فرمایند کریم آقا به تهران خدمت کرده و از تهران حقی دارد و به شهرداری تهران آبروئی داده بهتر است در مقابل زحماتی که کشیده این خیابان را به نام بوذرجمهری بگذارید که تلافی خدماتش بشود سرلشکر آیرم جز تائید فرمایشات ملوکانه و از بین بردن پرونده چاره‌ای نداشت و با گفتن بله قربان بسیار مناسب است خیابان به نام بوذرجمهری نامیده شد و آبروی سرلشکر بوذرجمهری محفوظ ماند.»[1]

***

به هنگام تصویب قانون ساختمان راه‌آهن سرتاسری، تنی چند از نمایندگان مجلس ضمن انتقاد از این طرح اظهار داشته بودند که اصلح است اعتبارات مربوط به این طرح مصروف تاسیس و ایجاد کارخانه‌های قند برای تامین نیازهای مردم شود. رضاشاه این نکته را فراموش نکرده و نمی‌کرد. طی دوران پادشاهی‌اش نه تنها کارخانه کوچک قند کهریزک که سال‌ها پیش به همت امین‌الدوله صدراعظم مظفرالدین شاه تاسیس و سپس به علت خرابکاری روس‌ها که می‌خواستند انحصار بازار قند و شکر ایران را داشته باشند، از کار افتاده بود، مرمت شد و دوباره

۱ - بهبودی، ۳۸۷ -۳۸۸.
در باره سرنوشت آیرم در جای دیگر گفتگو خواهیم کرد.
ناگفته نماند که اسب سفیدی که همواره مرکب رضاشاه بود چند روز بعد از فوت او در ژوهانسبورگ، در تهران درگذشت. (جهانبانی، ۲۷۷)

به راه افتاد، بلکه هشت کارخانه دولتی جدید قند، بدون استقراض از خارج، در نقاط مختلف کشور تاسیس شد. ایجاد هر یک از این واحدهای بزرگ قدمی بود برای رونق اقتصادی منطقه، کشت چغندر و خرید آن به وسیله مسئولان واحدهای صنعتی.

در پایان سلطنت رضاشاه، ایران از لحاظ مصرف مواد قندی تقریباً خودکفا بود. قدمی بزرگ در راه صنعتی شدن کشور و استقلال اقتصادی آن.

***

ایجاد و تشویق صنایع نساجی یکی دیگر از هدف‌های شاه بود. از همان آغاز نیل به قدرت، سردار سپه که هنوز رئیس‌الوزرا بود و نه پادشاه، در تاریخ ۱۴ خرداد ماه ۱۳۰۴ (۲ ژوئن ۱۹۲۵)، به کلیه «وزارتخانه‌ها و ادارات دولتی» ابلاغ کرد که «اعضا و مستخدمین دولت مکلف هستند در پارچه‌ها و البسه وطنی استفاده کنند و کسانی که از این دستور تخلف نمایند جریمه خواهند شد». ضمناً به وزارت مالیه دستور داده شد که جرائم متخلفان را جمع‌آوری کند و هر ده روز یکبار گزارش اجرای قانون البسه وطنی را از ماموران خود در شهرهای مختلف مطالبه نمایند. دستوری نسبتاً دور از انصاف چون تولید صنعتی داخلی مطلقاً کفاف ارضای نیازمندی‌های را نمی‌داد و توسّل به پارچه‌های دست بافت و محلی ضروری بود. اما اراده سردار سپه بود و مقدمه ایجاد صنایع پارچه بافی در کشور که به سرعت جامعه عمل پوشید.

در هفتم آبان ماه ۱۳۱۱ (۲۹ اکتبر ۱۹۳۲) رضاشاه به بازدید یکی از مهمترین واحدهای پارچه‌بافی کشور در اصفهان (کارخانه کازرونی) رفت و گفت «من همه‌گونه مساعدت و کمک برای پیشرفت این کارخانه خواهم کرد و شما نیز باید برای ترقی و توسعه این کارخانه کوشش کنید.[1] در همین بازدید بود که پارچه‌های پالتوئی کارخانه کازرونی که برای «افراد قشونی» تهیه شده بود مورد توجه خاص رئیس مملکت قرار گرفت.

به این ترتیب شهرهای اصفهان و یزد به عنوان مراکز صنعت نساجی ایران درآمدند، که همه واحدهای آن متعلق به بخش خصوصی بودند و همه از حمایت

۱- گاهنامه، ۱۰۵.

و توجه شاه و دولت بهره‌مند می‌شدند و استفاده از منسوجات آنان عمومیت یافت و استفاده از پارچه‌های ساخت خارج(که البته ممنوع نشده بود) اندک اندک در انظار عمومی کاری غیرعادی و غیرمتعارف به نظر آمد. کودکان و جوانان آن دوران قطعاً لباس‌های متحدالشکل مدارس را که همه از «امتعه وطنی» بود فراموش نکرده‌اند.

به زودی نمایشگاه سالیانه «امتعه وطنی» که بعداً کالاهای ایران نام گرفت تاسیس شد. هر سال شاه آن را افتتاح می‌کرد و از همه جای ایران برای بازدید آن به پایتخت می‌شتافتند.

ایران با سرعتی حیرت‌آور صنعتی می‌شد، که برای خیلی از «دول بزرگ» و «منافع اقتصادی بین‌المللی» قابل تحمل نبود.

در همین راستا بود که به تاریخ ۲۵ فروردین ماه ۱۳۱۳ (۱۹ آوریل ۱۹۳٤) کارخانه بزرگ گونی‌بافی رشت. متعلق به بخش خصوصی، افتتاح شد. این موسسه متعلق بود به شرکت واردات و صادرات گیلان و مازندران و می‌توانست انواع پارچه‌های کیسه‌ای از قبیل کیسه برنج آرد ـ قند و شکر، سیمان، لحاف‌های عدل‌بندی پنبه و جعبه‌های خشکبار را تهیه کند.

به هنگام گشایش آن روی داد مضحکی اتفاق افتاد که موجب تفریح رضاشاه شد. مدیر عامل شرکت[۱] برای ادای احترام با لباس رسمی نزدیک محل توقف اتومبیل شاه ایستاده بود و طبیعتاً اظهار ادب کرد. قدری دورتر مهندس تنومند انگلیسی متصدی کارهای نساجی، او هم با لباس رسمی و به اتفاق مترجمی ایستاده بود که هنگام ورود شاه به کارخانه توضیحات فنی لازم را به عرض برساند. به محض آنکه رضاشاه با عصای معروف خود از اتومبیل پیاده شد، این مهندس که ویلسون[۲] نام داشت چنان مرعوب ابهت شاه ایران شد که پشت کرد و دوان دوان پا به فرار گذاشت. شاه فوراً خنده‌اش گرفت و شاید در ته دل خوشحال شد. ناچار مدیر عامل کارخانه جای او را گرفت و تا حد اطلاع و امکان خود

۱- پدر نویسنده این کتاب.

۲- Wlison. کارخانه یک مهندس آلمانی هم برای اداره کارهای فنی داشت.

توضیحات لازم را به عرض رضاشاه رساند و همه چیز به خوبی گذشت.[1]

بعداً کارخانه گونی‌بافی دیگری در مازندران تاسیس شد و از این لحاظ نیز ایران به خودکفائی رسید و نیاز کشور به محصولات هندوستان از میان رفت.

اصولاً در قسمت نساجی در نقاط مختلف دیگر ایران نیز به ابتکار بخش خصوصی و غالباً با تشویق اگر نه فشار مقامات دولتی واحدهای دیگری تاسیس شد و در آستانه جنگ جهانی دوم و سپس حمله هوایی بریتانیا و شوروی به ایران، کشور تقریباً از این لحاظ خودکفا بود. باز هم علتی دیگر از نارضائی بعضی دول بزرگ از ترقی و تحّول ایران.

سرمایه‌گذاری‌های رضاشاه در منطقه مازندران (از جمله کارخانه حریربافی چالوس چند مهمانخانه و بعضی املاک زراعی) یکی از انتقاداتی است که غالباً از وی شده و می‌شود. البته باید گفت که در این «املاک اختصاصی» برای بهبود شرایط زندگی کشاورزان خانه‌سازی و تاسیس مدارس ابتدائی و درمانگاه‌ها و زهکشی اراضی مزروعی صورت گرفت که بزرگ مالکان یا نمی‌خواستند یا نمی‌توانستند به آن بپردازند. ناگفته نماند که این اراضی به قیمتی نازل از مالکان آن خریداری می‌شد. در بعضی از موارد با املاک دیگری در نقاط دیگر کشور مبادله شد که بعد از شهریور ۲۰ صاحبان آنها حاضر به مبادله آن نشدند. در دو مورد صاحبان اراضی آنها را با «وکالت در مجلس» معاوضه کردند!

ولی بهر هر حال به این عمل انتقادات زیادی شد و در شأن شاه نبود.

اما دفاع یا توجیه شخصی او را هم باید شنید. روزی خطاب به سلیمان بهبودی گفت:

۱- ده سال بعد من این داستان را که از پدر خود شنیده بودم و همه در رشت آن را پس از سال‌ها می‌دانستند و حکایت می‌کردند، به مناسبتی به عرض محمدرضاشاه رساندم. ایشان هم خندید و گفت بله پدرم هم آن را تعریف می‌کرد و از فرار یک انگلیسی در مقابل ابهت‌اش خوشحال بود! چندی بعد این مهندس انگلیسی به مناسبتی ـ درست یا نادرست - کشیده‌ای به زیردست خود، موسوم به استاد حسین که نام خانوادگی او را نمی‌دانم) زد. پدرم بدون درنگ وی را برای همیشه از کار اخراج کرد و کارهایش را به همان استاد حسین سپرد که با کمال درایت و خوبی انجام می‌داد. کار اخراج این «انگلیسی» به بالا کشید. تامینات و شهربانی به پدرم اعتراض کردند. و سرانجام مطلب به شاه گزارش شد که نه تنها ابراز نارضایتی نکرد بلکه عمل مدیر عامل شرکت را تائید و مورد رضایت خاص قرار داد.

«من خیال می‌کردم کارهایی که می‌کنم شما؛ که مثل پیراهن تن من می‌مانید و به دیگران که نمی‌دانند می‌گوئید، امشب فهمیدم متاسفانه شما هم نمی‌دانید و خیلی باعث تاسف من شد... سئوال فرمودند پدر شما مرده یا هست؟ خواستم جواب بدهم خودشان فرمودند می‌دانم مرده. باز فرمودند ثروتی داشت؟ باز هم خواستم بگویم فرمودند می‌دانم چه داشت. می‌خواستم بگویم من هم مثل پدر تو خواهم مرد. در وقت مردن پدر تو دو زرع کرباس همراه برد و من چون قدم بلندتر است دو زرع و نیم چلوار خواهم برد. آنچه هست و من دارم همین جا می‌ماند.
اینها که من دارم مال مملکت و آبروی مملکت است. اگر منظور املاک است تمامشان می‌ماند! من گفتم صاحبان املاک مزروعی به این خوبی اصلاً به آنها توجه ندارند و کلی ویرانه شده است. سرتاسر شمال بهترین املاک مزروعی است که می‌توان از عایدات آن بودجه مملکت را تامین کرد. تو که جغرافیا و تاریخ خوانده‌ای می‌دانی سوئیس کجاست و چه دارد. آیا میدانی سوئیس مثل ما نفت دارد؟ معدن دارد؟ جز چند کارخانه ساعت‌سازی چیز دیگری دارد؟ هیچ می‌دانی که مملکت به این کوچکی بودجه‌اش از بیشتر ممالک بزرگ بیشتر است؟ از کجا این عایدات را می‌آورد؟ فقط منظره‌های زیبا دارد. ولی آن منظره‌ها را تمیز نگه داشته و زینت کرده است و وسیله آسایش برای جهانگردان تهیه کرده، این است که از بیشتر نقاط دنیا جهانگردان در موقع معین پول‌های خود را می‌برند و در آن جا خرج می‌کنند و برمی‌گردند. ما که هر گوشه از مملکتمان سوئیس است چرا وسیله تهیه نکنیم که از این پول‌ها در مملکت ما هم خرج و استفاده ببریم. مگر فراموش کردید که من دستور دادم در مازندران به متمولّین اطلاع دهید و اعلان کنند هرکس بهترین عمارت را که دارای همه وسائل زندگی باشد بسازد من جایزه می‌دهم. ولی کسی اقدامی نکرد. منظورم این بود که اگر خارجی‌ها در ایران به شمال می‌خواستند بروند اقلاً جای خواب راحتی داشته باشند. به همین مناسبت دستور دادم در کنار راه‌آهن نزدیک شهرها و قصبات عمارت‌های کوچک بسازند آن هم از پول خودم. شنیده‌ام در سوئیس اگر کسی بخواهد جنگل به بیند باید بروند جنگل و اگر دریا بخواهد باید برود جای دیگر و اگر جلگه و دشت بخواهد ببیند باید برود جای دیگر. اما رامسر را در یک

نقطه که بایستد با حرکت دادن سر، هم جنگل و هم دریا خواهید دید. خداوند محل به این خوبی به ما داده که بایستید و با حرکت دادن سر هم جنگل و هم دریا خواهید دید. خداوند محل خوبی به ما داده تا آن وقت به این کثافت افتاده بود. عاقبت مجبور شدم خودم این کار را بکنم. آب معدنی رامسر کجا پیدا می‌شود؟ چرا نتوانستیم استفاده ببریم. به تجار و سرمایه‌داران گفتم کارخانه بیاورید نیاوردند. خودم آوردم. باز تاکید و سفارش کردم مهمانخانه بسازید تشکیل شرکت بدهید، نکردند حتی شنیده بودم نزدیک دریا حمام دریا تهیه می‌کنند. سفارش کردم، نکردند. باز هم خودم کردم. می‌گویند من از آب کره می‌گیرم. این چه کره‌ای است که من می‌گیرم؟ در بابلسر و رامسر و چالوس مهمانخانه ساختم از سوئیس متخصص مهمانخانه استخدام کردم و عده‌ای مستخدم در این مهمانخانه‌ها از اول تا آخر سال می‌خورند و می‌خوابند فقط دو ماه در فصل شمال و دریاست. در این دو ماه چه عایدی می‌دهد و مخارج ده ماه دیگر را تامین کند؟ جز خرج کار دیگر هست؟ اینها را برای چه می‌کنم؟ تمام اینها برای آبروی مملکت است من می‌بینم که بهترین آب و هوا و بهترین منظره طبیعی را داریم. چرا استفاده نبریم؟ من امروز پادشاهی هستم مالک مزارع، مهمانخانه‌چی و کارخانه‌چی و حمامی. مگر من نمی‌دانم که پادشاه مملکت نباید این کارها را بکند؟ اما ملاحظه می‌کنم که فرد ایرانی امروز که صد تومان خرج می‌کند می‌خواهد فردا از صد تومانی که خرج کرده صد تومان عایدی بردارد. در صورتی که خارجی‌ها میلیون‌ها تومان خرج می‌کنند. و سالها فعالیت می‌کنند و بعد از سالها زحمت، بهره‌برداری می‌کنند. من هم مملکتم را دوست دارم. بنابر این شخصاً اقدام می‌کنم. فردا هم که رفتم تمام آنچه را که کردم می‌ماند برای مملکت»[1]

البته آنچه شاه گفته و بهبودی با دقت و صمیمیت یادداشت می‌نمود هم نمونه‌ای است از عشق و علاقه او به وطن و هم بی‌اطلاعی یا کم‌اطلاعی از اوضاع ممالک دیگر. به هر حال خواهیم دید که هر چه داشت گذاشت و رفت... اما خشونت‌هایی که در مازندران کرد در استانهای دیگر بی‌اثر نبود. از جمله در عمران و آبادانی گیلان، استان مجاور، بسیار موثر افتاد. بندر پهلوی زیبا و صاحب

۱- بهبودی ۳۷۷ تا ۳۷۹.

دو مهمانسرای آبرومند شد. رودسر و لنگرود و لاهیجان بر اثر سرمایه‌گذاری خصوصی از برق استفاده کردند.

و در شهرهای دیگر کشور به همت سرمایه‌های خصوصی و موسسات صنعتی و انتفاعی فراوان ایجاد شد. شدت عمل رضاشاه درست نبود ولی در نهایت امر بی‌اثر هم نبود.

رضاشاه مردی عامی بود. از اوضاع جهان تقریباً اطلاعی نداشت اما همه چیز برای ایران می‌خواست. نویسنده بزرگ علی دشتی در خاطراتش می‌نویسد:

«در مسیر زندگی سیاسی و اجتماعی خود مردی به وطن‌پرستی رضاشاه ندیدم. علاقه‌ای به سرزمین پدری از حد متعادل و معقول خارج شده بود و حتی شیوه تعصب پیدا می‌کرد. رضاشاه ناراحت و خشمگین می‌شد اگر می‌گفتند سوئیس بیش از ایران دریاچه دارد... خوب به خاطر دارم در سال ۱۳۰۷ از سفر فرنگ برگشتم و نخستین مرتبه که به حضور ایشان شرفیاب شدم طبعاً از سفرم سئوال فرمودند. این اولین سفری بود که به فرنگ رفته بودم و با آن روح نوجوانی و نوخواهی و شور جوانی که لبریز از ستایش تمدن اروپا بود، تا خواستم شمهٔ از احساس ستایش‌آمیز خود را بیان کنم جلوی مرا گرفت که خوشم نمی‌آید آن قدر از فرنگ تعریف کنند باید ایران را چون فرنگ ساخت»[۱]

***

این مرد عامی و عادی، سلیقه معماری و زیباشناسی حیرت‌انگیزی داشت. هر چه ساخت یا با تائید و نظر او ساختند زیبا و برازنده است.

مهمانسرای رامسر[۲] وزارت امور خارجه، باشگاه افسران، ستاد ارتش (که بعداً تبدیل به ستاد نیروی زمینی شد) کاخ مرمر، مهمانسرای دربند[۳] جز اینها. تا آنجا که

۱- علی دشتی در نصرالله زاهدی، ۳۶.

۲- متاسفانه در سال‌های قبل از انقلاب اسلامی. بنیاد پهلوی فضای وسیعی را که میان مهمانسرای رامسر و کازینوی آن محل وجود داشت و قرار بود تبدیل به فضای سبز گردشگاهی عظیم شود به قطعات کوچک تقسیم کرد و فروخت و همه زیبائی‌ها و جلال آن را از میان برد. اراده آهنین که ایران (یا مازندران) تبدیل به سوئیس شود دیگر وجود نداشت.

۳- مهمانسرای دربند را که نمونه‌ای از حسن سلیقه رضاشاه بود، همین بنیاد پهلوی به

رژیم کنونی ایران همه این ساختمانها را جزو آثار ملی و نمونه‌های معماری ایرانی ثبت کرده و رسماً از آنها مراقبت می‌کنند.

یکی دیگر از صفات و مطالب مورد علاقه خاص رضاشاه علاقه خاص او به صنایع دستی ایران بود که آنها را به حق نمونه و نشانه ذوق و سلیقه و زیباشناسی ایرانیان می‌دانست. یکی از نخستین اوامر وی آن بود که:

«در تمام ممالکی که سفارتخانه داریم باید محل سفارت ملکی خودمان باشد. در موقع خرید باید توجه داشته باشند که مثلاً در تهران مرغوبترین خیابان، خیابان اسلامبول یا لاله‌زار است. باید در هر مملکتی و هر پایتختی و خیابان لاله‌زار یا اسلامبول آن[۱] جا به هر قیمت که باشد محلی برای سفارتخانه خریداری کنند.»[۲]

«یکی از روزها که وزیرخارجه شرفیاب بود. تصور می‌کنم آقای (مهذب‌الدوله) کاظمی بود، بنده (سلیمان بهبودی) را احضار فرمودند: وزیر خارجه را ببر قالی‌های خراسانی بعضی اطاقها را نشان بده. وزیرخارجه را بردم و اغلب اطاق‌ها را که با قالی‌های نفیس فرش شده بود نشان دادم. ولی در حین نشان دادن اعلیحضرت همایونی هم تشریف آوردند. ضمن بازدید قالی‌ها فرمودند ما در دنیا به قالی معروفیت و شهرت داریم. هر خارجی که وارد زندگی ما می‌شود. به محض ورود اول زمین اتاق را نگاه می‌کند ببینید چه نوع قالی داریم. بنابر این سعی کنید بهترین و نفیس‌ترین قالی را برای سفارتخانه‌هاا خریداری کنید. باید فرش اتاق‌ها حتماً قالی ایران باشد.[۳]

شاه بسیار مقید بود که صنایع دستی و هنرهای اصیل ایرانی تشویق شود و توسعه یابد. دفتر کار وی در کاخ مرمر نمونه اصیل خاتم‌کاری ایرانی و شاید شاهکاری در این زمینه باشد[٤] نمونه‌ای بسیار دیگر می‌توان ذکر کرد.

زیر بنای حقوقی همه این اصلاحات عدلیه نوین ایران و تشکیلات آن بود که

بهانه نوسازی و بزرگ کردن آن را ویران کرد. در این میان تابلوهای گرانبهایی که برای تزیین آن به دیوارها آویخته بود. ناپدید شدند!!

۱- یاد باد آن روزگاران یاد باد.

۲- بهبودی، ۳۲۱.

۳- همان منبع، همان صفحه.

٤- که امیدواریم از گزند حوادث بعد از انقلاب اسلامی در امان مانده باشد.

با الهام از قوانین فرانسه و سوئیس و هماهنگ‌سازی آن با فرهنگ ایرانی ایجاد شد. و بانی آن علی‌اکبر داور بود که هشت سال در راس وزارت عدلیه (دادگستری) قرار داشت و چهار سال در وزارت مالیه (دارائی).

«کلیه کسانی که در تشکیلات دادگستری و دارائی با او همکاری داشته‌اند و هر وقت صحبتی شده از لیاقت و ابتکار و درستی او یاد کرده‌اند. دوستان نزدیکش او را امیرکبیر دوران پهلوی نام نهاده‌اند.»[1]

«داور با اختیارتی که گرفت جوانان تحصیل کرده را روی کار آورد و به جوانها گفت باید از تجربه قدما استفاده کنند... خیلی حق‌شناس بود و می‌گفت هر خوبی باید پاداش داشته باشد.»[2]

در بهمن ماه ۱۳۱۵ بدون مقدمه شنیده شد که داور خودکشی کرده است. درباره خودکشی او روایت و اطلاع دقیقی داریم:

> «چند ساعت از شب گذشته که من خواب بودم درب اتاق مرا به شدت کوبیدند و وقتی بیدار شدم گماشته نظامی اظهار داشت که از منزل آقای داور یکی دو نفر آمده و اظهار می‌دارند یک نوع حالت خفگی به آقا دست داده است. به سرعت خود را به منزل داور که همسایه بود (رساندم) و با مشاهده حال خراب او، با لباس خواب سوار اتومبیل شده خود را به منزل دکتر آگاپیوف روسی رساندم و به سرعت او را به منزل داور (آوردم) دکتر پس از معاینه جسد داور و مشاهده زهر در لیوان به زبان روسی گفت ایشان به طوری مسموم شده‌اند که اگر کسی گوشت تن او را بخورد خواهد مرد.[3]

در واقع شب مقدار زیادی تریاک از محل کار خود به منزل آورده آنها را در کنیاک حل کرده و نوشیده بود. داور دو نامه قبل از اقدام به این کار نوشت، یکی خطاب به شاه که در مضمون آن اطلاعی نداریم و آن دگر خطاب به همسرش (دختر مشیرالدوله) که چنین نوشته بود:

«همسر عزیزم افسوس که در زندگی با من خوش و راحت نبودی.

۱- الموتی، ۳۷۰.
۲- همان منبع همان صفحه.
۳- جهانبانی، ۲۵۲.

پرویز و همایون را ببوس و مرا ببخش.»[۱]

درباره علت خودکشی داور مطالب زیادی نوشته شده و هرکس به نوعی آن را تعبیر و تفسیر کرده است. از مجموع آنچه خوانده و شنیده‌ایم بر می‌آید که وی در نهایت خستگی و شاید افسردگی خاطر بود و شاید از خشم رضاشاه بیم داشت. در آخرین جلسه هیات وزیران داور پیشنهاد کرد ورود اتومبیل و وسائل موتوری در اختیار و انحصار دولت باشد[۲] و در این مورد از شاه اجازه می‌خواست شاه با خنده گفته بود:

«می‌ترسم در آتیه نزدیک داور من و هیأت وزرا را هم جزو انحصارات به شمار آورد.»[۳]

گفته شد که برای داور تشییع جنازه رسمی در مسجد سپهسالار ترتیب داده بودند و چون شرکت کنندگان در مراسم به سرچشمه رسیدند امر از دربار رسید که متفرق شوند. این سخن درست نیست و ناشی از سوء نیت است. اصولاً رسم بر آن بود که شرکت کنندگان در تشییع جنازه تا سرچشمه پیاده به دنبال آن بروند و سپس متفرق شوند و این ترتیب تا پایان دوران سلطنت پهلوی ادامه داشت.

به هر حال رضاشاه رسماً از درگذشت داور اظهار تاسف و تاثر کرد و مقرری شایسته‌ای برای همسر و فرزندانش برقرار کنند که چنین هم شد.

داور خدمتگزاری بزرگ و دانا برای ایران بود.

«هنگامی که رضاشاه مجبور به ترک ایران شد، ایرانی را به جای گذشت که تازه نظمی پیدا کرده بود و می‌رفت که سازمانهایی مدرن برای خود بسازد، صنعتی شود، برای توسعه امور اقتصادی ساختارهای زیربنائی خلق کند شالوده‌ی تولید و توزیع (بازار کالا)، بهداشت و درمان (امور رفاهی) بیآفرینند.

و بالاخره می‌رفت تا شرایط عبور از حاکمیت دو قطبی (روحانیت و قبله عالم) را به نظامی غیرمتمرکز (دارای سه قوّه مستقل مقننّه، مجریه

۱- الموتی، ۳۷۴- ۳۷۵.

۲- جهانبانی که در آن موقع وزیر بود ۲۵۳. در وزارت دارائی داور دست به ایجاد «انحصارات» دولتی زد که معتقد بود باعث رشد اقتصادی می‌شود. این مقصود چنانکه باید و شاید حاصل نشد و شاه اظهار نگرانی می‌کرد.

۳- همان منبع، همان صفحه.

و عدلیه) و با ساختار اداری متمرکز فراهم آورد.»[1]
«قبل از رضاشاه ایران چه بود؟ هیچ. او برای ایران چه می‌خواست؟ همه چیز. برای ایران چه کرد؟ خیلی. کمتر پادشاهی پیش از او تا این حد به ایران خدمت کرده بود. مردی که بیست سال بر ایران حکم راند در تاریخ کشور خود جائی استثنائی دارد.
... او یک نظام سیاسی و یک نظام اقتصادی واقعی برای کشور خود آفرید. در سال ۱۹٤۰ دولت مهمترین کارآفرین و کارفرمای ایران بود. در راه‌آهن سرتاسری ۱٤۵۰۰ نفر کار می‌کردند.
۲۰۰۰۰ نفر در نگاهداری راههای جدید مشغول بودند. سرمایه‌گذاری‌های عظیم دولت در همه رشته‌ها، سرمایه‌گذاری‌های خصوصی قابل توجهی را باعث شدند که گاه تا ۵۰٪ اقتصاد ایران را شامل می‌شد.
در سال ۱۹٤۰ دو هزار دانشجو در دانشگاه‌های و مدارس عالیه ایران به تحصیل اشتغال داشتند. رضاشاه به آموزش و پرورش توجه خاص داشت و هر وقت می‌توانست به بازدید مدارس می‌رفت.
دختران ایران که قربانیان کهنه‌پرستی شرم‌آور بودند، توانستند سرانجام از آموزش و آزادی برخوردار شوند. به هنگام پایان سلطنت رضاشاه ۸۸۰۰۰ دختر ایرانی در مدارس مختلف به تحصیل مشغول بودند. ده برابر زمانی که زمام امور را به دست گرفت. قیمت این ترقی و تحول چه بود؟ یک حکومت مستبد که قضاوت امروز ما نمی‌پذیرد. ولی هدفهایی که به آن رسید جهات مخففه را در قضاوت ما ایجاب می‌کند.»[2]

۱- دکتر نصرت‌الله واحدی فریدی، گذشته روزنه‌ای به آینده چاپ آلمان ـ ۲۰۱٦ صفحه۱۰۷. نویسنده از ستایشگران رضاشاه نیست.
۲- قضاوتی است از یک نویسنده غیر ایرانی.
Jacques Lapeyre, Edition Chroniques, Hachette distribution, Paris, 1998, P. 41.

فصل دوازدهم

تاریکی و روشنایی

انجام همه این تغییرات و اصلاحات، نهضت بازسازی ملی و بسط و توسعه اقتصادی متاسفانه بدون اعمال قدرت و حتی خشونت میسر نبود. در نخستین سالهای سلطنت رضاشاه آزادی بیان و انتقاد تا حد زیادی وجود داشت. اقلیت مجلس که رهبری آن با دکتر مصدق بود درباره همه طرحها اظهارنظر و انتقاد می‌کرد. حتی در مواردی چون ساختمان راه‌آهن سرتاسری یا تعمیر و مرمت بعضی آثار تاریخی که انتقادها و گفته‌های آنان امروز مضحک به نظر می‌آید. اما به تدریج اعمال قدرت مطلق برای پیشبرد کارها، نظامی‌گری، ستایش فردی (که در ابتدا رضاشاه از آن شدیداً متنفر بود) و عدم تحمل انتقاد بر فضای سیاسی حکمرانی یافت.

چنین به نظر می‌رسد که سفر رضاشاه به ترکیه این روش را تقویت کرده باشد. با وجود همه کارهایی که انجام شده بود، شاه دریافت که ترک‌ها در بسیاری از موارد از ایرانیان پیش رفته‌ترند واین را نمی‌پذیرفت. پس در اتخاذ بعضی از تصمیمات تندروی کرد که از جمله چادربرداری اجباری و رودرویی علنی و گاهی خشن با روحانیون بود.

بدون شک رضاشاه مسلمان و به اصطلاح خداشناس بود. اما بر اساس روایات موجود مطلقاً آداب و رسوم مذهبی را رعایت نمی‌کرد. آیا خشونت او با روحانیون برای آن نبود که بدهی خود را به آنان در نیل به تاج و تخت فراموش کند و یا لااقل به دست فراموشی بسپرد؟

باید گفت که در تمام مدت سلطنت رضاشاه همه اصول و ظواهر دموکراسی در کشور با دقت رعایت می‌شد. در مجلس شورای ملی بحث و گفتگو در باره قوانین پیشنهادی دولت امری عادی و معمول بود. اما وکلای مجلس با تصویب دولت یا حتی شخص شاه انتخاب می‌شدند. اکثر آنان از بزرگ مالکان،

شخصیت‌های پرنفوذ محلی یا بعضی از نامداران فرهنگی بودند. توقع و انتظار شاه آن بود که رابطه‌ای میان دولت و مردم باشند و غالباً (امانه همیشه) چنین بود.

در نخستین سالهای قدرت و سپس سلطنتش روش او با سران سرکش ایلات که سودای خودمختاری و عادت به عدم رعایت دستورات و سیاست دولت مرکزی داشتند با خشونت بسیار همراه بود و تنی چند از آنان را به جوخه آتش سپرد. شاید هم چاره‌ای جز این نداشت.

درباره رفتار رضاشاه با مخالفان نباید با ضوابط و برداشت‌های امروزی در ممالک غربی قضاوت کرد. گرچه در موارد اخیر هم گفتنی بسیار است. از زمان رسیدن رضاخان سردار سپه به قدرت، یک قرن می‌گذرد. در بیشتر کشورهای جهان آن روز خشونت و سختگیری‌هایی اعمال می‌شد که حتی مقایسه آنها با ایران زمان رضاشاه دور از انصاف است. شمار قربانیان نظام کمونیستی اتحاد جماهیر شوروی به اقرار کسانی که هنوز از آن کم و بیش دفاع می‌کنند، متجاوز از سی میلیون نفر است. در آلمان نازی این رقم از شش میلیون تن یهودیان آن دیار بیشتر است و اگر مخالفین سیاسی، هم‌جنس‌بازان، کولی‌ها را هم به آن اضافه کنیم شاید بیش از هفت میلیون باشد. حکومت آتاتورک که شهرت زیادی به این قبیل سخت‌گیری‌ها نداشت و ندارد به مراتب بیش از رضاشاه قربانی به جای گذاشت. از جمله در میان روحانیون که می‌خواستند با سیاست خشن او در مقابل آنها رو در رو شوند. از آنچه در ممالک مستعمره گذشت و رفتار کشورها و دولت‌هایی که امروز درس انسان‌دوستی و رعایت حقوق بشر را به دنیا می‌دهند. بگذریم که مطلقاً قابل دفاع و توجیه نیست و خودشان نیز بر آن پرده فراموشی می‌کشند.

البته مقایسه در این قبیل موارد درست نیست و اصل باید بر احترام به انسانها و حقوق اصلی آنها باشد ولی رعایت انصاف نیز نباید فراموش شود. البته آزادی بیان در مسائل سیاسی محدود بود. اما در این دوران، بنای کار بر خونریزی و قتل مخالفان و دگراندیشان نبود و مردم عادی در امنیت کامل بودند و کسی را با آنان کاری نبود و به همین سبب فعالیت اقتصادی و سرمایه‌گذاری خصوصی همواره در گسترش بود و کشور از رونقی خاص برخوردار. کافی است به واحدهای صنعتی کوچک و بزرگی که در سرتاسر کشور بنا شد نگاه کنیم.

برخلاف پادشاهان و حکمروایان دوران‌های گذشته نه‌تنها در ایران بلکه در اغلب کشورهای جهان، رضاشاه با شاهزادگان مهم یا کمتر مهم دوره قاجاریه و رجال آن زمان با احترام بسیار رفتار می‌کرد و در دربار به روی آنان باز بود. مؤتمن‌الملک به کلی خود را از دربار کنار کشیده بود و رفت و آمدی نداشت و در گوشه انزوا می‌زیست. مشیرالدوله اندک رابطه‌ای را با رضاشا حفظ کرد. گاهی شاه از او توقعاتی داشت ـ مانند پذیرایی از امان‌الله خان پادشاه افغانستان ـ و گاهی او از این و آن نزد وی شفاعت می‌کرد. مانند جان محمدخان که هستی خود را مدیون او بود. بسیاری از آنان گهگاه سری به دربار می‌زدند و عصرها از آنان پذیرایی می‌شد. رضاشاه گاهی در این دید و بازدیدها حاضر می‌شد و با این و آن نرد می‌باخت. همه نخست‌وزیرانش[1] به جز یک تن[2] از رجال کم و بیش سرشناس عهد قاجاریه بودند و شاهزادگان این دودمان به زندگی سیاسی، اجتماعی و یا خصوصی خود بدون مزاحمت ادامه می دادند. بگذریم از شاهزاده خانم فخرالدوله و شاهزاده عبدالحسین میرزا فرمانفرما که از احترام خاصی برخوردار بودند و قبلاً به آن اشاره کردیم.

***

ارتش استخوان‌بندی اصلی حکومت رضاشاه را تشکیل می‌داد. اصطلاح «دیکتاتور نظامی» که درباره او و نظام دولتش به کار برده‌اند درست نیست. فرماندهان واحدهای بزرگ ارتش که استقرار آنها در شهرها و مناطق بر ضوابط حفظ امنیت داخلی استوار بود از احترام و رعایت خاصی برخوردار بودند، اما حق مداخله در «امور کشوری» را نداشتند و شاه مقید بود که این نکته را در موارد ضرورت به آنان یادآور شود. برعکس، قدرت شهربانی و سازمان اطلاعاتی آن، «تأمینات» یا آگاهی بسیار بود و گزارش‌های آن بامداد هر روز به شاه می‌رسید.

۱- ذکاءالملک فروغی — حاج مخبرالسلطنه هدایت ـ مدیرالملک جم، (رجب) علی منصور (منصورالملک) به مصدق‌السطنه (دکتر محمد مصدق) پیشنهاد نخست‌وزیری کرد که او نپذیرفت.

۲- دکتر احمد متین‌دفتری ملقب به متین‌الدوله که درزمان قاجار اسم و رسمی نداشت. جز «سابقه انشاء» در سفارت آلمان (حاج مخبرالسلطنه ٤١٦) مقصود آن است که کارمند محلی آن سفارت بود. ولی در زمان داور در وزارت دادگستری به مقامات مهمی رسید.

سرهنگ درگاهی نخستین رئیس «نظمیه» زمان قدرت او بود (و نه در زمان پادشاهی‌اش). به دستور سردارسپه که از وضع زندانیان و فقدان بهداشت و وسائل اولیه زندگی برای آنان آگاه شده بود، مقرر شد زندان مناسب و شایسته‌ای برای آنان ساخته شود. زندان قصر ساخته شد و درگاهی برای روز افتتاح از گروهی از رجال و نیز وکلای مجلس دعوت کرد. او دیگر سرتیپ و سردارسپه پادشاه شده بود. به هنگام بازدید شاه درباره نحوه ساختمان و لوازم ایراداتی گرفت که درگاهی انتظار نداشت و می‌ترسید مورد بازخواست قرار گیرد. رضاشاه ناراحتی او را احساس کرد. روز بعد دستور به احضارش داد. نه در دفتر کار خود بود و نه در منزلش. به اصطلاح تمارض کرده بود که این عمل سخت بر رضاشاه گران آمد. دستور داد سرلشکر ابوالحسن پورزند را احضار کنند که به ریاست نظمیه برود. هرچه جستجو کردند پیدا نشد. قرعه فال به نام سرلشکر کوپال افتاد که مامور شد نظمیه را تحویل بگیرد. «خود درگاهی هم نزدیک بود اولین زندانی زندان خودش بشود. مدت‌ها در منزل بیکار ماند تا آنکه مقرر فرمودند (رضاشاه) اداره آمار و ثبت احوال را تحویل گرفت»[1]. برخلاف درگاهی که به حق یا ناحق در میان مردم خوش‌نام نبود، کوپال حسن شهرتی داشت. اما مدت ریاستش طولانی نبود. به ماموریت دیگر رفت و سرتیپ فضل‌الله خان زاهدی (سپهبد و نخست‌وزیر بعدی) جانشین او شد.

اما کار زاهدی نیز سرانجام خوبی نداشت: او در دسامبر ۱۹۳۰ (آذرماه ۱۳۰۹) به ریاست نظمیه کل مملکتی (شهربانی کل کشور) منصوب شد. در دوران تصدی‌اش اصلاحاتی در شهربانی انجام داد. لباس پاسبان‌ها را متحدالشکل کرد که تا این اواخر ادامه داشت.

زاهدی ارسال «گزارش‌های یومیه» را برای شاه و رئیس‌الوزرا موقوف کرد که این عمل موجب گلایه و سوءظن رضاشاه شد. روزی شاه از او می‌پرسد: «چطور شد که از وقتی شما به شهربانی آمده‌اید دیگر راپرتی از توطئه‌های داخلی و خارجی به ما نمی‌رسد. مثل اینکه همه سربه‌راه شده‌اند.»

۱- بهبودی، ۳۱۵.

زاهدی می‌گوید:

«خیر قربان اغلب این گزارش‌ها دروغ و ساختگی است. مثلا یکی از همین خبرچین‌ها گفت که من در پشت در اتاق سفیر انگلیس به مذاکرات سفیر با همکارش گوش می‌کردم و شنیدم که آنها چنین و چنان گفتند. کسی را که راپرت داده بود خواستم. گفتم تو چه کاره هستی؟ گفت دربان سفارت. پرسیدم زمان خارجی می‌دانی؟ گفت خیر در حدود سلام و علیک چند کلمه معمولی. گفتم این حرف‌ها را چگونه در پشت در اتاق سفیر شنیدی و فهمیدی؟ گفت قربان به ما پول می‌دهند و می‌گویند هر چه شنیدید بنویسید. ما هم این‌ها را از خودمان می‌سازیم. من (یعنی سرتیپ زاهدی) نمی‌خواستم خاطر مبارک را با گزارش‌های دروغ و ساختگی مشوش کنم.»[۱]

به هنگام ریاست شهربانی سرتیپ زاهدی شخصی به نام سیدفرهاد که پیشتر درجه‌دار امنیه بود و بعداً یاغی و راهزن شده در زندان قصر محبوس بود. اما موفق به فرار شد. رضاشاه از این اتفاق سخت خشمگین شد. رئیس شهربانی را خواست و به وی بیست و چهار ساعت وقت داد که یاغی فراری را بگیرد و بیاورد و به زندان قصر تحویل دهد. زاهدی پاسخ داد که سیدفرهاد به منطقه استحفاظی امنیه گریخته و تعقیب او از وظایف شهربانی نیست. این پاسخ به رضاشاه گران آمد. خشمگین شد و پاگون رئیس شهربانی را کند. هنوز از کاخ بیرون نیامده بود که دستور رسید او را بازداشت کنند. البته محل بازداشت محترمانه و در اطاقی مجاور دفتر ریاست شهربانی بود و این بازداشت یک ماه بیشتر طول نکشید. او را آزاد کردند و بازنشسته شد.

در بعضی کتب فارسی نوشته شده که در جریان فرار سیدفرهاد شخصی به نام پروفسور جان که در لباس کشیش جاسوس انگلستان و مشغول نقشه‌برداری برای ارتش انگلیس و آذربایجان بود نیز از زندان گریخته و علت و سبب اصلی خشم شاه نیز همین بوده است چرا که این شخص کسی جز لاورنس معروف نبوده و فقط شاه و زاهدی از هویت واقعی وی مطلع بودند.[۲]

۱- اردشیر زاهدی، خاطرات، جلد اول، صفحات ۳۰ و ۳۱.

۲- ابراهیم صفائی، زندگی‌نامه (منبع ذکرشده) صفحه ۷۳. دکتر عزت‌الله همایون‌فر از

بازداشت سرتیپ یک ماه بیشتر طول نکشید، رضاشاه شخصاً وی را چندی بعد احضار کرد و پاگون‌هایش را به وی پس داد و او را به سمت ژنرال آجودانی خود منصوب کرد و بعداً به اداره کل بازرسی ارتش منتقل شد[۱] و مسئولیت‌های مختلف یافت.

کسی که جانشین زاهدی شد گوئی درست نقطه مقابل او بود. سرلشکر محمدحسین آیرم که با وجود اظهار علاقه علنی به زنان، در میان مردم به «به خواجه» مطلق معروف بود که گویا این اشتهار ناشی از عمل جراحی بود که چندی قبل در روسیه انجام داده بود. «آخرین فکرش این بود که پول زیادی به دست آورده و تا ستاره اقبالش غروب نکرده برود. او از عجایب بود. هم «خواجه» بود و هم «زن‌دوست». پول فراوان از این و آن گرفت. هر جا جواهر قیمتی سراغ داشت دست‌اندازی می‌کرد. وقتی کیسه‌اش لبریز شد حیله‌ای به کار زد. ناگهان صدایش گرفت. پزشکان مجرب هر چه کردند فایده نبخشید. همه تجویز کردند که باید به خارج برود. بار سفر اروپا بست. اتومبیل مجلل خرید. بیرق ایران را نصب کرد. با کمال تبحر ظاهراً مشغول معالجه شد. نه ماه طول کشید و آیرم نیامد. برای شاه یقین شد که مرغ از قفس پریده است. دانه‌ای داد تا پرنده را به دام اندازد. هزار لیره خرج معالجه فرستاد. دریافت کرد و گفت متشکرم ولی پزشکان گفته‌اند حالت برای مراجعت مساعد نیست.[۲]

آیرم رفت و رکن‌الدین مختاری (در میان مردم معروف به سرپاس مختار) جایگزین او شد. اما آیرم آرام نگرفت. به توصیه مقامات آلمانی، در زمان جنگ دوم جهانی در صدد تشکیل دولت ایران آزاد برآمد و دستگاهی به هم زد. گویا

سپاهیگری تا ... (منبع ذکر شده) صفحه ۱۱۶. هر دو نویسنده محترم به کتابی تحت عنوان پلیس خفیه که در ایران به قلم (یا امضای) شخصی موسوم به سیفی قمی نصرتی استناد کرده که محل انتشار تاریخ طبع و نام ناشر منابع آن ذکر نشده و به احتمال قریب به یقین از محصولات صنعت پررونق تاریخ‌سازی، جعل خاطرات و حوادث رایج در جمهوری اسلامی است.

در پاسخ به پرسش من در این باره اردشیر زاهدی اظهار داشت که هرگز چنین ماجرایی از پدرش نشنیده. در مرکز منابعش نیز که اکنون به دانشگاه، استانفورد انتقال یافته مدرکی در این مورد دیده نشد.

۱- در مورد زندگی سپهبد فضل‌الله زاهدی نگاه کنید به منابعی که پیشتر ذکر شد.

۲- الموتی، ۳۹۵.

حتی با هیتلر نیز ملاقاتی داشت. اما از شرکت در برنامه‌های فارسی رادیو برلن بر ضد ایران امتناع کرد و مغضوب و زندانی شد. پنج ماه در زندان آلمان‌ها بود. هنگام سقوط برلن و گشوده شدن زندان‌ها به سوئیس فرار کرد و در آنجا پس از سه سال درگذشت.

سرپاس مختار (رکن‌الدین مختاری) برخلاف آیرم مردی درستکار بود. یعنی آنچه رضاشاه می‌پسندید. اما به دستگاه تامینات (آگاهی) توسعه و قوت داد و از سوظن نهادی رضاشاه استفاده یا سوء استفاده فراوان کرد و نظیر سلفش به همان علل و دلایل، از ارسال گزارش‌های کم و بیش ساختگی و گویا جعل توطئه‌هایی بر ضد رئیس مملکت بیمی نداشت. به همین سبب بسیاری از او می‌ترسیدند. سختگیری در زندان‌ها زیاد بود. آیا بعد از سقوط رضاشاه در این باره زیاده‌روی شد یا نه، نمی‌دانم. اما در وجود آنها تردید نمی‌توان داشت. سرپاس مختار از آنها آگاه بود و گویا گاه‌به گاه خودش دستور انجام آن‌ها را می‌داد. در فضای پر از تشنج بعد از شهریور ۲۰ در این مورد بسیار گفته و نوشته شده.

در تاریخ ۲۰ بهمن ماه ۱۳۲۲ (۲۰ فوریه ۱۹۴٤) دادگاه عالی جنائی تهران کمک پزشک احمدی را به جرم تزریق سوزن هوا به اعدام، سرهنگ نیرومند رئیس زندان قصر را به حبس ابد، سرپاس مختار را به ده سال حبس با کار و سرهنگ راسخ را به شش سال زندان با کار محکوم کرد. اتهام آنان قتل سردار اسعد بختیاری، دکتر تقی ارانی، خان‌بابا اسعد و فرخی مدیر روزنامه طوفان بود. حکم اعدام کمک پزشک احمدی در میدان سپه اجرا شد. «سرپاس مختاری» سالها در زندان ماند و سپس به زندگی عادی خود برگشت. «سرپاس مختار» مردی موسیقی‌شناس و موسیقی‌دان بود. در سال‌های واپسین عمر با نام رکن‌الدین مختاری از همکاران دائمی و موثر برنامه‌های اصیل ایرانی در رادیو تهران بود.

اما دیگر چه کسی می‌دانست که رکن‌الدین مختاری همان رئیس شهربانی توانای دوران رضاشاه است؟

***

آزادی بیان در مسائل سیاسی در این دوران بسیار محدود بود. رضاشاه مخصوصاً از کسانی که با خارجیان روابط خاص داشتند خوشش نمی‌آمد. شاید

هم حق داشت. با وجود حسن روابط با دولت شوروی حزب کمونیست ایران و تبلیغ «مراسم اشتراکی» ممنوع شد. شاه از لندن و از انتقامش (شرکت او در عزل سیدضیاء و تمایلات روزافزون ملی‌گرا و در نتیجه ضدانگلیسی) همواره بیمناک بود و از همان روزهای نخست قدرتش با شوروی‌ها روابط دوستانه‌ای به وجود آورد. به ویژه که در آن زمان خاک شوروی راه اصلی رابطه و داد و ستد با اروپا را تشکیل می‌داد و خلیج فارس عملاً تحت نظارت و استیلای بحریه بریتانیای کبیر بود. در حقیقت سیاست خارجی او همان موازنه منفی و حضور قدرت‌های ثالث (غیر از دو همسایه شمالی و جنوبی) در صحنه روابط بین‌المللی ایران بود. به احتمال قریب به یقین علت اصلی حسن روابط با آلمان که در صفحات بعد به آن خواهیم پرداخت جز این نبود.

از همان سالهای نخست سلطنت رضاشاه بعضی کسان که متهم به همکاری با مسکو بودند به زندان افتادند. از جمله رضا روستا و جعفر جوادف (بعداً معروف به پیشه‌وری) و یکی دو تن دیگر. در بعضی از کتب از گروه بیست و شش نفری گفتگو شده. اما معروف‌ترین این عده همان گروه پنجاه و سه نفر - محاکمه آنان - تشکیل حزب توده که در ادامه حزب کمونیست ایران بود که قبل از رضاشاه وجود داشت و بعداً اکثر سران و بانیان آن به دستور استالین به جرم انحراف اعدام و یا به اردوگاه‌های سیبری اعزام شدند) به شمار می‌آیند. متاسفانه در نخستین روزهای بعد از شهریور بیست، همه پرونده‌های مربوط به این گروه‌ها، به ویژه پنجاه و سه نفر، از دادگستری ایران ربوده شد و اگر هم اکنون در جایی باشد در مراکز جاسوسی روسیه است. اما خاطرات بعضی از سران حزب توده و مقابله آنها با یکدیگر تا حد زیادی حقایق وقایع را روشن می‌کند.[۱]

رهبر این گروه دکتر تقی ارانی استاد دانشکده فنی، تحصیل‌کرده در آلمان بود.

۱- شاهزاده قاجار، ایرج اسکندری (از بنیان‌گذاران حزب توده و گروه پنجاه و سه نفر، وکیل مجلس، وزیر کابینه قوام‌السلطنه و دبیر کل حزب): خاطرات سیاسی ایرج اسکندری، در سه جلد به اهتمام بابک امیرخسروی و فریدون آذرنور، نشر جنبش توده‌ای‌های مبارز انفصالی پاریس ۱۳۹۶، دکتر انور خامه‌ای، خاطرات، در سه جلد، مخصوصاً جلد اول. تهران ۱۳۶۳ و نیز بخش‌هایی از خاطرات خلیل ملکی به یاد ایام به کوشش حسن طباطبایی، نشر آبی، تهران، ۱۳۸۹.

در میان آنان اختلافات و حتی توطئه‌های شخصی وجود داشت. دکتر ارانی در سفری به آلمان و انگلستان که به بهانه و عنوان شرکت در مجامع علمی صورت گرفت، موفق شد در گذر از مسکو از کمین ترن[۱] اجازه رسمی تشکیل حزب را بگیرد. سپس با کمک تنی چند از روشن‌فکران متمایل به سوسیالیسم به مدت دو سال مجله دنیا را انتشار داد که با وجود مراقبت‌های شهربانی آن زمان مزاحمتی برای آن به‌وجود نیامد.

دکتر ارانی هنگام گذراندن محکومت ده‌ساله‌اش درگذشت. حزب توده و همه گروه‌های چپ‌گرای ایران گفتند که وی را در زندان کشته‌اند.[۲] به عنوان «شهید» معرفی کردند. در روز ۱۵ بهمن بر مزارش واقع در امامزاده عبدالله نزدیک تهران) اجتماعی می‌کردند و هیاهویی عظیم برپا می‌ساختند. به راستی در اذهان عمومی از او یک شهید ساختند. حقیقت جز این است.[۳] در زندان، دکتر ارانی بیمار شد و او را به بیمارستان بردند. تیفوس داشت و در آن موقع این بیماری در تهران رایج بود. چندی بعد در بیمارستان درگذشت. بعداً گفته شد که اتاقی که وی در آن بوده قبلاً محل بازداشت یک بیمار تیفوسی بوده است که این نیز تکذیب شد.[۴]

در رای نهایی دادگاه عالی جنائی نیز این مراتب تایید شده. بعضی درگذشت دکتر ارانی را از عوامل شهربانی ندانسته و طبیعی (از بیماری تیفوس) تلقی کرده بودند.

درباره دکتر ارانی بسیار گفته و نوشته شده. حق آن است که یادآور شویم که با وجود عقاید کمونیستی و وابستگی به «کمین‌ترن» یعنی بین‌اللمل سوم، مردی وطن‌پرست هم بود. در ماه‌های پیش از شروع جنگ جهانی دوم که احتمال درگیر شدن ایران هم در آن بود. از وی در زندان سوال شد: «اگر فرضاً دولت شوروی به ایران حمله کند، وظیفه آزادی‌خواهان ایران چیست؟» پاسخ وی قاطع بود. که قبلا

۱- KOMINTERN بین‌الملل سوم که مرکز آن در مسکو بود. در سال ۱۹۱۹ به دستور لنین تشکیل شد و در ۱۹۴۳ به ابتکار استالین به KONINFORM تغییر نام یافت. وظیفه و هدف آن نظارت بر احزاب کمونیست کشورهای مختلف بود. درحقیقت واسطه ابلاغ تصمیمات سیاسی مسکو بر این احزاب بود.

۲- در بهمن ۱۳۱۸.

۳- دکتر انورخامه‌ای، جلد اول، ۲۲۳ تا ۲۲۵.

٤ - همان منبع، ۲۲٤.

هم به هم‌زنجیران خود گفته بود:

«باید دوش به دوش سربازان ایرانی علیه متجاوز بجنگند»[1]

***

محاکمه پنجاه و سه نفر در شرایط عادی زمان صورت گرفت و در جراید منعکس شد. دکتر ارانی پنج ساعت از خود و هم‌رزمانش دفاع کرد که قسمت مهم آن در سال‌های بعد به صورت‌های مختلف چاپ و انتشار یافت.

در میان وکلای مدافع که همه عملاً تسخیری بودند، دو تن یکی دکتر آقایان نماینده مجلس که در رشته خود اعتبار و شهرت بسیار داشت و دیگری مورخ معروف احمد کسروی که بعدا به دست یکی از اعضای فرقه فدائیان اسلام کشته شد، وارد جزئیات پرونده شدند. بقیه به جوانی یا ناآگاهی بعضی از متهمان استناد کردند و کوشیدند از طرح مطالبی که با گلایه مقامات حاکم مواجه شود بپرهیزند.

دکتر ارانی به ده سال زندان مجرد محکوم شد، که سرنوشت او را می‌دانیم و بقیه آن‌ها بعد از شهریور از زندان آزاد شدند و مورد عفو عمومی قرار گرفتند و غالباً از بنیان‌گذاران حزب توده بودند.[2] بعدا بسیاری از گروه عبدالصمد میرزا کامبخش را متهم کردند که فاش کننده اسرار آنها (به اصطلاح «لو دهنده») او بوده.[3]

مقداری از افسانه‌هایی که در مورد گروه پنجاه و سه نفر پراکنده شده ناشی از دو کتاب نویسنده کم و بیش معروف در آن زمان بزرگ علوی است. دوستی او با صادق هدایت که گاه در زندان نیز به دیدارش می‌رفت و برایش کتاب می‌برد به علوی اعتباری داده بود.[4] دو کتابش ورق‌پاره‌های زندان و پنجاه و سه نفر «منتظر بودم که علوی بعد از به زندان رفتن و به قول خودش آن شرایط سخت و تحمل کردن، بسی آبدیده‌تر و پرورده‌تر بیرون بیاید. انتظار من این بود که علوی از زندان

---

۱ – همان منبع، ۲٤.

۲ . در ۷ مهرماه ۱۳۲۰، جلسه موسسان حزب توده در منزل سلیمان میرزا اسکندری (وزیر پیشین کابینه سردارسپه) تشکیل و خود او را به ریاست حزب برگزید. سلیمان میرزا که ظاهرا فراماسون هم بود در ۱۷ دی ماه ۱۳۲۲ (٦ ژانویه ۱۹٤٤) در تهران درگذشت.

۳– از جمله نگاه کنید به انورخامه‌ای (منبع ذکر شده) و ایرج اسکندری، جلد اول – در چند مورد مختلف ...

٤ . زندگی و اندیشه بزرگ علوی از دیدگاه خانلری، به قلم دکتر صدرالدین الهی، در یاد ایام منبع ذکر شده، ۳۸۱.

با خود هدیه‌ای بیاورد که نشان دهنده حالات واقعی و رنج و عذاب‌های یک زندانی باشد... من بعد از خواندن ورق پاره‌های زندان نشستم و کلاهم را قاضی کردم و به این نتیجه رسیدم که اگر قرار است آدمی برای نوشتن چنین اثری به زندان بیفتد، دور از عقل سلیم است که وقتش را با زندان رفتن تلف کند.»[۱]

در مورد چند تن از کسانی که در این دوران وفات یافتند مسائل مختلفی طرح، گفته یا نوشته شده، از جمله سیدحسن مدرس، سردار معظم خراسانی (تیمورتاش) نصرت‌الله فیروز و دوست محمد خان بلوچ.

بلوچستان در دو قرن پیش از طلوع قدرت سردار سپه عملاً از نفوذ واقعی دولت مرکزی دور بود. انگلیس‌ها خط آهنی از منطقه خود در هندوستان به زاهدان (که در آن زمان دزداب نام داشت) کشیده و دو خط تلگراف هم برقرار کرده بودند و از دور یا نزدیک بر آن منطقه نظارت می‌کردند. سرداران و روسای طوایف بلوچ برای ازدیاد نفوذ خود و تحصیل مال به جان یکدیگر می‌افتادند. قاچاق اسلحه یکی از منابع درآمد آنان بود و هر بار نیز دولت ایران توانست حق حاکمیت خود را واقعاً بر منطقه مسجل نماید، ناتوانی ارتش و شرایط دشوار آب و هوا و نداشتن وسائل حمل و نقل مانع آن شدند. بلوچستان نمونه‌ای بود از آنچه بر ایران قبل کودتای سوم اسفند می‌گذشت. تهران به دریافت مالیات سالیانه مقطوعی از سران بلوچ اکتفا می‌کرد و آن را به عنوان علامت نفوذ خود بر منطقه ارائه می‌داد.

وضعی که برای سردار سپه و رضاشاه قابل قبول و تحمل نبود در سال ۱۹۱۷،

۱- همان منبع، ۳۸۲.

در اواخر، بزرگ علوی که در مسکو می‌زیست توانست به آلمان شرقی بیاید. از آنجا قطعاً یک بار و به احتمال قریب به یقین دوبار به دیدار محمدرضا شاه که غالباً به سوئیس می‌آمد، نائل شود و مورد عنایت خاص شاه قرار گرفت و ظاهراً بعد از این دوران به فرانسه آمد و سرانجام در ۱۶ فوریه ۱۹۹۷ در ۹۳ سالگی در برلن درگذشت. شرایط زندان پنجاه و سه نفر مسلماً آسان نبود. اما در سنجش با وضع زندان‌های ممالک دیگر، حتی آنها که خود را پیام‌آور حقوق بشر می‌دانند، بدتر نبود و نباید با ضوابط امروز سنجیده شود. توقیف آنها در شرایط عادی صورت گرفت. به عنوان مثال دو ماموری که برای جلب انور خامه‌ای آمده بودند، در برابر خانه ماندند تا او بیاید سپس به دعوت مادرش به صرف ناهار پرداختند. (خاطرات، ۱۱۹) در تمام مدت زندانی بودن این افراد ملاقات آنها آزاد و کتاب‌ها و نشریات مختلف دریافت می‌داشتند. برای بسیاری هر روز از منازلشان غذا فرستاده می‌شد.

یعنی در زمان جنگ بین‌الملل اول که بلوچستان از لحاظ سوق‌الجیشی اهمیتی یافته بود، یکی از مهمترین سرداران بلوچ بهرام خان در جنگ‌های محلی کشته شد و حکومت منطقه به عموزاده او دوست محمدخان رسید که مردی بسیار جاه‌طلب بود و با وصلت‌های مختلف و ترتیب گارد مفصلی از غلامان و مزدوران عملاً قدرت اصلی منطقه را به دست گرفت و مانند خزعل در خوزستان هوای خودمختاری و استقلال یافت و حتی به نام خود سکه ضرب کرد.

در سال ۱۳۰۶ رضاشاه تصمیم به حل مساله بلوچستان گرفت. و به امان‌الله میرزا جهانبانی فرمانده منطقه شرق دستور داد که خود را برای این کار آماده کند.[۱] این تدارک یک سال طول کشید. قوای نظامی منطقه شرق از حداکثر تجهیزات ممکن برای آن زمان بهره‌مند شدند: چند واحد توپخانه، چند کامیون و دو دستگاه هواپیما. به دستور رضاشاه به روسای طوایف و سرداران بلوچ اعلام شد که دولت مرکزی قصد استقرار قدرت قانونی خود را در منطقه دارد. اما آنان ایرانی هستند و نه دشمن دولت و اگر از در سازش و دوستی درآیند، دولت نیز با آنان رفتاری مناسب خواهد داشت. امان‌الله میرزا به افراد خود ابلاغ کرد در منطقه «می‌بایستی نهایت درجه توجه نسبت به حال ساکنین داشته باشند و هرگز روح دشمنی نباید در میان باشد»[۲]. هواپیماهای ارتشی نیز اعلامیه‌هایی به همین مضمون بر روی مناطق تجمع و قلعه‌های اهالی پخش کردند و دولت تصمیم گرفت تا ده سال مالیات‌های قانونی بلوچستان به عمران و اصلاح همان منطقه اختصاص یابد.

همین مراتب به دوست محمدخان نیز ابلاغ شد. درحالی که بیشتر سرداران و خوانین محلی تصمیم به همکاری با دولت گرفتند، دوست محمدخان، با برخی از آنان ائتلاف کرد و در حقیقت سر به شورش نهاد. اما رضاشاه اهل تسلیم نبود و جهانبانی نیروی کافی برای رو در روئی با شورشیان بلوچ در اختیار داشت و از دو سو، از یک طرف کرمان و از طرف دیگر خراسان، پیشرفت ستون‌های نظامی به سوی منطقه تحت نفوذ دوست محمدخان آغاز شد که سرانجام سر تسلیم فرود آورد. رضاشاه نیز برای آرام کردن منطقه، قبول کرد که او را به حضور خود بپذیرد.

۱- نگاه کنید به جهانبانی، صفحات ۱۷۰ تا ۱۸۳.
۲- جهانبانی، ۱۷۹.

دوست محمدخان پذیرفت که از پوشیدن لباس محلی چشم بپوشد ولی تقاضا کرد که شمشیر خود را همواره بر کمر خود داشته باشد، اندکی مضحک بود ولی برای خودش و نه کس دیگری.

در باریابی به حضور رضاشاه، درباریان از وی پرسیدند که آیا لباس جدید بهتر نیست؟ او جواب داد: «خواهی نشوی رسوا همرنگ جماعت شو» حاضران همه خندیدند و آرامش بر منطقه حکمفرما شد. دولت در تهران خانه مناسب و بزرگی در اختیار او گذاشت و حقوقی مکفی برای وی مقّرر گردید. او از آزادی کامل در پایتخت برخوردار بود. البته ماموران از دور مراقبش بودند. دوست محمد اتومبیلی هم خریداری کرد و به یکی از مستخدمانش رانندگی آموخت و بالاخره روزی به عنوان شکار عازم گرمسار شد و فرار کرد. در بین راه مامورانی را که همراش بودند به قتل رساند. اما وسیله نقلیه‌اش در چاله‌ای افتاد و افراد ژندارمری (امنیه) که مامور تعقیب او شده بودند دستگیرش کردند. این بار رضاشاه از عفو وی خودداری کرد. او را به دادگاه نظامی تحویل دادند محاکمه شد. محکوم به اعدام گردید و حکم اعدام درباره او اجرا شد.

ماجرای دوست محمدخان بلوچ بی‌شباهت به داستان خزعل نیست. ولی برای وی پایان خوشی نداشت و به جزای اعمال خود رسید. بنابراین در مورد او سخن از «قربانی دیکتاتوری رضاشاه» گفتن واقعاً دور از انصاف و مغرضانه است.

ماجرای سید حسن مدرس به کلی متفاوت است. وی از دوره اول مجلس به عنوان نماینده روحانیون و مجتهد در اصفهان به نمایندگی انتخاب شد.[۱] همواره یکی از بازیگران صحنه سیاست ایران بود. به یاد داریم که به هنگام طرح کودتای سوم اسفند، وی یکی از سه نفری بود که انگلیس‌ها برای رهبری آن در نظر گرفته بودند و سرانجام قرعه فال به نام سیدضیاء الدین طباطبائی زده شد چرا که کودتائی به رهبری یک آخوند آن هم معروف به نزدیکی به سفارت انگلیس بسیار مضحک می‌نمود. مدرس در طی زندگی سیاسی بارها رنگ عوض کرد. مخالف قاجاریه

۱- در کتاب قطور دکتر مصطفی الموتی فصل مهمی به مدرس اختصاص یافته (متن ذکر شده صفحات ۲۵۲ تا ۲۶۷) و روایات کسانی که او را از نزدیک دیده و شناخته‌اند ذکر شده (مورخ‌الدوله سپهر، ابراهیم خواجه‌نوری، ملک‌الشعرای بهار، شیخ‌الاسلام ملایری ...)

بود، مخالف شوروی بود، مخالف سردار سپه بود اما مرتباً علناً یا مخفیانه و در منزل این و آن با وی ملاقات می‌کرد. در اوایل سلطنت پهلوی جزو اقلیت مجلس بود. اما چندان با مصدق که رهبر این گروه بود حسن رابطه نداشت. هم‌دستی او با خزعل که با وی گشاده‌دست بود و محمدحسن میرزا قاجار جزئی از تاریخ معاصر است و کسی در آن تردید نکرده. با همه اصلاحات سیاسی و اجتماعی سردار سپه (و رضاشاه) علناً و شدیداً مخالفت می‌کرد، از جمله در مورد نخستین قدم‌هایی که برای آزادی زنان برداشته می‌شد و به رفع حجاب انجامید:

«امروز ما هر چه نگاه می‌کنیم می‌بینیم که خداوند قابلیت در همین‌ها (نسوان) قرار نداده که لیاقت حق انتخاب را داشته باشند. در مذهب ما نسوان تحت قیمومتند و ابداً حق انتخاب نخواهند داشت و دیگران باید حفظ حقوق آنها را بکنند.»[۱]

در مجلس، فرخی یزدی، شاعر معروف که خود قربانی این دوران شد او را به «بوقلمون» تشبیه کرد. در پایان دوران مصونیت پارلمانی‌اش که همان اوائل سلطنت پهلوی بود سوءقصدی نسبت به او ترتیب داد که شاه از آن جان به در برد. موضوع فاش شد و به احترام لباسش او را به خواف تبعید کردند که در آن شهر کوچک خراسان به آزادی اما در عسرت می‌زیست و اندک‌اندک فراموش شد. سپس وی را به کاشمر بردند و در آنجا درگذشت یا کشته شد که فرضیه اخیر مخصوصاً بعد از انقلاب اسلامی و روی کار آمدن روح‌الله خمینی رسمیت یافته تا آنجا که مجسمه‌ای را در میدان بهارستان نصب کردند. در این هنگام هشتادساله بود و بیش از بیست سال در تبعید.

«مرگ مدرس حداقل برای من در هاله‌ای از ابهام قرار دارد. مدرس پس از نه سال در خواف و در سال ۱۳۱۶ به کاشمر فرستاده می‌شود ... حال باید دید و در نظر داشت که در سال ۱۳۱۶ که رضاشاه در اوج قدرت است دیگر ترسی از مرد درمانده‌ای که در آستانه هشتاد سالگی است نمی‌توانست داشته باشد. به علاوه قتل مدرس در خواف که تقریباً انسانی فراموش شده بود آسانتر و طبیعی‌تر به نظر می‌رسید، تا ترتیبی داده شود که وجود او دوباره زنده و مطرح شود و در کاشمر

۱- الموتی، ۲۵۳.

او را مسموم و خفه کنند. آیا نمی‌شود باور کرد که او در اثر صدمات چندساله و رنج سفر به خودی خود در گذشته است؟!»[1]

***

شخصیت نام‌دار دیگری که در زمان رضاشاه به اوج قدرت رسید و با ذلت جان سپرد عبدالحسین تیمورتاش، سردار معظم خراسانی است.

مردی دوچهره به معنای واقعی کلمه.

او یکی از الهام‌بخشان و پایه‌گذاران فکر غالب اصلاحاتی بود که در ده سال اول سلطنت پهلوی جامه عمل پوشید. هم‌ردیف ذکاءالملک فروغی و علی‌اکبر داور.

تحصیلات خود را در رشته نظام در روسیه تزاری انجام داده بود. باسواد، دنیادیده، آشنا به دو یا حتی سه زبان خارجی بود، فرانسه، روسی و تا حدی انگلیسی. وقوفی کامل به اصلاحات لازم برای ایران آن روز داشت.

لقب سردار معظم ناشی از آموزش نظامی اوست.

ولی سردار معظم مردی بود بسیار جاه‌طلب، مغرور، از خودراضی و حدی بر اختیارات خود قائل نبود. غالباً رضاشاه که به او اعتماد کامل داشت. می گفت «قول تیمورتاش، قول من است»[2]

مردی بود خوش‌لباس، تا حدی متکبر، زنباره، گشاده‌دست و چون حقوق دولتی وی اجازه تامین همه مخارج او را نمی‌داد سخنان بسیار درباره نادرستی‌های وی گفته می‌شد و زندگی پرجلالش پرسش‌های فراوان پیش می‌آورد.

در سالهای نخست سلطنت پهلوی همه کاره بود. گرچه قانوناً وزیر دربار حق شرکت در جلسات هیأت دولت را نداشت. او همیشه در این مجالس حاضر بود و وزرا مواظب بودند که مطلبی خلاف رای و تصمیم او نگویند.

هنگام انتخاب مدرسه‌ای برای تحصیل ولیعهد در خارج از کشور او شرکت داشت و هم او بود که شاهپور محمدرضا را به اروپا برد و در سوئیس مستقر کرد.

---

۱ . جهانبانی، ۲۵۰ تا ۲۵۱.

۲ . نقل قول از حاج مخبرالسلطنه، ۳۷۱، در جلسه هیأت وزیران. بعداً این جمله را اقلاً یک بار هم در مورد ذکاءالملک فروغی اظهار داشته بود. ولی ذکاءالملک، تیمورتاش نبود و تیمورتاش، ذکاءالملک.

با شخصیت‌ها و سفیران خارجی آزادانه معاشرت می‌کرد و همیشه همسرش (یا لااقل یکی از همسرانش) بدون حجاب همراه او بود. هر جا که می‌رفت مرکز همه نگاه‌ها و توجهات بود و بسیار بودند کسانی که می‌اندیشیدند جاه‌طلبی او به مقام وزارت دربار و موقعیت شخص دوم واقعی مملکت محدود نخواهد بود. «اگر کسی وزیر دربار را در دوره قدرت و جلال و شکوه ظاهریش می‌دید حق داشت او را با وزرای اعظم نام‌آوری مقایسه کند که در دربار بغداد بین فرمانروایانی که تا حد خدایان عروج کرده بودند همدم شاه به شمار می‌رفتند.[1]

البته تیمورتاش الهام‌بخش بعضی از اصلاحات و تغییرات زمان رضاشاه بود. نقطه‌های تاریکی در زندگی سیاسی او قبل از وصول به قدرت وجود دارد که شاید نمونه‌ای از آن دوران حکومت وی در گیلان (به هنگام ریاست وزرای وثوق‌الدوله عاقد قرارداد ۱۹۱۹) باشد. ده‌ها سال بعد از مرگ او و سقوط رضاشاه داستان‌های مربوط به مجالس عیاشی وی در خاطر بسیاری از مردم رشت باقی مانده بود. همچنین به دستور وی بود که بدون کوچکترین بازجویی و محاکمه بسیاری از مردم بی‌گناه را به جرم همکاری با «جنگل» به دار آویختند که مشهورترین آنان دکتر حشمت است که در نظر مردم محل به قهرمانی تبدیل شد و هنوز هست.

«در هوش، فراست، پشتکار، مجلس‌آرایی، چاره‌جویی، نکته‌سنجی تیمورتاش انگشت ایراد نمی‌توان گذاشت. بی‌پروایی، به آب‌زنی، هوس‌رانی هم به افراط داشت... دچار بعضی عادات هم بود که گاهی آن همه معلومات را در پرده می‌کشید... در گیلان اتومبیل برمی‌گردد و جمعی بی‌گناه به دار آویخته می‌شوند ... وای بر آنکه تریاک هم ضمیمه بشود.»[2]

سرانجام تیمور تاش یکی از نکات ابهام و معماهای دوران پهلوی اول است. قبل از بحران نفت به دستور رضاشاه به لندن رفت که راه را برای گفتگوی مسالمت‌آمیز و افزایش درآمد ایران از منابع نفت جنوب باز کند. به نتیجه نرسید. چند بار از وزیر خارجه بریتانیا با اصرار وقت ملاقات خواست که موفق نشد. این رفتار هم به وی گران آمد و هم به رضاشاه.

---

۱ – سفرنامه بلوشر، منبع ذکر شده، ۲۴۸.
۲ – مخبرالسلطنه، ۳۹۶.

در راه بازگشت به تهران به پاریس و بروکسل رفت و در هر دو جا با تجلیل فراوان از او پذیرایی کردند. حتی رئیس‌جمهوری فرانسه او را به حضور پذیرفت. پس از آن به مسکو رفت و گویا در آنجا مذاکراتی راجع به مسئله نفت انجام داد ولی گزارش آن را به شاه نداد. چرا؟ آیا می‌خواست اختیار بهره‌برداری نفت جنوب را به شوروی‌ها بدهد، یا در مقابل امتیازات و قراردادهایی که با آنان مطرح کرد بر آن بود که لندن را بترساند و وادار به عقب‌نشینی در برابر درخواست‌های ایران کند؟ به درستی معلوم نیست ولی مدافعان و دوستانش فرضیه دوم را درست‌تر می‌دانند. قدر مسلم این است که کیف دستی محتوی اسناد و مدارک محرمانه‌اش بین بادکوبه و بندر پهلوی مدتی ناپدید و سپس یافته شد (آیا رفیقه‌ای که به همراه برده بود، عامل انگلیس‌ها و مسئول انجام این کار بود؟) و چون به تهران رسید دیگر سوءظن رضاشاه به او آغاز شد. در میان آن اسناد که عکس‌برداری شده بود چه یافتند؟ نمی‌دانیم.

تیمورتاش همان کسی بود که او را در ایران حضرت اشرف می‌خواندند. همان کسی بود که در زمان قدرتش شاه به او گفته بود از فلان وزیر ناراضی است و به او تکلیف استعفا کند. فردای آن روز به وزارتخانه مربوط رفت و به سرکشی پرداخت و گفت «این وزیر بی‌عرضه لیاقت اداره اینجا را ندارد. از قول من بگویید دیگر اینجا نیاید» و آن وزیر هم نیامد. در سخنش اشاره‌ای به امر شاه نبود و این تردستی ابهت او را خیلی زیاد کرد که می‌تواند راساً وزیری را معزول کند. همه از او بیم داشتند. حتی رئیس‌الوزرا.

در جراید انگلستان نوشته شده بود که منبع قدرت اصلی در ایران وزیر دربار است و نه شاه. که گویا این مطالب را به رضا اطلاع داده بودند. گویا هنگامی که بازانف[1] منشی مخصوص از دست استالین از مسکو گریخت و از راه ترکمنستان سابق شوروی خود را در مشهد به امان‌الله میرزا فرمانده قوای شرق ایران (که کاملاً به زبان روسی آشنا بود) رساند به وی گفت که تیمورتاش جاسوس روس است و او طبیعتاً این نکته را به شاه گزارش داد. فرار با ژانف و افشاگری‌های وی بعداً در اروپا هیاهوی بسیار برپا کرد و به تغییرات زیادی منتهی شد.

1- Bajanov.

جمع‌بندی همه این نکات و سوءشهرت تیمورتاش در میان مردم که شهربانی آن را به شاه منعکس می‌کرد، سبب برکناری او شد. در دی ماه ۱۳۱۱ خبر عزل وی در جراید منتشر شد. سپس وی را به اتهام سوءاستفاده و رشوه‌هایی که گرفته بود به زندان انداختند. در طول مدت بازداشت و محاکمه‌اش از خود ضعف بسیار نشان داد. گریست، طلب عفو کرد. اما رضاشاه تصمیم خود را گرفته بود. کارا خان نفر دوم وزارت امور خارجه شوروی برای نجات وی به تهران آمد. اما دو روز قبل از ملاقاتش با رضاشاه به زندگی او خاتمه داده بودند و کاراخان دست خالی به مسکو برگشت. در دادگاه که ریاست آن با عبدالعلی لطفی[۱] بود محکوم و در زندان مسموم شد.[۲] خانواده‌اش را به خراسان فرستادند که تا شهریو.ر ۲۰ در آن استان می‌زیستند. به این ترتیب زندگی شخصی که خود را روزی تواناترین مرد ایران می‌دانست در ذلت به پایان رسید.[۳] چرخ بازیگر از این بازیچه‌ها بسیار دارد.

درباره خطراتی که رضاشاه در طی سلطنت خود با آنها روبرو شد و توطئه‌هایی که علیه او تدارک دیده بودند، بسیار نوشته شده.[٤]

یکی از آنها طرح کودتای سرهنگ پولادین رئیس گارد سلطنتی در سال ۱۳۱۳ بود. رضاشاه از طرق مختلف در جریان قرار گرفته بود. روزی که در باغ مشغول قدم زدن بود ابتدا دستور داد که ترتیبات لازم برای محافظت وی داده شود. سپس سلاح شخصی خود را خواست، آن را مسلح و آماده تیراندازی کرد، روی نیمکتی نشست و سلاح را روی میز مقابل خود قرار داد. آن‌گاه دستور

۱- وزیر دادگستری بعدی کابینه مرحوم دکتر مصدق.
۲- در ۹ مهرماه ۱۳۱۲.
۳- چند سال بعد خلیل ملکی، یکی از پنجاه و سه نفر، در همان سلول که تیمورتاش محبوس بود، زندانی شده بود که این نکته را در خاطراتش حکایت کرده.
٤- از جمله نگاه کنید به دو مقاله ناصر امینی (دیپلمات سابق و روزنامه‌نویس اسبق) در ماهنامه آزادی تحت عنوان گفتگوی اختصاصی با اسلحه‌دار باشی محافظ رضاشاه، شماره‌های ۹٤ و ۹۵، سال ۲۰۱۷، یدالله خان اسلحه‌دارباشی (بیگدلی) فرزند فرمانده رضاخان در لشکر قزاق بود و از همان‌جا با وی الفت و دوستی یافت و چون رضاخان به قدرت رسید وی را به سمت محافظت مخصوص خود برگزید. این شخص در زمان بحران آذربایجان و مقابله ایران با شوروی‌ها و تجزیه‌طلبانی که پیشه‌وری رهبر آنان بود، یکی از سران مقاومت در برابر آنان بود. در پایان این ماجرا به عنوان سروان افتخاری و دریافت نشان درجه یک شجاعت نائل گردید. نگاه کنید به محمدعلی فیروزی، فدائیان فرقه دموکرات آذربایجان در خدابنده، انتشارات سفید اردهال، تهران، ۱۳۹۵.

داد سرهنگ پولادین را که در اطاقی بازداشت بود ولی هنوز لباس نظامی بر تن داشت بیاورند. به محض آنکه سرهنگ پولادین حاضر شد و در حال سلام نظامی روبروی او قرار گرفت با تشدد به وی گفت «می‌خواستی بر علیه من کودتا کنی؟» پولادین با ترس و لرز به التماس افتاد. دست رضاشاه به روی سلاح شخصی‌اش بود، تصور کرد می‌خواهد به وی تیراندازی کند و همان جا وی را بکشد. به شاه گفت «قربان به بچه‌های من رحم کنید.» در واقع این بیان اعتراف به طرحی بود که به وی نسبت داده بودند. شاه امر به کندن پاگون‌هایش کرد و مقرر داشت وی را فوراً زندانی کنند. کسان دیگری هم که در طرح کودتا شریک بودند جلب و بازداشت شدند. محاکمه آنان سریعاً صورت گرفت و پولادین و یک تن دیگر موسوم به هایم محکوم به اعدام شدند که حکم دادگاه در مورد آنان اجرا شد و دیگران به حبس‌های متفاوت و طولانی محکوم گردیدند و به این ترتیب طرح آنان که سوءقصد به رضاشاه، قتل وی و تغییر سلطنت بود با شکست مواجه شد.[1]

***

ماجرائی دیگر در این راستا برکناری و درگذشت سردار اسعد بختیاری شخصیت نامدار، دوست و همدم رضاشاه است: به شاه خبر رسیده بود که هنگام مسافرتش به مازندران برای حضور در مراسم سالیانه اسب‌دوانی و مسابقات ترکمن صحرا، در راه به او سوءقصد خواهد شد. ظاهراً قرار بود عده‌ای سربازان و افراد بختیاری به لباس چوپان دربیایند و در جنگل‌های نزدیک چالوس اتومبیل رضاشاه را به مسلسل ببندند و او را بکشند. مسافرت شاه در روز ۲۶ آبان ۱۳۱۲ آغاز شد. در راه هنگامی که به گچسر رسیدند وی گفت هوای خوبی است کمی استراحت کنیم و چای بخوریم. وی قبلاً به سرلشکر کریم آقا بوذرجمهری دستور داده بود با چند نفر افسر مورد اعتماد و چند کامیون سرباز به عنوان نظارت بر امنیت راه حرکت کن و من در مهمانخانه گچسر می‌مانم و منتظر نتیجه تحقیقات و اقدامات

۱- برای اطلاع بر تفصیل این ماجرا نگاه کنید به بهبودی، صفحات ۳٤٦ تا ۳٤۸. هایم (یا حیئم) در سال‌های قبل نماینده کلیمیان در مجلس شورای ملی بود. در روایت‌های مختلف هر دو املاء در باره اسم او به کار رفته.
«وقتی توطئه قتل رضاشا کشف شد، «بازجوئی نشان داد که سررشته توطئه به سفارت انگلستان منتهی می‌گردد»، الموتی صفحه ٤۲۹.

شما هستم. انتظار در گچسر مدتی طول می‌کشد. نزدیک ظهر بوذرجمهری سر می‌رسد و تقاضای شرفیابی می‌کند. برای گذراندن وقت شاه با سردار اسعد (که وزیر جنگ هم بود) مشغول بازی تخته نرد بودند. شاه بوذرجمهری را در اطاق دیگری می‌پذیرد. وی گزارش می‌دهد که قضیه حقیقت دارد. به آنان حمله شده. عده‌ای دستگیر و عده‌ای هم کشته شده‌اند. رضاشاه بدون نشان دادن کوچک‌ترین عکس‌العمل، بازی را به پایان می‌رساند و همه به طرف مازندران حرکت می‌کنند. فردای آن روز پس از پایان مراسم اسب‌دوانی، سرتیپ سهیلی رئیس شهربانی بابل بدون سروصدا سردار اسعد را توقیف و با اتومبیل اختصاصی به طرف تهران می‌برد. چند تن از سران بختیاری نیز که مورد سوءظن بودند بازداشت می‌شوند. و نیز قوام‌الملک شیرازی دوست نزدیک سردار و خود شاه که پس از مدت کوتاهی آزاد می‌شود. در ۱۳ فروردین ۱۳۱۳ خبر فوت سردار اسعد در زندان منتشر شد. کار به محاکمه نکشید. ورود محرمانه اسلحه به بختیاری و توطئه قتل رضاشاه در راه سفر به مازندران ظاهراً درست بود. مشارکت سردار اسعد در توطئه ثابت نشده است. بعد از شهریور ۲۰ از سران بختیاری دلجوئی شد. حتی برادر سردار اسعد، امیر جنگ که در زندان بوده و آزاد شده بود به مقام سناتور انتصابی رسید و در زمان ملکه ثریا (اسفندیاری بختیاری) نواده ایلخان سابق بختیاری آنها در امور مملکت بی‌تاثیر و مداخله بی‌جا یا مناسب نبودند.

حاج مخبرالسلطنه که همه چیز را می‌دید و یادداشت می‌کرد نوشته «به حکم عادت بعضی عصرها به دربار می رفتم. نوبتی اتفاق افتاد که شاه در حیاط جلوی عمارت راه می‌رفتند... مقارن رسیدن من (فرمودند) بلی می‌خواهند محمدحسن میرزا را بیاورند. شهوترانی که از این بیشتر نمی‌شود.»[۱] اشاره به ماجرای سردار اسعد بود. مخبرالسلطنه سپس اضافه کرد «من از سردار اسعد جز صمیمت نسبت به پهلوی ندیدم و در نسبتی که به او دادند تردید دارم. فرمایش شاه را تا درجه‌ای سیاست می‌دانم و از برای سردار اسعد طلب آمرزش می‌کنم.»[۲]

***

۱- مخبرالسلطنه، ۴۰۳.
۲- همان منبع، همان صفحه.

نصرت‌الدوله فیروز، فرزند عبدالحسین میرزا فرمانفرما که حسن رابطه خود را با رضاشاه تا پایان عمرش تا حدی حفظ کرد، یکی دیگر از کسانی است که در این دوره به نحو کم و بیش مرموزی درگذشتند یا به قتل رسیدند. نصرت‌الدوله همان کسی است که از جانب سفارت انگلیس مامور کودتای سوم اسفند بود و با شتاب از اروپا به ایران می‌آمد که «وظیفه» محول شده را انجام دهد. ولی در راه کرمانشاه به همدان بوران و برف مانع حرکت اتومبیلش شدند و با شتابی که سفارت در انجام طرح خود داشت قرعه فال به نام سیدضیاء زده شد. وی یکی از طرفداران جدی و شریک در عقد قرارداد ۱۹۱۹ بود و مبلغی هم از انگلیس‌ها از این بابت رشوه گرفت که بعداً دولت ایران او را مجبور به استرداد آن نمود. معذالک رضاشاه که شاید نمی‌خواست لندن را بیش از حد از سیاست ضد انگلیسی خود برنجاند به وی مسئولیت‌هایی واگذار کرد. ولی ناگهان در روز ۱۸ خرداد ۱۳۰۸ بازداشت شد. به جرم گرفتن رشوه به محرومیت از حقوق اجتماعی و چهارماه حبس تادیبی و پرداخت ۵۸۰۸ تومان محکوم گردید و سپس به سمنان تبعید شد و سرانجام در ۳۰ دی ماه ۱۳۱۶ در همان شهر درگذشت که بعداً گفتند او را خفه کرده‌اند. اما شهرت داده شد که به سکته قلبی درگذشته است. فرزند او مظفر فیروز پس از شهریور ۲۰ به فلسطین محل اقامت سیدضیاء رفت و او را به تهران آورد. مدتی سفیر ایران در مسکو بود و سپس به پاریس رفت و تا آخرین روزهای عمرش با خاندان پهلوی و محمدرضا شاه مخالفت می‌کرد و حتی نوشته‌اند که خود او «داعیه سلطنت ایران را هم داشت.»[۱]

***

نکات تاریکی که به آن اشاره کردیم، مربوط به حدود یک قرن پیش است. دنیایی دیگر با ضوابط و محیط فکری دیگر. دنیایی که قسمت مهمی از آن مستعمره یا تحت‌الحمایه قدرت‌های بزرگ استعماری زمان بود. حکومت بدون اعمال قدرت میسر نبود و نیست. آن هم در ایران آن زمان که صحنه تحریکات سیاست‌های خارجی استعماری و سرکشی‌های داخلی بود و سال‌ها دستخوش هرج و مرج و ناامنی. رضاشاه می‌بایست با همه این عوامل براندازی روبرو شود

۱- الموتی، ۳۱۱.

و بجنگد. به‌ویژه با تحریکات و مداخلات ابرقدرت سیاسی زمانه یعنی امپراتوری بریتانیا که حتی وجودش را تحمل نمی‌کرد و بارها کوشید که او را از میان بردارد.

با تمام این احوال ترازوی خشونت‌ها و بدکاری‌ها در برابر آنچه او برای ایران کرد، یا درست‌تر بگوئیم در زمان او به رهبری و با قدرت او انجام گرفت، بی‌چون و چرا به سود او، به سود کشور ما است. چرچیل برای بریتانیای کبیر و ژنرال دوگل برای فرانسه، دو قهرمان بزرگ ملی و تاریخی هستند. هر دو مرتکب اشتباهات و خونریزی‌های بی‌حاصلی شدند که تاریکی زندگی آنان را در مقابل روشنایی خدمتشان تشکیل می‌دهد. لشکرکشی ابلهانه داردانل در زمان جنگ اول جهانی که چرچیل امیرالبحر کشور خود بود و سپس بمباران شهر درسدن عملاً پس از پایان جنگ دوم و فقط برای انتقام که ده‌ها هزار کشته به جای گذاشت و اگر به دستور سیاستمدار فاتحی انجام نمی‌شد مسلماً وی را برای جنایت علیه بشریت تسلیم دادگاه می‌کردند. یا برای دوگل رفتار وی با فرانسویان مقیم الجزیره و طرفداران الجزیره‌ای آنان که او هم ده‌ها هزار تن را قربانی کرد. اما دوگل و خدماتش او را برای فرانسویان بزرگ‌ترین مرد تاریخ خودساخته است. دنیا چنین است و چنین خواهد بود.

رضاشاه را با بسیاری از سیاست‌مداران و دولتمردان خارجی یا داخلی مقایسه کرده‌اند. او نیز مانند یعقوب لیث و نادر از میان توده‌های مردم برخاسته بود، فرزند ملت ایران بود. او نیز مانند امیرکبیر که اشراف‌زاده نبود و فقط با لیاقت و کفایت خود به صدارت عظمای ایران رسید و اصلاحات اساسی را در ایران آغاز کرد و فدای فزون بینی‌اش برای وطن خود شد، پایه‌گذار تغییرات بنیادی در کشور بود اما فرصتی بیشتر برای تحقق آنها داشت و کامیابی‌های بزرگ به دست آورد. مانند امیرکبیر خیانت را نمی‌بخشید و شاید در بعضی موارد در مجازات کسانی که آنان را گناهکار تشخیص داده بود، زیاده‌روی کرد. ولی به ایرانیان آسودگی و امنیت و غرور ملی و امید به آینده ارزانی داشت. آیا رویه سیاسی وی پس از آغاز جنگ جهانی دوم اشتباه بود؟ در صفحات بعد پاسخی به این پرسش تاریخی خواهیم داد.

در مقام مقایسه با سیاست‌مداران بزرگ خارجی، شباهت زیادی بین او و

دکتر سالازار[1] مرد مقتدر پرتغال در سال‌های ۱۹۳۳ تا ۱۹۶۸ وجود دارد. هر دو از خانواده‌ای کم‌بضاعت برخاسته بودند. اما سالازار موفق به تحصیلات عالیه شد. به استادی یکی از دانشگاه‌های معتبر کشور خود رسید. اقتصاددانی معتبر و مورد احترام و روشنفکر واقعی بود. به زبان فرانسه تسلط کامل داشت. در سال ۱۹۲۸ هرج و مرج حاکم بر آن کشور منجر به دخالت ارتش شد و ژنرال کارمونا[2] رئیس دولت نظامی وی را به وزارت دارایی خود برگزید. سالازار در مدتی کوتاه به وضع اقتصادی کشور سر و صورتی بخشید و در سال ۱۹۳۲ به ریاست دولت برگزیده شد و مرکز اصلی قدرت پرتغال گردید.

سالازار مانند رضا شاه زندگی شخصی و خصوصی بسیار ساده‌ای داشت[3] مانند رضا شاه هدف اصلی‌اش وحدت ملی، پایه‌گذاری دولتی مقتدر، ایجاد امنیت داخلی و احترام به کشورش در صحنه سیاست بین‌المللی بود. موفق شد پرتغال را از جنگ دوم جهانی برکنار نگاه دارد. اهل خونریزی و شدت عمل غیرضروری نبود. نظامی که برقرار کرده بود، دو سال پس از بیماری و استعفایش فرو ریخت. ولی پس از سال‌ها یادش دوباره به خاطره‌ها آمده و درباره خدماتش کتاب‌ها و تحقیقات بسیار انتشار می‌یابد.

اما شباهت میان روش‌های این دو دولتمرد و سرنوشت آنان شگفت‌انگیز است. روشن‌فکر و استادی مورد احترام، سربازی ساده که عاشق ایران بود. با هدف‌های مشترک: امنیت و قدرت و وحدت ملی برای کشورشان.

1- Antonio Oliviero Salazar(1889-1975)
2- General CARMONA.
۳. نگاه کنید به SALAZAR تالیف Jacques Ploncard D'Assac پاریس، D.M.M، چاپ دوم، ۱۹۸۳.

فصل سیزدهم

از سوم تا بیست و پنجم شهریور

مراجعت ولیعهد از اروپا و پایان خدمت نظامی‌اش، آغاز دورانی دیگری در سلطنت رضاشاه بود. به ویژه بعد از ازدواجش با شاهدخت فوزیه، عروسی که شاه به او علاقه و احترام بسیار پیدا کرد و شخصاً مواظب بود که در دربار ایران به وی بد نگذرد.

متاسفانه مقارن همین احوال، اوضاع بین‌المللی متشنج و متشنج‌تر می‌شد و دیگر خطر جنگ جهانی همه را به خود مشغول داشته بود. همه می‌دانستند که به هر نحو ایران نیز از آن برکنار نخواهد ماند.

ولیعهد، شاهپور محمدرضا، در جلسات هیات دولت شرکت می‌کرد و اندکی پشت سر پدر تاجدارش می‌نشست. ابتدا فقط گوش می‌کرد. سپس اجازه یافت که هر بار از او پرسشی شود یا حتی خودش بخواهد در مذاکرات دخالت کند و نظر خود را ابراز دارد. آموزشی بود ضروری برای دوران سلطنت او، گرچه محمدرضا تقریباً هرگز در جلسات هیات دولت شرکت نمی‌کرد و تا پایان سلطنتش چنین بود.

رضا شاه دستور داد که در مسائل فرهنگی و آموزشی و نیز بعضی پرونده‌های مربوط به روابط بین‌المللی وزرا مستقیماً با ولیعهد تماس بگیرند و با موافقت او عمل کنند.

رضاشاه دائم‌السفر بود. سالی چندبار به شهرستان‌ها می‌رفت و از پیشرفت امور بازدید می‌کرد و شخصاً آگاه می‌شد. این سفرها در وضع نقاط خارج از مرکز حُسن تاثیر داشت. معمولاً نمی‌دانستند که سفر بعدی شاه به کدام منطقه است و همه مسئولان مراقب بودند که برنامه‌هایی که به آن‌ها محول شده به سرعت و دقت انجام گیرد که مورد بازخواست شاه واقع نشوند. به ولیعهد نیز همین روش تفویض شد. او در همه جا بود. یا به همراه پدرش، یا به تنهایی که رضاشاه ترجیح

می‌داد چنین باشد تا او بیاموزد.

در پانزده بهمن ۱۳۱۵ راه‌آهن شمال به تهران رسید و شاه و ولیعهدش در مراسم پرشکوهی که به این مناسبت ترتیب داده شده بود شرکت کردند. توفیقی بزرگ برای ایران.

در ۲۵ اردیبهشت ۱۳۱٦ (۱۵ مه ۱۹۳۷) کارخانه برق دولتی تهران آغاز به کار کرد و سرانجام پایتخت واقعاً منور و روشن شد. در این میان هفته‌ای نبود که ولیعهد به تنهایی به بازدید تاسیسات مختلف نرود که مردم او را ببینند و بشناسند و خودش نیز سلطنت را تمرین کند. باید گفت که به روایت و شهادت همگان وقار، رفتار و برخورد ولیعهد در تمام این مراسم واقعاً شایسته بود و هرگز حتی دشمنانش و مخالفین بعدی‌اش، که کم نبودند، ایرادی بر آن نگرفتند.

نه آغاز بحران بین‌المللی و نه تشنجات اروپا در روند سریع پیشرفت اقتصادی ایران تاخیری به وجود آوردند و نه تحریکات دائمی و مداوم بریتانیای کبیر که ضمن حفظ ظواهر مخالفت خود را با رضاشاه پنهان نمی‌کرد و رضاشاه نیز در مجالس و محافل خصوصی از بیان نفرت خود از لندن و سیاستش امتناعی نداشت.

محمود جم، مدیرالملک، همچنان نخست‌وزیر بود. مردی درستکار و خوشنام اما نه‌چندان موثر در اداره امور کشور. شاه بر همه چیز مراقب بود. هفته و روزی نبود که در گوشه و کنار کشور بهره‌برداری طرح‌های بزرگی آغاز نشود. ایران پیش می‌رفت.

در نخستین روز سال ۱۳۱٦ وزارت کشور اعلام کرد که جمعیت کشور ۱۱۹٦٤۰۰۰ رسیده است.[۱]

۱٦ مرداد ۱۳۱٦ (۷ اوت ۱۹۳۷) شاه و ولیعهد کارخانه حریربافی چالوس را افتتاح کردند. چند روز بعد آسایشگاه شاه‌آباد، نخستین بیمارستان تخصصی در زمینه بیماری‌های ریوی ایران آغاز به کار نمود.

کمتر از یک ماه بعد از آن تلفن خودکار تهران ـ که متعلق به شرکت خصوصی ـ به کار افتاد و شماره مشترکان آن در ظرف یک ماه به شش هزار رسید.

در پنجم مهرماه شاه و ولیعهد کارخانه دخانیات ایران را گشودند. در روز

۱- گاهنامه، ۱٤۱.

سوم اسفند ۱۳۱۶ نخستین هواپیماهای ساخته شده در کارخانه شهباز در برابر شاه و ولیعهد به پرواز درآمدند.

چند روز پس از آن ساختمان راه‌آهن تهران به مشهد در حضور رضاشاه آغاز شد و در اردیبهشت ۱۳۱۷ تونل کندوان (که برای آن زمان شاهکاری محسوب می‌شد) در راه تهران – چالوس گشایش یافت. در شهریور همین سال بود که در ایستگاه سرچشمه اراک (که بعداً فوزیه نام گرفت) راه‌آهن سرتاسری شمال به جنوب که دریای خزر را به خلیج فارس متصل می‌سازد رسماً افتتاح شد. چنانکه قبلاً دیدیم.

در همین سال یکی از پس از دیگری، دو کارخانه جدید قند، کارخانه ریسندگی قم و ده‌ها طرح جدید بسط و توسعه اقتصاد کشور به مرحله بهره‌برداری رسیدند. حال آنکه ساختمان راه‌آهن تهران به مشهد به سرعت ادامه داشت و در ۲۵ خرداد ۱۳۱۸ نخستین قسمت آن گشایش یافت.

در روز ۹ شهریور ۱۳۱۸ (اول سپتامبر ۱۹۳۹) با حمله آلمان به لهستان جنگ دوم جهانی آغاز شد و بلافاصله دولت ایران به خارجیان مقیم کشور اخطار کرد که از هر گونه تظاهری که منافی بی‌طرفی ما باشد اجتناب کنند.

سه روز بعد با صدور یک اعلامیه رسمی و سپس بیانیه نخست‌وزیر (مدیرالملک جم) اصل بی‌طرفی کامل ایران در جنگ جهانی رسماً تایید و رضاشاه به هنگام گشایش دوازدهمین دوره قانونگذاری باز بر این نکته تاکید و اظهار امیدواری کرد که «هرچه زودتر صلح در جهان برقرار گردد.»

جنگ جهانی در اجرای برنامه‌های توسعه اقتصادی وقفه‌ای به‌جود نیاورد. گرچه دشواری‌هایی پدیدار می‌شد. از جمله توقیف وسائل کارخانه ذوب‌آهن به وسیله انگلیس‌ها حال آنکه ساختمان آن در نزدیکی کرج تقریباً رو به اتمام بود. البته اعتراض دولت ایران به جایی نرسید.

در این گیر و دار کارخانه بلورسازی تهران (متعلق به بخش خصوصی) و سیلوی پایتخت به دست شاه افتتاح شدند، باشگاه هواپیمایی کشور تاسیس شد، موسسه اعتبارات رهنی به بانک رهنی ایران تبدیل یافت. صندوق پس‌انداز ملی به وجود آمد، راه‌آهن تهران به قزوین و سپس به زنجان و میانه و تهران به شاهرود

رسید. دو کارخانه جدید قند آغاز به کار کرد و عملیات ساختمانی تاسیسات بندری و اسکله نوشهر پایان یافت و بهره‌برداری از آن آغاز شد.

و جز این‌ها.

***

طرح نمادین این ماه‌ها افتتاح فرستنده رادیو تهران بود. رضاشاه از اینکه ایران فاقد فرستنده رادیویی است، حال آنکه دهلی (پایتخت هندوستان که هنوز مستمره بریتانیا بود و اندک‌اندک حملات شدید خود را به رضاشاه آغاز می‌کرد) آنکارا، بادکوبه و قاهره فرستنده‌های خود را داشتند.

سرانجام در روز ٤ اردیبهشت ۱۳۱۹ - ۲٤ آوریل ۱۹٤۰ - ولیعهد طی مراسمی که دولت می‌خواست باشکوه باشد و جلب نظر کند، فرستند رادیو تهران را افتتاح کرد.[۱] سخنرانی اصلی را دکتر متین دفتری نخست‌وزیر وقت ایراد کرد ولی گفتگوهایی کوتاه از شاه آینده نیز پخش شد و ایرانیان شاید برای اول بار صدای او را شنیدند.

رادیو تهران آن چیزی نبود که رضاشاه می‌خواست. یک فرستنده ضعیف دوکیلو واتی که صدای آن به زحمت در نقاط دوردست کشور شنیده می‌شد و هنوز تقریباً کسی دستگاه گیرنده رادیویی نداشت. ولی به هر حال صدای ایران دیگر به گوش دیگران می‌رسید.

چهار روز بعد از این واقعه که برای شاه و ایرانیان تاریخی بود، بزرگترین نمایشگاه کالاهای ایران با حضور شاه و ولیعهد گشایش یافت و رادیو تهران درباره آن بسیار سخن گفت. کیفیت محصولات وطنی و تنوع آن و واقعاً حیرت‌انگیز بود.

با وجود جنگ جهانی، ایران هنوز پیش می‌رفت و می‌درخشید.

در آستانه پایان سلطنت رضاشاه بودجه ایران متعادل بود برای اجرای طرح‌های عمرانی و هیچ منظور دیگری ایران به وام‌های خارجی متوسل نمی‌شد. دوران تکدی دائم از خارجیان که در عهد قاجار قاجار معمول شده بود دیگر خاطره‌ای بیش نبود. درآمد نفت فقط مصروف خرید ساز و برگ برای ارتش و

۱- در این باره نگاه کنید به کتاب بسیار جالب مهندس احمد معتمدی، تاریخ بی‌سیم و رادیو در ایران، لوس‌آنجلس، کلبه کتاب، ۲۰۰۹.

بهویژه اجرای طرحهای عمرانی میشد. بازرگانی خارجی کشور متوازن بود. ایران دانشگاهی شایسته این نام و عنوان داشت. در همه شهرهای بزرگ بیمارستانهایی بنا شده و در اختیار مردم بود، آن هم به رایگان. علاوه بر بیمارستانها و زایشگاههای خصوصی که در تهران و بسیاری شهرهای دیگر فعال بودند.

ایران با وجود همه نقاط ضعف حکومت که خود شاه نیز به آنها واقف و بعضاً مسئول بود، از تاریکیهای قرون وسطی و دوران سیاه انحطاط دو قرن اخیر به روشنایی رسیده بود. کشور از لحاظ مواد مصرفی خودکفا بود و همه از این امر سربلند بودند.

پیش از رضاشاه تهران شهری بود با خیابانها و کوچههای خاکی کثیف و تنگ که پایتخت شایسته آن نبود. طرح شهرسازی جدید برای پایتخت ریخته شد و گاهی با بیسلیقهگی به مرحله اجرا درآمد. در طی مدت شانزده سال جمعیت تهران از ۲۰۰۰۰۰ به ۵۳۰۰۰۰ تن رسید. ساختمانهای عظیمی در تهران و شهرهای دیگر برای وزارتخانهها، استانداریها، مدارس و مراکز نظامی یا فرهنگی ایجاد شد. در طی مدتی کوتاه ایران تغییر چهره داد. رضاشاه مرد فرهیختهای نبود. اما در معماری سلیقه خاصی داشت. معنای زیبایی و تناسب را ذاتاً میدانست از زمان او هیچ بنای نازیبا و نامتناسبی به جای نمانده. سبک «معماری رضاشاهی» مانند سبک معماری دوران شاه عباس کبیر یکی از مراحل عمده تاریخ هنر و معماری در ایران است که حتی رژیم منبعث از انقلاب اسلامی نیز ناچار شد بر آن ارج نهد و ابنیه مهم آن جزو آثار تاریخی و میراثهای ملی کشور ثبت شده.

حفاظت و تشویق هنرهای ملی و سنتی نیز یکی از دلمشغولیهای اصلی او بود. مخصوصاً قالی بافی و سبکهای مختلف آن. رضاشاه نه دانشآموخته بود و نه روشنفکر. اما ایران دوست بود و میدانست چه باید کرد و شخصاً به این مهم پرداخت. مراکز و موسسات گوناگون برای تشویق و بازسازی هنرهای سنتی و ملی چون خاتمکاری، خطاطی، زردوزی، تذهیب، کاشیسازی تاسیس شد. شاه دستور داد که از این محصولات در ساختمانها و سازمانها و بناهای دولتی استفاده شود که نمونههای بارز آن هنوز در کاخهای سلطنتی زمان او و از جمله کاخ مرمر که بعد از انقلاب اسلامی مورد دستبردهایی قرار گرفت (مانند بسیاری دیگر

از ابنیه دولتی، سلطنتی و خصوصی) مشهود است. همچنین دو هنرستان عالی موسیقی[1] یکی برای موسیقی ملی و آن دگر برای موسیقی غربی بنیان نهاده شد.

آغاز جنگ دوم جهانی و در نهایت امر برکناری و تبعید رضاشاه و هرج و مرج و نابسامانی‌هایی که عملاً تا بیست و هشتم مرداد ادامه داشت، به همه این کوشش‌ها نقطه پایان نهاد.

***

در اول سپتامبر ۱۹۳۹ با حمله آلمان به لهستان و سپس ورود فرانسه و بریتانیا به جنگ، مخاصمات جنبه جهانی یافتند و درحقیقت جنگ جهانی دوم آغاز شد.

خطر به ایران و مخصوصاً به شخص رضاشاه نزدیک و نزدیک‌تر می‌شد. موقعیت و موضع سیاسی ایران در این زمان چه بود؟

فرانسه همکار اصلی ایران در زمینه آموزش، فرهنگ، باستان‌شناسی، اصلاحات اداری و قضایی و تربیت افسران نیروهای مسلح بود. فراگرفتن فرانسه در دبیرستان‌ها و دانشکده‌ها اجباری بود. البته این کشور هم‌پیمان بریتانیا بود. ولی در افریقا و قسمتی از آسیا رقیب این کشور نیز محسوب می‌شد و به هر تقدیر لندن حضور فرانسه را در ایران (گرچه به مدتی کوتاه قطع شد) چندان تحمل نمی‌کرد.

بریتانیا از دیرباز نسبت به ایران و رضاشاه بدبین و مشکوک بود. و حتی به وی کینه می‌ورزید و از مخالفت او با سیاست خود بی‌خبر نبود و نمی‌توانست باشد. بریتانیا هنوز در ایران «دوستان» فراوان داشت ولی نفوذ خود را در این کشور از دست داده بود.

یکی از آرزوهای دیرین ایرانیان ایجاد نیروی دریایی برازنده‌ای در خلیج فارس و دریای عمان بود که لندن آن را برنمی‌تافت. با وجود آنکه رضاشاه برای موسولینی احترام زیادی قائل نبود.[2] ناوها و ناوچه‌های نیروی دریائی ایران به ایتالیا

1- Conservatoire

۲- خاطرات نصرالله انتظام، شهریور ۱۳۲۰ از دیدگاه دربار عباس و بهروز طیرانی. به کوشش محمد رهنما، این کتاب سندی بی‌نظیر درباره آخرین روزهای سلطنت رضاشاه و سرایت جنگ جهانی دوم به ایران به شمار می‌رود. نصرالله انتظام یکی از برجسته‌ترین دیپلمات‌های ایران به شمار می‌آمد که به ریاست مجمع عمومی سازمان ملل نیز رسید

سفارش داده شده و افسران آن را مدارس بحریه ایتالیایی تربیت کردند. نیروی دریائی کوچک ایران خاری در چشم بریتانیا بود که به زودی آن را به اثبات رساند.

روابط خاص ایران با آلمان، به ویژه بعد از روی کار آمدن آدولف هیتلر، موجبی برای نگرانی دائم لندن بود. شاه گرایشی به مرام ناسیونال سوسیالیست نداشت. در آن زمان کسی از فجایع نازی‌ها باخبر نبود. همه کشورهای اروپا و آمریکا به آلمان دست دوستی دراز می‌کردند. اما لندن در آلمان رقیب و هم‌آوردی خطرناک می‌دید. رضاشاه قدرت آلمان آن دوران و انضباط حاکم بر آن کشور را با دیده ستایش می‌نگریست. در آستانه جنگ دوم جهانی، آلمان در اقتصاد ایران مقام اول را داشت. بر اساس قراردادهای تهاتری قسمت اعظم صادرات مواد اولیه ایران را به قیمت و با شرایطی مطلوب آن هم در دوران بحران اقتصادی جهانی می‌خرید و در برابر آن کالاهای صنعتی مورد نیاز کشور را تامین می‌کرد. بازرگانان ایرانی بسیاری به آلمان رفته و در آنجا مستقر شده بودند. بسیاری از آن‌ها همسران آلمانی اختیار کردند که بعضی از آنها یهودی بودند و همین ازدواج جان آنان و بعضی از افراد خانواده‌های ایشان را نجات داد. پنج هزار مهندس، بازرگان، کارگر فنی آلمانی در ایران مشغول به کار بودند.[1] پس از سرایت جنگ جهانی به دو کشور شوروی و بریتانیای کبیر، این دو دولت گروهی از آنها را عوامل آلمان نازی در ایران می‌دانستند و از تذکر آن به مقامات ایرانی دریغ نکردند.

افکار عمومی ایران در مجموع هوادار آلمان بود. نه به سبب گرایش به مرام نازی بلکه به علت دشمنی و کینه دیرین نسبت به روس و به خصوص انگلیس.

رضاشاه مانند سران و مسئولان بسیاری از کشورهای دیگر جهان، نیروی زمینی فرانسه را مجهزترین و تواناترین در اروپا می‌دانست، و تا حدی حق داشت. اما شکست سریع این کشور در برابر تهاجم قوای آلمان و فروپاشی حکومت فرانسه او را نگران کرد و شاید به همین گمان شد که پیروزی نهایی در جنگ جهانی با آلمان‌ها خواهد بود. در این زمان بود که مرد محافظه‌کار، محتاط و سنتی

که امتیازی استثنائی و افتخاری برای ایران بود. در سال‌های اخیر قبل از انقلاب اسلامی بازنشسته و به کلی دور از سیاست بود. معذالک به دستور روح الله خمینی بازداشت و در زندان زیر شکنجه به قتل رسید.

۱- این رقم با آمار رسمی آن زمان تطبیق نمی‌کند.

چون مدیرالملک جم (که فرزندش به دامادی شاه نیز نایل شده بود) مقام ریاست وزرایی را داشت ولی جای خود را به برای مدتی کوتاه به دکتر احمد متین‌دفتری معروف به دوستی به آلمان‌ها داد.

نگاهی به چند واقعه و چند تاریخ بسیار آموزنده است.

در نیمه ژوئن ۱۹٤۰ فرانسه در هم شکست مارشال پتن[1] فاتح وردن[2] در جنگ جهانی اول به رای مجلس فرانسه کلیه اختیارات حکومتی آن کشور را به دست گرفت و از برلن تقاضای آتش‌بس و ترک مخاصمه کرد. به معنای دیگر شکست فرانسه و خروج آن از صحنه بین‌المللی رسمیت و قطعیت یافت.

چند روز بعد از شکست فرانسه، شاه متین دفتری را که هنوز یک سال از دوران ریاست دولتش نگذشته و مرتکب خطائی هم نشده بود برکنار کرد و در ۲٦ ژوئن ۱۹٤۰ (۵ تیر ماه ۱۳۱۹) (رجب) علی منصور وزیر پیشه و هنر کابینه قبلی را که به حق یا ناحق اشتهار نزدیکی با سیاست انگلستان را داشت به ریاست دولت برگزید. در کابینه متین دفتری، دانشگاهی سرشناس و محترم علی‌اصغر حکمت که معروف به مخالفت با سیاست انگلستان بود وزارت کشور را به عهده داشت. او نیز از کار برکنار و علی سهیلی دیپلمات ورزیده‌ای که بعداً نقش بزرگی در سیاست ایران بازی کرد، به جای او برگزیده شد.

بازداشت کوتاه دکتر متین دفتری و عمویش دکتر محمد مصدق که محترمانه برای چند ماه به بیرجند تبعید شد، نیز در اندیشه رضاشاه به همین منظور بود. می‌خواست به لندن بگوید که دشمنانش را دور کرده است. اما نه متین دفتری در راهبری سیاست خارجی کشور نقش داشت و نه دکتر مصدق اهمیتی در صحنه سیاست ایران آن روز. مردی برکنار، گوشه‌گیر و ساکت بیش نبود. اما همه می‌دانستند که در شمار مخالفان سیاست استعماری بریتانیا است که این را بعداً ثابت کرد.

همچنین رضاشاه به حاج محتشم‌السلطنه اسفندیاری رئیس مجلس شورای

1- Maréchal Philipe Petain

۲- Verden نبرد بزرگ جنگ جهانی اول بین فرانسه و آلمان (فوریه تا دسامبر ۱۹۱٦) که خونین‌ترین برخورد میان دو طرف متخاصم بود به پیروزی فرانسوی‌ها انجامید. در این نبرد ۳٦۰/۰۰۰ فرانسوی و ۳۳۵/۰۰۰ آلمانی کشته شدند.

ملی، رجل کارکشته زمان قاجار، آشنا به مسائل بین‌الملل، آشنا به زبان فرانسه که مورد اعتماد کاملش بود ماموریت داد که به آلمان برود. در برلن هیتلر وی را با احترام و تشریفات خاص پذیرفت و آن دو گفتگویی طولانی داشتند. تصاویر جالبی از این ملاقات در دست است اما گزارش دقیق آن یافته نشد.

با تمام این احوال پس از حمله آلمان به شوروی، رضاشاه نگران امکان نزدیکی مسکو و لندن و اثرات آن در وضع ایران شد. در داخل کشور افکار عمومی شدیداً طرفدار آلمان و در هوای بازپس‌گرفتن «هفده شهر قفقاز» بود. شاید رضاشاه هم چنین آرزویی داشت. «رضاشاه با وجود نداشتن تحصیلات و ندانستن زبان خارجی، بر اثر هوش سرشار و تجربیاتی که حاصل کرده بود سیاست خارجی را خوب می‌فهمید و در اجرای آن منتهای حزم و احتیاط را رعایت می‌نمود. هیچ وقت یک قدم بیش از حد امکان برنمی‌داشت و همین که حس می‌کرد. بیشتر از آن ممکن نیست و اصرار و پافشاری رشته را پاره خواهد ساخت می‌ایستاد و در این تشخیص کمتر به خطا رفت.[۱]

«موقعی که اسمیرنوف[۲] سفیر کبیر جدید شوروی به تهران آمد، قوای هیتلر به سرعت تمام در روسیه پیشرفت داشت و همه مردم منتظر شکست شوروی بودند. در همچو فرصتی منتهای محبت را که در مورد سفیر هیچ کشوری سابقه نداشت نسبت به او ابراز داشت و در آن شرفیابی که برای تقدیم استوارنامه بود، مدت زیادی راجع به علاقه خود به تشئید روابط با او صحبت کرد و گفت آرزوی من همیشه این بوده که اگر سوءتفاهم‌هایی در بین باشد مرتفع گردد و مناسبات‌ها، روزبروز صمیمانه‌تر شود»[۳].

«اگر رضاشاه مثل اکثریت آن روز مردم ایران قشون هیتلر را روئین‌تن و شکست‌ناپذیر و حکومت شوروی را دستگاه پوشالی می‌دانست، به آن اندازه روی خوش نشان نمی‌داد.»[٤]

---

۱ - انتظام، ٦.
۲ - Smirnov که برخلاف همتای بریتانیایی‌اش هیچگونه خصومت شخصی و ابراز تحقیر نسبت به ایران و ایرانیان نداشت.
۳ - انتظام، ۷.
٤ - انتظام، ۸.

***

همه این احتیاط‌ها و تمایل قطعی رضاشاه به اینکه ایران را از جنگ جهانی به دور نگاه دارد، به نتیجه‌ای نرسید. پس از تابستان ۱۹٤۱و سرایت جنگ به اتحاد جماهیر شوروی وضع ایران بار دیگر تغییر یافت. اکثریت مردم چشم به راه فروپاشی اتحاد جماهیر شوروی و بسیاری از افسران نیروهای مسلح مشتاق بازپس‌گرفتن شهرها و مناطقی بودند که ایران پس از قرارداد ترکمانچای از دست داده بود. اما واقعیات چیز دیگری بود.

ایران بار دیگر مورد فشار دو همسایه بزرگ یعنی بریتانیا و اتحاد جماهیر شوروی افتاد که در بسیاری از موارد اشتراک منافع داشتند و قرارداد ۱۹۰۷ و تقسیم ایران را به مناطق نفوذ و شاید تقسیم کشور ما فراموش نمی‌کردند. تبلیغات ضد ایرانی و ضد رضاشاه مسکو به برنامه‌های تند و تهدیدآمیز انگلیسی‌ها و رادیوهای لندن (که بسیاری به آن گوش می‌دادند) و دهلی (که شنونده چندانی نداشت) افزوده شده.

ایران مستقیماً در تهدید دو ابرقدرت همسایه قرار گرفت.

از یک طرف ایران راه رساندن اسلحه به اتحاد شوروی بود که به آن نیاز فراوان داشت. از طرف دیگر کارشناسان نظامی دو کشور که از سقوط نهائی قفقاز بیم داشتند، ایران را منطقه‌ای مناسب برای مقاومت در برابر پیشرفت نیروهای نظامی آلمان می‌دانستند و راهی برای حفظ ارتباط شوروی‌ها با سرزمین‌های آسیای میانه که تحت تسلط آنها بود.

در ۲٦ ژوئن، ۱۹ ژوئیه، ١٦ اوت ۱۹٤۱ (یعنی گرماگرم تابستان ۱۳۲۰) فرستادگان دو کشور طی یادداشت‌هایی تند و خشونت‌آمیز از دولت ایران خواستند که همکاری خود را با آلمان‌ها قطع کند، به حضور اتباع آن کشور و ایتالیائی‌ها در کشور خاتمه دهد و عملاً در جرگه ممالک هم پیمان روس و انگلیس درآید.

هواپیماهای بریتانیایی چندبار به فضای ایران تجاوز کردند. توپخانه ضد هوائی ایران برای اخطار به آنان شلیک کرد و وزارت امور خارجه یادداشتهای اعتراضیه شدیداللحنی به وزارت مختار انگلیس در تهران و مسئولان دیپلماسی آن کشور در لندن ارسال داشت.

عجیب آنکه این پروازها همه از فرودگاه پایگاه حبانیه در عراق صورت می‌گرفت که طبق پیمان سعدآباد در صورت تجاوز به ایران متعهد بود که به کمک ایران بیاید! ولی عراق عملاً تحت اشغال تسلط سیاسی کامل لندن بود و پیمان سعدآباد نیز تشریفاتی بیش نبود.

جراید مهم جهان علناً از احتمال حمله قریب‌الوقوع دو کشور شوروی و بریتانیا به ایران گفتگو می‌کردند و مقالات آنان مرتباً ترجمه و از جانب نمایندگی‌های سیاسی ایران در خارج به تهران ارسال می‌شد.[۱] حتی ملک فاروق با تمام بی‌مهری که به شوهر خواهرش داشت شاهپور محمدرضا را شخصاً از جریان تدارک مقدات تجاوز به ایران آگاه کرد.

عکس‌العمل رضاشاه چه بود؟ دستور داد به روسها و انگلیس‌ها اطمینان خاطر داده شود که به مراقبت اتباع آلمان و ایتالیا افزوده شده اما ایران اخراج آنها را نخواهد پذیرفت.

همچنین دولت به تدارک مقدماتی اقداماتی برای مقابله با یک حمله احتمالی به ایران پرداخت. یک هیأت نظامی به ریاست سرتیپ فضل‌الله زاهدی (سپهبد آینده) مأمور بازرسی سرحدات شمال و تدارک این مقاومت شد و عملاً واحدهای نظامی منطقه به حالت آماده باش درآمدند. مرخصی همه افسران و درجه‌داران لغو و به آنان ابلاغ شد که به محل خدمت خود بروند.

در روز ۲۹ مرداد ماه ۱۳۳۰ ـ ۲۰ اوت ۱۹۴۱، مراسم اعطایی گواهینامه‌های فارغ‌التحصیلان این دانشکده انجام گرفت. رضاشاه خطاب به آنان گفت:

«... امسال از یک ماه مرخصی معمول دانشکده محروم شده‌اید. ولی البته بعد که علل و جهات آن را فهمیدید تصوّر می‌کنم حس فداکاریتان تحریک شود. بیش از این لازم نیست توجه شما را به وظایف عمومی و موقعیت امروز مملکت جلب کنم. همین قدر می‌گویم که لازم است

---

۱. «از بین مأمورینی که در دو پست مهم و حساس داشتیم، هر قدر محمدعلی مقدم وزیر مختار لندن جبن و بی‌اطلاعی و بی‌لیاقتی نشان داد و حتی از گزارش مذاکرات و مقالات جراید انگلیس خودداری کرد، به عکس او محمد ساعد سفیر کبیر ایران در مسکو حس تشخیص و رشادت به خرج داد و بی‌پروا استنباط خود و خطراتی را که پیش‌بینی می‌نمود به عرض رساند تا جایی که اجازه خواست برای دادن توضیحات بیشتری شخصاً به تهران بیاید». نصرالله انتظام منبع ذکر شده صفحه ٦.

ارتش و افسران ارتش کمال توجه را به اوضاع بحرانی داشته باشند.»[۱]

این تدابیر علنی نبود و رسماً اعلام نشد. اما نمی‌توانست مخفی بماند و مخفی نماند. نگرانی در مردم پدیدار شد. کم و بیش همه، به ویژه در مناطق شمالی، از بیم ورود ارتش بیگانه و پی‌آمدهای آن به ذخیره کالاهای مورد نیاز فوری افتادند. بسیاری از ساکنان این مناطق با وجود مراقبت و ممانعت مأموران انتظامی راهی تهران شدند.

رضاشاه در برابر فشارهای روس و انگلیس تسلیم نشد. شاید اصلح آن بود که چون سوئد که با آلمان‌ها کنار آمد، او نیز با دو همسایه توانا توافقی می‌کرد.

اما لندن از مداخله نظامی خود نظراتی هم داشت که امروزه مورد تأیید همه محققان است و آن برکناری رضاشاه و احتمالاً خانواده پهلوی بود. ظاهراً تفاهمی با روس‌ها آسانتر از توافقی با انگلیس‌ها بود. آیا رضاشاه ارتش ایران را تواناتر از آن می‌دانست که بود و می‌پنداشت که متجاوزان احتمالی از مقاومت آن بیم دارند و نخواهند جبهه جدید بگشایند؟ گرچه بعضی از نقل قول‌ها دلالت براین موضع‌گیری دارد احتمال قوی آن است که او می‌خواست وقت بگذراند. پیشروی نیروهای آلمان در خاک روسیه سریع و حیرت‌انگیز بود. انگلیسها در همه جا در حال ضعف و عقب‌نشینی بودند. فرانسه که نیروهای زمینی‌اش از تواناترین در جهان بود شکست خورد و با آلمانها کنار آمده بود.

در این تابستان ۱۹۴۱، یا ۱۳۲۰، برروی هم تعادل قوا به نفع کشورهای محور و به زیان متفقین به نظر می‌رسید. افکار عمومی ایران و ارتشیان جوان بیشتر طرفدار آلمان‌ها بود. در این چهارچوب شاید ترجیح رضاشاه بر آن بود که موجبات رنجش آلمانها را فراهم نیاورد و موضع کشور را در صورت پیروزی آنان جلب کند. آیا او هم به «هفده شهر قفقاز» می‌اندیشید؟ هیچ روایتی در این مورد نداریم.

فشار متفقین بر ایران افزایش می‌یافت و دیگر صریحاً از تهران می‌خواستند که وضع و موقع خود را روشن و به اصطلاح جبهه‌گیری کند.

رضاشاه و دولت ایران از ایالات متحده تقاضای وساطت کردند. پاسخ کلنل

۱- گاهنامه، ۱۷۳.

کردل هول[1] وزیر امور خارجه امریکا گرم و محبت‌آمیز بود اما ایران را به همکاری با متفقین دعوت می‌کرد.

در روز سوم شهریور ۱۳۲۰ (۲۵ اوت ۱۹۴۱)، نیروهای مسلح بریتانیا از جنوب و جنوب غربی و قوای شوروی از شمال به خاک ایران تجاوز کردند.

ساعت پنج بامداد همان روز، درست در همان زمانی که نیروهای روس و انگلیس حمله خود را به خاک ایران آغاز کردند. سفیر کبیر اتحاد جماهیر شوروی و وزیر مختار بریتانیای کبیر به اقامتگاه خصوصی علی منصور نخست‌وزیر رفتند و خواستار دیدار فوری وی شدند. مستخدمین نخست‌وزیر را از خواب بیدار کردند و او با توجه به اوضاع و احوال و ساعت کاملاً غیرعادی فرستادگان دو همسایه بزرگ شمالی و جنوبی با لباس خانگی آنان را پذیرفت. آن دو یادداشتی به نخست‌وزیر تسلیم داشتند که در آن اشعار شده بود که «دو دولت مجبور به اتخاذ یک جانبه نظامی علیه ایران شده‌اند که مطلقاً مغایر با حاکمیت و حقوق ملی ایران نیست، بلکه هدف آن پایان بخشیدن به براندازی و تحریکات آلمانها در ایران است». جای گفتگو باقی نمانده بود. مذاکرات کوتاه آنها به زبان فرانسه صورت گرفت، تنها زبان خارجی که علی منصور به آن آشنا بود. پس از خروج این دو تن، نخست وزیر با شتاب خود را آماده کرد و رهسپار اقامتگاه تابستانی شاه در سعدآباد شد.

مأموران حفاظتی و انتظامی ابتدا از این تقاضای ملاقات تعجب کردند. ولی ممانعت از بازدید رئیس دولت از شاه میسر نبود. رضاشاه که سحرخیز بود بی‌درنگ وی را پذیرفت و دستور داد که دو سفیر نام برده و جواد عامری کفیل وزارت امور خارجه فوراً به کاخ احضار کنند. عامری سخنان شاه را به فرانسه (که گویا به آن تسلط کامل نداشت) و گفته‌های آنان را به فارسی به رضاشاه ترجمه می‌کرد. شاه از آنان پرسید:

> «هدف شما چیست؟ اگر قصد جنگ و ستیز دارید که دیگر جای گفتگو نیست. اگر می‌خواهید آلمان‌ها از ایران بروند، نظر شما تأمین خواهد شد.»

1- Cordell Hull.

وزیر مختار بریتانیا گفت:

«اعلیحضرتا گفتگوهای سیاسی به سررسیده و اکنون دیگر کلام آخر با قوای نظامی است و فرماندهان نیروهای نظامی، رهبری عملیات را به عهده دارند.»[۱]

دیگر جای تفاهم و توافقی وجود نداشت ساعاتی بعد رضا شاه وزیر مختار آلمان را احضار کرد. این بار نصرالله انتظام حضور داشت و سخنان دو طرف را ترجمه می‌کرد. فرستاده آلمان با رعایت کامل تشریفات و لباس رسمی (ژاکت) متنی را که تهیه شده بود برای شاه قرائت کرد که در آن پشتیبانی دولت متبوعش از سیاست بی‌طرفی ایران اعلام شده بود.

ولی دیگر کار از کار گذشته بود.

***

رضاشاه دستور به احضار وزیران داد. جلسه هیأت دولت در حضورش تشکیل شد. ولیعهد در کنار پدرش بود. تصمیم گرفته شد پیامی برای رئیس جمهور ایالات متحده فرستاده شود. در پیامی که با همکاری ولیعهد آماده شده بود، اوضاع کشور در نخستین ساعات حمله متفقین به اختصار توضیح داده شده مخصوصاً به بمباران شهرهای بلادفاع و تلفات وارده به غیرنظامیان تأکید کرده بودند. متن پیام را شاه امضا کرد. انتظام آن را بلافاصله به فرانسه درآورد و بی‌درنگ برای روزولت مخابره شد.

غروب همان روز مجلس شورای ملی به جلسه فوق‌العاده فراخوانده شد. علی منصور نخست وزیر در آن متن کوتاهی را که شرح وقایع روز بود قرائت کرد و جلسه بدون مذاکره پایان پذیرفت.

ارتش کوچک ایران برای حفظ امنیت داخلی و دفاع از تمامیت کشور به وجود آمده بود و در برابر قوای نظامی دو ابرقدرت جهانی کار عمده‌ای از دستش برنمی‌آمد. معذالک بعضی از پادگانها با دلیری مقاومت کردند. لشکر کرمانشاه به

۱- منبع اصلی ما در روایت جریانهای این روزها، خاطرات نصرالله انتظام است که هم رئیس تشریفات وزارت امور خارجه بود و هم رئیس کل تشریفات شاهنشاهی. شخصاً در امانت و صداقت روایات او تردید ندارم. در این ساعات و روزها با توجه به اوضاع و احوال انتظام دیگر تمام وقت خود را در دربار می‌گذراند.

فرماندهی سرلشکر ظفرالدوله (حسن مقدم مراغه‌ای) از افسران قدیمی و تحصیل‌کرده در مدارس نظامی روسیه تزاری سه روز راه را به پیشرفت قوای انگلیسی که از حمایت نیروی هوایی نیز برخوردار بودند، بست که سرانجام نتوانستند به همدان که مقصد آنها بود برسند[1] در اطراف اهواز توپهای ۱۰۵ لشکر خوزستان به فرماندهی سرلشکر محمد خان شاه‌بختی که بعداً نیز در ارتش و سیاست ایران نقشی بازی کرد و نامی از خود به جای گذاشت، قدرت آتش خود را به مهاجمان انگلیسی نشان دادند در شهرهای شمال ایران ـ از جمله در ماکو واحد کوچکی از ارتش به فرماندهی ستوان یکم کنعانی‌زاده توانست ساعت‌ها در برابر پیشرفت ستونهای ارتش شوروی مقاومت کند و راه را برآنان ببندد. ستوان کنعانی‌زاده و تقریباً همه افرادش به شهادت رسیدند.[2] و جز این‌ها.

نابودی نیروی دریایی ایران، خارچشم امپراطوری بریتانیا، نخستین هدف لندن بود در ساعت چهار و سیزده دقیقه بامداد سوم شهریور رزمناو انگلیس شورهام[3] با توپخانه خود ناو پلنگ را زیر آتش گرفت. ناوبان یکم حسین کهنموئی فرمانده توپخانه ناو پلنگ خود را فوراً به عرصه کشتی رساند و دستور آتش متقابل داد. یک دستش قطع شد و اندکی بعد به شهادت رسید.

در این گیر و دار ناخدا میلانیان از افسران ارشد نیروی دریایی به شدت زخمی شد. پس از نابودی ناوهای ایرانی، میلانیان هنوز زنده بود. انگلیسی‌ها خواستند او را به بیمارستان خود ببرند قبول نکرد و جان داد.

دریادار غلام علی بایندر فرمانده نیروهای دریایی و مسئول منطقه نظامی خرمشهر ـ آبادان در حالی که به سوی ناوهای تحت فرماندهی خود می‌رفت در چهل و سه سالگی کشته شد. انگلیس‌ها موفق شدند در ظرف مدت چند ساعت

۱- سرلشکر مقدم مراغه‌ای سالها پس از شهریور ۲۰ در تهران به سن ۱۰۲ سالگی درگذشت.

۲- سنتی در میان راویان و تحلیل‌گران وجود داشت و متأسفانه هنوز هم کم و بیش ادامه دارد که نقش افسران و سربازان ایرانی را در دفاع از کشور خود طی روزهای شهریور اندک و ناچیز نشان دهند. سنتی نادرست و شاید مغرضانه. نگاه کنید به کتاب جالب و مستند مصباح خسروی، طوفان فرا می‌رسد ـ تهران، انتشارات پیوسته، ۱۳۹۶.

3- Sheveram.

نیروی دریایی جنوب را نابود کنند.[۱]

واحد دریایی شوروی مأمور حمله به ایران، بدون آن که سعی در پیاده شدن نماینده بندر پهلوی (انزلی فعلی) را زیر آتش گرفتند، زیرا راه ورود به بندر را ایرانیان مسدود کرده بودند. ستوان صادقیان توپخانه ایران را در جنگل‌های اطراف بندر پهلوی مخفی کرده بود و هواپیماهای شوروی قادر به کشف آنها نشدند. در نتیجه چند ناوچه ایرانی را زیرآتش گرفتند و غرق کردند از جمله ناو سروان یدالله بایندر برادر دریادار بایندر که به شهادت رسید.

شگفت آنکه شهادت این دو برادر در یک روز، یکی در شمال ایران و آن دگر در جنوب اتفاق افتاد[۲].

هنگامی که خبر فاجعه نابودی نیروی دریایی به رضاشاه رسید با تلخ‌کامی بسیار به گریه افتاد و گفت:

«این‌ها نورچشمان من بودند. چه نیروی دریایی زیبایی داشتیم. اینها هیچ چیز برای ما باقی نخواهند گذاشت.

***

در روز ۵ شهریور ۱۳۲۰ ـ ۲۷ اوت ۱۹۴۱، درحالی‌که بمباران شهرهای بلادفاع ایران در جنوب و شمال کشور همچنان ادامه داشت و نیروهای زمینی روس و انگلیس به کندی به سوی مرکز پیش می‌رفتند، دولت منصور و به منظور جلوگیری از جنگ و خونریزی و ویران شدن شهرهای بی‌دفاع، به نیروهای نظامی در کلیه جبهه‌ها دستور ترک مخاصمه داد و مراتب را به اطلاع دولت‌های انگلستان و شوروی نیز رساند. جنگ سه روزه رسماً پایان یافت.

از امضاء کنندگان پیمان سعدآباد فقط ترکیه یادداشتی برای اعتراض به این حمله به دو دولت شوروی و بریتانیا ارسال داشت. جراید ترکیه در مقالات شدیدالحنی نسبت به تجاوز ارتش‌های این دو کشور به خاک ایران اعتراض کردند و با مردم ایران اظهار همدردی نمودند.

از همین روز ۲۷ اوت سفارتخانه‌های آلمان و ایتالیا در تهران رسما تعطیل و

۱- در این حمله ششصد و پنجاه افسر، ناوی، مهناوی و پرسنل نیروی دریایی ایران به شهادت رسیدند. مصباح خسروی، منبع ذکر شده، صفحه ۲۰.
۲- خسروی، ۲۳.

اتباع دو کشور با نظم و ترتیب از طریق ترکیه به خارج کشور انتقال داده شدند.

رضا شاه می‌دانست که فصلی از تاریخ ایران بسته شده و تغییری اساسی در حال تکوین است.

در همان روز ۲۷ اوت به علی منصور نخست‌وزیر که به قولی شاه را چنان که باید و شاید در جریان تدارک حمله به ایران نگذاشته بود، تکلیف شد که استعفای خود را تقدیم کند و او نیز چنین کرد. به هر حال با وجود شهرت درست یا نادرستی که به دوستی با انگلیسی‌ها داشت. او مرد میدان رو در روئی با بحرانی که آغاز شده بود به حساب نمی‌آمد.

رضاشاه بدون فاصله مشاوره برای انتخاب جانشین وی را آغاز کرد.

چند تن از شخصیت‌های سیاسی را به حضور پذیرفت. در مورد حضور بعضی از رجال عهد قاجار که کارکشته به نظر می‌آمدند از اطرافیانش جویا شد. از ولیعهد نیز کسب نظر کرد و سرانجام بر آن شد که به ذکاءِالملک فروغی نخستین رئیس دولت دوران سلطنتش متوسّل شود. محمدعلی فروغی در آن زمان شصت و چهار ساله بود و از پنج سال پیش، چنانچه دیدیم رابطه خوبی با شاه نداشت. مردی بود گوشه‌گیر اما مورد احترام. هرگز به دربار نمی‌آمد. در مراسم و تشریفات رسمی شرکت نمی‌کرد. در جستجوی شهرت و مقام نبود و نیازی هم به آن نداشت. به اصطلاح خانه‌نشین بود و به کارهای ادبی و تحقیقاتی خود سرگرم.

رضاشاه مردی بود باهوش و آدم‌شناس. غرور خود را زیرپا گذاشت و از مردی که (به حق) تصور می‌کرد قادر به حل مشکلات بود یاری خواست.

در عصر روز ٦ شهریور ۲۰ (۲۸ اوت ۱۹٤۱) به رئیس کل تشریفات نصرالله انتظام دستور داد که به فروغی تلفن کند و او را به دربار بخواهد. فروغی که حدس می‌زد جریان از چه قرار است به انتظام گفت که از توجهات و عنایات ملوکانه که در چنین شرایط و اوضاع بحرانی به اندیشه او افتاده‌اند مفتخر است. بیماری خود و نداشتن وسیله نقلیه شخصی و پایان روز را بهانه کرد و گفت:

«آیا نمی‌توان شرفیابی را به فردا تحویل کرد که اعلیحضرت به شهر تشریف خواهد آورد؟» از انتظام اصرار و از فروغی ابرام. رئیس کل تشریفات ناچار شد گزارش مذاکرات خود را به عرض شاه برساند

که سخت برآشفت و گفت: «با اتومبیل خودتان بروید و فروغی را بیاورید.»

سرانجام در ساعت ۲۱ (نُه شب) ذکاءالملک به سعدآباد رسید و بی‌درنگ شرفیاب شد. بسیاری از شخصیت‌های سیاسی و نظامی و ولیعهد در اطاق‌های مختلف در انتظار بودند و اکثراً برای تسلط بر اعصاب خویش به قدم زدن مشغول، صحنه عجیبی بود. باریابی فروغی طولانی بود. هنگامی که از دفتر شاه خارج شد با ولیعهد دست داد و با خونسردی بسیار به وی گفت: «در این روزها سخت ناچار از بازگشت به خدمت شدم.» و رفت.

فردای آن روز انتصاب فروغی به ریاست دولت رسماً اعلام شد. شاه به وی گفت که دستش در انتخاب وزیران باز است. نخست‌وزیر جدید ترجیح داد که کلیه اعضای دولت قبلی را در کارهای خود نگاه دارد. تنها علی سهیلی دیپلمات مبرز و کارکشته را به وزارت امورخارجه برگزید و جواد عامری کفیل آن وزارت را به وزارت کشور.

رضا شاه فرزانگی آن را داشت که سرنوشت ایران را به دست کسی بسپارد که مرد میدان بحران آن روز بود. می‌دانست که پایان دوران سلطنتش نزدیک ست و سرنوشت خودش و پسرش و آینده سلسله‌ای که بنیان نهاده در ترازوی تاریخ قرار دارد. می‌دانست که گله‌های فروغی از او هرچه باشد، این مرد به او خیانت نخواهد کرد. چنانچه خیلی زود این نکته به ثبوت رسید. فروغی اهل وفا و صداقت بود نه دو روئی و خیانت.

فروغی بقای سلطنت را در آن شرایط بحرانی، ضامن وحدت ملی می‌دانست. به همین سبب از نخستین روز زمامداریش ولیعهد را در همه تصمیمات و موضع‌گیری‌های خود شریک و سهیم کرد چرا که می‌دانست که بهای سنگین صیانت سلطنت آن است که پدر را فدای فرزند کند.

در نخستین ساعت‌های حکومتش، فروغی با بحرانی وخیم و غیرمنتظره روبه‌رو شد:

سرلشکر نیروی هوایی احمد نخجوان کفیل وزارت جنگ به استناد رایزنی یک شورای غیررسمی از افسران عالی رتبه ارتش بدون اطلاع و اجازه فرمانده کل

قوا یعنی شاه و کسب موافقت نخست‌وزیر و گویا رئیس ستاد ارتش (سرلشکر ضرغامی در این مورد میان راویان اتفاق نظر وجود ندارد) نیروی زمینی را منحل کرد و به سربازان وظیفه اجازه داد که به شهرها و مساکن خود برگردند، چه کسانی به این نشست فراخوانده شده بودند؟ دقیقاً نمی‌دانیم. از مقایسه روایات مختلف چنین بر می‌آید که سپهبد امیراحمدی ـ سرلشکر یزدان پناه ـ سرلشکر بوذرجمهری ـ سرتیپ علی ریاضی رئیس اداره فنی ارتش، سرتیپ رزم‌آرا ـ سرتیپ عبدالله هدایت ـ سرتیپ زاهدی حضور داشته‌اند. صورت جلسه‌ای تنظیم نشد. باز هم از روایات مختلف چنین برمی‌آید که سه تن اخیر صراحتاً با این نظر مخالفت کردند و آن را خلاف مصالح مملکت تشخیص دادند بقیه اظهار داشتند که اتخاذ تصمیم منوط به نظر و امر شاه است. گویا فقط سرتیپ ریاضی موافق بود ولی قدر مسلم این است که شاه و نخست‌وزیر از طریق رادیو از تصمیمی که گرفته شده و اجرای آن آغاز شده بود اطلاع یافتند. در ناراحتی فروغی و خشم شدید رضاشاه تردید نمی‌توان داشت. اصولاً چنین شورایی وجود رسمی نداشت و اتخاذ چنین تصمیمی بدون اجازه فرمانده کل قوا و رئیس دولت (آنهم در زمانی که دیگر سررشته کارها به دست او بود) قانونی نبود.[1]

طی چند ساعت پایتخت ایران وضعی هراس‌انگیز و دلخراش پیدا کرد. هزاران جوان به خیابانها ریختند. اکثر آنان نه پولی داشتند نه لباس درست و حسابی و نه می‌دانستند به کجا بروند و چه بکنند. بسیاری از آنان حتی پابرهنه بودند. عکس‌العمل شاه هم فوری بود و هم خشن. همه سران ارتش را احضار و در حضور آنان احمد نخجوان و یک افسر ارشد دیگر را که همدست او می‌دانست خلع درجه کرد و پا گونهای آنان را کَند. با دسته شمشیر خود ضرباتی نیز به آنان وارد آورد که خون از صورتشان جاری شد «صدای فریاد شاه گاهگاهی از دور

۱- سی و هفت سال پس از این اتفاق، به تشویق و الهام امریکایی‌ها که در پیروزی انقلاب اسلامی و پایان سلطنت در ایران و روی کار آوردن روح‌الله خمینی، شتاب بسیار داشتند. دو امیر ارتش (که بسیاری از آنها را متهم به خیانت می‌کنند) به استناد رایزنی یک شورای غیررسمی ارتش ایران را «بی‌طرف» اعلام کردند و عملاً به سلطنت محمدرضا شاه پهلوی پایان بخشیدند.

به گوش می‌رسید»[1] فریاد زد که سلاح کمری‌اش را بیاورند که همان جا آنان را سیاست کند. رئیس کل تشریفات و چند تن از افسران عالی‌ رتبه با زحمت بسیار او را آرام کردند. با این حال دستور داده شد که احمد نخجوان از ارتش اخراج شود. سپس همنام او سرلشکر محمد نخجوان (امیر موثق) را که افسری تحصیل کرده در روسیه تزاری بود به وزارت جنگ گماشت و به او امر کرد که خود را به تخست‌وزیر معرفی کند.[2]

محرک و مسبب این تصمیم حیرت‌انگیز و شاید خائنانه کفیل وزارت جنگ سرلشکر احمد نخجوان هرکس و هر چه بود، دولت برگ برنده مهمی را از دست داد. نه تنها دیگر وسیله‌ای برای مقابله با ورود احتمالی قوای مهاجم به تهران در دست نداشت، سهل است افراد کافی برای برقراری نظم در پایتخت در دسترس نبود.

عکس‌العمل نخست‌وزیر فوری بود. به احتمال قریب به یقین با اطلاع شاه و ولیعهد، سپهبد امیر احمدی را که شهرت به قدرت و شدت عمل داشت و تا حدّی کنار گذاشته شده بود احضار کرد و به فرمانداری نظامی تهران گماشت و در تهران حکومت نظامی اعلام شد. فروغی سپس افسر عالی‌ رتبه دیگری، سرتیپ فضل‌الله زاهدی را به ریاست ژاندارمری (امنیه) کل کشور منصوب کرد. به او ارتقاء درجه و دستور داد که به وسیله ژاندارمری تا جایی که میسر است قدرت و حاکمیت و لااقل حضور دولت را در دور دست‌ترین نقاط حفظ کند و مستقر نگاه دارد.

#***

پایان رسمی مخاصمات نخستین هدف دولت فروغی بود. با وجود برخوردهایی در این جا و آنجا، فروغی و سهیلی در این زمینه موفّق شدند. در سی‌ام اوت (۸ شهریور) توافق حاصل شد که قوای ارتش شوروی مرجحاً در شمال و شمال غربی کشور و نیروهای بریتانیایی در جنوب و جنوب غربی مستقر شوند.[3] همچنین حضور آنان در پایتخت می‌بایست فقط جنبه «نمادین» داشته

۱- انتظام، ٤٤.

۲- در مورد جزئیات این ماجرا اختلاف نظرهای اندکی میان راویان وجود دارد.

۳- توافقی که در عمل اجرا نشد.

باشد سه دولت توافق کردند که مذاکرات برای انعقاد یک قرارداد همکاری مودّت بین سه کشور آغاز شود و عایدات شیلات شمال و نفت جنوب کماکان به دولت ایران پرداخت گردد.

دو روز پس از حصول این توافق، رئیس جمهوری ایالات متحده در پیام گرم و محبت‌آمیزی حمایت خود را از استقلال و حاکمیت ملی ایران به اطلاع رضاشاه رساند و به او به خاطر توافق سه دولت تبریک گفت که این خود یک پیروزی بزرگ برای ایران بود و شاه را خشنود کرد و دستور داد که وزیر مختار امریکا را احضار کنند که با وی شخصاً مذاکره نماید.

روز بعد این ملاقات صورت گرفت. رضاشاه به فرستاده امریکا گفت:

«شما را برای این خواستم که تشکّرات دوستانه مرا برای لحن صمیمانه تلگراف و مخصوصاً اطمینان‌هایی که پرزیدنت روزولت داده به معظم‌له ابلاغ کنید.»

وزیر مختار گفت:

«با کمال افتخار برای انجام این مأموریت و هر امر دیگر اعلیحضرت داشته باشد حاضرم»[1]

در پایان مذاکرات مفصل دریفوس وزیر مختار آمریکا به شاه گفت:

«یقین دارم پرزیدت روزولت وقتی که موقعش برسد به قولی که راجع به حفظ استقلال و تمامیت ایران داده و وفا خواهد کرد»[2]

انتظام که خلاصه مذاکرات را فوراً به نخست‌وزیر و زیر امور خارجه گزارش داد، سپس در خاطرات خود نوشته:

«کسانی که رضا شاه را مردی عامی و بی‌سواد تصور می‌کردند و صفتی جز خشونت و قدرت برای او قائل نبودند اگر با دقت به مذاکرات آن جلسه توجه کنند و انصاف و وجدان را ملاک قضاوت خود قرار دهند، باید اذعان کنند که هیچ دیپلمات زبردستی نمی‌توانست متین‌تر

۱- انتظام، ۵۵. رضاشاه همواره در ملاقات‌های خود با سفیران و شخصیت‌های رسمی خارجی وزیر امور خارجه را احضار می‌کرد که حضور داشته باشد. در این روز چون علی سهیلی سرگرم گفتگو با سفرای لندن و مسکو بود، نصرالله انتظام رئیس کل تشریفات حاضر و ناظر بود.

۲- انتظام، ۵۸.

و معقول‌تر از آنچه نقل کردم صحبت کند.»[1]

***

فروغی در این روزها، نه به فشارهای سیاسی روس و انگلیس وقعی می‌گذاشت و نه به تبلیغات شدید رادیوهای آنها. متفقین برای آنکه او را وادار به تسلیم و یا مصالحه کنند، پیشنهاد کردند که رسماً جمهوریت را اعلام کند و خود ریاست جمهوری را به عهده گیرد. فروغی با صراحت و خشونت این پیشنهاد را رد کرد. سپس به محمد ساعد دیپلمات ورزیده و محترمی که سفیر کبیر ایران در مسکو بود، پیشنهاد نیابت سلطنت کردند. او نیز زیر بار نرفت.

در این گیرودار لندن پیشنهاد کرد که سلطنت به قاجاریه اعاده شود. احمدشاه فرزند ذکور نداشت. ولیعهد او محمدحسن میرزا نیز فوت کرده بود. سلطنت به فرزندش حمیدمیرزا می‌رسید که می‌گفتند جوانی است برازنده، خوش‌پوش، آشنا به زبان‌های خارجی. به ویژه که افسر ارتش بریتانیا نیز بود! اما متوجه شدند که حمیدمیرزا با همه این خصائص فارسی نمی‌داند. این فکر نیز کنار گذاشته شد.[2]

در روز ۲٤ شهریور ۱۳۲۰، ۱۵ سپتامبر ۱۹٤۱، فروغی بیمار و بستری بود. سهیلی وزیر امور خارجه تلفنی به وی اطلاع داد که سفیر شوروی و وزیرمختار بریتانیا نزد وی آمده و مصراً می‌خواهند که رضاشاه استعفا دهد و ظرف ۲٤ ساعت از تهران خارج شود. به سهیلی اخطار شد که اگر این کار انجام نشود، قوای متفقین به تهران آمده و مسأله را فیصله خواهند داد. گفتند که مراتب به اطلاع رضاشاه نیز رسیده. این بار کار خیلی جدی بود و با وقت‌گذرانی حل نمی‌شد.

فروغی می‌دانست که چه باید بکند.

***

در روز ۲٤ شهریور ۱۳۲۰ ـ ۱۵ سپتامبر ۱۹٤۱، درست در ساعت ۱٤ (دو بعد از ظهر) زنگ در خانه فروغی در خیابان سپه به صدا درآمد. محسن (مهندس محسن فروغی یکی از بنیان‌گذاران معماری نوین در ایران که سالها رئیس دانشکده

۱- همان منبع، ۵۹.

۲- گویا حمیدمیرزا در نیروی دریایی انگلیس نام David Dumond را اختیار کرده بود: خسروی، ۷۸.

هنرهای زیبای دانشگاه تهران، سناتور و مدتی کوتاه وزیر فرهنگ نیز بود) فرزند ارشد نخست‌وزیر رفت و در را باز کرد و با حیرت فراوان دید که رضاشاه با لباس نظامی معمولش به دیدار ذکاءالملک آمده. دستپاچه شاه را به سالن اقامتگاهشان هدایت کرد و رفت که پدرش را که استراحت می‌کرد در جریان بگذارد و شاید بیدار کند. فروغی که حتی هنوز به درستی لباسش را نپوشیده بود با شتاب خود را به اتاق پذیرایی رساند.

در اوایل قدرتش، چه پیش و چه پس از رسیدن به سلطنت، رضاشاه این عادت دیرینه ایرانی را داشت که به هنگام بیماری به احوالپرسی همکارانش یا کسانی که می‌خواست محبت خود را به آنها نشان بدهد، بشتابد، یا شخصیت برجسته‌ای را مامور این احوالپرسی کند و دستور دهد که خبر آن را منتشر کنند. بسیاری از شاهزادگان قاجار نیز مشمول این عنایت خاص شده بودند. اما اندک اندک این عادت ترک شده بود. محسن، باز به سنت ایرانی، چای آورد. رضاشاه به او گفت که در را به بندد و دیگر کسی مزاحم نشود. مذاکرات فروغی و شاه نزدیک به دو ساعت به طول انجامید. از مذاکرات آنان مطلقاً روایتی در دست نیست. فقط فروغی به محسن گفت:

«اعلیحضرت سیگاری را روشن کردند. چون متوجه شدند که من سرفه می‌کنم، عذرخواهی و فوراً سیگار را خاموش کردند.»[۱]

***

فردای آن روز، بیست و دو روز پس از تهاجم قوای متفقین به ایرن شاه و نخست‌وزیرش بار دیگر در کاخ مرمر ملاقاتی طولانی داشتند.

در روزهای قبل بیشتر اعضای خانواده پهلوی و چندین کامیون وسایل شخصی آنان و نماینده‌ها، رجال و کارمندان آن تهران را ترک کرده عازم اصفهان

۱- نگاه کنید به روایت محسن فروغی از همین جریان در مجله آینده جلد شانزدهم شماره ۹ تا ۱۲ ـ تهران ۱۹۹۰.
فرناند فروغی، بیوه مسعود فروغی پسر سوم ذکاءالملک، کتابچه‌ای به زبان مادری خود، فرانسه، در شرح احوال و زندگی خود و خانواده‌اش برای اطلاع دوستان و اقوام نزدیکش نوشته و برای آنان را سال داشت. از شادروان خانم سدا آغاسیان همکار ارجمندم در شرکت معاملات خارجی، وزارت آبادانی و مسکن، دانشگاه پهلوی و دانشگاه تهران که نسخه‌ای از آن را در اختیارم گذاشتند، یادی کرده صمیمانه متشکرم.

شده بودند. این عمل از دید مردم مخفی نماند و شهرت یافت که رضاشاه پایتخت را ترک کرده است اما بازگشت نظم و امنیت به شهر (که بیش از همه مدیون سپهبد امیراحمدی و چهارصد تن درجه‌داری بود که در اختیار داشت) و اطلاعیه‌های دولت، نگرانی‌ها را مرتفع کرد.

تهران آرام بود.

در پایان ملاقات رضا شاه از فروغی خواست که پشت میز تحریرش بنشیند و استعفانامه او را بنویسد. فروغی با انشای زیبا و خط خوش خود این کار انجام داد.

رضاشاه سپس دفترش را ترک کرد و به قدم زدن در باغ پرداخت. ولیعهد تنی چد از شخصیت‌های سیاسی و نظامی هم در آنجا بودند. کسی را یارای آن که پیش بیاید و سخنی بگوید، نبود. سکوتی سنگین بر محیط حکم‌فرما بود. اندکی بعد فروغی استعفانامه را که رونوشت برداشته بود آورد و شاه توشیح کرد.

قبلاً به دستور او چند اتومبیل سواری برای خودش و همراهان آماده کرده بودند و سرلشکر کریم بوذرجمهری چشم به راه آن بود که دستور بدهد آنها بیایند.

یدالله‌خان اسلحه‌دارباشی جلو آمد و اجازه خواست که به همراه شاه باشد. او گفت خیر بمان و مواظب پسرم باش.[۱]

متن استعفانامه شاه چنین بود:

> «نظر به اینکه همه قوای خود را در این چند سال مصروف امور کشور کرده و ناتوان شده‌ام، حس می‌کنم که اینک وقت آن رسیده است که یک قوهٔ و بنیه جوان‌تری به کارهای کشور که مراقبت دائم لازم دارد بپردازد و اسباب سعادت و رفاه ملت را فراهم آورد.
>
> بنابراین امور سلطنت را به فرزند و جانشین خود تفویض نمودم و از کار کناره‌گیری کردم. از امروز که بیست و پنجم شهریور ماه سال ۱۳۲۰ است عموم ملت از کشوری و لشکری باید ولیعهد و جانشین قانونی مرا به سلطنت بشناسند و آنچه در پیروی مصالح کشور نسبت به من می‌کردند نسبت به ایشان منظور دارند.»

---

۱. احمد امینی، متن ذکر شده، یدالله‌خان اسلحه‌دارباشی (بیگدلی) در سالهای بعد یکی از روسای مقاومت در برابر تجزیه‌طلبان آذربایجان بود. زاید دلیری‌ها کردند. وی در سال ۱۳۳۹ درگذشت. نگاه کنید به امیر حیدر بیگدلی در ایرانشناسی، سال بیست و سوم، شماره ۳، پاییز ۱۳۹۰.

ولیعهد، طبیعتاً، سخت ناراحت و منقلب بود. به پدرش نزدیک شد و گفت اگر روس‌ها وارد تهران بشوند، در این جا انقلاب خواهد شد. رضاشاه به پسرش خندید و گفت:

«دعوا بر سر لحاف ملانصرالدین است. اینها استعفای مرا می‌خواهند.»

پسرش به وی نزدیک شد. شاه مستعفی به او گفت:

«ترتیبات لازم را با نخست‌وزیر دادم.»

سپس رو به فروغی کرد و گفت:

«پسرم را به شما می‌سپارم و هر دوی شما را به خداوند قادر متعال».

پسرش را در آغوش گرفت، چشمانش پر از اشک بود. سرش را برگرداند که دیده نشود. به سوی اتومبیل خود رفت و سوار شد و کاروان وسائل نقلیه به راه افتاد.

صفحه‌ای از تاریخ ایران ورق خورد.

فصل چهاردهم

سرانجام

پس از مراسم ساده اما پر از تأثر کاخ مرمر کاروان کوچک رضاشاه (که دیگر «شاه سابق» بود) راهی اصفهان شد.

در ورامین دو تن از افسران ارشد ارتش ایران، سرلشکر مرتضی یزدان‌پناه و سرلشکر (جدید) فضل‌الله زاهدی منتظر رضاشاه بودند و از وی خواستند که همراهش باشند. شاه مستعفی، به آنان اجازه نداد. سپاسگزاری کرد و گفت بروید و مواظب پسرم باشید. دیگر دلمشغولی او سلطنت شاپور محمدرضا و ادامه سلطنت خانواده پهلوی بود. او به سرنوشت ایران می‌اندیشید.

شاهپور محمدرضا (که دیگر نه ولیعهد بود و نه شاه) از مقامات مختلف خواسته بود که وضع حرکت ارتش‌های انگلیس و روس را مرتباً اطلاع بدهند. بیم داشت که پدرش به دست یکی از این دو نیرو اسیر شود.

قرار بود رضاشاه از راه قم به اصفهان برود. تلفون‌خانه‌های سر راه دستور داشتند که خبر مسافرت خود او جریان حرکت قشون‌های روس و انگلیس را مرتباً به استحضار نخست‌وزیر برسانند. او دیگر تنها مسئول مملکت بود. ورود به قم تاخیر داشت و فروغی نگران بود. معلوم شد اتومبیل دوبار در راه پنچر کرده. بالاخره یک ساعت بعد از ظهر کاروان رضاشاه از قم عازم اصفهان شد و اندکی بعد قوای بریتانیایی به این شهر رسیدند. فروغی و شاهپور محمدرضا تا حدی آسوده خیال شدند.

پیش از این روزها، به دستور شاه که کم و بیش اوضاع را پیش‌بینی کرده و استعفای خود را ناگزیر می‌دید، تقریباً همه اعضای خانواده سلطنت و آبدارخانه و وسائل زندگی به اصفهان حرکت داده شده بودند. سرپرستی این کاروان به مدیرالملک جم وزیر دربار شاهنشاهی محول شده بود.

اعضای خانواده سلطنتی و وزیر دربار شاهنشاهی در منزل فرمانده پادگان

سرتیپ شعری[۱] فرود آمدند و همه شب را در انتظار سرنوشت رضاشاه بودند. تا آنکه روز بعد وی به سوی اصفهان حرکت کرد و سرانجام ساعت پنج بعدازظهر به آن‌جا رسید. خانواده‌اش دیگر به اقامتگاه وسیع و راحت کازرونی صاحب صنعت معروف آن شهر منتقل شد و در آن‌جا رحل اقامت افکنده بود.

شاهدخت شمس ورود پدرش را چنین تعریف می‌کند[۲]

«من از پله‌ها پایین دویده به استقبال شتافتم. آثار خستگی و غم از چهره ایشان کاملاً نمایان بود و به قدری خسته و افسرده بودند که هنگام بالا آمدن از پله‌ها به کلی به من تکیه کردند و من در حقیقت ایشان را از پله‌ها بالا بردم... اعلیحضرت را به اتاقی که برای پذیرایی و استراحت ایشان تخصیص داده شده بود راهنمایی کردم. همه افراد خانواده گرد شاه جمع شدند. هیچ‌کس سخنی نمی‌گفت و غم و اندوه از همه چهره‌ها می‌بارید. اعلیحضرت با لحن ملاطفت‌آمیزی فرمودند: «غصه نخورید، غصه آدم را خرد می‌کند. صبور و بردبار باشید.»

شاه مستعفی سرانجام در روز سی‌ام شهریور از اصفهان به طرف یزد حرکت کرد. در اصفهان هیأتی را که ریاست آن با دکتر محمد سجادی وزیر کابینه فروغی بود به حضور پذیرفت و تمام دارائی خود اعم از منقول و غیرمنقول و حساب‌های بانکی را به فرزند خود بخشید که آنها را مصروف «اصلاحات لازم برای ملت و مملکت نماید». همچنین چه از طریق وزیر دربار و چه به وسیله تلگرافی از نخست‌وزیر خواست که با رسیدگی دقیق همه آن قسمت از جواهرات سلطنتی که در اختیار خاندان پهلوی بود دقیقاً صورت‌برداری کنند و به خزانه بانک ملی تحویل شود که این‌کار زیر نظر گروهی از نمایندگان مجلس و البته مقامات عالی‌رتبه دادگستری انجام شد[۳].

---

۱ – نقل از خاطرات شاهدخت شمس پهلوی، تبعید پدرم، طرح نو، تهران ۱۳۷۲– صفحه ٤۰٤. این کتاب ضمیمه خاطرات سلیمان بهبودی در یک مجلد انتشار یافته.

۲ – همان منبع، ٤۰٦.

۳ – در طی ماه‌های بعد املاکی که در مازندران به رضاشاه منتقل شده بود به صاحبان آنها مسترد شد که تقریباً همه از آبادانی و بهسازی‌های انجام شده منتفع شدند.یکی دو تن که اموال خود را معاوضه کرده بودند، املاک تازه را نگاه داشتند. چند میهمان‌خانه متعلق به املاک سلطنتی به یک سازمان دولتی منتقل شد و وجوه نقد موجود در بانک‌ها تماماً به محمدرضاشاه واگذار گردید که مصروف امور خیریه و آبادانی نماید و شاه تازه هم تا

رضاشاه تا آن موقع هم‌چنان لباس نظامی ساده معمول خود را بر تن داشت. ولی لازم بود یا اطرافیان تصور می‌کردند لازم است که به «لباس شخصی» درآید. «شش دست لباس برای ایشان در اصفهان تهیه شد که هیچ یک از آنها قابل پوشیدن نبود.[۱]»

رضاشاه قوی بنیه و سالم در ظرف مدتی کمتر از یک ماه به کلی تغییر قیافه داد و مخصوصاً لاغر شده بود:

«هنگامی که کنار پنجره اتاقی که در اصفهان داشتیم به باغ نگاه می‌کردم، پیرمردی را دیدم که به اتفاق دو تن دیگر مشغول راه رفتن بود. وقتی اندکی نزدیک‌تر شدند با حیرت متوجه شدم که این «پیرمرد» کسی جز پدر من نیست. در ظرف مدت کمتر از یک ماه بیست کیلو لاغر شده بود. امروزه فکر می‌کنم که شاید در این روزها سکته کوچکی کرده بود.[۲]»

«از لحظه غم‌انگیزی که خاطره آن هیچ‌گاه از ذهن من محو نخواهد شد، نمی‌توانم گذشت و آن لحظه‌ای بود که شاه برای آخرین بار وارد اتاق والاحضرت شهناز شد و او را در آغوش گرفت. در این جا بود که همه برای نخستین بار دیدیم شاه گریه می‌کند. هنگامی که از اتاق والاحضرت شهناز بیرون می‌آمدند، چنان آثار غم و غصه در چشمان شاه نمایان بود که من از مشاهده آن بی‌اختیار لرزیدم.[۳]»

مرحله بعدی سفر کرمان بود. بامدادان کاروان از اصفهان به راه افتاد و مقارن ظهر به نائین رسید. در بالاخانه محقری که محل ایستگاه ژاندارمری بود ناهار ساده‌ای صرف شد. ولی برای وصول به کرمان توقفی در یزد ضرورت داشت. سرهنگ پاشاخان مبشر (باجناق شاه، شوهر خواهر ملکه عصمت) فرماندار آن شهر بود. گروهی از همراهان به اقامتگاه او رفتند و شاه و چند تن از شاهپورها در منزل بازرگان و صاحب صنعت معروف آن شهر هراتی که بنائی نوساز مشتمل بر بیرونی و اندرونی بود فرود آمدند.

دینار آخر این وظیفه را انجام داد.

۱ - خاطرات شاهدخت شمس، ۴۰۹.

2- Ashraf Pahlavi, Visage dars un Miroire, paris, Robert Laffont, 1980,P.56

۳ - خاطرات شاهدخت شمس، همان صفحه.

در یزد شاه دچار گوش‌درد شدیدی شد که به آن اعتنا نکرد و دستور ادامه سفر را داد. شتاب داشت. فقط همراهان خود را جمع کرد و گفت هرکس مایل به برگشت است به تهران برگردد. در این میان وظیفه خود را هم فراموش نکرده بود. به وزیر دربار شاهنشاهی (مدیرالملک جم) که در حقیقت دیگر شاغل این سمت نبود و در تهران محمدرضا شاه، محمدعلی فرزین مدیر کل بانک ملی را جانشین او کرده بود ولی رضاشاه اطلاع نداشت دستور داد به شاه بگوید: «شهر یزد دچار کم آبی است. فکری و اقدامی کنید که آب این شهر زیاد شود. حیف است این همه دشت‌های حاصل‌خیز بواسطه‌ی بی‌آبی بایر بماند.[۱]»

مرحله بعدی مسافرت رضاشاه به کرمان بود. او و خانواده‌اش در اقامتگاه وسیع بازرگان معروف ابوالقاسم هرندی فرود آمدند. گوش درد شاه مستعفی شدت یافته بود. سرهنگ دکتر جلوه رئیس بهداری لشکر از او عیادت و چند روز استراحت را تجویز کرد. اما نماینده دولت انگلیس به دیدنش آمد و اظهار داشت که کشتی که باید با آن سفر کند در بندرعباس پهلو گرفته و بیش از سه روز توقف نخواهد کرد. رضاشاه سخت برآشفت و گفت:

> «کجا بروم؟ پنج ریال پول توی جیب من نیست. اقلاً باید فرصت داشته باشم که وسایل سفرم فراهم شود. از تهران از اعلیحضرت همایونی پول خواسته‌ام و منتظرم که حواله یا پولی برسد که هزینه سفر نمایم.[۲]»

نماینده لندن به وی پاسخ داد نگران نباشید، دولت انگلستان مخارج سفر را پرداخت و بعداً وصول خواهند کرد. پاسخی که برای پادشاه توانای دیروز بسیار موهن بود. ولی چاره‌ای جز تحمل نداشت.

در تهران، به تدبیر فروغی شاه جدید، محمدرضا پهلوی، دیگر بر تخت سلطنت نشسته و اوضاع آرام شده بود. سرپاس رکن‌الدین مختاری که در سفر جنوب بود به تهران بازگشته[۳] شهربانی را مرتب کرده به جانشین خود سپرده بود.

---

۱ – همان منبع ٤۱۱.
برای دریافت تصویر مفصلی از این ماجراها (تبعید رضاشاه) نگاه کنید به جلال متینی رضاشاه اسیر جنگی دولت انگلیس، ایران شناسی، سال نوزدهم شماره ۳، پاییز ۱۳۸٦، صفحات ٤۸٤ تا ٥۱٥ و همان مجله شماره ٤، زمستان ۱۳۸٦، صفحات ٥۸۲ تا ٦٥٦.
۲ – خاطرات شاهدخت شمس پهلوی، ٤۱۱
۳ – درباره رکن‌الدین مختاری (سرپاس مختار چنانکه مردم می‌گفتند) قبلاً گفتگویی

سپهبد امیراحمدی با نهایت قدرت از بی‌نظمی‌ها جلوگیری می‌کرد. دل‌مشغولی اصلی فروغی و وزیر خارجه‌اش علی سهیلی پیش از هر چیز مذاکره با مسکو و لندن برای انعقاد قرارداد سه جانبه بود که تکلیف و موضع ایران را روشن کنند. و از طرف دیگر یافتن محل اقامت مناسبی برای شاه مستعفی، فروغی آمریکای جنوبی، شیلی یا آرژانتین را پیشنهاد می‌کرد. منطقه‌ای دور از هیاهوی جهان آن روز که رضاشاه بتواند آخرین سال‌های عمر خود را در آن بگذراند. ظاهراً انگلیس‌ها مخالفت نکردند. اما این عدم مخالفت برای فریفتن رضاشاه و دولت ایران بود که وی زودتر ایران را ترک کند.

***

در روز ۵ مهرماه ۱۳۲۰- ۲۷ سپتامبر ۱۹۴۱- پس از یک شب اقامت در بندرعباس، سرانجام رضاشاه خاک ایران را ترک کرد. او می‌دانست که این آخرین سفرش در ایران و آخرین تماسش با خاک وطن است. لباس ساده نظامی معمول خود را ترک کرده و به لباس «کشوری» در آمده بود. پیش از سوار شدن به کشتی مشتی از خاک ایران را برداشت که تا آخرین لحظه حیات به همراه داشت. سپس مأمورین گمرگ را فراخواند که جامه‌دان‌های خود او و اطرافیانش را بازرسی کنند. صورت مجلسی تنظیم شد که هیچ شیء گرانبهائی به همراه ندارند. برای آخرین بار در زمان حیاتش سلام شاهنشاهی به احترام و افتخار وی نواخته شد. مدیرالملک جم و چند تن دیگر که او را تا داخل کشتی همراهی کرده بودند مرخص شدند. رضاشاه در سکوتی کامل چشم به خاک ایران دوخته بود تا این‌که دیگر سواحل کشور از دیدها ناپدید شد. رضاشاه می‌گریست.[1]

زندگی سیاسی رضاشاه در این روز به پایان می‌رسد.

داشتیم. مردی واقعاً دو چهره از یک سو، رئیس خشن و بی‌رحم (اما درستکار) شهربانی. از طرف دیگر موسیقی‌دان و موسیقی‌شناسی مورد احترام اهل فن. نگاه کنید به جلال متینی، چند کلمه درباره رکن‌الدین خان مختاری ایران‌شناسی، تابستان ۱۳۹۳، شماره دوم سال بیست و ششم صفحات ۳۰۳ الی ۳۰۵ هم‌چنین همان منبع، دکتر هوشنگ صادقی‌نژاد، سرپاس، صفحات ۳۰۰ تا ۳۰۲. سرپاس مختاری در سال ۱۳۵۰ در ۸۴ سالگی به درود زندگی گفت. در نهایت عسرت بود. و همه هزینه‌های درمانی و تدفینش را شاهدخت شمس پرداخت.

۱ - خاطرات شاهدخت شمس، ٤١٤ - ٤١٥.

***

در ایران بسیاری از پایان حکومت وی شادی کردند و این شادی هم اندک اندک پایان یافت. در سال‌های قدرت محمدرضاشاه، به طور رسمی خاطره او را گرامی می‌داشتند. ولی با اعتدال و شاید امساک که به پیشرفت‌های دوران وی سایه‌ای نیاندازد.

دوران زندگی سیاسی رضاشاه در این روز ۵ مهرماه ۱۳۲۰ به پایان رسید و دوران تلخ اسارتش آغاز شد.

رضاشاه و خانواده و همراهانش را به کشتی بخاری کوچک باندارا[1] سوار کردند. در ابتدا به آنها گفته شد که در بمبئی توقف کوتاهی خواهند داشت و سپس با کشتی دیگری رهسپار آمریکای جنوبی خواهند شد. این قولی بود که انگلیسی‌ها به فروغی و سهیلی داده بودند و رضاشاه تصور می‌کرد که به آن احترام خواهند گذاشت.

باندارا کشتی کوچک بسیار ناراحتی بود با فرماندهی انگلیسی که مودب بود اما خشک و رسمی و تقریباً به صورت زندانبان رفتار می‌کرد و یک پزشک هندی که به شاه و خانواده‌اش احترام بسیار می‌گذاشت و مخصوصاً مواظب وضع سلامت پادشاه مستعفی ایران بود.

قرار بود به مسافران اجازه اقامت کوتاهی در بمبئی داده شود. شاهدخت‌ها که تقریباً هیچ‌چیز همراه نداشتند امیدوار بودند بتوانند در آن‌جا خریدهایی بکنند. اما وقتی کشتی به قدر کافی از ساحل ایران دور و وارد آب‌های بین‌المللی شد فرمانده کشتی به رضاشاه اطلاع داد که نایب‌السلطنه و فرماندار کل هندوستان به آنان اجازه پیاده شدن نخواهد داد و کشتی دیگری آنها را به جزیره موریس[2] خواهد برد. رضاشاه حتی نمی‌دانست که این جزیره چیست و کجاست. سخت برآشفت. سه تلگراف اعتراض تهیه شد که فرمانده کشتی از مخابره آنها امتناع کرد. رضاشاه و همراهانش دیگر اسیران امپراطوری بریتانیا بودند و نه چیز دیگر. لندن

1- Bandara

۲ – Ile Maurice که در آن موقع مستعمره بریتانیا بود.

انتقام می‌کشید[۱].

در ساحل هندوستان، مسافران را به کشتی بزرگتری به نام بورما[۲] انتقال دادند که اندکی بعد عازم جزیره موریس شد. در ۲۷ مهرماه ۱۹ اکتبر ۱۹٤۱، رضاشاه و همراهانش به جزیره موریس رسیدند. فرماندار جزیره، انگلیسی بود اما تا حدی که مقررات اجازه می‌داد با شاه مستعفی ایران رفتاری شایسته داشت. پرچم ایران را برفراز اقامتگاه خانواده پهلوی برافراشته بود و شخصاً با لباس رسمی به وسیله یک قایق موتوری به کشتی بورما آمد و به رضاشاه خیر مقدم گفت. اما به اطرافیان گفته شد که حق خروج از محل اقامتشان را ندارند. زندانی بودند. «در گوشه عزلت و انزوای مطلق در آن جزیره به سر می‌بردیم.[۳]»

خوشبختانه اقامتگاه رضاشاه و اطرافیانش باغ وسیعی بود که او می‌توانست ساعت‌ها در آن قدم بزند و تنها باشد.

پس از انعقاد پیمان سه جانبه ایران-شوروی- بریتانیا که ایران عملاً و رسماً در جرگه متفقین قرار گرفت[٤]، ناگهان وضع اسیران تغییر کرد. رفت و آمد آنان در جزیره آزاد شد که توانستند به مغازه‌های مختلف رفته، لباس‌ها و اشیاء مورد نیاز خود را خریداری کنند. اما رضاشاه تغییری در برنامه خود نداد و از باغ و محل اقامت خود خارج نمی‌شد. به همین مناسبت ضیافت باشکوهی از جانب فرماندار جزیره به افتخار پادشاه مستعفی ایران برپا شد و رضاشاه که هرگز لباس ساده خود را ترک نمی‌کرد ناچار از قبول آن شد. خیاطی را آوردند، برایش لباس رسمی شب (فراک) تهیه کردند. ناچار شد به آن ضیافت برود. اما مدت ماندنش طولی نکشید و به اقامتگاه خود بازگشت. مساله اصلی حفظ ظاهر و تغییر موقعیت اسیران دیروز و «میهمانان» جزیره بود که انجام یافت.

در تهران، اقدامات دولت برای تغییر محل اقامت خانواده سلطنتی هم‌چنان

---

۱ - مقایسه این وضع با آن‌چه پس از انقلاب دولت کارتر بر سر محمدرضا شاه آورد و تشابه آنها جالب است. اما تاریخ را نمی‌توان دوباره نوشت.

2- Burma.

۳ - شاهدخت شمس، ٤۲۳.

٤ - دسامبر ۱۹٤۱ – آذرماه ۱۳۲۰. این پیمان در ٦ بهمن ماه (۲٦ ژانویه ۱۹٤۲) به تصویب مجلس رسید.

ادامه یافت و سرانجام با انتقال رضاشاه و همراهانش به آفریقای جنوبی موافقت شد و در ۱۰ فروردین ۱۳۲۱، ۳۰ مارس ۱۹٤۲ آنها به بندر دوربان[۱] رسیدند و پس از اقامتی کوتاه در آنجا به شهر زیبا و بزرگ ژوهانسبورگ[۲] رفتند و در عمارتی بزرگ و مرفه اما قدیمی رحل اقامت افکندند[۳].

در ژوهانسبورگ آثار ناراحتی قلبی و احتمالاً نوعی سرطان در رضاشاه پدیدار شد. ابتدا از قبول اطبا و خوردن داروهای مختلف امتناع می‌کرد. سپس ظاهراً رضایت داد. اما به هر تقدیر روزهای آخر حیاتش نزدیک بود و مسلماً ناراحتی‌های روانی بر شدت آن می‌افزود.

رضاشاه در ٤ مرداد ماه ۱۳۲۳، ۲٦ ژوئیه ۱۹٤٤، در ساعت ٦ و ۳۰ بامداد بدرود حیات گفت[٤]. جنازه وی را پس از مدت کوتاهی به قاهره انتقال دادند. همراهانش به تهران بازگشتند و جنازه در مسجد رفاعی قاهره به امانت گذاشته شد تا تکلیف قطعی محل تدفین آن معین شود که در آن هنگام میسر نبود[٥].

در آن هنگام جنگ جهانی دوم ادامه داشت، ایران در اشغال قوای روس و انگلیس و آمریکا بود. اوضاع داخلی ثباتی نداشت. درگذشت رضاشاه سبب شد که مخالفان و دشمنانش انتقادات متعارف را درباره دوران سلطنت وی از سر بگیرند. بر روی هم تشریفات و مراسم مربوط به درگذشت شاه سابق به حداقل تخفیف داده شده بود و احتمالاً چاره‌ای هم جز آن نبود.

1- Durban

2 -Johannesburg

۳ – اردشیر زاهدی به هنگام سفارتش در لندن با سفیر آفریقای جنوبی که مالک این خانه بود مذاکره و آن را به قیمتی ناچیز برای دولت ایران خریداری کرد که یادگاری از رضاشاه باشد و باقی بماند. شاهدخت شمس سرپرستی ساختمان و انجام تعمیرات لازم را در آن به عهده گرفت و نمایندگان سیاسی ایران در آن منطقه به این مهم پرداختند.

٤ – محمدرضا شاه پهلوی نیز در ۲۷ ژوئیه ۱۹۸۰– یک روز بعد از سالروز فوت پدرش در قاهره که آخرین پناهگاهش بود، درگذشت.

٥ – درباره اقامت رضاشاه در ایام تبعید و مخصوصاً شرایط و چگونگی درگذشت او نگاه کنید به خاطرات علی ایزدی، مرگ رضاشاه که به همراه خاطرات سلیمان بهبودی و شاهدخت شمس در تهران انتشار یافته. زنده‌یاد مهرداد پهلبد که آن‌را قبلاً خوانده بود به نویسنده این کتاب اطمینان داد که در آن تغییر داده نشده. علی ایزدی تنها صاحب منصب عالی رتبه دربار بود که همراه رضاشاه در تمام دوران تبعیدش شرکت داشت و کارهای او را اداره می‌کرد.

در اواخر فروردین ۱۳۲۹ که اوضاع داخلی کشور نسبتاً آرام به نظر می‌رسید محمدرضاشاه تصمیم گرفت که سرانجام جنازه پدرش را به ایران بیاورند و در آرامگاهی در مجاورت محل تدفین «حضرت عبدالعظیم» که زیارتگاه بسیاری از مردم بود به خاک سپرده شود[1].

شاه محسن صدر (صدرالاشرف) نخست وزیر پیشین را که استاندار خراسان و نایب‌التولیه آستان قدس رضوی بود به تهران خواست و مأمور ترتیب این برنامه کرد. نظر شاه این بود که جنازه بعد از خروج از مصر به مکه و مدینه برده شود و سپس به قم (که در آنجا از جانب عده‌ای از طلاب مخالفت‌هایی شده بود) و سرانجام به شهر ری.

آیت‌الله عظمی بروجردی که مرجع تقلید و رئیس هیأت علمیه قم بود از این تظاهرات بیم داشت. ولی سرانجام پس از ملاقات با صدرالاشرف (که مورد احترام روحانیون بود) و تدارکات امنیتی و انتظامی شدید این مرحله ماقبل آخر نیز بدون اشکال انجام شد.

هیأت بزرگی برای انتقال جنازه تشکیل شد. صدرالاشرف و سپهبد یزدان پناه در رأس آن بودند و سه تن از برادران شاه، شاهپورها علی‌رضا و غلام‌رضا و عبدالرضا نیز در آن شرکت داشتند.

تشریفات ورود به مصر در روز هشتم اردیبهشت انجام شد. «خانواده سلطنتی مصر به واسطه نقاری که مابین خانواده سلطنتی ایران و خانواده سلطنتی مصر در متارکه شاه با فوزیه ملکه سابق ایران خواهر فاروق پادشاه مصر پیدا شده بود، حاضر به تجلیل از جنازه رضاشاه نبود، تا اینکه با مبادله تلگرافات و مذاکراتی دولت مصر حاضر شد که تجلیل مهمی در موقع حرکت جنازه بکند.[2]» و چنین نیز شد.

به نوشته صدرالاشرف «صندوق» حامل جنازه را که در زیرزمین مسجد رفاعی به امانت گذاشته شده بود، خارج کردند که با حضور صدرالاشرف و سپهبد

۱ – آرامگاه مجللی که رضاشاه در آن به خاک سپرده شده بود، اثر مهندس معمار معروف مهندس صادق است که مهندس محسن فروغی نیز در طراحی آن شرکت داشت.
۲ – خاطرات صدرالاشراف، محسن صدر، انتشارات وحید، تهران، ۱۳۹٤، صفحه ٥٠٤

یزدان پناه گشوده شد وضع جنازه چنان بود که مجبور شدند چندین کفن نو به آن پیچیدند و صندوق را «که به واسطه رطوبت زنگ زده بود» اصلاح و مرمت کردند و پس از سه روز جنازه برای حمل آماده شد و باقیمانده جنازه شاه فقید به تابوتی انتقال یافت.[۱]

سرانجام تابوت حاوی جنازه در ۱۷ اردیبهشت ماه ۱۳۲۹ به تهران رسید و در آرامگاهی[۲] که به این منظور تدارک شده بود به خاک سپرده شد. با سرانجامی که می‌دانیم.

***

در سه سال اخیر ناگهان رضاشاه به صحنه سیاست ایران بازگشت. صدها هزار تنی که علیه رژیم حاکم بر ایران تظاهرات می‌کردند، ضمن شعارهای مختلف در یک جمله متحدالقول بودند. آنها نه سلطنت می‌خواستند نه جمهوری در جستجوی نظام دیگری بودند و هستند که سیاست را از دیانت جدا کند، به بی‌نظمی‌ها و تجاوز دائم مأمورانش پایان بخشد و آرامش و احترام را به ایران بازگرداند تا کشورشان دیگر بار به راه ترقی و تحول برود و جائی را که استحقاق آن را دارد در صحنه بین‌المللی بازیابد. آنها می‌خواستند و می‌خواهند که ایران بار دیگر ایرانی شود.

شعار آنان این بود:

«رضاشاه روحت شاد»

---

۱ –همان منبع، ۵۰۵

۲ – پس از انقلاب اسلامی روح‌الله خمینی دستور به تخریب و نابودی آرامگاه داد اما تابوت را در آن نیافتند. سال گذشته مسئولین حکومت در تهران اعلام داشتند که تابوت را یافته‌اند و عکسهائی از جنازه مومیایی شده رضاشاه انتشار دادند. پس از تخریب آرامگاه تابوت حاوی جنازه را نیافته بودند. چراکه قبل از حرکت از ایران محمدرضاشاه دستور داده بود آن‌را به نقطه دیگری در خاک ایران منتقل کنند. این خبر و تصاویری که منتشر شد در حقیقت هیاهوئی برای مشغول داشتن افکار عمومی بود. تابوتی وجود نداشت، «جنازه» مومیائی شده مجسمه‌ای بود و اعتراض بازماندگان رضاشاه به این «نبش قبر» مناسبتی نداشت.

کلام آخر

امروزه اوضاع کشور به کام ایرانیان نیست.

انقلابی که چهل و دو سال پیش پیروز شد، مسلماً پایه و ریشه در نارضائی‌های داخلی داشت که در چند سال آخر سلطنت محمدرضا شاه در حال افزایش بود و دولت‌های مسئول به آن توجه نکردند یا نخواستند بکنند. اما فروپاشی ایران بدون کمک علنی، مالی، تبلیغاتی و سیاسی جهان غرب میسر نبود. ترقی سریع ایران، فزون‌طلبی‌های کاملاً بجای آخرین شاهنشاه، سیاست مستقل ملی کشور ما برای منافع بسیاری در ایالات متحده، فرانسه و کشورهای دیگر قابل تحمل نبود. و بعضی ملاحظات و کینه‌های شخصی بر آنها افزوده شد و شد آنچه نمی‌بایست بشود.

تجزیه و تحلیل این جریان دیگر کار تاریخ‌نویسان است، چنان‌که داوری درباره سردار سپه و رضاشاه و ترازنامه او نباید دیگر جنبه سیاسی داشته باشد.

اگر این انقلاب به قول معروف به «ثمر نرسیده» بود ایران اکنون در میان ده کشور توانای جهان بود. متاسفانه می‌بینیم کشور ما به کجا رسیده است. اما نومیدی بسیاری از ایرانیان چه در داخل و چه در خارج، با توجه به تاریخ چند هزارساله کشور ما قابل قبول نیست ولو آنکه قابل فهم باشد. در طی هزاران سال ایران هویت ملی خود را از دست نداده. ایران کشور کوروش و داریوش و فردوسی و بوعلی سینا و امیرکبیر بوده که شاید باید نام سردار سپه را نیز به آنان افزود.

تاخت و تاز اسکندر، حمله عرب، ایلغار مغول، کشتارهای تیمور لنگ، فتنه افغان، ایران را از پای درنیاوردند و هربار ملت ما از زیر خاکستر حوادث سمندروار سر به درآورد و عظمت و سربلندی دوباره یافت.

فراموش نکنیم که ایران کشور سیمرغ است.

فراموش نکنیم که افسانه یا حماسه کاوه که بر ضحاک پیروز شد و او را از پای درآورد در خاطر همه ایرانیان هست و هریک از ما کاوه‌ای را در دل خود داریم.

شناسایی تاریخ چند هزارساله ایران و حماسه‌های آن اکنون عامل اصلی اتحاد ملی علیه نظامی بیدادگر شده است. اگر جز این بود چرا حاکمان کنونی ایران تا این حد در مقام آن هستند که ایرانیان مفاخر خود را فراموش کنند و تاریخ ایران را نابود سازند یا دست‌کم به دست فراموشی بسپارند؟ این کوشش شاگردان ضحاک به جائی نخواهد رسید چراکه شاید هرگز در طول ده‌های اخیر توجه به تاریخ ایران تا این حد مورد علاقه ایرانیان و مخصوصاً نسل جوان که بیش از همه قربانی فجایع نظام کنونی هستند، نبوده.

اگر نمی‌دانیم به کجا می‌رویم لااقل بدانیم از کجا می‌آئیم و از کجا آمده‌ایم. همین دانائی عامل رهایی ما خواهد بود. اتحاد ملی برای نجات ایران به گرد ارزش‌های تاریخی و شناسائی بزرگی‌ها و بزرگان گذشته میسر خواهد بود و تحقق خواهد یافت. کوچک‌ترین تردیدی در این باره نباید داشت چراکه در سیاست نومیدی اشتباه مطلق است و این درسی است که تاریخ ایران به ما آموخته و می‌آموزد. ایران را ایرانیان، نسل جوان، نجات خواهند داد و این روز دور نیست و جای بیدادگران حاکم بر ایران در زباله‌دانی تاریخ خواهد بود. این فرمان تاریخ است. فرمان تاریخ ایران است. چه کسی در ماه‌های پیش از اسفند ۱۲۹۹ به آینده ایران امید داشت؟

به امید روزهای بهتر برای ایران

Index

امام خمینی در مقام مرجعیت تقلید، به روشنی مخالفت خود با رژیم را اعلام کردند. تصویر: دیدار علما و روحانیون با امام خمینی در زمان دستگیری ایشان، تهران، مدرسه فیضیه، سال ۱۳۴۲. نشسته از راست: ... ایستاده از راست: ...

نامه پرزیدنت روزولت به سران کشورهای جهان

منجمله، رضاشاه بزرگ

برای تشکیل جامعه ملل

(May 16- 1935)

May 16, 1933

FOR THE PRESS

80

CAUTION: This message of the President to the Sovereigns
and Presidents of the Nations participating in the
World Economic Conference and the Disarmament Confer-
ence is AUTOMATICALLY RELEASED FOR PUBLICATION at
10:00 A.M., Eastern Standard Time today.

Extreme care must be exercised to avoid premature
publication.

STEPHEN EARLY
Assistant Secretary to the President

*   *   *   *   *   *

The message was cabled early today direct to the Sovereigns and
Presidents of the Nations listed below:

His Majesty
Zog I,
King of the Albanians,
Tirana, Albania.

His Excellency
Agustin P. Justo,
President of the Argentine
Nation,
Buenos Aires, Argentina.

His Excellency
Wilhelm Miklas,
President of the Confederation
of Austria,
Vienna, Austria.

His Majesty
Albert,
King of the Belgians,
Brussels, Belgium.

His Excellency
Getulio Vargas,
President of the United
States of Brazil,
Rio de Janeiro, Brazil.

His Excellency
Enrique Olaya Herrera,
President of the Republic
of Columbia,
Bogota, Colombia.

His Excellency
Daniel Salamanca,
President of Bolivia,
La Paz, Bolivia.

His Majesty

His Excellency
Ricardo Jimenez,
President of Costa Rica,
San Jose, Costa Rica.

His Excellency
Lin Sen,
President of the National
Government of the Republic
of China,
Nanking, China.

His Excellency
Gerardo Machado,
President of the Republic
of Cuba,
Habana, Cuba.

His Excellency
Thomas G. Masaryk,
President of
Czechoslovakia,
Praha, Czechoslovakia.

His Majesty
Christian X,
Kind of Denmark,
Copenhagen, Denmark.

His Excellency
Rafael Leonidas Trujillo,
President of the
Dominican Republic,
Santo Domingo,
Comiican Republic.

His Excellency
Juan de Dios Martinez Mira,
President of the Republic
of Ecuador,

His Excellency
  Konstantin Pats,
    Head of State,
      Tallinn, Estonia.

His Imperial Majesty,
  Haile Selassie I,
    Emperor of Ethiopia,
      Addis Ababa, Ethiopia.

His Excellency
  Pehr Evind Svinhufvud
    The President of Finland,
      Helsingfors, Finland.

His Excellency
  M. Albert Lebrun,
    President of the French Republic,
      Paris, France.

His Excellency
  Field Marshal Paul von
  Beneckendorff und von Hindenburg,
    President of the Reich,
      Berlin, Germany.

His Majesty
  George V,
    The King of Great Britain,
    Ireland, and the British
    Dominions beyond the Seas,
    Emperor of India, etc., etc.,
      London, England.

His Excellency
  Alexander Zaimis,
    President of the Hellenic
    Republic,
      Athens, Greece.

His Excellency
  Jorge Ubico,
    President of the Republic
    of Guatemala,
      Guatemala, Guatemala.

His Excellency
  Stenio Vincent,
    President of Haiti,
      Port au Prince, Haiti.

His Serene Highness
  Admiral Nicholas De Horthy,
    Regent of the Kingdom of
    Hungary,
      Budapest, Hungary.

His Excellency
  Tiburcio Carias A.,
    Constitutional President of
    the Republic of Honduras,

His Majesty
  Victor Emanuel III,
    King of Italy,
      Rome, Italy.

His Majesty
  Hirohito,
    Emperor of Japan,
      Toyko, Japan.

His Excellency
  Alberts Kviesis,
    President of the Republic
    of Latvia,
      Riga, Latvia.

His Excellency
  Antanas Smetona,
    President of the Republic
    of Lithuania,
      Kaunas, Lithuania.

Her Royal Highness
  Charlotte,
    Grand Duchess of Luxembourg,
      Luxembourg, G.D.

His Excellency
  General Abalardo L. Rodriguez,
    President of the United
    Mexican States,
      Mexico City, Mexico.

Her Majesty
  Wilhelmina,
    Queen of the Netherlands,
      The Hague, Netherlands.

His Excellency
  Juan B. Sacasa,
    President of the Republic
    of Nicaragua,
      Managua, Nicaragua.

His Majesty
  Haakon VII,
    King of Norway,
      Oslo, Norway.

His Excellency
  Harmodio Arias,
    President of Panama,
      Panama, Panama.

His Excellency
  Eusebio Ayala,
    President of the Republic
    of Paraguay,
      Asuncion, Paraguay.

His Imperial Majesty
Reza Shah Pahlavi King of Iran

-3-

His Excellency
  Ignace Moscicki,
    President of the Republic
    of Poland,
    Warsaw, Poland.

His Excellency
  General Oscar Benavides,
    President of Peru,
    Lima, Peru.

His Excellency
  General Antonio Oscar de
  Fragoso Carmona,
    President of the Republic
    of Portugal,
    Lisbon, Portugal.

His Majesty
  Carol II,
    King of Rumania,
    Bucharest, Rumania.

President Michail Kalinin,
  All Union Central Executive
  Committee,
    Moscow, Russia.

His Majesty
  Prajadhipok,
    King of Siam,
    Bangkok, Siam.

His Excellency
  Alcala Zamora,
    President of the Spanish Republic
    Madrid, Spain.

His Majesty
  Gustaf V,
    King of Sweden,
    Stockholm, Sweden.

His Excellency
  Edmord Schulthess,
    President of the Swiss
    Confederation,
    Berne, Switzerland.

His Excellency
  Gazi Mustafa Kemal,
    President of the Turkish
    Republic,
    Ankara, Turkey.

His Excellency
  Gabriel Terra,
    President of the Republic
    of Uruguay,
    Montevideo, Uruguay.

His Excellency
  Juan V. Gomez,
    President of the United States
    of Venezuela,
    Caracas, Venezuela.

His Majesty
  Alexander I,
    King of Yugoslavia,
    Belgrade, Yugoslavia.

The message follows:

A profound hope of the people of my country impels me, as the head
of their government, to address you and, through you, the people of
your nation. This hope is that peace may be assured through practical
measures of disarmament and that all of us may carry to victory our
common struggle against economic chaos.

To these ends the nations have called two great world conferences.
The happiness, the prosperity, and the very lives of the men, women
and children who inhabit the whole world are bound up in the decisions
which their governments will make in the near future. The improvement
of social conditions, the preservation of individual human rights, and
the furtherance of social justice are dependent upon these decisions.

The World Economic Conference will meet soon and must come to its
conclusions quickly. The world can not await deliberations long drawn
out. The Conference must establish order in place of the present
chaos by a stabilization of currencies, by freeing the flow of world
trade, and by international action to raise price levels. It must, in
short, supplement individual domestic programs for economic recovery,
by wise and considered international action.

If we ask what are the reasons for armaments, which, in spite of
lessons and tragedies of the World War, are today a greater burden
he peoples of the earth than ever before, it becomes clear that
are two-fold: First, the desire, disclosed or hidden, on the part
overnments to enlarge their territories at the expense of a sister
on. I believe that only a small minority of Governments or of
les harbor such a purpose. Second, the fear of nations that they
be invaded. I believe that the overwhelming majority of peoples
obliged to retain excessive armaments because they fear some act
ggression against them and not because they themselves seek to
gressors.

There is justification for this fear. Modern weapons of offense
vastly stronger than modern weapons of defense. Frontier forts,
hes, wire entanglements, coast defenses--in a word, fixed fortifi-
ons--are no longer impregnable to the attack of war planes, heavy
te artillery, land battleships called tanks, and poison gas.

If all nations will agree wholly to eliminate from possession
ise the weapons which make possible a successful attack, defenses
atically will become impregnable, and the frontiers and independ-
of every nation will become secure.

The ultimate objective of the Disarmament Conference must be the
tete elimination of all offensive weapons. The immediate objec-
is a substantial reduction of some of these weapons and the
ination of many others.

This Government believes that the program for immediate reduction
ggressive weapons, now under discussion at Geneva, is but a first
toward our ultimate goal. We do not believe that the proposed
liate steps go far enough. Nevertheless, this Government welcomes
neasures now proposed and will exert its influence toward the
inment of further successive steps of disarmament.

Stated in the clearest way, there are three steps to be agreed
in the present discussions:

First, to take, at once, the first definite step toward this
tive, as broadly outlined in the MacDonald Plan.

Second, to agree upon time and procedure for taking the
wing steps.

Third, to agree that while the first and the following steps are
g taken, no nation shall increase its existing armaments over and
e the limitations of treaty obligations.

But the peace of the world must be assured during the whole
ed of disarmament and I, therefore, propose a fourth step con-
ent with and wholly dependent on the faithful fulfillment of
e three proposals and subject to existing treaty rights:

That all the nations of the world should enter into a solemn
efinite pact of non-aggression: That they should solemnly
firm the obligations they have assumed to limit and reduce their
nents, and, provided these obligations are faithfully executed
ll signatory powers, individually agree that they will send no
d force of whatsoever nature across their frontiers.

Common sense points out that if any strong nation refuses to
with genuine sincerity in these concerted efforts for political
economic peace, the one at Geneva and the other at London, progress

دیباچه

دهکدهٔ «اِلاشْت»، زادگاه اعلیحضرت رضاشاه کبیر، از جمله روستاهائیست که زندگی مردم آن، چهرهٔ طبیعی و اصیل خود را با آداب و رسوم قدیم حفظ کرده است بدانگونه که در سنت‌ها ومعتقدات آنها زیبائی ولطافت وپاکی اندیشهٔ نژاد آریا همچنان محسوس وآشکار است.

«ادارهٔ فرهنگ‌عامه» که گردآوری وبررسی‌سنن وآداب وهنرهای عامیانهٔ ایرانی وشناساندن آنها را به هم‌میهنان، وظیفهٔ اصلی‌خود میداند، مصمّم‌شد که دربارهٔ زندگی‌مادی ومعنوی مردم «الاشت» به بررسی بپردازد وحاصل بررسی را بصورت کتابی جامع و کامل‌منتشر کند. زیرا نام «الاشت» بدانجهت که زادگاه منجی ایران است و به پاس خاطرهٔ آن سردار بزرگ، درتاریخ ایران جاودان خواهد ماند واشتیاق به مطالعه دراحوال «الاشت» وشناسائی زندگی مردم آن همواره دوام خواهد داشت.

با توجه به‌اهمیت این امر، ادارهٔ فرهنگ عامه به آقای هوشنگ پورکریم، یکی از محققان ورزیدهٔ خود، مأموریت داد که چنین‌کتابی دربارهٔ «الاشت» تدوین کند که هم درکار دانشمندان مردم‌شناس وهم برای آشنایی هم‌میهنان با «الاشت» و زندگی مردمش مفید واقع شود. آقای پورکریم هم این‌مأموریت را با میل وشوق پذیرفت وکتاب سودمندی دراین زمینه فراهم آورد که خصوصیات زندگی مردم این دهکدهٔ کوهستانی از جهات گوناگون درآن وصف شده است.

امیداست این‌خدمت فرهنگی‌مورد قبول همه‌کسانی که به‌ایران‌زمین عشق میورزند واقع گردد. —

وزارت فرهنگ وهنر
(ادارهٔ فرهنگ عامه)

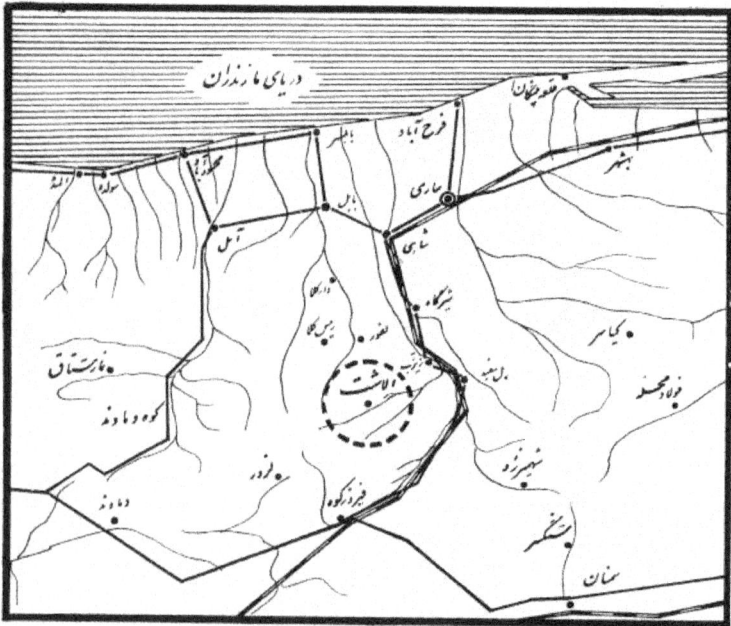

اقتباس از نقشه اداره جغرافیائی ارتش

مقیاس : یك میلیونیم

موقعیت جغرافیائی الاشت

گفتاری دربارهٔ «مازندران»

دهکدهٔ زادگاه «اعلیحضرت رضاشاه کبیر» یکی از دهکده‌های کوهستانی «مازندران» است که نویسندهٔ این کتاب قصد دارد شؤون گونه‌گون زندگی مردم آن دهکده را توصیف کند. از آنجائی که هر واحد اجتماعی، درهر منطقه‌ای بزرگ یا کوچك، همواره با هاله‌ای از اوضاع واحوال همان منطقه احاطه شده‌است، به این سبب پیشگفتار کوتاهی دربارهٔ «مازندران» به این کتاب افزوده می‌شود که موجبی است برای یادآوری اطلاعات خوانندگان محترم ازسرزمین پرموهبت «مازندران» وهمچنین موجب تقرّب است به مقصود این کتاب.

«مازندران» یا «طبرستان» بخش بزرگی است ازسرزمینهای شمالی «ایران» که‌در کنارهٔ جنوبی دریای «خزر» گسترده شده وقسمتی از کوههای «البرز» را نیز دربر گرفته است. «مازندران» و «گیلان» را به‌سبب‌همجواری و نیز به‌سبب اوضاع طبیعی وجغرافیائی مشابهی که دارند، عموماً باهم نام می‌برند. درنوشته‌های قدیمی نیز همهٔ منطقه‌های جنوب دریای «خزر» را که میان «آذربایجان» و «خراسان» قرار دارند، یك ناحیه شناخته‌اند. پیش ازایجاد شاهنشاهی ساسانی ونیزدرزمان آن شاهنشاهی، همهٔ این ناحیه به‌فرمان یك شاه بوده است. چنانکه وقتی «اردشیر بابکان» به‌شاهنشاهی رسید، پادشاه این ناحیه «گُشنَسْف شاه» یا «جُشنَسْف شاه» نام داشت که نامهٔ «تَنسَر» وزیر ومشاور «اردشیر بابکان» خطاب به‌اوست که اینطور شروع می‌شود:

«از جُشنسف شاه وشاهزاده طبرستان وفدشوارگر نامه‌ای پیش»

«تنسر هیربد هیربدان رسید ، خواند ، وسلام می‌فرستد وسجود»
«می‌کند و . . . . »[۱] .

«فدشوارگر» یا «فرشوادگر» نام ناحیه‌ئی بود از «آذربایجان» تا «خراسان» . چنانکه «سیّد ظهیرالدین» نویسندهٔ «تاریخ طبرستان» وقتی‌که به شرح « طبرستان » می‌پردازد ، می‌نویسد : « طبرستان داخل فرشوادگر است . . . » . نویسندهٔ ناشناختهٔ « حدودالعالم »[۲] نیز همهٔ منطقه‌های میان «آذربایجان» و «خراسان» را یك ناحیه شناخته و در یك فصل توصیف‌کرده است :

« . . . مشرق این ناحیت خراسان است وجنوبش شهرهای»
«جبالست[۳] ومغربش حدود آذربادگان است وشمالش دریای»
«خزرانست واین ناحیتی است باآبهای روان ورودهای بسیار»
«وآبادان ومستقر بازرگانان ومردمانی جنگی ، وایشان حرب»
«باسپر وزوبین‌کنند ومردمانی‌اند خوش وازاین ناحیت‌جامهای»
«ابریشم خیزد یك‌رنگ وبارنگ چون مبرم وحریر وآنچ‌بدین»
«ماند ، و ازوی‌کتان وپشم چونین خیزد بسیار»[٤] .

«مازندران» ، درسالهای اخیر که دومین استان «ایران» شناخته شده است ، شامل شهرهائیست‌که غربی‌ترینشان «رامسر» و شرقی‌ترینشان «گنبدکاووس» است . شهرهای عمدهٔ دیگر این استان‌که عموماً از زمان شاهنشاهی«اعلیحضرت‌رضا شاه‌کبیر»به‌آبادی‌آنها همّت‌شده‌است، ازمغرب به‌مشرق به‌این ترتیب است : «شهسوار» ، «چالوس» ، «نوشهر» ، «نور» ، « آمل » ، « بابل » و « بابلسر » ، « شاهی » ، « ساری » (مرکز استان) ، «بهشهر»، «بندرگز»، «کردکوی»، «بندرشاه»، «پهلویدژ»و«گرگان». همهٔ این شهرها در جلگهٔ میان دامنه‌های « البرز » وساحل « خزر » قرار گرفته‌اند و یا برساحل «خزر» . مگر شهرهای «گرگان» و «پهلویدژ» و «گنبدکاووس»که دور از «خزر» ودر «دشت‌گرگان» بنا شده‌اند وتاچهل

۱ – نقل ازصفحهٔ ٥ «نامهٔ تنسر» باحواشی وتوضیحات «مجتبی مینوی» .
۲ – نویسندهٔ «حدودالعالم من‌المشرق الی‌المغرب» شناخته نیست ولی تاریخ تألیف این کتاب مهم جغرافیائی‌را به‌تحقیق درسال ۳۷۲ هجری قمری شناخته‌اند .
۳ – مقصود ازشهرهای جبال : ری ، قم ، ساوه ، کاشان ، اصفهان وچند شهر دیگر است .
٤ – نقل ازصفحهٔ ۱٤۳ «حدودالعالم» انتشارات دانشگاه تهران ، بکوشش دکتر منوچهر ستوده .

پنجاه سال پیش ایالت جداگانه‌ای بودند به‌نام «استرآباد» .

«استرآباد» که با بادهای خشك آسیای مرکزی مواجه است ، ازنظر اوضاع طبیعی ، با«مازندران» که‌درکنارهٔ جنوبی«خزر» قرار دارد، تفاوتهای محسوسی پیدا کرده است . در «استرآباد» همهٔ آن رطوبت وبارندگی «مازندران»را نمی‌توان یافت ونیز همهٔ آن سرسبزی و زیبائی طبیعت‌راکه براستی شگفت‌انگیز است . بی‌سبب نبودکه فردوسی درتوصیف «مازندران» سرود :

«که مازندران شهر ما یاد باد — همیشه بر و بومش آباد باد»
«که دربوستانش همیشه‌گل است — بکوه اندرون لاله وسنبل است»
«هوا خوش‌گوار وزمین پرنگار — نه سرد و نه‌گرم و همیشه بهار»
« . . . . — . . . . »

ازشهرهای «مازندران» ، «آمل»و«بابل» (بارفروش) و«ساری» بسی قدیمی‌اند . «آمل» در نخستین سده‌های هجری بزرگترین شهر «مازندران» بود . چنانکه در «حدودالعالم» توصیفش چنین آمده است :

«آمل – شهریست عظیم وقصبهٔ طبرستانست واورا شهرستانیست»
«باخندق بی‌باره وازگردربض‌وی‌است‌ومستقرملوك‌طبرستانست»
«و جای بازرگانانست و خواستهٔ بسیارست و اندر وی علماء»
«بسیارند بهرعلمی ، وآبهای روانست بسیار وازوی جامهٔ‌کتان»
«و دستارخیش و فرش طبری و حصیر طبری و چوب شمشاد»
«خیزدکی بهمهٔ جهان جایی دیگر نبود وازوی ترنج ونارنج»
«خیزد ، وگلیم سپیدگوش وگلیم دیلمی زربافت ودستارچهٔ»
«زربافت‌گوناگون و . . . . »[1] .

«مازندران»را ازنظر پستی وبلندی‌ها واوضاع طبیعی و نیزازنظر نوع‌کار ومعیشت مردمش می‌توان به‌سه بخش تقسیم‌کرد .

بخش اول : منطقه‌های پست وجلگه‌ئی ،که‌ازسواحل «خزر» تا دامنه‌های «البرز» کشیده شده است . این بخش‌که هوائی‌گرم ومرطوب‌دارد و بامزرعه‌های برنج پوشیده شده است ، پربرکت‌ترین وپرجمعیت‌ترین

---

۱ – نقل ازصفحهٔ ۱٤٥ «حدودالعالم» .

بخش «مازندران» است وشهرهای عمدهٔ «مازندران» نیز چنانکه توصیف شد درهمین بخش پدید آمده‌اند.

بخش دوم: منطقه‌های دامنهٔ «البرز» که هوائی ملایم دارند و بارندگی در آنجاها زیادتر از منطقه‌های دیگر است و جنگلهای انبوه «مازندران» نیز در همین منطقه‌ها گسترده شده است. رودخانه‌های «مازندران» نیز باوجودی‌که از ارتفاعات «البرز» سرچشمه می‌گیرند، در دره‌های این بخش «مازندران» پرآب‌تر و پرتوان‌تر می‌شوند. این رودخانه‌ها پیش از آنکه به دریا برسند، به‌وسیلهٔ بندها به برنجزارهائی می‌ریزندکه دربخش جلگه‌ئی «مازندران» گسترده شده‌اند. روستائیان دامنه‌های «البرز» درکناره‌های رودخانه‌ها، هرجاکه زمین گشاده‌ای‌باشد، برنجکاری می‌کنند. آنان جو وگندم دیم هم‌کشت می‌کنند ونیز درجنب زندگی‌کشاورزی خود به‌دامداری‌هم می‌رسند.

بخش سوم: منطقه‌های مرتفع «البرز»، که‌هرساله چند ماه بابرف پوشیده است. هوای این بخش سرد وبارندگی آن نسبت به‌بخشهای دیگر «مازندران» کمتراست. پوششهای گیاهی درمنطقه‌های این بخش هرقدرکه بلندتر باشندکمتراست. تاجائی‌که دربلندی‌های بیش از ۳۰۰۰ متر فقط علفهای کم‌رشد می‌روید. در این بخش «مازندران» تعداد روستاها کم وجمعیت آن نسبت به‌دو بخش دیگر کاملاً ناچیزاست. ولی‌مراتع‌سردسیری دامداران مازندرانی در همین منطقه‌های «مازندران» است‌که خودشان اصطلاحاً «کوه» می‌نامندوهرساله دوماه ازبهار را درآن مراتع بسرمیبرند.

مردم «مازندران»، به شواهد تاریخی، پس از نفوذ اسلام در «ایران»، استقلال ملی وحاکمیت سیاسی خودرا حفظ‌کردند. اسپهبدان «مازندران» که به‌سنت‌ها وآداب ایرانیان ساسانی دلبستگی داشتند، پس‌از نفوذ اسلام تا مدتی به خط «پهلوی» سکّه می‌زدند. کتیبه‌هائی‌که به خط وزبان «پهلوی» دربرجهای «رادکان» [۱] و «لاجیم» [۲] و «رِسکِت°» [۳] ازسدهٔ

۱ - برج «رادکان» که مقبرهٔ یکی ازاسپهبدان طبرستان است در دهکدهٔ «رادکان» (یکی ازدهکده‌های «کردکوی») درسال ٤۰۷ هجری بنا شده است.

۲ - برج «لاجیم» مقبره‌ئی است‌که در دهکدهٔ «لاجیم» (یکی ازدهکده‌های «سوادکوه» - مازندران) درسال ٤۱۳ هجری بنا شده‌است.

۳ - برج «رِسکِت°» نیز مقبره‌ئی است‌که دراوائل سدهٔ پنجم هجری در دهکدهٔ «رسکت» (یکی از دهکده‌های «دو دانگه - مازندران») بنا شده است.

پنجم هجری باقی مانده است ، این نکته‌را تأئید می‌کندکه تااین سده زبان «پهلوی»را در«مازندران» بکار می‌بردند . ضمن تحقیقات «مردم‌شناسی» در «مازندران» ومطالعهٔ آداب ورسوم وشؤون زندگی مازندرانیهای کنونی هم می‌توان نشانه‌های آداب ورسوم ومعتقدات ایرانیان باستان‌را به‌وضوح شناخت . مردم شناسانی هم‌که ازنظر «مردم شناسی بدنی»[1] در «ایران» به‌مطالعه پرداخته‌اند ، اصالت ایرانیان مازندرانی‌را تأکید وتأیید کرده‌اند . چنانکه «هنری فیلد»[2] درکتاب خود (مردم‌شناسی ایران) در این مورد می‌نویسد :

«مازندرانیها وگیلانیها هردو ازاصل ایرانی هستند و اختلاف»
«بین آنها وفارسها دراثرجدائی آنها درآنسوی البرزوهمچنین»
«دراثر وضع آب وهوا وجغرافیائی است ونه‌نژادی» .
«این مردم دارای قد متوسط و قیافهٔ تیرهٔ رنگ‌پریده»
«وچشمان‌مشکی‌وموو‌ریش سیاه انبوه میباشند. لهجهٔ مازندرانی»
«وگیلکی درنقاط مختلف ولایات ساحلی بحر خزر باهم‌اختلاف»
«دارد . دراصل شبیه فارسی است ولی اکنون بقدری فرق کرده»
«که برای فارسی‌زبانان قابل فهم نیست . . . »[3].

درهمان کتاب «مردم‌شناسی ایران» به‌نقل ازکتاب «نژادشناسی ایران» تألیف «نیکلا دوخانیکف» نوشته شده است :

«مازندرانیها متعلق به نوع اصیل ایرانی هستند و دارای قد»
«متوسط وموی مشکی وژولیده وریش انبوه‌که اغلب روی»
«گونه تازیر چشم روئیده وچشمان سیاه ودرشت ومژگان بلند»
«و ابروان پرپشت می‌باشند . اغلب دارای بینی عقابی شکل»
«ونوك تیز می‌باشند ودهان آنان کوچك ودندان سفید ومرتب»
«دارند»[4].

همهٔ این نکاتی‌راکه «دوخانیکف» و «هنری فیلد» ازاین نوع اصیل ایرانی شمرده‌اند دراندام وچهرهٔ مردمی خواهیم دیدکه در دهکدهٔ

۱ – «physical anthropology» یا «somatic anthropology» .
۲ – «Henry Field» .
۳ – نقل ازصفحهٔ ۱۹۹ کتاب «مردم‌شناسی ایران» نوشتهٔ «هنری فیلد» ترجمهٔ «دکتر عبدالله فریار» .
۴ – نقل ازصفحهٔ ٦۰ همان کتاب .

زادگاه «اعلیحضرت رضا شاه کبیر» بسرمی‌برند. و نیز ضمن مطالعهٔ کتاب حاضر باشواهد فراوان خواهیم دیدکه این مردم سنن وآداب ومعتقدات ایرانیان باستان‌را هنوزهم بادلبستگی حفظ کرده‌اند. همهٔ این شواهد مؤید این نکته‌است که یکباردیگردرتاریخ میهنمان نجات ازآشفتگی‌ها وخرابی‌ها به‌همت ایرانی اصیلی آغازشدکه در روزگار پریشانی این مرز وبوم قدم به‌میدان زندگی گذاشته بود. –

طبیعت وموقعیّت الاشت

«اِلاشْتْ elâçt»[1] درمنطقه‌ای ازارتفاعات جنگلی «مازندران» قرارگرفته‌است‌که آن منطقه را «سوادکوه» می‌نامند. شهرهای «بابل» و«شاهی» درشمال همان منطقه است و«ساری» درشمال شرقی آن وجنوبش منتهی می‌شود به‌خطالرأس «البرز» درآن ناحیه.

در راه «الاشت»، اگر بخواهیم از «بابل» یا «ساری» به‌آنجا برویم، باید از «شاهی» هم بگذریم واز «شیرگاه» و نیز از «زیرآب» که شهرکوچکی است وبه‌سبب معادن ذغال‌سنگش جنب‌وجوش چشمگیری‌دارد. گذارمان دراین راه ازجاده‌ای کوهستانی است و ازدامنه‌هائی‌که با انواع درختهای جنگلی وعشقه‌ها وگل وگیاهان دیگری پوشیده است‌که درآن هوای مرطوب همیشه شسته وتمیز جلوه می‌کنند. راهمان تافرسنگی بالاتر از«زیرآب» به‌موازات راه آهن است وبه‌موازات «تالار رود» که‌بسترش در دامنه‌های جنگلی و در آغوش مزارع برنج بسی‌زیباست. این راه، در روزهای بهار ازهرفصل دیگر زیباتر است، چراکه روستائیان درهٔ «تالار رود» ازپیلهٔ زمستانهٔشان به‌کار درمزارع کشانده می‌شوند و به‌کشت

۱ – «اِلاشْتْ» را اهل محل همانطورکه نوشته‌ام: «اِلاشْتْ elâçt» تلفظ می‌کنند. درمتون قدیمی هم «الاشت» نوشته شده است و من به‌این دو اعتبار، در این دفتر، همه‌جا همینطور خواهم آورد. باوجودی‌که دیده‌ام آن‌را اخیراً «الشت» هم‌می‌نویسندوفرهنگ جغرافیائی‌ارتش آن‌را «آلاشت âlâçt» نوشته است‌و بااین‌شرح: «قصبهٔ مرکز دهستان ولویی ازبخش سوادکوه شهرستان شاهی، ۲۶ کیلومتری باختر پل سفید، ۳۰ کیلومتری باختر زیرآب. این قصبه محل تولد اعلیحضرت رضا شاه کبیر میباشد. بوسیلهٔ راه فرعی به‌طول ۳۰ کیلومتر به‌ایستگاه راه آهن زیرآب مربوط است. موقعیت طبیعی قصبه کوهستانی، هوا سردسیر و سالم، آب ازچشمه‌سار، محصول عمده لبنیات وغلات. شغل مردان زراعت وگله‌داری. صنایع دستی زنان بافتن پارچه‌های پشمی. دبستان وشعبهٔ بهداری دارد. جمعیت قصبه درحدود ۲،۵۰۰ نفر. زبان مازندرانی و فارسی. مذهب عموم مسلمان شیعهٔ اثنی‌عشری است».

و ورز می‌پردازند . بعضی ازمردان وجوانان روستائی بشخم کردن و ماله کشیدن مشغول می‌شوند ، وبعضی‌ها به‌مرزبندی قطعات وجوی کنی ، وبعضی دیگر به‌مرمّت پرچین‌ها . زنان ودختران روستائی نیز برای نشاکردن‌برنج درمزرعه‌ها به‌مردان وجوانانشان می‌پیوندند و برشور و حال «تالار رود» می‌افزایند که به‌انعکاس نقره‌ای آفتاب بهار نیز آراسته می‌شود .

کمی بالاتر از «زیرآب» ، راهمان به‌مغرب «تالار رود» می‌پیچد وازجهت‌شرق به‌غرب ازدامنه‌های‌جنگلی دره‌ای می گذریم که درآن دره رودخانهٔ پرپیچ‌وخمی به‌سمت «تالار رود» می‌آید وبه‌آن می‌پیوندد . این رودخانه‌را به‌مناسبت پیچ‌وخمهایش وبه‌مناسبت این‌که نسبت به‌رشتهٔ اصلی «تالار رود»منحرف است ، محلی‌ها «وَلْوِپِی° valupey »[1] می‌نامند. دراین قسمت ازراه ،کوهستان‌را عظیم‌تر می‌بینیم وجاده‌را مهیب‌تر وآنهمه‌را زیبا و زیباتر . درختان جنگلی : «اِزّار° ezzâr (آزاد) ، «مُوزی muzi » (بلوط) ، «مِرْس° mers » (راش°)، «هَلی hali (گوجه)، «کِنِس° kenes » (ازگیل) و . . . هریك درجای خود وبه‌سهم خود چنان طبیعت‌را سحرانگیز کرده‌اند که آدمی خوف وهیبت راه‌را هم فراموش می کند .

در بین راه ، هرچندگاه ، جماعتی ازکارگران‌را می‌بینیم که یا جاده‌را عریض‌می کنندویابه‌تسطیح مشغولندویاپایه‌های پلی‌را بالامی‌آورند. گهگاه هم شعارهائی‌را می‌خوانیم که مأموران سازمان جنگلداری مازندران برچوب وتخته‌ها نوشته ودرحواشی جاده افراشته‌اند : «الاشت ، این زادگاه ناجی ایران ، درقلب جنگل است» ، «الاشت ! جاویدان‌بمان‌که ایران را جاودان‌کردی»، «الاشت ! تو قلب میهنی» و . . . درهمین قسمت از راه «الاشت» ، معادن ذغال سنگ «انجیرتنگه» و «پاك» و نیز دهکـــده‌های «کری کُلا» ، «شیر دره» ، «کلارْجان» و «لَلِ بَن°» را هم می‌بینیم که هریك ازدامنهٔ‌کوهی ومحصور درجنگل به‌برنجزارهای حواشی رودخانه چشم دوخته‌اند . کمی‌بعد ، دهکده‌های «عَسَلْ»، «مِمْشی»، «آپِنْ°» یا

---

۱ – «ولوپی» : (ول = پیچ وخم ، کج) + (او = آب) + (پی = بنیاد ، که‌درمحل معنی سوی ومنطقه‌را هم می‌رساند) . در «واژه‌نامهٔ طبری» نیز «وَل°» به‌معنی «کج» و «ولی» به‌معنی «کجی» آمده است . «ولوپی» شعبهٔ غربی «تالار رود» است در «سوادکوه» وسوادکوهی‌ها همهٔ آبادی‌ها ومنطقهٔ واقع در حوزهٔ این شعبه‌را «ولوپی» می‌نامند. درحالی‌که آبادی‌ها ومنطقهٔ واقع درحوزهٔ شعبه اصلی «تالار رود» را «راستوپی râstupey »نامیده‌اند. «الاشت» ازجملهٔ آبادی‌های منطقهٔ «ولوپی» است .

«سَر°تَك°»[۱] را هم در راه می‌بینیم وبعدهم پیش‌ازآن‌که به«الاشت» برسیم ازکنار دهکدهٔ «لیند lind »می‌گذریم ودورنمای «الاشت»را وقتی‌می‌بینیم که‌جاده ازدامنهٔ‌کوه «گَلُوسَر° galu sar »می‌پیچد : انبوه خانه‌های‌تخته پوش ، بردامنهٔ‌کوه ، نامنظم وتنگ‌هم وهرخانه بانگاه چشمان پنجره‌هاکه به‌آدم خیره‌می‌شوند .

«الاشت»درسرازیری‌دامنه‌های جنوبی‌دوکوه«زیهُون° zihun »و «مَیَّمَن° mayyaman » بنا شده‌است . درهٔ «گَتِرکا gaterkâ » در مغرب وکوه «گَلُوسَر°» درمشرق «الاشت»است . روبروی آبادی ، درجنوب ، کوه‌کوچك «کار°تِنان° kârtenân »است‌که به‌تپه بیشتر شباهت دارد . آن سوی «کارتنان» دره است و رودخانه . این رودخانه‌که الاشتیها آن را «اِلاشْت° رووار° elâçt ruvâr »می‌نامند ازکوههای غربی«الاشت»سرچشمه می‌گیرد وچند فرسنگ ازکوه و دره‌های شرقی «الاشت» می‌گذرد و به «تالار رود» می‌رسد ودر «خزر» می‌ریزد .

از «الاشت» به‌جنوب‌هم‌که نگاه کنیم و در آنسوی «اِلاشْت°—رووار» بازهم‌کوه می‌بینیم . این کوههاکه عظیم‌ترین کوههای دوروبر «الاشت» وخط‌الرأس «البرز» درآن ناحیه‌اند به‌ترتیب ازجنوب غربی این نامهارا دارند :

«شِلِفین° çelefin »، «وَر°چِرِ varcere »، «کتالُون° kalâlun » ، «اَرفِ arefe » ، «سُر°خاواد° sorxâvâd » . این آخرین ، «سرخاواد» کوه ، مطلع آفتاب صبح «الاشت» است وخوشه‌چین آخرین طلعت غروب . پائین‌تر ازاین کوههاودرفاصلهٔ میان آنهاتا«الاشت‌رووار°»کوههای‌دیگری است ودرهایی‌دیگر که البته نامهای دیگری‌هم دارند: «کَلبَست° کُولُوم kalbast kulum » یا «کَلِس°کُولُوم° kales kulum »، «رَشوك° raçuk » ، «فَراخ‌کَش° farâx kaç »، «هَلیشت° halyeçt »، «تی ti »، «اوراتَك° urâtak » و . . . دامنهٔ این کوههاکه روی به‌شمال دارند وآب دره‌هاشان به «الاشت‌رووار» می‌ریزد ازجنگل پوشیده‌است وپوششهای گیاهی‌شان بیشتر ازکوههای این سمت«الاشت‌رووار»است‌که به‌شمال پشت کرده‌اند ورویشان به‌آفتاب جنوب است . الاشتیها این کوههاراکه‌کمتر آفتاب می‌بینند وجنگل

۱ — «سَرتَك°» محل تلاقی دو دره با دو رودخانه‌است . یکی‌رودخانهٔ «لاکُوم° lâkum »که‌ازبای دهکدهٔ «کارمزد» می‌گذرد ویکی‌هم رودخانه‌ای‌کهاز «الاشت» می‌آید .

درآنها بیشتر است «نِسُوم nesum »وهرکوهی‌راکه روی به‌آفتاب باشد «خِریم xerim »می‌نامند. «زیهون»و«مَیَّمَن»هم که «الاشت» در دامنهٔ جنوبی آنها بناشده است ازجملهٔ کوههای«خریم»هستند که رویشان به‌آفتاب است وبیشتر از کوههای آن‌سوی «الاشت‌رووار» آفتاب می‌بینند[1]. —

۱ – «الاشت» وهمهٔ این کوه ودره‌های دور وبرش‌راکه قسمتی ازمنطقهٔ «سوادکوه» است، ازنظر تقسیمات کشوری هم یکی از دهستانهای «بخش سوادکوه» شناخته‌اند و مرکز بخش را در «پل سفید» قرار داده‌اند. غیراز «الاشت»، «شیرگاه»، «زیرآب»، «لفور»، «کسلیان»، «خانقاه پی»، «دوآب»، «سرخ آباد»، «راست‌آب پی‌کوچك»، «کلاریجان»، «کارمزد» و «اَتنَنْد» هم درهمین بخش قرارگرفته‌اند. مرحوم «محمدحسن اعتمادالسلطنه» وزیر انطباعات ودارالترجمهٔ ناصرالدین‌شاه درکتاب «التّدوین فی‌احوال جبال شروین» که‌در ۱۳۱۱ هجری قمری تألیف‌کرده‌است، ودراین دفتر چندجا به‌آن کتاب مراجعه خواهدشد، بلوك منطقهٔ «سوادکوه» را به‌این‌شرح آورده‌است: «سرخه‌رباط» (سرخ‌آباد فعلی)، «دوآب بالا»، «خانقاه پی»، «خانقاه»، «راست آب پی‌کوچك»، «چرات» (که‌درحوزهٔ «الاشت» است)، «اتند»، «الاشت» «کارمزد»، «کلاریجان وکمندین»، «زیرآب»، «کسلیان». ازمقایسه آنچه‌که «اعتمادالسلطنه» آورده‌است باآنچه‌که اینك درتقسیمات کشور می‌شناسند معلوم میشودکه در دورهٔ قاجار دو بلوك «شیرگاه» و «لفور» را که‌اینك دو دهستان شمالی بخش «سوادکوه» است ازجملهٔ بلوك «سوادکوه» نمی‌داشتند.

برخی نشان‌ها، مدال‌ها و یادبودهای ایران

دوران پهلوی

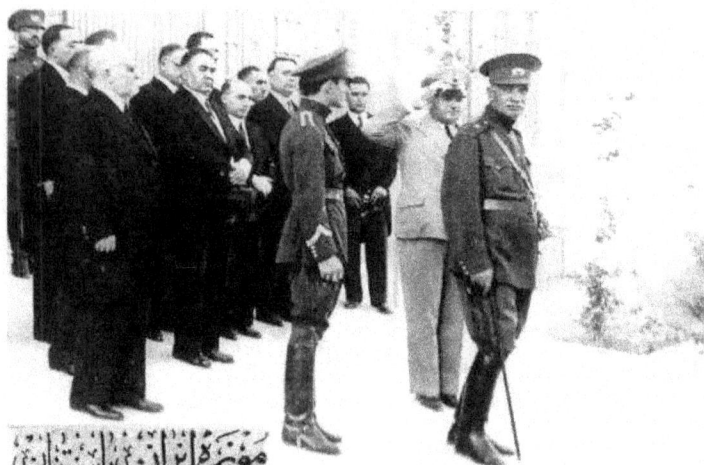

موزه ایران باستان
۱۳۱۶ خورشیدی

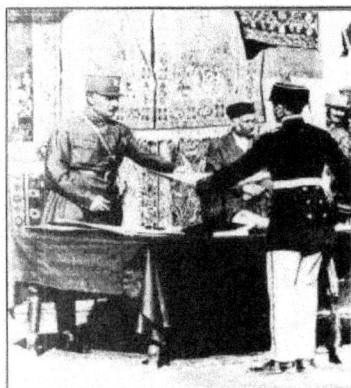

نخستین سربازگیری

نشان پهلوی (دماوند)

Pahlavi Order (Neshan-e-Pahlavi)

نشان پهلوی بالاترین نشان سلطنتی ایران در دوره‌ی پهلوی و ویژه‌ی شاه، ولیعهد و سران و پادشاهان دیگر کشورها بود که توسط رضاشاه پهلوی در دو درجه ایجاد گردید. نشان پهلوی شامل نشان اصلی، گردنبند و حمایل و پلاک نشان می‌باشد.

نشان اصلی پهلوی

Complete Order of Pahlavi

روی نشان: در دایره‌ی داخلی: بر روی زمینه‌ی آبی‌رنگ، تصویر میناکاری شده‌ی کوه دماوند و قله‌ی سفیدش که از پس آن، خورشید در حال طلوع بوده و شعاع‌های نوری طلایی رنگ آن در حال تلؤتلؤ است؛ در دایره‌ی خارجی با زمینه‌ی میناکاری سفید: دو طرف: دو شاخه برگ طلایی رنگ و هلالی شکل زیتون با برگ و غنچه‌ی آن که از مینای سبز ساخته شده؛ در قسمت بالا بین دو شاخه: «پهلوی» با خط نستعلیق و به صورت برجسته طلایی؛ در قسمت پایین، در انتهای شاخه‌های مزبور: تاریخ «۱۳۰٤» از طلا؛ چهار طرف دایره‌ی خارجی: چهار تاج پهلوی نقره‌فام که دو به دو و به طور عمود و قرینه نسبت به یکدیگر قرار گرفته‌اند؛ فضای بین تاج‌ها: اشعه‌های میناکاری شده‌ی پنج پر طلایی و آبی رنگ آمده؛ قطر کلی نشان، نود و نه میلیمتر و قطر دایره‌ی مینایی وسط، چهل و دو میلی‌متر بوده و این نشان در طرف چپ سینه نصب می‌شده است.

نشان گردن‌بند پهلوی
Order of Pahlavi with Collar

روی نشان: در دایره‌ی داخلی؛ بر روی زمینه‌ی آبی‌رنگ، تصویر میناکاری شده‌ی کوه دماوند و قله‌ی سفیدش که از پس آن، خورشید در حال طلوع بوده و شعاع‌های نوری طلایی رنگ آن در حال تلؤتلؤ است؛ در دایره‌ی خارجی با زمینه‌ی میناکاری سفید: دو طرف: دو شاخه برگ طلایی رنگ و هلالی شکل زیتون با برگ و غنچه‌ی آن که از مینای سبز ساخته: «پهلوی» خط نستعلیق و به صورت برجسته طلایی؛ در قسمت پایین، در انتهای شاخه‌های مزبور: تاریخ «۱۳۰٤» از طلا؛ چهار طرف دایره‌ی خارجی: چهار تاج پهلوی نقره‌فام که دو به دو و بطور عمود و قرینه نسبت به یکدیگر قرار گرفته‌اند؛ فضای بین تاج‌ها: اشعه‌های میناکاری شده‌ی پنج پر طلایی و آبی‌رنگ آمده؛ این نشان به گردنبندی متشکل از حلقه‌های آبی و طلایی رنگ مینادار متصل می‌باشد و از نشان اصلی کوچکتر است؛ قطر کلی نشان با تاج‌ها و اشعه‌ی پنج‌پر، هشتاد و پنج میلیمتر و دایره‌ی مینایی وسط، سی میلیمتر است.

نشان سر حمایل پهلوی
Sash Order of Pahlavi

روی نشان: در دایره‌ی داخلی: بر روی زمینه‌ی آبی‌رنگ، تصویر میناکاری شده‌ی کوه دماوند و قله‌ی سفیدش که از پس آن، خورشید در حال طلوع بوده و شعاع‌های نوری طلایی‌رنگ ان در حال تلؤتلؤ است؛ در دایره‌ی خارجی با زمینه‌ی میناکاری سفید: دو طرف: دو شاخه برگ طلایی رنگ و هلالی شکل زیتون با برگ و غنچه‌ی آن که از مینای سبز ساخته شده؛ در قسمت بالا بین دو شاخه برگ: «پهلوی» با خط نستعلیق و به صورت برجسته طلایی؛ در قسمت پایین، در انتهای شاخه‌های مزبور: تاریخ «۱۳۰۴» از طلا؛ چهار طرف دایره‌ی خارجی: چهار تاج پهلوی نقره‌فام که دو به دو و بطور عمود و قرینه نسبت به یکدیگر قرار گرفته‌اند؛ فضای بین تاج‌ها: حلقه‌هایی طلایی زنجیر مانند که در نقطه‌ی اتصال، حلقه‌ای کوچک‌تر از مینای آبی رنگ قرار گرفته که سر دو حلقه‌ی مزبور از آن عبور می نماید.

این نشان بر روی حمایلی پهن نصب می‌شده که از نواری آبی‌رنگ موج‌دار با عرض صدو و یک میلیمتر، تهیه شده و دو طرف آن دارای حاشیه‌ای زردرنگ بوده و از شانه‌ی راست به پهلوی چپ آویخته می‌شده است.

مدال همایونی (به پاداش خدمت)
Medal of Homayoun (Medal-e-Homayoun)

این مدال در سه درجه‌ی طلا، نقره و برنز، در ۲۵ آذر ۱۳۰۴ تهیه گردید و به
پاداش خدمت داده می‌شد.

الف) مدال همایونی (به پاداش خدمت) درجه‌ی یک
Medal of Homayoun 1st Class

روی این مدال دایره‌ای شکل از جنس طلا که به مناسبت ۲۵ آذرماه ۱۳۰۴
و جلوس رضاشاه تهیه گردید: در دایره‌ی داخلی: نقش شیر (ایستاده و غران و
شمشیر به دست) و خورشید و در دایره‌ی بیرونی: چندین شاخ و برگ گل سرخ؛
پشت مدال: در دایره‌ی داخلی: «پهلوی شاهنشاه ایران» و در دایره‌ی بیرونی:
بالا «به پاداش خدمت» و پایین: تاریخ «۲۵ آذر ۱۳۰۴» (تاریخ تاج‌گذاری رضاشاه)؛
بالای مدال: دو حلقه‌ی بیضی شکل درهم، آمده است.
مدال از طریق روبانی در طرف چپ سینه نصب می‌شده است.

ب) مدال همایونی (به پاداش خدمت) درجه‌ی دو
Medal of Homayoun 2nd class

روی این مدال دایره‌ای شکل، از جنس نقره که به مناسبت ۲۵ آذرماه ۱۳۰۴ و جلوس رضاشاه تهیه گردید: در دایره‌ی داخلی: نقش شیر (ایستاده و غران و شمشیر به دست) و خورشید و در دایره‌ی بیرونی؛ چندین شاخ و برگ گل سرخ؛

پشت مدال: در دایره‌ی داخلی: «پهلوی شاهنشاه ایران» و در دایره‌ی بیرونی: بالا «به پاداش خدمت» و پایین: تاریخ «۲۵ آذر ۱۳۰۴» (تاریخ جلوس رضاشاه)؛ بالای مدال: دو حلقه‌ی بیضی شکل درهم آمده است.

مدال از طریق روبانی در طرف چپ سینه نصب می‌شده است.

ج) مدال همایونی (به پاداش خدمت) درجه‌ی سه
Medal of Homayoun 3rd class

روی این مدال دایره‌ای شکل، از جنس برنز که به مناسبت ۲۵ آذرماه ۱۳۰۴ و جلوس رضاشاه تهیه گردید: در دایره‌س داخلی: نقش شیر (ایستاده و غران و شمشیر به دست) و خورشید و در دایره‌ی بیرونی: چندین شاخ و برگ گل سرخ؛

پشت مدال: در دایره‌ی داخلی: «پهلوی شاهنشاه ایران» و در دایره‌ی بیرونی: بالا «به پاداش خدمت» و پایین: تاریخ «۲۵ آذر ۱۳۰۴» (تاریخ جلوس رضاشاه)؛ بالای مدال: دو حلقه‌ی بیضی شکل درهم، آمده است.

مدال از طریق روبانی در طرف چپ سینه نصب می‌شده است.

مدال ثور
Medal of Thour (Medal-e-Thour)

این مدال نظامی در سه درجه: مخصوص افسران ارشد، افسران جزء و درجه‌داران و سایر افراد بود.

الف) مدال ثور درجه‌ی یک
Medal of Thour 1st Class

روی این مدال طلایی دایره‌ای شکل: وسط: نقش تمام رخ رضاشاه با لباس نظامی و کلاه؛ طرفین: دو شاخه برگ هلالی شکل که در پایین به هم متصل شده‌اند؛

پشت مدال: در دایره‌ی داخلی وسط: نقش نشان سپه (نقش یک چهارم قرص خورشید؛ اطراف؛ پنج‌پره؛ مابین پره‌ها: پنج قبضه‌ی شمشیر متقاطع)؛ بالا: تاریخ «۲۳ ثور ۱۳۰۳»، آمده است.

مدال بوسیله‌ی روبانی به سینه آویخته می‌شده است.

ب) مدال ثور درجه‌ی دو
Medal of Thour 2nd Class

روی این مدال نقره‌ای دایره‌ای شکل: وسط: نقش تمام رخ رضاشاه با لباس نظامی و کلاه؛ طرفین: دو شاخه برگ هلالی شکل که در پایین به هم متصل شده‌اند؛

پشت مدال: در دایره‌ی داخلی وسط: نقش نشان سپه (نقش یک چهارم قرص خورشید؛ اطراف؛ پنج پره؛ مابین پره‌ها: پنج قبضه‌ی شمشیر متقاطع)؛ بالا؛ تاریخ «۲۳ ثور ۱۳۰۳»، آمده است.

مدال بوسیله‌ی روبانی به سینه آویخته می‌شده است.

ج) مدال ثور درجه‌ی سه
Medal of Thour 3rd Class

روی این مدال برنزی دایره‌ای شکل: وسط: نقش تمام رخ رضاشاه با لباس نظامی و کلاه؛ طرفین: دو شاخه برگ هلالی شکل که در پایین به هم متصل شده‌اند؛

پشت مدال: در دایره‌ی داخلی وسط: نقش نشان سپه (نقش یک چهارم قرص خورشید؛ اطراف؛ پنج‌پره؛ مابین پره‌ها: پنج قبضه‌ی شمشیر متقاطع)؛ بالا؛ تاریخ «۲۳ ثور ۱۳۰۳»، آمده است.

مدال بوسیله‌ی روبانی به سینه آویخته می‌شده است.

مدال یادبود تاج‌گذاری رضاشاه
Commerative Medal of the Coronation of Reza Shah

این مدال به یادبود تاج‌گذاری رضاشاه در دو درجه‌ی نقره و برنز در اردیبهشت ۱۳۰۵ تهیه گردید.

مدال نقره‌ی یادبود تاج‌گذاری رضاشاه
Commerative Medal of the Coronation of Reza Shah (Silver)

روی این مدال دایره‌ای شکل از جنس نقره: وسط: نقش نیم‌رخ راست رضاشاه با لباس نظامی و کلاه بر سر؛

پشت مدال: وسط: «یادگار تاج‌گذاری پهلوی شاهنشاه ایران» و تاریخ «اردی‌بهشت ۱۳۰۵» در پایین آن؛ اطراف: دو شاخه برگ زیتون هلالی شکل که در پایین به صورت روبانی به هم متصل شده‌اند، آمده است.

مدال برنز یادبود تاج‌گذاری رضاشاه
Commerative Medal of the Coronation of Reza Shah (Bronze)

روی این مدال دایره‌ای شکل از جنس برنز: وسط: نقش نیم‌رخ راست رضاشاه با لباس نظامی و کلاه بر سر؛

پشت مدال: وسط: «یادگار تاج‌گذاری پهلوی شاهنشاه ایران» و تاریخ «اردی‌بهشت ۱۳۰۵» در پایین آن؛ اطراف: دو شاخه برگ زیتون هلالی شکل که در پایین به صورت روبانی به هم متصل شده‌اند، آمده است.

نشان یادبود تاج‌گذاری رضاشاه (زرتشتیان)
Commerative Order of the Coronation of Reza Shah (Zoroastrians)

این نشان به یادبود تاج‌گذاری رضاشاه از طرف زرتشتیان در سه درجه‌ی طلا، نقره و برنز تهیه گردید.

الف) نشان طلای یادبود تاج‌گذاری رضاشاه
Commerative Order of the Coronation of Reza Shah (Gold)

روی این نشان از جنس طلا: بالا: نقش اهورامزدا؛ وسط: نقش انسانی ایستاده درون قابی دایره‌ای شکل؛ پایین نشان: نقش شیری ایستاده و شمشیر به دست که پشت آن خورشیدی بزرگ و فروزان، آمده است.

ب) نشان نقره‌ی یادبود تاج‌گذاری رضاشاه
Commerative Order of the Coronation of Reza Shah (Silver)

روی این نشان از جنس نقره: بالا: نقش اهورامزدا؛ وسط: قابی خالی و دایره‌ای شکل؛ پایین نشان: نقش شیری ایستاده و شمشیر به دست که پشت آن خورشیدی بزرگ و فروزان، آمده است.

ج) نشان برنز یادبود تاج‌گذاری رضاشاه
Commerative Order of the Coronation of Reza Shah (Bronze)

روی این نشان از جنس نقره: بالا: نقش اهورامزدا؛ وسط: قابی خالی و دایره‌ای شکل؛ پایین نشان: نقش شیری ایستاده و شمشیر به دست که پشت آن خورشیدی بزرگ و فروزان، آمده است.

مدال یادبودی رضاشاه کبیر

Commerative Medal of Reza Shah

روی این مدال یادبودی دایره‌ای‌شکل از جنس نقره که در سال ۱۳۲۰ شمسی تهیه گردید: در دایره‌ی داخلی: نقش طلایی نیم‌رخ راست رضاشاه (با لباس نظامی و کلاه بر سر) بر روی زمینه‌ی میناکاری شده‌ی آبی‌رنگ؛ در دایره‌ی بیرونی: مینای سیاه‌رنگ، آمده است.

نشان پنج شیر

Order of Panjshir (neshan-e-Panjshir)

روی این نشان ستاره‌ای شکل پنج‌پر از جنس نقره که به مناسبت پیمان همکاری بین ایران و افغانستان برای جلوگیری از ورود مواد مخدر (در دره‌ی پنج شیر افغانستان) انعقاد شد: درون دایره‌ی وسط: نقش برجسته‌ی طلایی خورشیدی در حال طلوع با شعاع‌های نوری درون قابی مینادار؛ اطراف: پنج پره‌ی مثلثی شکل از جنس صدف (انواع یشم و میناکاری شده نیز موجود است) که رئوس آنها به پنج دانه‌ی کروی شکل منتقل می‌گردد؛ فضای بین پره‌ها: پنج نقش طلایی رنگ برجسته‌ی سر شیر غران، آمده است.

نشان دربار پهلوی

Order of Darbar-e-Pahlavi

روی این نشان: وسط: نقش نماد روسیه (عقاب دو سر) در حالی که بالای آن: «دربار پهلوی» درون کادری که بالای آن: تاج کیان، آمده است.

نشان سوم اسفند

Order of Esfand 3rd (neshan-e-Sevvom-e-Esfand)

نشان سوم اسفند به یادبود روز سوم اسفندماه ۱۲۹۹ که رضاشاه به منظور پایان دادن به دوره‌ی پریشانی کشور، کودتا کرد، تهیه و به فرمان شخص شاه فقط به افسران و هم‌ردیفانی که در کودتای مزبور شرکت داشتند، به پاس خدمات و فداکاری ایشان اعطاء گردید و بعد از این در مقابل هیچ نوع عملیات و خدمتی اعطاء نشد.

این نشان یک نوع و دارای یک درجه بود؛ روی این نشان به شکل فروهر: نقش تمام تنه‌ی سرباز هخامنشی با دو بال که در روی بال سمت راست، ربع قرص خورشید با اشعه از جنس مس و در پایین محل اتصال بال‌ها به تنه، تاریخ مسی «حوت ۱۲۹۹» به طور برجسته، آمده است.

روبان این نشان از نواری با سه خط عمودی قرمز رنگ و دو خط عمودی سیاه‌رنگ تشکیل شده است.

مدال افتخار
Medal of Honor (medal-e-Eftekhar)

این مدال سه درجه بوده و به درجه‌داران و سایر افراد اعطاء می‌گردید.

الف) مدال افتخار درجه‌ی یک
Medal of Honor 1ˢᵗ Class

روی این مدال دایره‌ای شکل مطلا: در دایره‌ی وسط: تاج پهلوی مطلا بر روی زمینه‌ی مینادار قرمزرنگ؛ اطراف: پنج‌پره‌ی مثلثی شکل متحدالقاعده که همگی درون قابی دایره‌ای شکل جای گرفته‌اند؛

پشت مدال: وسط: «افتخار»؛ اطراف: دو شاخه برگ هلالی شکل خرما که در پایین به صورت روبانی به یکدیگر متصل شده‌اند، آمده است.

روبان این مدال از نواری با خط قرمزرنگ در وسط، طرفین سیاه‌رنگ و لبه‌ی خطوط، زردرنگ به طور مساوی و عمودی تشکیل شده و بر روی آن، شمشیری کوچک و مطلا نصب است.

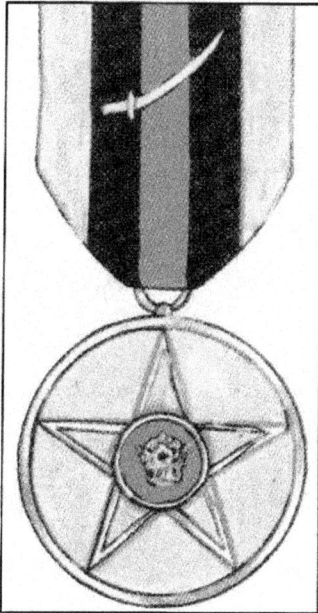

ب) مدال افتخار درجه‌ی دو
Medal of Honor 2nd Class

روی این مدال دایره‌ای شکل از جنس نقره: در دایره‌ی وسط: تاج پهلوی نقره بر روی زمینه‌ی مینادار قرمزرنگ؛ اطراف: پنج پره‌ی مثلثی شکل متحدالقاعده که همگی درون قابی دایره‌ای شکل جای گرفته‌اند؛

پشت مدال: وسط: «افتخار»؛ اطراف: دو شاخه برگ هلالی شکل خرما که در پایین به صورت روبانی به یکدیگر متصل شده‌اند، آمده است.

روبان این مدال از نواری با خط قرمزرنگ در وسط، طرفین سیاه‌رنگ و لبه‌ی خطوط، زردرنگ به طور مساوی و عمودی تشکیل شده و بر روی آن، شمشیری کوچک و نقره نصب است.

ج) مدال افتخار درجه‌ی سه
Medal of Honor 3rd Class

روی این مدال دایره‌ای شکل از جنس برنز: در دایره‌ی وسط: تاج پهلوی برنز بر روی زمینه‌ی مینادار قرمزرنگ؛ اطراف: پنج پره‌ی مثلثی شکل متحدالقاعده که همگی درون قابی دایره‌ای شکل جای گرفته‌اند؛

پشت مدال: وسط: «افتخار»؛ اطراف: دو شاخه برگ هلالی شکل خرما که در پایین به صورت روبانی به یکدیگر متصل شده‌اند، آمده است.

روبان این مدال از نواری با خط قرمزرنگ در وسط، طرفین سیاه‌رنگ و لبه‌ی خطوط، زردرنگ به طور مساوی و عمودی تشکیل شده و بر روی آن، شمشیری کوچک و برنز نصب است.

نشان یادگار هزاره‌ی بوعلی سینا
Memorial Order of Avicenna Millenium

روی این نشان دایره‌ای شکل برنزی که به مناسبت جشن هزارساله‌ی میلاد حکیم بوعلی سینا تهیه گردیده: وسط: تصویر نیم‌رخ چپ حکیم بوعلی سینا؛ پایین، «بوعلی»؛ در اطراف، دو بیت شعر از حکیم «دل گرچه در این بادیه بسیار شتاف / یک موی ندانست ولی موی شکافت؛ اندر دل من هزار خورشید بتافت / آخر به کمال ذره‌ای راه نیافت»؛

پشت نشان: نقش آرامگاه حکیم در وسط؛ بالا: «یادگار جشن هزار ساله میلاد شیخ الرئیس ابوعلی حسین ابن عبدالله ابن سینا»؛ پایین: «همدان ۱۳۷۰ هجری قمری»، آمده است.

نشان فردوسی
Order of Ferdowsi

روی این نشان دایره‌ای شکل برنزی که به منسبت جشن هزارساله‌ی شاعر پرآوازه‌ی ایران زمین ابوالقاسم فردوسی تهیه گردید: در دایره‌ی داخلی: تصویر تمام تنه و نشسته‌ی فردوسی که بر پشت عقابی سوار است: در بالای دایره‌ی بیرونی: «در سلطنت اعلیحضرت شاهنشاه پهلوی برای جشن هزار ساله‌ی فردوسی»؛ در پایین، تاریخ «۱۳۱۳ هجری شمسی»؛

پشت نشان: در دایره‌ی داخلی: نقشی از یک محکمه که شاهی (ضحاک) نشسته بر کرسی قضاوت و اطرافیان وی و فردی که با دستانی بسته و حالی زار، در انتظار صدور رای می‌باشد و کاوه‌ی آهنگر را نشان می‌دهد؛ در دایره‌ی بیرونی، بالا بیت «خروشید و زد دست بر سر ز شاه / که شاها منم کاوه‌ی دادخواه» و در پایین بیت «اگر داد دادن بود کار تو / بیفزاید ای شاه مقدار تو» از حکیم سخن، آمده است.

نشان علمی
Order of Scientific

این نشان دارای سه درجه می‌باشد:

الف) نشان علمی درجه‌ی یک
Order of Scientific 1st Class

روی این نشان خورشید مانند دهپر طلایی: وسط: نقش شیر و خورشید بر روی زمینه‌ی میناکاری شده درون قابی دایره‌ای شکل؛ اطراف ده پره‌ی بزرگ و سی پره‌ی کوچک طلایی، آمده است.

ب) نشان علمی درجه‌ی دو
Order of Scientific 2nd Class

روی این نشان خورشید مانند دهپر نقره‌ای: وسط: نقش شیر و خورشید بر روی زمینه‌ی میناکاری شده درون قابی دایره‌ای شکل؛ اطراف ده پره‌ی بزرگ و سی پره‌ی کوچک نقره‌ای، آمده است.

ج) نشان علمی درجه‌ی سه
Order of Scientific 3rd Class

روی این نشان خورشید مانند دهپر برنزی: وسط: نقش شیر و خورشید بر روی زمینه‌ی میناکاری شده درون قابی دایره‌ای شکل؛ اطراف ده پره‌ی بزرگ و سی پره‌ی کوچک برنزی، آمده است.

مدال علمی (توانا بود)

Medal of Scientific (Tavana Bovad)

این مدال دارای دو درجه می‌باشد:

الف) مدال علمی درجه‌ی یک (توانا بود)

Medal of Scientific 1st Class

روی این مدال دایره‌ای شکل از جنس نقره: به رنگ طلایی و نقره‌ای وسط: مصراع زیبای «توانا بود هر که دانا بود» از حکیم سخن فردوسی؛ در اطراف: دو خوشه هلالی شکل زیتون و بلوط که در پایین به صورت روبانی به هم متصل شده‌اند؛

پشت نشان: وسط: نقش شیر و خورشید؛ بالا: تاج پهلوی؛ در اطراف: دو شاخه برگ هلالی شکل زیتون و بلوط که در پایین به صورت روبانی به هم متصل شده‌اند، آمده است.

این مدال در دو صورت آویز و غیرآویز و دو اندازه‌ی پهن و باریک وجود دارد.

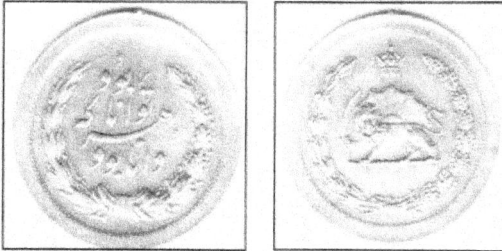

ب) مدال علمی درجه‌ی دو (توانا بود)

Medal of Scientific 2nd Class

روی این مدال دایره‌ای شکل از جنس برنز: وسط: مصراع زیبای «توانا بود هر که دانا بود» از حکیم سخن فردوسی؛ در اطراف: دو خوشه هلالی شکل زیتون و بلوط که در پایین به صورت روبانی به‌هم متصل شده‌اند؛ پشت نشان: وسط نقش شیر و خورشید؛ بالا: تاج پهلوی؛ در اطراف: دو شاخه برگ هلالی شکل زیتون و بلوط که در پایین به صورت روبانی به‌هم متصل شده‌اند، آمده است.

این مدال در دو صورت آویز و غیرآویز و دو اندازه‌ی پهن و باریک وجود دارد.

نشان نقره و برنز یادبود سفر به ترکیه (رضاشاه و آتاترک)
Memorial Medal of Traveling to Turkey (Reza Shah & Ataturk
(Silver & Bronze)

روی این نشان‌دایره‌ای شکل از جنس نقره و برنز که به مناسبت سفر رضاشاه به ترکیه و ملاقات با آتاترک رئیس جمهور این کشور تهیه گردید: وسط: نقش برجسته‌ی نیم تنه‌ی چپ رضاشاه با لباس نظامی و کلاه بر سر؛ اطراف نقش: «به یادگار ملاقات اعلیحضرت همایون رضاشاه پهلوی شاهنشاه ایران و حضرت غازی م. کمال رئیس جمهور ترکیه»؛ در پایین، «آنکارا ۱۹۳٤»؛

پشت نشان: وسط: نقش برجسته‌ی نیم تنه‌ی راست مصطفی کمال آتاترک؛ اطراف نقش: کلمات روی نشان به زبان ترکی، آمده است.

نشان یادبودی راه‌آهن (اتصال راه‌آهن شمال به راه‌آهن جنوب)
Memorial Medal of Railway

روی این نشان یادبودی از جنس نقره که به مناسبت اتصال راه‌آهن شمال به راه‌آهن جنوب در سال ۱۳۱٤ شمسی تهیه گردید: وسط: نقش تمام رخ زنی (شبیه مجسمه‌ی آزادی)؛ بالای نشان: دو بال باز پرنده؛

پشت نشان: وسط: نقشه‌ی خط راه‌آهن به همراه اسامی مناطق و مشخصات مسافتی که راهنمایی تعیین جهت نیز در گوشه‌ی آن موجود است؛ بالای نشان: وسط: نقش شیر و خورشید؛ اطراف: دو شاخه برگ هلالی شکل؛ بالا: تاج پهلوی؛ پایین نشان:

ZUR ERINNERUNG AN DEN DURCH SCHLAG DES 2880 MLG.
SCHEITEL TUNNELS DER TRANSPERSISCHEN EISEN BAHN
NORD 1935
BRUNDER REDLICH

به زبان آلمانی آمده است.

مدال یادبود ازدواج شاه و فوزیه
Memorial Medal of Mohammadreza Shah & Foozieh Marriage

روی این مدال سوزنی طلایی که با مناسبت یادبود ازدواج ولیعهد رضاشاه، محمدرضا پهلوی و شاهزاده فوزیه (خواهر ملک فاروق، پادشاه مصر) در سال ۱۳۱۸ شمسی تهیه شد: وسط: تصویر محمدرضا پهلوی و همسرش فوزیه درون قابی دایره‌ای شکل؛ در بالا: تاج پهلوی؛ اطراف قاب: نقش دو شیر ایستاده و خورشید که قاب وسط و تاج بالا را به دو دست خود گرفته‌اند؛ پایین: تاریخ «اردیبهشت ۱۳۱۸» درون قابی روبان مانند به صورت میناکاری با رنگ فیروزه‌ای، آمده است.

نشان افتخار دوران تحصیل
Honoring Order of Mohammadreza Shah Education

روی این نشان سینه‌ی افتخار از جنس نقره که به یادبود دوران تحصیل محمدرضا پهلوی در دانشکده‌ی افسری، در سال ۱۳۱۷ شمسی تهیه و به اساتید و هم‌دوره ای های او اعطاء گردید: وسط: تاج برجسته‌ی پهلوی بر روی مینایی آبی رنگ؛ بالای تاج: شعاع‌های نوری (شعاع دانشکده‌ی افسری): پایین: «افتخار» دو طرف: دو شاخه برگ هلالی شکل خرما که در پایین بوسیله‌ی روبانی به هم متصل شده‌اند؛ روی روبان: تاریخ «۱۳۱۷»، آمده است.

نشان و مدار خدمت
Order and medal of Service

نشان و مدال خدمت، نشان و مدالی است که در ازاء هر ده سال خدمت متوالی صادقانه، به افسران و کارمندان ارتش شاهنشاهی برابر مقررات آئین‌نامه اعطاء می‌گردید. برای دریافت نشان یا مدال خدمت درجه‌ی سه، ده سال؛ برای نشان یا مدال درجه‌ی دو، بیست سال و برای نشان یا مدال درجه‌ی یک، سی سال خدمت لازم بود. این نشان در دوره‌های مختلف، ساخت سوئد و ایران بود.

نشان خدمت
Order of Service (Neshan-e-Khedmat)

این نشان دارای سه درجه و به افسران اعطاء می گردید.

الف) نشان خدمت درجه‌ی یک
Order of Service 1st Class

روی این نشان ستاره‌ای شکل: وسط: تاج طلایی بر روی زمینه‌ی مینادار، درون قابی دایره‌ای شکل طلایی؛ اطراف: پنج پره‌ی مینادار مثلثی شکل (متساوی‌الساقین) متحد الراس که رئوس آنها از پشت دایره‌ی مرکزی، به وسط نشان منتهی و قواعد آنها به سمت بیرون است و رئوس زوایای خارجی آنها به ده دانه‌ی کروی شکل منتهی می‌گردد؛ فضای بین پره‌ها: دو شاخه برگ هلالی شکل مینادار بلوط که در پایین به صورت روبانی به هم متصل شده‌اند؛ بالای نشان: تاج پهلوی طلایی قرار دارد که به برگ بلوطی (به شکل گره‌ی پروانه‌ای شکل) وصل شده که نشان را به روبان متصل می‌نماید؛ پشت نشان: در دایره‌ی وسط: «نشان خدمت» به صورت میناکاری، آمده است.

روبان این نشان از نواری که دارای یک خط سبزرنگ در وسط، دو خط زردرنگ و چهار خط عنابی‌رنگ در طرفین است، تشکیل شده و پالمی طلایی در وسط دارد.

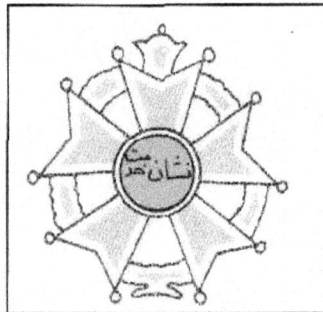

ب) نشان خدمت درجه‌ی دو
Order of Service 2nd Class

روی این نشان ستاره‌ای شکل: وسط: تاج طلایی بر روی زمینه‌ی مینادار درون قابی دایره‌ای شکل طلایی؛ اطراف: پنج پره‌ی مینادار مثلثی شکل (متساوی الساقین) متحدالراس که روئوس آنها از پشت دایره‌ی مرکزی، به وسط نشان منتهی و وقواعد آنها به سمت بیرون است و رئوس زوایای خارجی آنها به ده دانه‌ی کروی شکل منتهی می‌گردد؛ فضای بین پره‌ها: دو شاخه برگ هلالی شکل طلایی بلوط که در پایین به صورت روبانی به هم متصل شده‌اند؛ بالای نشان: تاج پهلوی طلایی قرار دارد که به برگ بلوطی (به شکل گره‌ی پروانه‌ای شکل) وصل شده که نشان را به روبان متصل می‌نماید؛

پشت نشان: در دایره‌ی وسط: «نشان خدمت» به صورت میناکاری، آمده است.

روبان این نشان از نواری که دارای یک خط سبز رنگ در وسط، دو خط زردرنگ و چهار خط عنابی رنگ در طرفین است، تشکیل شده و پالمی نقره‌ای در وسط دارد.

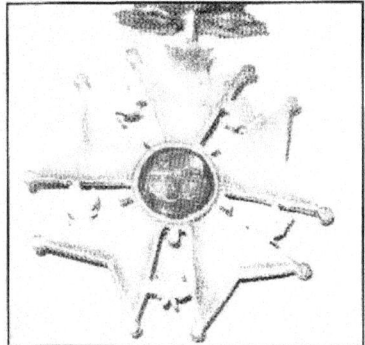

ج) نشان خدمت درجه‌ی سه
Order of Service 3rd Class

روی این نشان ستاره‌ای شکل: وسط: تاج طلایی بر روی زمینه‌ی مینادار درون قابی دایره‌ای شکل نقره‌ای؛ اطراف: پنج پره‌ی میناد‌ار مثلثی شکل (متساوی‌الساقین) متحدالراس که روئوس آنها از پشت دایره‌ی مرکزی، به وسط نشان منتهی و قواعد آنها به سمت بیرون است و رئوس زوایای خارجی آنها به ده دانه‌ی کروی شکل منتهی می‌گردد؛ فضای بین پره‌ها: دو شاخه برگ هلالی شکل نقره‌ای بلوط که در پایین به صورت روبانی به هم متصل شده‌اند؛ بالای نشان: تاج پهلوی نقره‌ای قرار دارد که به برگ بلوطی (به شکل گره‌ی پروانه‌ای شکل) وصل شده که نشان را به روبان متصل می نماید؛؛

پشت نشان: در دایره‌ی وسط: «نشان خدمت» به صورت میناکاری، آمده است.

روبان این نشان از نواری که دارای یک خط سبز رنگ در وسط، دو خط زردرنگ و چهار خط عنابی رنگ در طرفین است، تشکیل شده و بدون پالم است.

نشان نیروی هوایی رسته‌ی مخابرات (ناوبری)
Order of Telecommunication Air Force (Navigation)

روی این نشان که مختص به رسته‌ی مخابرات (ناوبری) نیروی هوایی ارتش شاهنشاهی بود در دو اندازه‌ی کوچک (نقره) و بزرگ (معمولی): وسط: نقش طلایی رنگ رادار، به نشانه‌ی مخابرات درون قابی متشکل از دو شاخه برگ هلالی شکل زیتون که در پایین به صورت روبانی به یکدیگر متصل شده‌اند و در بالا نیز تاج طلایی پهلوی قرار دارد؛ طرفین: دو بال پرنده (بال باز)، آمده است.

نشان نیروی هوایی رسته‌ی پدافند
Order of Defense Air Force

روی این نشان که مختص به رسته‌ی فنی نیروی هوایی ارتش شاهنشاهی بود در دو اندازه‌ی کوچک (نقره) و بزرگ (معمولی): وسط: نقش طلایی رنگ دو موشک به صورت متقاطع، به نشانه‌ی پدافند درون قابی متشکل از دو شاخه برگ هلالی شکل زیتون که در پایین به صورت روبانی به یکدیگر متصل شده‌اند و در بالا نیز تاج طلایی پهلوی قرار دارد؛ طرفین: دو بال پرنده (بال باز)، آمده است.

نشان نیروی هوایی رسته‌ی فنی
Order of Technical Air Force

روی این نشان که مختص به رسته‌ی فنی نیروی هوایی ارتش شاهنشاهی بود در دو اندازه‌ی کوچک (نقره) و بزرگ (معمولی): وسط: نقش طلایی رنگ پرگار و گونیا به نشانه‌ی فنی درون قابی متشکل از دو شاخه برگ هلالی شکل زیتون که در پایین به صورت روبانی به یکدیگر متصل شده‌اند و در بالا نیز تاج طلایی پهلوی قرار دارد؛ طرفین: دو بال پرنده (بال باز)، آمده است.

نشان نیروی هوایی رسته‌ی اطلاعات
Order of Information Security Air Force

روی این نشان که مختص به رسته‌ی اطلاعات نیروی هوایی ارتش شاهنشاهی بود در دو اندازه‌ی کوچک (نقره) و بزرگ (معمولی): وسط: نقش طلایی رنگ گل و دو برگ متقاطع درون قابی متشکل از دو شاخه برگ هلالی شکل زیتون که در پایین به صورت روبانی به یکدیگر متصل شده‌اند و در بالا نیز تاج طلایی پهلوی قرار دارد؛ طرفین: دو بال پرنده (بال باز)، آمده است.

نشان افسران نیروی دریایی
Order of Navy Officers

این نشان مختص افسران نیروی دریایی شاهنشاهی و دارای چهار درجه بود و در طرف راست سینه نصب می‌شد.

الف) نشان افسران نیروی دریایی درجه‌ی یک
Order of Navy Officers 1st Class

این نشان مختص افسران نیروی دریایی بود که فارغ‌التحصیل دانشکده‌های دریایی (داخل یا خارج از کشور) و شاغل در نیروی دریایی بودند و چهل هزار مایل دریایی را طی یا بیست سال سابقه‌ی خدمت در نیروی دریایی را داشتند و همچنین دوره‌ی دانشگاه جنگ دریایی یا دوره‌ی عالی فرماندهی یا دوره‌ی کمیسر دریایی را طی کرده یا دارای دیپلم دکترای مهندسی بودند.

روی این نشان دایره‌ای شکل مطلا: وسط: نقش نمادهای کشتی و کشتیرانی از قبیل: لنگر (طلایی رنگ)، سکان کشتی (مینادار قرمز رنگ) و سه ستاره‌ی پنج پر نقره‌ای زیر نقش، همگی بر روی زمینه‌ی میناکاری شده‌ی آبی‌رنگ؛ اطراف: دو شاخه برگ طلایی رنگ و هلالی شکل خرما که در پایین به صورت روبانی به یکدیگر متصل شده‌اند؛ بالا: تاج طلایی پهلوی، آمده است.

ب) نشان افسران نیروی دریایی درجه‌ی دو
Order of Navy Officers 2nd Class

این نشان مختص افسران نیروی دریایی بود که فارغ‌التحصیل دانشکده‌های دریایی (داخل یا خارج از کشور) و شاغل در نیروی دریایی بودند و سی هزار مایل دریایی را طی یا پانزده‌سال سابقه‌ی خدمت در نیروی دریایی را داشتند و دوره‌ی تخصصی نیروی دریایی را با موفقیت گذرانده بودند.

روی این نشان دایره‌ای شکل مطلا: وسط: نقش نمادهای کشتی و کشتیرانی از قبیل: لنگر (طلایی‌رنگ)، سکان کشتی (مینادار قرمزرنگ) و دو ستاره‌ی پنج‌پر نقره‌ای زیر نقش، همگی بر روی زمینه‌ی میناکاری شده‌ی آبی‌رنگ؛ اطراف: دو شاخه برگ طلایی‌رنگ و هلالی شکل خرما که در پایین به صورت روبانی به یکدیگر متصل شده‌اند؛ بالا: تاج طلایی پهلوی، آمده است.

ج) نشان افسران نیروی دریایی درجه‌ی سه
Order of Navy Officers 3rd Class

این نشان مختص افسران نیروی دریایی بود که فارغ‌التحصیل دانشکده‌های دریایی (داخل یا خارج از کشور) و شاغل در نیروی دریایی بودند و بیست هزار مایل دریایی را طی یا ده‌سال سابقه‌ی خدمت در نیروی دریایی را داشتند.

روی این نشان دایره‌ای شکل مطلا: وسط: نقش نمادهای کشتی و کشتیرانی از قبیل: لنگر (طلایی‌رنگ)، سکان کشتی (مینادار قرمزرنگ) و یک ستاره‌ی پنج‌پر نقره‌ای زیر نقش، همگی بر روی زمینه‌ی میناکاری شده‌ی آبی‌رنگ؛ اطراف: دو شاخه برگ طلایی‌رنگ و هلالی شکل خرما که در پایین به صورت روبانی به یکدیگر متصل شده‌اند؛ بالا: تاج طلایی پهلوی، آمده است.

سکه نقره پنج هزار دیناری جلوس
Silver Coin 5000 Dinars (Joloos)

روی این سکه‌ی نقره: وسط: نقش نیم‌تنه‌ی راست رضاشاه با لباس نظامی و کلاه بر سر؛ بالای آن: «پهلوی شاهنشاه ایران»؛ در طرفین صورت: «جلوس» و تاریخ «آذر ۱۳۰۴»؛ طرفین پایینی نقش وسط به صورت نیم‌دایره: دو شاخه برگ زیتون و بلوط که در پایین به صورت روبانی به هم متصل شده‌اند؛ زیر روبان: تاریخ‌های مختلف از جمله «۱۳۰۶»؛

پشت سکه: وسط: نقش شیر و خورشید؛ زیر خط شیر، «پنجهزار دینار»؛ اطراف: دو شاخه برگ زیتون و بلوط که در پایین به صورت روبانی به هم متصل شده‌اند (زیر روبان در برخی از سکه‌های ضرب سال ۱۳۰۶، حرف «H» که علامت ضراب‌خانه‌ی هیتون انگلستان یا حرف «L» که علامت ضراب‌خانه‌ی لنینگراد بود آمده است)؛ بالا: تاج پهلوی (در مواردی به اشتباه، تاج کیان)، آمده است.

این تیپ سکه، اولین سکه‌هایی بودند که پس از تاج‌گذاری رضاشاه، ضرب گردیدند.

تعداد سکه‌های پنجهزار دیناری ضرب شده در سال ۱۳۰۶: معمولی: نامعلوم و با علامت H، ۴۷۱۰۵۰۰ قطعه و با علامت L، ۳۰۰۰۰۰۰ قطعه؛ در سال ۱۳۰۷: ۳۹۲۸۵۰۰ قطعه؛ در سال ۱۳۰۸: ۵۸۴۰۰۰ قطعه بوده است.